U0126962

A Brief History of Thought on Socialism

社会主义思想简史

陈浙闽 著

天津出版传媒集团
天津人民出版社

图书在版编目(CIP)数据

社会主义思想简史 / 陈浙闽著. -- 天津 : 天津人民出版社, 2023.9

ISBN 978-7-201-19596-4

Ⅰ. ①社… Ⅱ. ①陈… Ⅲ. ①社会主义－政治思想史－通俗读物 Ⅳ. ①D091.6-49

中国国家版本馆CIP数据核字(2023)第126185号

社会主义思想简史

SHEHUI ZHUYI SIXIANG JIANSHI

出　　版　天津人民出版社
出 版 人　刘　庆
地　　址　天津市和平区西康路35号康岳大厦
邮政编码　300051
邮购电话　(022)23332469
电子信箱　reader@tjrmcbs.com

总 策 划　杨红杰
统　　筹　刘　庆　王　康
策　　划　沈海涛
责任编辑　金晓芸　燕文青
特约编辑　郭聪颖
装帧设计　马淑玲 尚睿一品 QQ:306130041

印　　刷　北京中科印刷有限公司
经　　销　新华书店
开　　本　690毫米×980毫米　1/16
印　　张　30
字　　数　440千字
版次印次　2023年9月第1版　2023年9月第1次印刷
定　　价　78.00元

导 论

用愉快轻松的心情去攀登人类思想制高点

《社会主义思想简史》终于付梓了。

在欣喜自得和如释重负之余，总觉得还有如下几个问题要回答：这是一本什么样的书？怎样读这本书？通过读这本书我们会获得什么样的认识？对此我想说的有如下五方面：

第一，这是一本社会主义思想史。可能会有人觉得本书的体例、论述方式等，与以往的历史书很不一样。我也请教过史学专家，大家都很讲究写史的体例，比如编年体、纪传体和纪事本末体等。所谓编年体，顾名思义，就是以年代顺序作为史书的主要脉络。所谓纪传体，就是通过记叙历史上重要人物的活动情况，来反映一个时期的历史事件和历史过程。而所谓纪事本末体，则是以历史事件为主线，再以时间顺序逐一展开的编写方式。

很显然，我呈现给读者的这本书，与这几种写史的基本体例不完全吻合。有点编年体的味道，但又很重视重要人物、重大事件的描述；说它是纪传体，但对重要人物的描述又不是重点；说它是纪事本末体，但似乎又侧重于思想体系及观点的介绍。因此，有点儿不伦不类、“四不像”。但是我历来认为，文无定法，法无定式。写书是要给人看的，只要人们愿意看、看得懂，具体怎么写、用什么方法写、用什么体例写，倒在其次了。因而，这些技巧问题对本书而言，还不是重点，重点在于这是一本关于社会主义思想史的书。要通过这本书向读者交代社会主义思想从产生到发展至今的五百多年历史中，每一个时期都有哪些重要思想观点，关于这方面，还是想阐述得完整、系统、准确一些，最好不要有大的疏漏。涉及的重点人物、主要流派、重要观点等，都要叙述到位、概括准确、阐释全面。

有鉴于此，本书第一章、第二章，重点谈大的历史背景和社会主流思想成果，把社会主义思想的产生与发展放到波澜壮阔的历史长河中去审视、去研读。第三章、第四章，主要介绍空想社会主义的形成、发展和主要思想观点，介绍了十几位重要的空想社会主义思想家的生平及事迹。第五章至第九章，重点介绍科学社会主义思想的发展历程，突出了马克思、恩格斯、列宁、斯大林等人的卓越贡献，当然也用相当的篇幅介绍了科学社会主义与形形色色的社会主义思想流派之间的交流、融合和斗争。第十章着重介绍民主社会主义思想对马克思主义的修正，与科学社会主义的分道扬镳，以及在后来的发展。第十一章则对第一次世界大战结束后的民族民主运动、第二次世界大战结束后的亚非拉民族解放运动等进行了详细的解读，对方兴未艾的社会主义浪潮进行了总结和展望，还对新兴的社会主义思想流派做了介绍和评价。本书借鉴了多年来几代专家学者的研究成果，力图把他们的研究成果精彩概要地呈现出来。尤其是中共中央党校科社教研室编《社会主义思想史》（中共中央党校出版社，1984年版）和高放、黄达强主编《社会主义思想史》（中国人民大学出版社，1987年版），给了笔者很大的鼓舞和启发。从一开始，我就把这本书定义为完整、准确、系统、全面地展现社会主义思想发展的普及性读物。因此，只要读者觉得通过阅读这本书，能够粗浅地了解社会主义思想的发展脉络，能够记住几位重要人物以及他们所持的主要观点，能够把握社会主义发展的大势和前景，那么就基本达到了本书写作的目的。

细心的读者可能会发现，本书在阐述社会主义思想传播与发展时，没有对东方重要的国度——中国做概要性的介绍，这似乎是一个遗憾，但这确实是有意而为之。因为在构思这本书的同时，有关社会主义思潮在中国传播及演进的研究也在进行之中。相信在不远的将来，我们还能向读者呈献一本专门阐述中国社会主义思想简史的普及读物。

第二，这是一本在历史大背景之下思考的社会主义思想史。按照往常的写法，写社会主义思想史，就只写与社会主义有关的人物、事件、观点，除此之外，似乎都与社会主义思想史无关。殊不知，社会主义的产生与发展，离不开资本主义的产生与发展；同样，社会主义思想的产生与发展，也离不开资本主义思想的产生与发展。这犹如事物的一体两面，谁也离不开谁。因此，本书用了整整两章来阐述社会主义思想产生的历史背景，以及这一过程中产生的社会主流思想、观点。这看起来有些喧宾夺主，但根据我多年的学习和实践体验，是很有必要的。因为离开了大的历史背景和同时期社会主流的思想观点，就很难理解社会主义先贤们为什么会提出他们的一些观点，也很难看到这些观点与当时社会主流思想之间的关联性，从而也就很难掌握这一时期社会主义思想的真谛。同样，在阐述每一个时期的社会主义思想时，不仅要讲主要人物、主要事件、主要观点，还要用当时的历史环境和背景做铺垫，使读者能够清晰地知道这些人物在这些事件中的地位和作用，以及提出这一系列社会主义思想观点的针对性、指导性。

我一贯反对对不同思想理论观点进行刻意的、泾渭分明的阐述，因为任何一种思想理论的发展，都不是非此即彼的，而是相互借鉴、相互促进，相互争论、相互批判，相互融合、相互升华的互动辩证过程。离开了相互之间的这些关系，思想就会僵化，理论的生机也就停止了。比如文艺复兴时人本主义思想，启蒙运动提出的一系列体现民主、自由、公平、正义的思想观点，都是人类文明的共同财富，不仅是资本主义思想产生的重要基础，也是社会主义思想产生的重要基础。如果我们有意识地把这些思想理论成果统统归结为资本主义思想，把这些思想家和理论家统统归结为资产阶级思想家和资产阶级理论家，不仅与历史事实不符，同时对吸收借鉴这些人类文明的共同财富也是极其有害的。反过来，社会主义思想中一些带有普遍规律性的东西，也不断地被资本主义思想家、理论家乃至政治家所借鉴，形成一系列完善和促进资本主义发展的政策，也是有目共睹和不可否认的。

第三，这是一本以科学社会主义思想为核心的社会主义思想史。以马克思主义为指导思想的中国共产党，在引导专家学者研究哲学社会科学问题时，一定会坚持以本国的实践为中心，以正在干的事情为中心。在中国研究社会主义思想史，以科学社会主义思想为主线，是理所应当的事。因为无论在哪一个国家、在哪一种社会状态下，任何思想观点的表述及传播都是有目的的。或者是为了宣传群众、动员群众，或者是为了统一思想、凝聚力量，或者是为了开阔眼界、增强自信，或者是为了相互借鉴、完善提高，等等，总之都会有一些主观的愿望和目的。我们这本书的主观愿望和目的也很明显，就是要通过对五百多年来社会主义思想史的阐述，进一步增强高举马克思主义伟大旗帜，坚定不移走中国特色社会主义道路的决心和信心。

因此，在本书的整体谋篇布局中，科学社会主义思想所占的分量最重，阐述得也较为细致。即便是介绍和叙述其他社会主义思想流派，也一定是以科学社会主义思想为引领，以马克思主义的世界观和方法论为指导，秉持贯穿于马克思主义理论体系中的立场、观点、方法，来审视其他社会主义思想和流派的地位、作用。我相信，这样的安排也是哲学社会科学理论研究的惯用做法，持有不同世界观和方法论的思想流派，一定是要站在自己的立场上，并用自己的观点和方法审视其他思想流派。无论是无产阶级思想，还是资产阶级思想，无论是科学社会主义思想，还是其他社会主义思想，概莫能外！

第四，这是一本以讲故事切入的社会主义思想史。为什么要从讲故事开始？这是因为要解决严肃的学术著作不容易读得进去的问题。黑格尔、康德的著作博大精深，但毕竟读得懂的人不多，其流传的广度和理解的深度都要依靠后人的领悟和推广，要消耗很多精英的脑力，最终才能有石破天惊的那一天。我相信，在同时代群星璀璨的思想大家中，人们容易记住的，一定是柏拉图、伏尔泰、托尔斯泰般的人物，因为他们诗一般的语言、具象的思维、激情澎湃的人格魅力，更能激起人们的共识，打动人们的心灵。似乎马克思、恩格斯、倍倍尔、李卜克内西、列宁等，都具有这样的品格，激情似火，燃烧自己，照亮别人。

当然，选择和挖掘这样的故事并不容易。一方面因为历史久远，原本许多鲜活的史实，经过时间的加工、过滤，已经变得干巴巴、硬生生，很难寻觅曾经的细节。另一方面，我们作为后人在诠释前人的思想时，带有很大的主观成分。而这种在主观意志下选择的故事，又有多少与当时的历史相吻合呢？这样的写作是很艰难的。我的这种选择，是自己把自己逼上梁山，原本是想解决读得进去的问题，但如果由此引起了不应该有的歧义，在道歉和遗憾之余，我非常乐意找机会去调整、去修正。

第五，这是一本力图有些创造、突破的社会主义思想史。我的想法是将本书献给那些孜孜耕耘在社会主义思想领域的研究者、教师和学生，献给那些被称作“人类灵魂工程师”的宣传工作者，当然也要献给一切有志于社会主义事业的同志和战友。因而把这本书定位为社会主义思想史的ABC。以往对普及读物的处理，往往以官方口径，把现有的研究成果简单梳理一下就可以了，我反对这样的做法，因为这样做不仅毫无意义，而且也是极不负责任的。思想和理论总是在实践中深化和发展，有些在特定时期、特定历史背景下形成的观点或结论，可能已经过时或不合时宜。随着时代的发展，随着人们知识和经验的积累，对某些实践问题的认识可能又有了新的发现和新的概括。凡是这样一些已经有了成熟思考的问题，还是想在本书中呈现出来。

这样的问题不多，但是很关键。比如，在第二章的第四小节，道出了一个不得不说的真相：欧美国家的现代化以及资本主义制度的建立，实际上是以掠夺殖民地，对穷国、弱国实行残酷的殖民政策来实现的，其现代化的过程就是以殖民为手段的资本形成、资本扩张甚至战争屠戮的过程，是完全不可复制的。而既然建立在三百多年殖民化基础上的西方文明是不可复制的，建立在这一基础之上的西方人文思想，包括政治、经济、文化、制度、意识形态等，也不见得是完全科学的。比如，对空想社会主义先贤们的评价，一般认为他们是始终站在人类道义的制高点上，俯视底层、悲悯苍生，致力于改善劳苦大众的生活，致力于构建一个平等、和谐、友善的崭新世界。诚然，他们的理论之所以被称为“空想”，确实有不切实际、过于理想化、缺乏实践主体等缺陷，但丝毫不影响他们理想之崇高、人格之伟大、实践之可贵、影响之深远。还比如，我把科学社会主义的发展壮大，描述为一段平等竞争的过程，而避免了居高临下的批判。在马克思、恩格斯完成世界观的转变、创立科学社会主义的同时，欧美国家风行着一批社会主义的思想流派，这些思想流派在极大促进了独立工人运动兴起的同时，又严重影响着工人运动的健康发展。而科学社会主义就是在指导工人运动的实践中，在与这些思想流派的交流、融合和斗争中，逐步完善成熟并脱颖而出的。又比如，结合国际形势的变化，我认为列宁关于帝国主义就是战争的论断，仍可时时让我们掩卷沉思。时至今日，帝国主义列强还是当初那副不可一世、贪得无厌的嘴脸，骨子里浸透着“宁可我负天下人，休教天下人负我”的傲慢，只是在表面上、程序上、道义上显得更加道貌岸然些罢了。再比如，分析北约和华约的发展过程，我认为北约的成立，并不是为了和六年之后成立的华约相对抗，而是为了对苏联及东欧各国进行威慑和封锁，进而维护美西方利益格局不受侵犯。冷战的根源，并不仅仅是意识形态的对立，更重要的是不能给西方现有利益格局带来任何风险，不能产生现实的或潜在的任何威胁，即便这种威胁可能是主观想象出来的。这就是帝国主义的本质。

此外，书中还有对各种社会主义思潮及其对现实社会影响的介绍，对亚非拉民族民主运动和亚非拉民族解放运动的回顾，对方兴未艾的社会主义运动的展望等，都是以往社会主义思想史书籍很少涉及，或者主要是以批判者的眼光审视的内容。

实践在发展，人们对实践的认识也将进一步升华，十分期待能有更多新的研究成果、更多新的真知灼见，被吸纳到这本普及读物中来。如若有幸，那将是又一段甘之如饴的学术追求之路。

目　录

第一章　社会主义思潮产生时的世界

01　从何处寻找答案　/　001

02　大航海时代开启　/　002

03　惨绝人寰的殖民　/　006

04　滴血的财富　/　012

05　一段脉络清晰的发家史　/　013

06　不太光荣的革命　/　015

07　放飞思想　/　019

08　宗教世俗化　/　020

09　战栗的宇宙观　/　021

10　离奇的悲剧　/　023

第二章　大航海以来思想大咖们在想些什么

01　时代需要新的大脑　/　026

02　向大自然学习　/　027

03　英国唯物主义第一创始人　/　029

04 尊崇金银等贵金属 / 030
05 冲破人伦道德 / 032
06 撕开政治伦理遮羞布 / 033
07 国家主权神圣不可侵犯 / 035
08 自然法学说创立 / 037
09 启蒙思想厥功至伟 / 039
10 文明制度瓜熟蒂落 / 041
11 自由主义终成官方意识形态 / 044
12 一个不得不说的真相 / 046

第三章 从历史中走来的社会主义先贤

01 站在社会主义入口的伟人 / 049
02 第一波三百年 / 050
03 跨越时空的《乌托邦》 / 051
04 革命的平民牧师 / 055
05 心中的太阳 / 058
06 基督城里的虔诚 / 060
07 塞瓦兰人的历史 / 062
08 为无地贫民请命 / 063
09 底层神甫的控诉 / 064
10 神秘的摩莱里 / 067
11 用著书立说参与社会政治生活 / 068
12 十足的行动派 / 069

13 “白痴公民”坚信胜券在握 / 071
14 “大脑患病的产物” / 072
15 新和谐公社的实验 / 074
16 劳动人民的新福音 / 076
17 密谋与抗争 / 078

第四章 站在道义制高点上的精神财富

01 花开两朵,各表一枝 / 081
02 羊吃人的故事 / 083
03 分裂的群体 / 085
04 万恶之源 / 087
05 富人的革命 / 089
06 无法逾越的三大差别 / 091
07 黄金的妙用 / 093
08 “乌有”之乡 / 094
09 都是穷人也都是富人 / 096
10 幸福的源泉 / 098
11 有计划的生产 / 100
12 消灭差别 / 102
13 并不永恒的国家 / 103
14 人民的公仆 / 105
15 普遍解放的天然尺度 / 108
16 道路的选择 / 110

第五章 脱颖而出的科学社会主义

01 卢德的“觉醒” / 114
02 跳出“不食人间烟火”的理论 / 117
03 为人类幸福而工作 / 119
04 两颗伟大心灵的历史性结合 / 121
05 必然要遭遇的思想流派 / 122
06 组建传播网络 / 126
07 并非仅仅改变口号 / 128
08 舌战群“儒” / 130
09 石破天惊的宣言 / 133
10 席卷欧洲的革命及启示 / 136
11 欧洲第七强国 / 139
12 各种思想流派的大聚合 / 143
13 艰难的思想交锋 / 147
14 划时代的功绩 / 149
15 公社的旗帜 / 152

第六章 科学社会主义影响全世界

01 逃出埃及的幽囚 / 157
02 崭露头角的独立工人政党 / 159
03 善意的批判 / 162
04 对一个目盲多产作家的廓清 / 165

05 墓前的缅怀 / 169
06 剖析怪兽托拉斯 / 172
07 龙种与跳蚤 / 176
08 跨越“卡夫丁峡谷” / 179
09 一个使人畏惧的强国 / 182
10 在内部斗争中发展 / 186
11 三颗重磅炸弹 / 189
12 为老近卫军树碑立传 / 192
13 革命家群像 / 198
14 伟大的谢幕 / 202

第七章 列宁主义横空出世

01 可怕的伏线 / 208
02 坚决而未能有效的回击 / 212
03 时代造就新的伟人 / 217
04 向衰败的民粹开战 / 221
05 革命的当务之急 / 223
06 社会革命的前夜 / 227
07 薄弱链条的崩裂 / 231
08 冬宫炮声的余音 / 234
09 吸取血的教训 / 238
10 “第二个党纲” / 240
11 第二国际的破产 / 243

12 另起炉灶 / 246
13 考茨基的尴尬 / 249
14 最后的遗嘱 / 252

第八章 社会主义从一国走向多国

01 捍卫思想旗帜 / 257
02 “一国建成论”之争 / 260
03 令人痛心的政治清洗 / 264
04 回归战时共产主义 / 270
05 国之重器优先 / 272
06 红莓花儿开 / 275
07 世界第二大经济体 / 278
08 帝国主义就是战争 / 280
09 祸水流向何方 / 283
10 社会主义的助产婆 / 288
11 共产国际解散 / 291
12 走向冷战 / 296

第九章 苏联模式的兴盛与衰败

01 从古拉格国家历史博物馆说开去 / 301
02 最好的先生 / 304
03 被斩断的思想翅膀 / 308

04 秘密报告风暴 / 313
05 “程咬金的三板斧” / 316
06 进退维谷的波匈事件 / 319
07 稳健和迟滞的改革 / 322
08 情报局的悲哀 / 325
09 布拉格之春 / 329
10 军事对抗与平行市场 / 332
11 春天的故事 / 336
12 一个时代的悲剧 / 340
13 一地鸡毛 / 344
14 历史并未由此终结 / 346

第十章 在改良道路上踯躅前行的民主社会主义

01 “同宗”“同源”又“同义”的困惑 / 352
02 令人伤心的分手 / 357
03 偷食禁果引起的风波 / 362
04 感激涕零的文明社会 / 366
05 难以弥合的裂痕 / 370
06 丢掉利剑的战士 / 374
07 怪诞的传播 / 378
08 战后的复苏 / 382
09 重建国际 / 386
10 赫赫战绩与福利国家 / 390

11 难以走出的困境 / 394
12 公开打出的旗帜 / 398

第十一章 方兴未艾的社会主义浪潮

01 关不住的春色 / 402
02 山雨欲来 / 405
03 亚非拉的奋起 / 408
04 缓慢革命战略 / 412
05 被驱逐的先知 / 417
06 迅猛发展的基布兹实验 / 422
07 华盛顿共识的灾难 / 426
08 撒哈拉以南的风暴 / 429
09 暴风雨后见彩虹 / 433
10 争夺所有权的工具 / 437
11 社会主义的一抹绿色 / 440
12 两只手的融合 / 443
13 触手可及的未来社会 / 445
14 迈向共同体的联合 / 449

结 语 历史价值及启示 / 454

后 记 / 459

第一章 社会主义思潮产生时的世界

01 从何处寻找答案

学界普遍认为，社会主义思潮是从托马斯·莫尔的《乌托邦》发端的。而《乌托邦》发表于1516年，距今五百多年。那么五百年前是什么促使了社会主义思潮的产生？产生这一思潮的历史背景是什么？关于这两个问题，不少人喜欢从所谓的永恒真理和正义中去寻找答案，喜欢从有关时代的哲学认知中去寻找答案，比如苏格拉底、柏拉图、亚里士多德等有文字记载以来的思想精华，古希腊、古罗马等城邦治理的政治实践，基督教信仰的道德力量等。而这样的答案往往是线性的和纯学理层面的，也往往是片面的和很难完整准确地反映当时社会现状的。马克思、恩格斯也曾经从思想的本质出发，提出过封建的社会主义、资产阶级的社会主义、小资产阶级的社会主义、空想的社会主义或者由这种种成分混合而成的社会主义等概念[①]，但大多只是讲这些思想中包含社会主义的一些元素，还不是资本主义发展进程中所伴生的对立思想——社会主义思潮。因此，如何从当时生产方式和交换方式的变更中去寻找答案，从有关时代的经济中去寻找答案，显得更为迫切和重要。正如恩格斯所指出的："一切社会变迁和政治变革的终极原因，不应当到人们的头脑中，到人们对永恒的真

---

① 参见《马克思恩格斯选集》第一卷，人民出版社，2012年版，第423—432页。

理和正义的日益增进的认识中去寻找，而应当到生产方式和交换方式的变更中去寻找；不应当到有关时代的哲学中去寻找，而应当到有关时代的经济中去寻找。”[①]笔者认为，如果将经济的、政治的、文化的、社会的，乃至生态的因素统筹考虑在内，那么问题的答案将更加客观和全面。

02 大航海时代开启

在人类发展历史中，十五六世纪是属于海洋的世纪、海洋的时代。在这个时期，无论是东方还是西方，大航海的冲动是不断涌现的。说到大航海，人们会想到郑和下西洋，还会想到哥伦布发现美洲、达·伽马打通印度洋航道、麦哲伦完成首次环球航行等，都是一些很精彩的故事。

郑和下西洋，要比哥伦布发现美洲大陆早约九十年时间。它虽然也属于这一时期航海活动的重大事件，但其发生的历史背景有明显的不同。明朝的开国皇帝朱元璋，犯下了许多皇帝都犯过的历史性错误，就是死前没有把皇位传给儿子，而是传给了孙子朱允炆，也就是明朝第二位皇帝建文帝。如果老皇帝在传位孙子的同时，已为他顺利接班做了一系列清除后患的安排，那也算未雨绸缪、谋划在先，但是朱元璋显然没有或没有来得及做这样的安排。这就给建文帝的皇帝生涯埋下了隐患。从另外一个角度说，如果建文帝能韬光养晦、小心从事，或许还能平波缓进，甚至有机会坐稳江山。哪知道这个很羸弱的继承人天资仁厚、亲贤好学，虽然也很想干一番大事业，无奈志大才疏，不懂世事和谋略，一上手就把国事处理成一锅粥。比如即位伊始，就力行削藩政策，罗织各种各样的罪名相继废黜周王、代王、齐王和岷王，湘王甚至被逼自焚而死。而周王又是燕王的一奶同胞，这就促使本来就对皇位安排不满的燕王朱棣借机发动了“靖难之役”，最终以区区一个藩王封地的兵力冲进皇宫，而朱允炆火烧皇宫，不知所踪。当时有过传说，朱允炆可能逃到海外避难了。现在大多数

---

① 《马克思恩格斯选集》第三卷，人民出版社，2012年版，第797—798页。

史学家认为郑和下西洋最初的动因，可能与寻找朱允炆的下落有关。[①]后来，朱棣和后面两位皇帝正常交接班，在皇位稳固的情况下，再连续六次下西洋，很显然就更像是为了展示大明的威德了。[②]

郑和下西洋，首航始于永乐三年，即1405年，末次航行结束于宣德八年，即1433年。跨度为二十八年，历经明成祖朱棣、明仁宗朱高炽、明宣宗朱瞻基三位皇帝。其中前六次航行均在明成祖时期。明成祖朱棣雄才大略，在位期间实施了许多重大举措，影响深远，创造了繁荣强盛的“永乐盛世”。而经略南海，是其既定的外交战略。从这个意义上讲，郑和六下西洋，实际上就是其经略南海的重要组成部分。据史料记载，朱棣登基后，立即着手沟通域外国家，在郑和之前就委派大臣多次出使南海，力图建立西洋朝贡体系。而郑和下西洋的范围，已大大超越前面数次出使，其远航西太平洋和印度洋，访问了三十多个国家和地区，最远到达东非和红海。朱棣去世后，其子朱高炽继位，即明仁宗。仁宗掌权后，调整了其父北征南扩的政策，对内减轻民困，对外战略收缩，停止下西洋。宣德五年，明宣宗朱瞻基再次命郑和出使西洋，目的同样是建立和巩固西洋朝贡体系，这一次共访问二十多个国家和地区，最远到达非洲南端，接近莫桑比克海峡。

郑和下西洋是中国古代规模最大、船只和海员最多、时间最久的海上航行，也是当时世界上规模最大的系列海上航行。欧洲人对郑和下西洋以及中国中止远航探险很难理解，有学者道：“1433年，皇帝突然下诏终止了这些著名的远航。远航起讫的原因至今仍是个谜。据推测，远航的发起，可能是为了弥补蒙古帝国崩溃所造成的陆上对外贸易的损失，也可能是为了提高帝国的威望，或是为了替明成祖搜捕据称已遁世隐居当和尚的侄儿建文帝。另据推测，远航的终止，或是因为耗资过甚，或是由于宫廷宦官和儒家官僚之间历来存在的相互倾轧。无论如何，中国人的撤离在东亚和南亚海域留下了权

---

① 《明史·郑和传》：“成祖疑惠帝亡海外，欲踪迹之，且欲耀兵异域，示中国富强。”

② 《明实录·太宗实录》：“帝王居中，抚驭万国”，“四夷慕圣德而率来”。

力真空区。”①

不仅西方学者无法想象，甚至连我们自己也很难做出更为合理的解释。有人说，在世界历史的这一重要转折关头，中国的力量转向内部，将全世界的海洋留给了西方的冒险事业。如果当初中国搭上了海外殖民的快船，意识到资本释放的无尽魔力，那么中国是否也能在资本主义发展的道路上捷足先登，成为现代资本主义文明制度的重要一员?

假设永远只是假设，并不能成为现实。因为中国过早地结束了部落奴隶制时代，相对自由的生活使人们缺乏西方民众那种对民主自由的渴望；几千年封建统治无论从理念到制度都已完善得令人窒息，儒家思想和宋明理学对人们思想的束缚，丝毫不亚于欧洲中世纪的神学统治；加之特殊的国情，自大的短视，错过了工业革命的如期到来，等等，从而导致郑和下西洋只能以假想的“抚驭”与真实的“慕圣德”而告终。如此大规模的海上航行，相比较西方几位航海家的冒险行径而言，似乎已温柔得让人不知所措，最后也因为没有痛彻心扉的创伤而渐渐被人遗忘，甚至有不少人怀疑历史上是否真正有过“郑和下西洋”。②而哥伦布等人的待遇就大不相同了，似乎他们身上已丝毫不存在殖民者滥杀无辜的血腥味道，只剩下由无数金银、香料乃至奴隶包裹和簇拥的盖世英雄桂冠，头上的光环已萦绕了几个世纪，依旧熠熠闪亮，有时甚至比过去更加光辉灿烂、绚丽无比。

先看看欧洲大航海探险产生的历史背景吧。中世纪后期，大约是14世纪，欧洲各国庄园式的自然经济开始解体，商品经济逐渐兴起。一方面，通过商品交换，王室和贵族们得到来自四面八方的奇珍异宝，不仅大开眼界，而且大获其利，因而形成欧洲各国王室大力支持的局面，商品经济得以快速发展壮大，一个以社会化生产、私人占有、雇佣劳动为特征的新生产方式呼

① ［美］斯塔夫里阿诺斯：《全球通史：从史前到21世纪》上册，吴象婴等译，北京大学出版社，2005年版，第201—202页。

② 清朝乾隆皇帝在《明史》修撰中认为郑和下西洋只是一个传说。加拿大籍华裔学者林炎平认为《明史》记载的大宝船，从科学角度而言造不出来。

之欲出。另一方面，十字军东征打开了东方贸易的大门，使欧洲的商业、银行和货币经济发生了革命，促进了城市的发展，形成了有利于资本主义产生的条件。原籍为黎巴嫩的阿拉伯作家阿敏·马洛夫，在他的成名作《阿拉伯人眼中的十字军东征》一书中这样阐述道："在西欧，十字军的东征掀起了经济和文化上的革新；但在东方，战争却导致数世纪的衰败和文化上的封闭。"[①]在西欧，发展最突出的当属意大利，它处于地中海中心，连接西欧、北欧，是名副其实的欧洲与东方贸易的中间商。西欧、北欧通过意大利从东方输入各种香料、珠宝和黄金，而东方又从意大利输入各种生活必需品，"雁过拔毛"使它不仅从地中海贸易中得到极大好处，而且从西欧、北欧和东方各国的贸易中获利颇丰。在商品生产和贸易活动的哺育下，西欧、北欧的一些城镇很快繁荣起来了。人们看到，在城市，富裕的手工作坊主成为资本家，大批学徒和帮工成为雇佣劳动者；商人成为专门从事销售产品和收购原材料的包买主，小生产者沦为领取计件工资的雇佣劳动者。在农村，商品货币关系导致资本主义农场的出现，原有的封建庄园随着富裕农民的产生而动摇，农奴对农奴主的人身依附关系也开始松弛。

意大利的榜样极大地刺激了当时的航海强国"两牙"——葡萄牙和西班牙。它们敏锐地观察到，原有的东西方贸易通道，已被崛起的奥斯曼土耳其帝国控制。这个时候信奉基督教的欧洲要从信奉伊斯兰教的奥斯曼土耳其帝国手中夺取传统海上航线和陆路商道，必将付出极大代价。历时近二百年的十字军东征尚历历在目，任何一个欧洲强国都不敢也不想就此心存奢望。于是葡萄牙人希望可以绕开宿敌伊斯兰国家的控制地区，通过海路直接与东方开展贸易。葡萄牙国王非常支持这一想法，开始派人探索新的航线。西班牙人也不甘落后，紧跟葡萄牙之后，也开始了航海运动。西葡两国甚至签订《托尔德西里亚斯条约》，划定了两国的势力范围。这就如同两个旗鼓相当的武林高手，傲视

---

① [法]阿敏·马洛夫：《阿拉伯人眼中的十字军东征》，彭广恺译，民主与建设出版社，2017年版，第251页。

寰宇，发现天下足够大，不如先划出势力范围，防止其他“图谋不轨者”染指。可见，欧洲大航海运动兴起的根本原因，一方面是欧洲资本主义促进了科学技术的迅速更新和生产力的极大发展，资本扩张的本性促使人们开始并且能够用海洋观念来看世界；另一方面是崛起的奥斯曼土耳其帝国垄断了陆路和传统水路交通，严重影响欧洲对东方国家产品的需求，打通海上新航线成为迫切需要。正如恩格斯所说，葡萄牙人和西班牙人“地理上的发现——纯粹是为了营利，因而归根到底是为了生产而完成的”[①]。当然，荣耀上帝的基督教信仰对哥伦布等人起到了重要的激励作用。

03　惨绝人寰的殖民

当然，资本本质上是逐利的，对他国财富的贪婪与迷恋，是资本主义发展的重要动力。到中世纪晚期，欧洲社会生产力快速发展，国家和王公贵族的开支日益剧增，对贵金属这一中间介质的需求急剧增加。对王公贵族而言，有想法、有能力，就想有结果。如果这个结果因中间介质（如金银）的缺乏而不能实现时，把别人或其他地方的中间介质拿过来就可以了。而至于拿过来的手段和方法是否合理和道德，就不是他们关心和考虑的了。此时，货币已逐渐取代土地成为社会财富和社会地位的象征。在人们心目中，只要有了黄金、白银就有了一切。正如哥伦布所讲：“黄金是一切商品中最宝贵的，黄金是财富，谁占有黄金，谁就能获得他在世上所需的一切。同时也就取得把灵魂从炼狱中拯救出来，并使灵魂重享天堂之乐的手段。”[②]可是，1300—1450年间，欧洲旧金银矿产量日减，远远不能支撑欧洲经济发展的需要，因此只能通过对外扩张，尤其是寻求发现新大陆、殖民新大陆来获取新的资本来源。于是，一场以哥伦布发现美洲、达·伽马打通印度洋航道、麦哲伦首

---

① 《马克思恩格斯选集》第三卷，人民出版社，2012年版，第866页。

② 《哥伦布致西班牙国王和王后书》，见郭守田：《世界通史资料选辑》（中古部分），商务印书馆，1974年版，第304页。

次环球航行为标志的，以资本为纽带，充满着暴力掠夺血腥味的资本主义殖民时代开启了。

先看看哥伦布发现美洲大陆。克里斯托弗·哥伦布是意大利人，后旅居葡萄牙，是一个典型的航海冒险狂热分子。他很早就制订了一个雄心勃勃的航海计划，要以国家的名义拥有“航海司令”的头衔，所获财产的10%要给他本人，将他发现的每个国家的总督权过继给他的后代，等等。如此高昂的要价，显然吓退了当时的多个强国，以至于哥伦布用了十几年时间先后游说英国、法国和意大利，但都被拒绝。他曾满怀信心地向葡萄牙国王建议，探索通往东方印度和中国的海上航路，也未被采纳。几年后，心灰意冷的哥伦布移民西班牙，仍然是满嘴跑火车地到处游说，据说是抓住了一个千载难逢的机遇，即很受西班牙王室信任的波兰王子病逝，胆大包天的哥伦布冒充波兰王子接近王室，意外地得到西班牙女王伊莎贝拉的赏识，指定一个皇家委员会专门研究哥伦布的计划。

这一段传奇历史已无法考证，但事实是，1492年哥伦布奉西班牙统治者伊莎贝拉与斐迪南之命，率船西航，横渡大西洋，到达巴哈马群岛、古巴、海地等地，以后又三次西航，抵达牙买加、波多黎各诸岛及中美、南美洲大陆沿岸地带。1506年死于西班牙巴利亚多利德。后来人们把哥伦布第一次西航到达巴哈马群岛的日子作为发现美洲大陆的纪念日。

说实话，哥伦布的航海有许多误打误撞的地方，比如一开始误认为到达印度，故称当地居民为印第安人。后来一个叫阿美利哥·维斯普西的意大利学者经过考察，发现哥伦布到达的地方不是印度，而是不为世人所知的新大陆，并用自己的名字命名为阿美利加洲（即美洲）。比如哥伦布开辟新航线，原本只是为了获取计划中的诸多利益，然而无意中却成为欧洲列强殖民美洲的先驱者等。

作为一个狂热的航海探险家，哥伦布曾被许多人视为疯子和骗子，但正是这个疯子和骗子却因发现美洲新大陆，改变了整个欧洲乃至世界的历史，大大加速了资本主义取代封建主义的进程，从而成为各殖民地国家和部落的终结者。从这个意义上讲，哥伦布既是一个伟大的航海者，又是一个万恶的殖民者，他对美洲原住民的伤害罄竹难书！哥伦布在结束第一次航行回来后，就大言不惭地给资助过他的西班牙国王内务府财政大臣桑迭戈写信说："我向我们最最战无不胜的君王们承诺：如果我能得到他们一些小小的援助，我将把他们想要的任何数量的黄金，还有香料、棉花、只有在希俄斯岛上才能找到的马蒂脂，以及尽可能多的沉香木和陛下们想要的尽可能多的异教徒奴隶都奉送给他们。"①

哥伦布在第二次到达美洲时，暴力和侵占成为他及其团队生活的主旋律，他还把战争中俘获的印第安人变为奴隶，并将其中五百名运往欧洲。这一不经意的举动，拉开了一个由鲜血铸成、影响世界的"黑三角贸易"的序幕。②亦即由欧洲本土启航，装上纺织品、果酒、烟草等货物，运送到非洲，再从非洲拉上黑奴送到美洲，从美洲卖掉黑奴后又装上棉花、蔗糖、矿产品、白银等运到欧洲，构成一个贩卖黑奴谋利的三角链条。

资本的扩张和掠夺确实不得了。马克思曾引用过英国经济评论家托·约·登宁的一段话："资本逃避动乱和纷争，它的本性是胆怯的。这是真的，但还不是全部真理。资本害怕没有利润或利润太少，就像自然界害怕真空一样。一旦有适当的利润，资本就胆大起来。如果有10%的利润，它就保证到处被使用；有20%的利润，它就活跃起来；有50%的利润，它就铤而走险；为了100%的利润，它就敢践踏一切人间法律；有300%的利润，它就敢犯任何罪行，甚至冒绞首的危险。如果动乱和纷争能带来利润，它就会鼓励动乱和纷争。走私和贩卖奴隶就是证明。"③这段话把资本的丑恶和不道德刻画得入木三分。而黑奴贸易的利润何止300%，一位英国议员曾这样说道："在下议院会议上讨论各种商业问题时，我们经常听说，如果有一种走私买卖，其利润达到

① [美] 斯塔夫里阿诺斯：《全球通史：从史前到21世纪》下册，吴象婴等译，北京大学出版社，2006年版，第411页。

② 参见何芳川：《十五世纪中西三大航海活动比较初探》，《北京大学学报（哲学社会科学版）》，1983年第6期。

③ 《马克思恩格斯全集》第23卷，人民出版社，1972年版，第829页注释。

30%，那末这种走私活动就不可能被禁止。但是在奴隶贸易中的利润高于30%，甚至说在奴隶贸易中的利润高达300%，1000%或1500%，也并不算夸大。人们都说，在非洲海岸花四英镑买一个奴隶，到巴西可以卖八十英镑。贩卖奴隶是一种可得2000%利润的走私买卖。试问，这种买卖，水兵和军舰能够禁止得了吗?!”①这种暴利，让资本家和投机者们丧失了一切道德、法律的准则，他们络绎不绝地奔往非洲，随心所欲地进行残忍的猎奴活动。我们现在感觉这是在说很遥远的事，实际上，西方资本主义国家的猎奴活动直到1890年才被终结，持续四百年之久。

再来看达·伽马打通印度洋航道。达·伽马是葡萄牙人，贵族家庭出身，其父是一名出色的航海探险家，曾受命于国王若昂二世的派遣，从事过开辟通往亚洲海路的探险活动，几经挫折，未能如愿。1492年哥伦布率领西班牙船队发现美洲新大陆的消息传遍欧洲，葡萄牙朝野备受震动。面对西班牙即将称霸海上的挑战，葡萄牙王室决心加快探索通往印度的海上活动。相信此时的葡萄牙国王一定是把肠子都悔青了，若干年前若是答应了哥伦布的条件，现在如此的荣耀岂不是葡萄牙的?！当然历史的玩笑往往开得恰到好处，当时哥伦布计划打通通往印度和中国的航线，却阴差阳错地把船开到了美洲，西班牙国王让他递交给印度国王和中国皇帝的信札也没有派上用场，那么这一出未完的历史剧，就需要换一个主角来演下去，他就是达·伽马。

1497年，达·伽马子承父业，奉葡萄牙国王曼努埃尔一世之命，率船踏上探索通往印度的航程。1498年抵达印度西海岸港口城市卡利卡特。而这也是半个多世纪前，郑和下西洋时经过和停泊的地方。1502年，达·伽马再次率二十三艘战舰探险印度，途经基尔瓦时，扣押该国埃米尔，威胁其臣服葡萄牙并进贡。还野蛮地用炮火轰击了卡利卡特城，将埃及商船梅丽号上的三百名乘客，包括妇女儿童全部烧死。据一名目击者叙述：“在持续了长时间的战斗之后，

① ［苏］斯·尤·阿勃拉莫娃：《非洲——四百年的奴隶贸易》，陈士林、马惠平合译，商务印书馆，1983年版，第232—233页。

司令以残暴和最无人性的手段烧毁了那只船，烧死了船上所有的人。”1505年，东非城邦蒙萨的统治者致信马林迪的统治者说：葡萄牙人“带给我们烈火和毁灭”，他们用“武力恐怖对我们的城镇狂肆暴虐，以致不论男女老少，甚至无辜幼儿，也都不免一死……他们从我们城镇抢去的战利品，数量之钜简直无法向你言喻”。[①]

最后看看麦哲伦的环球航行。费尔南多·德·麦哲伦也是葡萄牙人，1505年参加了葡萄牙第一任驻印度总督阿尔布奎克的远征队，到达过东部非洲、印度和马六甲等地，此后还在东南亚参与殖民战争。因此，从本质上说，麦哲伦就是个不折不扣的殖民者。1515年，麦哲伦回到家乡葡萄牙，向国王曼努埃尔申请组织船队去探险，进行一次环球航行。可是国王没有答应，因为他认为东方贸易已得到有效控制，没有必要再去开辟新航道了。在葡萄牙不能实现自己的理想，麦哲伦就转而来到西班牙塞维利亚。1517年麦哲伦又一次提出环球航行的请求，得到塞维利亚要塞司令的支持，并将自己的女儿嫁给了他。有了岳父的疏通和勾兑，事情就变得好办多了，转年西班牙国王查理五世接见并批准了麦哲伦的请求。

1519年，麦哲伦率船队向西航行，横渡大西洋，穿越美洲，穿行太平洋，于1521年抵达亚洲的马里亚纳群岛。然而由于麦哲伦对原住民烧杀抢掠、无恶不作，最终在前往麦克坦岛时被早已严阵以待的岛民们阻挡和攻击，麦哲伦被标枪刺中，后又被追上来的岛民砍死。麦哲伦死后，其副手带领船队继续航行，并于1522年返抵西班牙，终于完成了人类历史上首次环球航行，麦哲伦也因此名垂史册。

麦哲伦的环球航行，开辟了从美洲到亚洲的跨太平洋新航路，与葡萄牙人开辟的欧印新航路、印度与东南亚之间原有的航路衔接起来，形成了四通八达的全球航路，从而大大促进了全球范围内的经济、物资、文化、人文交流。之

① 何芳川：《十五世纪中西三大航海活动比较初探》，《北京大学学报（哲学社会科学版）》，1983年第6期。

后，美洲的一些农作物，比如番茄、玉米、烟草、可可以及廉价的白银等传入亚洲，而亚洲，尤其是中国的丝绸、瓷器、茶叶、香料、漆器、传统商品等也远销美洲和欧洲。

葡萄牙和西班牙是大航海活动的首倡者，也是大航海活动中获益最多的国家。有几组统计数据：葡萄牙在1493—1580年间，平均每年从几内亚输出的黄金约占当时世界黄金开采量的35%。16世纪的一百年时间里，单从非洲运回的黄金就高达27.6万千克。①从1500年到1650年，印度船队在塞维利亚卸下180吨黄金和1.6万吨白银。②西班牙于16世纪20年代征服墨西哥，30年代征服秘鲁。征服者通过开发这些领土上的自然资源，源源不断地把糖、胭脂、皮革和其他商品运送回国。最重要的是把波多西矿中的白银运送回国，该矿在一百多年的时间里是世界上最大的单一银矿。这一切导致跨越大西洋贸易的飞速增长，贸易额从1510年到1550年增长了七倍，而在1550年到1610年又增长了两倍。③

大航海开启了资本主义殖民时代，而资本主义殖民时代有一个漫长的演化过程，最早是葡萄牙、西班牙、荷兰，后来是英国、法国等。英国一度成为头号强国，并且号称日不落帝国，就是因为其殖民地遍布东半球和西半球，乃至一天二十四小时太阳照到的地方，都有它的国土。英国经济学家杰文斯曾这样描述："北美和俄国的平原是我们的玉米地，芝加哥和敖德萨是我们的粮仓，加拿大和波罗的海是我们的林场，澳大利亚、西亚有我们的牧羊地，阿根廷和北美的西部草原有我们的牛群，秘鲁运来它的白银，南非和澳大利亚的黄金则流到伦敦，印度人和中国人为我们种植茶叶，而我们的咖啡、甘蔗和香料种植园则遍及印度群岛。西班牙和法国是我们的葡萄园；地中海是我们的果园；长

---

① 参见陆庭恩：《十五 — 十六世纪葡萄牙殖民者侵略非洲的动因》，《史学月刊》，1984年第1期。

② 参见［法］费尔南·布罗代尔：《十五至十八世纪的物质文明、经济和资本主义》（第一卷）下册，顾良译，商务印书馆，2018年版，第576页。

③ 参见［英］保罗·肯尼迪：《大国的兴衰：1500—2000年的经济变革与军事冲突》，王保存等译，中信出版集团，2013年版，第25页。

期以来早就占在美国南部的我们的棉花地，现在正在向地球所有的温暖区扩展。”[①]应该说这不算吹牛。

04 滴血的财富

如果说有一个词能够比较妥帖地形容资本的力量，或者说有一个职业能够转眼间创造出惊人的财富，那么这个词一定是“魔法”，这个职业就一定是魔法师了！所不同的是，魔法和魔法师呈现给人们的是虚幻，而资本所展示的都是活生生的现实。对资本这一点石成金的作用，马克思、恩格斯在《共产党宣言》中做了形象的描述：“资产阶级在它的不到一百年的阶级统治中所创造的生产力，比过去一切世代创造的全部生产力还要多，还要大。”[②]一百年要胜过过去几千年积累的总和，让任何人都会觉得是梦境之中的事、神奇非凡的事。资本为什么会具有如此巨大的魔力？马克思、恩格斯在《共产党宣言》中进一步阐述道：“美洲的发现、绕过非洲的航行，给新兴的资产阶级开辟了新天地。东印度和中国的市场、美洲的殖民化、对殖民地的贸易、交换手段和一般商品的增加，使商业、航海业和工业空前高涨”[③]，“市场总是在扩大，需求总是在增加。甚至工场手工业也不再能满足需要了。于是，蒸汽和机器引起了工业生产的革命。”[④]“大工业建立了由美洲的发现所准备好的世界市场。世界市场使商业、航海业和陆路交通得到了巨大的发展。这种发展又反过来促进了工业的扩展”[⑤]。

马克思、恩格斯的眼光是犀利无比、洞穿一切的，世界市场、工业革命、需求持续增加等，西方国家正是通过航海殖民、扩张掠夺等，实现了原始积

---

① ［英］保罗·肯尼迪：《大国的兴衰：1500—2000年的经济变革与军事冲突》，王保存等译，中信出版集团，2013年版，第185页。

② 《马克思恩格斯选集》第一卷，人民出版社，2012年版，第405页。

③ 《马克思恩格斯选集》第一卷，人民出版社，2012年版，第401页。

④ 《马克思恩格斯选集》第一卷，人民出版社，2012年版，第401页。

⑤ 《马克思恩格斯选集》第一卷，人民出版社，2012年版，第401—402页。

累，使资本主义在不垫付一个铜板的情况下，从无到有，急剧膨胀。但这仅仅是事物的一个方面，事物的另一个方面是，正如马克思、恩格斯在《共产党宣言》中所指出的："资产阶级在它已经取得了统治的地方把一切封建的、宗法的和田园诗般的关系都破坏了。它无情地斩断了把人们束缚于天然尊长的形形色色的封建羁绊，它使人和人之间除了赤裸裸的利害关系，除了冷酷无情的'现金交易'，就再也没有任何别的联系了……它把人的尊严变成了交换价值，用一种没有良心的贸易自由代替了无数特许的和自力挣得的自由。总而言之，它用公开的、无耻的、直接的、露骨的剥削代替了由宗教幻想和政治幻想掩盖着的剥削。"[①]这就是说，资本主义冲破封建社会的桎梏，通过殖民的奠基、解放被压抑的资本本性，极大地发展了生产力，从这个角度来讲，资产阶级在历史上曾经起过非常革命的作用[②]，是一种进步。但是，这种进步是以资本的扩张和掠夺为前提的，弱肉强食、种族灭绝、文化中断、土地丧失、资源剥夺等是其须臾不可分离的标配，"资本来到世间，从头到脚，每个毛孔都滴着血和肮脏的东西"[③]这一本质是始终存在的。况且如今，殖民的时代已经过去，觉醒的民族已不能再像过去那样任人宰割，世界市场也变得愈来愈平等和自由。那种剥夺了一切的资本主义文明显然不可复制，其本身也不能再持续下去了。

05 一段脉络清晰的发家史

资本主义取代封建君主专制的脉络，在欧美国家是十分清晰的。先是意大利凭借天然的地理优势，当中间商赚得盆满钵满，过得比其他国家要滋润许多。但是这时的意大利还不是一个统一的民族国家，是许多小城邦的集合体。这种体验还只是"小农意识"，只是在地中海周边的投机倒把，纯属小打小闹，成不了大的气候。而真正大富大贵，还是要靠更大的风险投资，也就

① 《马克思恩格斯选集》第一卷，人民出版社，2012年版，第402—403页。

② 参见《马克思恩格斯选集》第一卷，人民出版社，2012年版，第402页。

③ 《马克思恩格斯全集》第23卷，人民出版社，1972年版，第829页。

是人们常说的“马无夜草不肥，人无横财不富”。大航海、殖民化就提供了这一机会。

首先得益的是吃得满嘴流油、血丝糊拉的两颗大牙，即西班牙和葡萄牙。这是两个同处于伊比利亚半岛的邻国，既唇齿相依，又锱铢必较。这种“日不落帝国”的光鲜日子过了近百年，先是葡萄牙被西班牙吞并，后是西班牙海军被海盗出身的英国海军打得满地找牙，“两牙”开启的大航海霸王年代也就终结了。

在英国、法国参与大航海之前，还有一首高亢激昂的插曲，那就是刚刚从西班牙母腹中诞生的弹丸小国荷兰，借助葡萄牙的愚蠢，上演了一出逆天改命的大戏。荷兰于16世纪初受西班牙统治，1648年正式独立。荷兰刚独立时，葡萄牙凭借以国家力量管理和经营航海知识而称霸于世。但是荷兰人却利用刚刚诞生不久的印刷术，通过各种雅或不雅的手段，获得甚至收买了葡萄牙人的航海图，并迅速将其产业化，大量印刷发行，从此打破了葡萄牙人对航海图的垄断，也极大地促进了荷兰人航海技能的提高。荷兰人在海图方面的压倒性优势，也成就了其成为最大的海洋国家，成为大航海时代的新领袖。俗话说“一招鲜吃遍天”，这一点在作为世界上第一个“以商立国”，工商业高度发达，商人市场嗅觉高度灵敏的荷兰，被演绎得炉火纯青，以至于很多历史学家说，荷兰是世界上赋予商人阶层充分政治权利的国家，它的力量牢固地建立在贸易、工业和金融基础上。当然，小国毕竟是小国，当英法两国开始觉醒，并自觉进入大航海时代时，荷兰就被迫先后与英国和法国交战，在海上败给了英国，在陆上败给了法国。那时候还没有空军，也就没有了空战的可能和记录，从此荷兰就开始衰落了。

英国、法国乃至美国、德国的崛起，从17世纪开始一直延续到20世纪，过程长达三百多年。其中英国在18世纪60年代至19世纪40年代成为第一个完成工业革命的国家，其国力迅速壮大，统治领土跨越全球七大洲，是名副其实的世界第一强国。法国则历经两次帝国三次共和，国力于19世纪至20世纪达到巅峰，在第二次世界大战前成为世界第二大强国。美国的崛起则始于18世纪后期的独立战争，直接从“一半黑人自由、另一半遭受蹂躏的状态”[①]，走上全面实行自由资本主义的快车道。德国的崛起得益于1871年普鲁士王国吞并除奥地利之外的德意志各邦国，建立德意志帝国，完成德意志统一。同时也得益于普法战争的胜利和德意志民族深沉的哲学思维，一旦三百多个邦国统一起来，就犹如一辆不朽战车滚滚向前、百折不回。很显然，这整个过程并不是脉脉温情、温文尔雅的，其间不乏血腥、暴力的冲突和战争。

06 不太光荣的革命

学习欧洲历史，肯定回避不了三大资产阶级革命，即英国资产阶级革命、美国独立战争、法国大革命。而在英国资产阶级革命中，不少史学家特别钟情“光荣革命”，即1688年英国资产阶级和新贵族发动的推翻詹姆斯二世统治、防止天主教复辟的非暴力政变。而之所以冠之以“光荣革命”，就是因为这场革命没有发生流血冲突，次年还通过了限制王权的《权利法案》，君主立宪制政体也因之诞生。

在英国考察培训时，有学者专门讲过这一段历史，到现在我们还忘不掉那啧啧称赞的神情。尤其印象深刻的是，旅居英国的华人导游也以此为案例，盛赞资产阶级革命的温情、仁爱，并且由此及彼，大谈欧洲的战争和改朝换代是多么尊重历史和维护人的尊严，甚至有一种天然的文物保护意识。即使是光荣革命前几十年的血腥冲突，以及因为引发英国资产阶级革命而被处决的查理一世，在他们的口中也仅仅是其雕像被人砍掉了鼻子，以示惩罚，还留下了一件艺术作品。与中国历史上的改朝换代，动不动就“火烧阿房宫”相比，欧洲人的革命那简直太文明、太人道了。

殊不知，如果我们通读过欧洲历史和中国历史（如二十四史、《资治通鉴》

---

① 林肯在参加伊利诺伊州参议员竞选时，发表了题为《裂开的房子》的演说，见［美］戴尔·卡耐基：《林肯传》，朱凡希、王林译，译林出版社，2016年版，第107页。

等），就会发现，侵略、征战、杀戮、毁坏、仇恨等遍布世界各个角落，哪个区域都不会比其他区域少。相反，由于欧洲在近代发展中处于领先地位，它曾经的殖民地最多、掠夺财富最多、杀人武器最先进、征服手段更残忍，因而在这一历史阶段给人类造成的罪孽也相对更为深重。这一点是不能因为这些国家现在最为发达，最为“文明”，就能洗刷得掉的。

首先看看英国资产阶级革命。概要地说是两个詹姆斯和两个查理的故事。故事的开始是这样的。1603年，苏格兰国王詹姆斯·斯图亚特继承英国（英格兰和苏格兰的统称）王位，史称詹姆斯一世。因为苏格兰是专制王权，而英格兰具有议会传统，统治方式的不同，让当了英国国王的詹姆斯一世一时很难适应，心理上产生了极大的障碍。怎么办好呢？毕竟是一国之主，不能因为心虚和不适而丢了权威和面子，于是詹姆斯一世想把专制王权复制到全国。为了让大家容易接受，他开始鼓吹“君权神授”论。最初是不把议会放在眼里，到后来甚至三次解散议会。没有了议会的制约，詹姆斯一世索性放开手脚、独断专行、朝令夕改、挥霍无度，不关心海上贸易，不重视海军建设，引起人们强烈不满。1625年他驾崩后，其与丹麦安妮公主的第二个儿子查理继位，史称查理一世。查理一世简直是其父的翻版，蔑视议会、压榨人民，致使社会矛盾迅速激化。特别是违背人们意愿，重用有争议的教会人物，从而引发主教战争，最终导致了1640年英国资产阶级革命的爆发。

英国资产阶级革命经历了两次内战。在第一次内战中，议会军经过艰苦作战，最终击溃王军，国王投降并被软禁。这个时候查理一世是可以有一个好选择的，就是接受君主立宪制。但是查理一世执迷不悟，逃脱出来后进行叛乱，从而导致第二次内战。克伦威尔率领议会军镇压了叛乱，查理一世被捕，并以叛国罪被处死，成为英国历史上唯一被公开处死的国王，也是欧洲历史上第一个被公开处死的君主。查理一世死后，克伦威尔掌握政权，成立了共和国。但天不遂人愿，仅仅五年后，克伦威尔病逝。流亡国外、觊觎王位已久的查理一世的嫡长子查理二世乘机复辟，开始进行疯狂地反攻倒算，甚至掘开墓穴，把已故革命者克伦威尔等人的尸首装上木架，拖着游行。晚上放下尸体，砍下头颅，挂在市政大厦前的木杆顶上示众。查理二世还宣布，凡是参加审判其父查理一世的“弑君者”，不得赦免，必须惩办。

1685年查理二世无嗣而亡，其弟弟詹姆斯二世继位。詹姆斯二世继位后，全然不顾国内外的普遍反对，违背以前政府制定的关于禁止天主教徒担任公职的“宣誓条例”，委任天主教徒到军队、政府部门、教会、大学任职，颁布“宽容宣言”，给所有非国教徒以信教自由。他还残酷地迫害清教徒，向敌对的法国靠拢。詹姆斯二世的此举，使得人人自危，怨声载道。1688年，不满国王专制统治的人士，特别是议会两大政党——辉格党和托利党议员，邀请詹姆斯二世的女婿、荷兰执政奥兰治亲王威廉来英国，发动宫廷政变，推翻了专制统治，另立新的国王。可见，这场不流血的光荣革命，是以之前几十年的流血做铺垫的，是以威廉亲王重兵压境为震慑的，完全不是革命与被革命双方自觉理性的行为。总之，实在是一场不太光荣的革命。

再看美国独立战争。英国17世纪初在北美的弗吉尼亚建立第一个殖民地，经过与西班牙、荷兰、法国等列强一个多世纪的激烈争夺，最终在北美大陆建立了十三个殖民地。这些殖民地在奴隶制基础上直接嫁接资本主义经济，北部以黑奴贸易、造船业、木材加工业为主，南部以黑奴劳动为基础的种植业经济为主。一个由殖民者、黑人奴隶和白人契约奴、自由移民、印第安人组成的移民社会，共处在这么一块土地上，如何统治就成了一件很头疼的事。英王想出了直接任命总督或特许经营管理的方法，形成分立与自治的统治模式。这样做的好处是英王省点心，但弊端也是显而易见的。这就是殖民地人民的自我归属感很强，久而久之社会主要矛盾就集中表现为殖民地人民与英国统治者之间的矛盾。矛盾是可以解决的，但方式很重要。英国政府采取了武装镇压的高压政策，更加激起了殖民地人民的极大愤怒，终于导致美国独立战争的爆发。

1775年，由北美十三个州的代表组成的第二届大陆会议，决定建立统一的武装力量，由华盛顿任总司令。1776年大陆会议通过了由杰斐逊起草的《独立宣言》，正式宣告美国脱离英国而独立。在各国人民支持下，北美人民经过八年浴血奋战，终于赢得胜利，迫使英国正式承认美国独立。当然，美国独立战争作为一次资产阶级革命是不彻底的，它解决了当时迫在眉睫的民族独立问题，但是并没有解决诸如土地、奴隶等深层次问题。这样一来，美国国内的阶级矛盾很快就上升为主要矛盾，许多州都爆发了人民武装起义，也都遭到了资产阶级和地主阶级的残酷镇压。直至九十年之后，美国的奴隶制才通过南北战争得以解决。

最后看看法国大革命。7月14日是一个备受人们关注的日子，而其起源就是发生在1789年7月14日的法国大革命。这一革命的直接成果，就是统治法国多个世纪的波旁王朝及其君主制土崩瓦解。在大革命前，法国是一个等级森严的社会，居民被分为三个等级，第一等级为天主教高级教士，第二等级为贵族，第三等级为市民、下层人民，包括资产者、农民、无产者等，社会矛盾错综复杂。人们对等级森严的不满，在启蒙运动的推波助澜下，变得日益激烈和严重起来。这一时期社会财富的分配极不平等，打一个形象的比喻，第一等级是富得流油，第二等级是衣食无忧，而第三等级中除资产者之外的大多数人手里只攥着用以果腹的两个面包。此前罗马天主教会教廷因歉收对谷物征收什一税，已经夺取了第三等级中大多数人的一个面包，使每天饿着肚子的穷人如身背大山，苦不堪言。偏偏路易十六还要在凡尔赛宫召开三级会议，企图对第三等级增税，以解财政危机。这就犹如第三等级中大多数人的最后一个面包，还要被富人强行夺走。很显然，三级会议的投票不会太顺利，最后在部分第二等级贵族的同情支持下，第三等级以微弱优势取胜，似乎最后一个面包可以保住了。但是路易十六出尔反尔，以图强行加税。无奈之下，第三等级宣布成立国民议会（后改称制宪议会），来阻止国王强行加税。然而，大权在握又一意孤行的路易十六并不在乎所谓民意，更不会同情饥肠辘辘的第三等级，而是调集军队要求解散议会。一石激起千层浪，干柴遇火星燃起熊熊大火，1789年7月12日，巴黎市民举行声势浩大的示威游行支持制宪议会，示威游行很快转变为武装起义。7月14日，群众攻克了象征封建专制统治的巴士底狱。

中间还有一个小插曲。当巴黎起义民众夺取了整个巴黎后，最后只剩下巴士底狱还在国王军队手里。巴士底狱原为一座军事要塞，高约30米，厚厚的围墙，八个塔楼，上面架着十五门大炮，居高临下，非常坚固。起义部队攻打了一个多小时，没有什么进展。有人出主意用磷和松脂混在一起烧大炮，但炮位太高，根本够不着。这时有人喊道："我们现在需要真正的大炮和真正的炮手！"于是，从外面找来一门威力巨大的火炮和有经验的炮手，在猛烈炮火的攻击下，一部分守军终于举起白旗投降了。

攻占巴士底狱成了全国革命的信号。在城市，人民武装夺取市政管理权，建立国民自卫军。在农村，农民攻打领主庄园，烧毁地契。不久，由人民组织起来的制宪议会掌握了国家大权，紧接着又通过了著名的《人权宣言》。当然，革命的进程并不一帆风顺，后又历经以叛国罪处死路易十六，实行雅各宾专政，热月政变，雾月政变直至建立七月王朝，法国大革命才彻底结束。

07 放飞思想

对资产阶级革命的阐述，使我们忘掉了那个曾经启蒙资本主义的先驱——意大利。然而要说到思想文化，我们又不得不重新提起意大利及其伟大贡献。意大利是一个容易让人目光迷离、沉醉不醒的国度。由于优越的地理位置、商品交换积累的财富，以及由此诞生的自由生活，很容易使人们对中世纪以来近千年神学统治的黑暗产生怀疑，极度压抑的思想和灵魂终有解放和出窍的一天，那就是文艺复兴。

被资本主义文明的生活方式熏陶得纸醉金迷、舒适通泰的新兴资产阶级，尤其是作为其代言人的部分知识分子固执地认为，中世纪之前的古希腊、古罗马时代，文艺已高度繁荣，是以日耳曼人为主的蛮族入侵打断了这一文明进程，现在应该是复兴希腊、罗马古典文化的时候了。但丁·阿利吉耶里是文艺复兴运动的先驱者，其文学名著《神曲》是人文主义思想的开山之作。但真正开启文艺复兴运动的，是14世纪意大利学者彼特拉克开创的人文主义。彼特拉克发现了西塞罗（古罗马著名政治家、哲学家、演说家和法学家，也是公认的最好的散文作家之一）佚失的书信，校勘了古罗马历史学家李维的著作（流传下来的只有《罗马自建城以来的历史》一书），并恢复用拉丁文写作，由此引发了文艺复兴运动。15世纪，该运动开始波及欧洲各国，至16世纪达到鼎盛阶段。现在人们脑海当中呈现的达·芬奇的世界名画《蒙娜丽莎》、米开朗琪罗的雕塑《大卫》、拉菲尔的《圣母像》、薄伽丘的《十日谈》等，就成了那段历史的记忆。

但文艺复兴的本质不仅仅是这些，文艺复兴的实质是一场伟大的思想解放运动。文艺复兴运动中，资产阶级用人文主义思想反对封建神学，以人性来代替神性，以人的世俗世界代替神的天堂，以人的理性来代替神学的蒙昧主义，以人的个性解放来代替教会的禁欲主义，以个人的奋斗来代替宗教宿命论，以人权代替神权……这一次伟大的思想解放运动，为资产阶级提供了一种新的世界观和新的文化理念。

08　宗教世俗化

受文艺复兴的影响，宗教的改革也被提上了议事日程。其中最典型的就是德国的路德和法国的加尔文，先后发起了以反对教会的极端统治为主要内容的伟大的宗教改革运动。

先看德国维滕堡大学的神学教师马丁·路德。这里有个赎罪券的故事。当时的教皇利奥十世，慷慨大方、出手阔绰，继任不到两年就把几代人的积蓄花光了。为了解决教廷的财务危机，他想出了一个办法，即以赎罪的名义颁发赎罪券。想免除极大罪恶的，就要买“钻石级”的赎罪券；想死后上天堂的，就要买“黄金级”的；想免除小罪小恶的，就买“白银级”的；甚至还有用来送礼的赎罪券。当时平民赋税已经很重，赎罪券的发行，无异于火上浇油，让人们终于忍无可忍了。当时马丁·路德在学校教堂大门上贴了一篇檄文——《九十五条论纲》，还抱了一大堆赎罪券在教堂门口烧。这一行径几周内迅速传遍德国和欧洲，拉开了宗教改革运动的帷幕。马丁·路德在《论罗马教宗制度》一文中犀利地指出，现在的罗马教会“用自己的法规、空谈、赎罪券和其他很多蠢行，破坏我们的上帝之道和信仰。他们随心所欲地将法规强加于我们，以便把我们变成他们的囚虏，而后又让我们用金钱购买这些法规。他们的伶牙俐口编织了骗取金钱的网罗，反而以‘牧人’和‘喂养者’自居。但如我主在《约翰福音》十章（8：12）所说，他们实际上是豺狼、盗贼和刽子手”[①]。这一檄文得到了社会广泛响应，从而永久性地结束了罗马天主教会对西欧的封建神权统治。

再来看法国加尔文的宗教改革运动。加尔文在大学时深受人文主义的影响，1533年在法国推动宗教改革运动，被指控为宗教异端，流亡瑞士，后辗转来到德国，更深入地了解了德国宗教改革运动。1541年，他受邀到日内瓦主持宗教改革运动，撰写《基督教神学原理》，在城市建立政教合一管理体制，在欧洲各地建立加尔文教教会。一时间，加尔文教成为最时兴的基督教新教派。加尔文用预定论作为全部宗教改革思想的理论基础，这一理论排斥教会的干预，重视人与上帝的直接沟通，肯定人们的自身努力。马克思、恩格斯曾评价加尔文道：“他以真正法国式的尖锐性突出了宗教改革的资产阶级性质，使教会共和化和民主化。当路德的宗教改革在德国已经蜕化并把德国引向灭亡的时候，加尔文的宗教改革却成了日内瓦、荷兰和苏格兰共和党人的旗帜，使荷兰摆脱了西班牙和德意志帝国的统治，并为英国发生的资产阶级革命的第二幕提供了意识形态的外衣。”[②]

09　战栗的宇宙观

一个人对宇宙、对世界、对自然万物，以及对人自身的认识，离不开外界的影响和灌输。可以想象，在近千年的中世纪，欧洲人对宇宙、对客观世界的认识都是被教廷固化了的。比如认为人类社会是严格的等级社会，每个人都是

---

① 路德文集中文版编辑委员会编：《路德文集》第1卷，上海三联书店，2005年版，第492页。

② 《马克思恩格斯选集》第四卷，人民出版社，2012年版，第262—263页。

处于特定等级地位的人，享有特定的权利并承担特定的义务。比如王权源于神授，王室血统具有神秘性质，而臣民对国王效忠誓约能得到基督教的庇佑，违背誓约则意味着在宗教上犯罪。比如教会是精神领袖和道德权威，基督教神学是占绝对统治地位的意识形态，等等。这真是一个非常奇特的现象，刚刚从森林里走出来的日耳曼人从军事上征服了罗马帝国，而基督教却从宗教上征服了日耳曼人。

然而世界上任何一个事物的生长都是有规律的，一旦到了一个极限，就必然会走上另外一条更宽广的道路。西方世界的宇宙观也是这样。首先是神学宇宙中心学说的颠覆。尽管《圣经》并没有涉及诸如“地球是宇宙中心”之类的天文知识，但是经院神学家们仍然坚信继承自古希腊的“地心说”，并将其作为教会神学理论体系的基石。文艺复兴运动的发展，特别是人文主义思想的传播，打破了科学受制于古代权威知识的限制，促进了人们对自然现象的研究与思考。16世纪初，麦哲伦环球航行证明地球是圆的，但是证明不了地球是中心。1543年，哥白尼的《天体运行论》一书出版，提出日心地动说，宇宙的中心成了太阳，彻底颠覆了传统认识，引起教会的极大恐慌和仇视。哥白尼的学说和卓越见解，在当时被认为是离经叛道，经常受到教会的威胁和迫害，不仅身边安插有大主教的密探和奸细，还采取各种手段阻止《天体运行论》的出版，等等。直到哥白尼弥留之际，书稿才印好送到他手上。在他去世四百一十年后，该书才补足了原有的全部章节。

其次是亚里士多德物理学理论的毁灭。中世纪的经院学者将亚里士多德的物理学理论视为圭臬，奉为权威。比如，亚里士多德三大定律为：运行的天体是物质实体的学说；各物体只有在一个不断作用着的推动者直接接触下，才能够保持运动的学说；真空是不能存在的，因为空间必须装满物质，才能通过直接接触传递物理作用的学说。但是伽利略、笛卡尔、开普勒等科学家以实验等新的物理学方法，先后提出了自由落体运动定律、光的折射定律等，提出了惯性、加速度概念。特别是牛顿发表《自然哲学的数学原理》，阐述了万有引力和惯性定律、加速度定律、作用与反作用定律等三大运动定律，从而一举推翻了亚里士多德物理学对西方世界近两千年的统治。

最后是自然科学的发展，推动了技术的进步与认知的深化。《圣经・旧约》里讲，上帝用泥土创造了男人，叫亚当。然后用亚当的肋骨创造了女人，叫夏娃。因此女人的肋骨就比男人多一根。而比利时医学家维萨里发表的《人体的构造》，证明了男人和女人身上的肋骨一样多，彻底否定了上帝用男人的肋骨创造出女人的谬论。同时在技术层面，欧洲一些先进国家开始用机器劳动代替手工劳动，瓦特改良蒸汽机引发了欧洲工业革命等，资本主义进入了现代化机器大工业时代，进入了快速上升期、发展期。

10　离奇的悲剧

当十五六世纪殖民和掠夺空前激烈，欧洲资本主义得以迅猛发展的同时，那个曾经独领风骚几千年、令无数人向往和叹服的中国在干些什么呢？那时大约是明朝中叶，位于中国西北部的瓦剌军南侵，明英宗亲征，但在土木堡大败，从此国力迅速衰退。尤其是在对外政策上，固守“厚往薄来”的朝贡体系和严禁中外商民自由贸易，无形中把自己封闭在正在发生剧变的世界之外。

对这种现象，西方人称之为“中华帝国的封闭和孤立”。马克思则以“闭塞”“不受外界影响的隔绝”描述之。在中国，早在民国时期，大多数学者都认为鸦片战争以前的中国实行闭关锁国政策。这种观点一直延续到21世纪初，并且认为中国近代的闭关锁国实际上是从明朝中叶开始的。那时即使有少量的外交贸易，那也是官方行为，并且还严格限制商品出口种类，比如丝绸、铜钱、铁器、硝石、硫黄等。到了清朝，甚至还对丝绸、茶叶、大豆的出口量也严加限制。而欧洲就是在明朝开始的一百年内赶上来的。

仅就科学技术的重大发明和创造而言，在16世纪前，中国能占到世界总数的半数以上，而到17世纪初，中国的所占比率就开始低于西方国家，发展的颓势已比较明显。而近年来的深入研究表明，面对咄咄逼人的西方殖民势力，明清时期的中国当政者从军事、经济、文化等不同层面，采取了以“自主限关”

为主要特征的限制性政策。这一政策固然没有阻断明清时期中国对外贸易的发展和中西文化交流互鉴，但造成了消极防御和漠视西方先进科学技术的负面影响，在一定程度上为近代中国陷入被动挨打的局面埋下了伏笔。[①]在明万历年间，西方传教士利玛窦来到中国，绘制《舆地山海全图》（即世界地图），传播地圆观念，许多官员担忧地圆理论冲击天尊地卑的贵贱秩序，扰乱固有的纲常等级。[②]另外，看到图上的中国不在世界的中央，认为这是荒诞不经之作，是歪理邪说，必入地狱。[③]到了清乾隆、嘉庆年代，英国的工业革命已基本完成。但乾隆、嘉庆仍虚妄无边，不知已经急剧变幻的时势。1792年，英国派马戛尔尼出使中国并为乾隆祝寿，带来了反映当时最高科技水平的天文地理仪器、前膛枪、炮舰模型、望远镜等，但乾隆只是把它作为玩好锁进库中。嘉庆皇帝虽然在对外交涉中力主严禁鸦片，对英国侵略者在沿海活动高度警惕，但闭关锁国的传统观念使其采取盲目排外态度，把西方的科技成果一概贬低为“奇技淫巧”。终清一朝，弥漫着限制工商业、藐视科学技术、闭关锁国、禁锢思想的风气和做法，严重制约着社会的进步。[④]

因此，马克思曾一针见血地指出：“一个人口几乎占人类三分之一的大帝国，不顾时势，安于现状，人为地隔绝于世并因此竭力以天朝尽善尽美的幻想自欺。这样一个帝国注定最后要在一场殊死的决斗中被打垮：在这场决斗中，陈腐世界的代表是激于道义，而最现代的社会的代表却是为了获得贱买贵卖的特权——这真是任何诗人想也不敢想的一种奇异的对联式悲歌。”[⑤]马克思的这段话，现在读起来，仍然振聋发聩。尤其是马克思讲的，陈腐世界的代表是激于道义的原则，而最现代的社会的代表却是依据价值规律。这确实需要我们认真思考。

---

① 参见高翔：《明清时期“闭关锁国”问题新探》，《历史研究》，2022年第3期。

② 参见庞乃明：《明代中国人的欧洲观》，天津人民出版社，2006年版，第252页。

③ 参见庞乃明：《明代中国人的欧洲观》，天津人民出版社，2006年版，第267页。

④ 参见徐伟新、刘德福：《落日的辉煌——17、18世纪全球变局中的“康乾盛世”》，人民出版社，2016年版，第9—10页。

⑤ 《马克思恩格斯选集》第一卷，人民出版社，2012年版，第804页。

鸦片战争以来近代百年的耻辱，给中国人造成一种独特的心态。原来无论是国内生产总值（GDP）、科学技术，还是影响力，中国一直是世界第一，后来西方列强在中国的东部海岸摆了几门炮、放了几炮，中国就变成了半殖民地半封建社会，这是很屈辱的。但是这种屈辱怎么排解？当然是要发展，要强大起来。

第二章
大航海以来思想大咖们在想些什么

01　时代需要新的大脑

一定的时代必定产生一定的思潮并为时代服务。在中外历史上，人类曾经拥有过老子、孔子、墨子、庄子和苏格拉底、柏拉图、亚里士多德等一大批思想家、哲学家，留下了诸如《道德经》《论语》《理想国》《政治学》《雅典政制》等一批滋润千秋万代的思想和著作。然而当人类社会迈入资本和商品的年轮，许多旧有的理念和认知越来越难于适应时代的发展，越来越难于揭示事物发展本身的规律和原委。思想的翅膀总是长在实践的肌体上，实践越丰富，思想越深刻，飞翔也就越久远。

面对大航海以来跌宕起伏、精彩纷呈的世界历史，无论是战争、杀戮、掠夺和欺骗，还是和平、帮助、赠予和真诚，都需要无数颗聪明的大脑去挖掘、梳理和总结，都需要有限的绝顶智慧去启示、引领和规范。适应资本主义对外扩张、殖民主义和资本主义生产方式的需要，一批思想大咖纷纷著书立说，在方方面面进行理论的研究、思想的阐发，对当时的社会发展产生了深刻影响。我们不妨从哲学、经济、政治、制度、社会意识形态等几个层面简要作一梳理。

02　向大自然学习

提到列奥纳多·达·芬奇，人们首先想到的可能是几幅杰出的画作，如《蒙娜丽莎》《最后的晚餐》等。实际上，达·芬奇留给后人的远不止一个杰出画家作品的绝响，而是一颗聪明的大脑和绝顶的智慧，他涉猎哲学、数学、发明、建筑、天文学、地质学等领域，是文艺复兴时代其他部门的开路先锋，是人类历史上绝无仅有的全才。连恩格斯也不吝溢美之词：列奥纳多·达·芬奇“不仅是大画家，而且也是大数学家、力学家和工程师，他在物理学的各种不同分支中都有重要的发现”[①]。

记得小时候看过一本世界名人传记，当看到达·芬奇设计的机关枪、坦克车、子母弹、潜水艇时，对一个艺术宫殿中近乎圣人的人设，顷刻坍塌！这是后世对达·芬奇事迹的挖掘和褒奖，也是达·芬奇恃才傲物的本钱。但是在文艺复兴时期，达·芬奇最大的贡献、最大的成果，却是把人类思考的本体从神落到了地上，开始关注现实的人和社会。达·芬奇之所以伟大，诚然他的设计和发明、他的绘画是如此光彩夺目，令人起敬，但是更重要的是，他把自己的研究成果和实践经验加以总结和提炼，阐发了有关世界观和方法论的重要思想，使之在科学史和哲学史上真正占有先锋的地位。

在文艺复兴早期，人们盲目接受传统观念，盲目崇拜古代权威和古典著作。特别是像对待《圣经》那样对待亚里士多德的理论，神圣不可侵犯。而达·芬奇反对经院哲学家们把过去的教义和言论作为知识基础，反对经院哲学家迷信权威、闭目塞听又狂妄无知的态度。他讥讽道：“那些背诵旁人作品而大肆吹嘘的人，就如同镜子所照的东西和那东西在镜子里所生的印象一样，一个是一件实用的东西，而另一个只是一种幻影。那些人从自然那里得到的益处

① 《马克思恩格斯选集》第三卷，人民出版社，2012年版，第847页。

甚少，只是碰巧具有人形，否则他们就大可列在畜牲一类。”[①]他要求人们把视线转向大自然，做自然和人类之间的翻译，到自然界中去寻找知识和真理。他坚信自然是可以认识的，太阳底下藏不住秘密，对自然的分析为他的艺术提供了新知，而这又反过来进一步促进了他对自然的分析。[②]“打算先向经验求教，然后推理分析其背后的运作机制。”“虽然自然以肇因为始，以经验为果，我们必须反向追究，以经验为始，探求起因。”[③]只有实践经验和理性相结合，才能达成对真埋的认识。

达·芬奇指出，数学是将观察变成理论的关键，大自然用这种语言书写它的规律。数学方法是进行科学研究的重要手段，“科学中的确定性皆能用数学来阐述”[④]。他认为知识起源于实践，只有从实践出发，通过实践，才能探索科学的奥秘。同时，“那些热衷实践却没有理论知识的人，就像船上没有舵或罗盘的水手，永远无法确定自己要去哪里”，“实践必须永远建立在可靠的理论之上”。[⑤]

时代的发展，要求人们对世界总的看法要发生根本改变，这就要从哲学做起。中世纪哲学把上帝和来世作为中心，要求人们把自己的一切奉献给神和教会，以求来世“天国”永生。而人文主义者破除了这一传统观念，他们蔑视天堂，攻击禁欲主义，背弃来世观念，把关注点放在人和现实世界上。宣扬个人自由和人的尊严，认为人是生活的创造者和主人，人生的目的在于追求现世的自由与幸福，人是现世生活的创造者和享受者。人文主义者要求文艺要表现人

---

① 北京大学西语系资料组编：《从文艺复兴到十九世纪资产阶级哲学家政治思想家有关人道主义人性论言论选辑》，商务印书馆，1971年版，第21页。

② 参见［美］沃尔特·艾萨克森：《列奥纳多·达·芬奇传》，汪冰译，中信出版集团，2018年版，第274页。

③ ［美］沃尔特·艾萨克森：《列奥纳多·达·芬奇传》，汪冰译，中信出版集团，2018年版，第173页。

④ ［美］沃尔特·艾萨克森：《列奥纳多·达·芬奇传》，汪冰译，中信出版集团，2018年版，第202页。

⑤ ［美］沃尔特·艾萨克森：《列奥纳多·达·芬奇传》，汪冰译，中信出版集团，2018年版，第175页。

的思想感情，科学要为人生谋福利，教育要发展人的个性，把人的思想、感情、智慧都从神学的束缚下解放出来。

而达·芬奇本人就是这一解放的化身。达·芬奇指出，物质世界是客观存在，自然界现象服从客观的必然规律，而不是服从神的意志。达·芬奇提出并掌握观察和实验这一对科学方法并将之用于科学研究，在多方面取得了重大成就，为哲学和自然科学的发展做出了巨大贡献。他提出的这一方法，后来得到著名科学家伽利略的发展，并由英国哲学家弗朗西斯·培根从理论上加以总结，成为近代自然科学最基本的方法。

03　英国唯物主义第一创始人

人们熟知弗朗西斯·培根，缘于他的一句名言“知识就是力量”。对于许多出生在20世纪五六十年代的人来说，这句名言就是学习的动力。许多人正是默诵着这句话，通宵达旦地读书、复习，参加高考，跃上龙门，走向人生的坦途。从这个意义上讲，“知识就是力量”改变了整整一代人的命运。

培根理应是我们生命中的灯塔！直到读了一本类似《培根传》的小册子，里面记载了培根如何忘恩负义，在审理艾塞克斯伯爵叛国罪一案时如何严厉决绝，如何“不徇私情”，全然不顾自己穷困潦倒时想方设法攀附伯爵，从而得到伯爵长期无微不至的关怀和资助。从那时起，从心里认为培根确实称得上一个“伟大而卑鄙的学者”。后来又读了他的随笔《人生论》，除了《论读书》《论美》《论爱情》等脍炙人口的名篇外，也读到如《论野心》《论伪装与沉默》等权术经验，一下子觉得培根与“知识就是力量”的倡导者之形象相去甚远，甚至认为他自己的人生明显不是这一名言的真实写照，而是充满遗憾的一大悖论！

然而当深入研究培根的一生，加之自身阅历的增加和思想的成熟，对这位在哲学史上起着转折意义的伟大人物不禁心生敬佩，而对他在唯物主义发展中的卓越贡献更是高山仰止。

培根年轻时立志“复兴科学”，决心把脱离实际、脱离自然的一切知识加以改革，并把实践和经验引入认识论。他在漫长的政治生涯和学术生涯中，以自己独特的经历和感悟，写出了一批在近代文化思想史上具有重大影响的著作，其中包括《伟大的复兴·新工具论》《自然的解释》《论人类的知识》《人生论》等。在《伟大的复兴·新工具论》中，培根把实验和归纳看作相辅相成的科学发现的工具，强调要获取真正的知识，归纳法是必不可少的，指出科学研究应该使用以观察和实验为基础的归纳法。他重视科学实验在认知中的作用，认为必须借助于实验，才能弥补感官上的不足，才能深入揭露自然的奥秘。

培根的另一伟大贡献就是对唯物主义的阐述。他继承了古代唯物主义的传统，承认自然界是物质的，构成一切事物的最小单位是真正的分子，分子的不同排列和组合导致事物的千差万别；运动是物质固有的最重要的特性，运动是有规律的，其形式是多样的；科学的任务就是发现规律，从而获得行动上的自由，以便征服自然。培根被马克思、恩格斯称为“英国唯物主义和整个现代实验科学的真正始祖”[①]。

04 尊崇金银等贵金属

大航海和殖民化带给葡萄牙、西班牙、荷兰、英国、法国乃至美国的巨大利益是显而易见的，而带给殖民地国家、部落和人民的巨大灾难也是显而易见的。一方面是灯火辉煌、举杯同庆，一方面是家破人亡、哀鸿遍野，无论是从人类文明的哪个层面看，这都是绕不过去的一大污点，都是很难用一种理论自圆其说的。但奇怪的是，一个打着抽象经济理论旗号——重商主义的研究成果却“不合时宜”地诞生了！这一理论的最大亮点就是先后提出了两个概念：货币差额论和贸易差额论。这两个概念是很抽象的，其成功之处

① 《马克思恩格斯全集》第2卷，人民出版社，1957年版，第163页。

在于把殖民掠夺的过程，看成是十分自然、十分纯粹的经济活动，是易货贸易，是商品交换，是重金属（货币）中介。这样一来，就把人类历史上最大规模的掠夺和侵占、人类种族史上最残酷的杀戮和种族灭绝，美化或淡化为你情我愿的经济活动和贸易活动。就如同一个强盗闯入别人家里，主人理所应当反抗但最终却被强盗所杀，法庭在审判时提出两个判断标准，一是谁的力气大，二是谁的刀刃锋利，最后的结果是因为主人力气小，工具落后，被握有先进武器的强盗所杀是必然的，在法律上（或人类文明发展进程中）是应该的，甚至是必需的。如果我们还原这一段历史，从当时血淋淋的现实出发，再来审视重商主义理论，不知人们会在心中孕育出一种什么样的感受，抑或是会发出一种什么样的感慨？

众所周知，资本主义之所以叫资本主义，是因为其核心的力量是资本，也就是用来攫取利润的生产资料和货币。要把资本主义的合理性描绘出来、解释出来，把少数人占有生产资料和货币的合理性描绘出来、解释出来，重商主义必然是一个重要的理论选择。该理论认为，一国积累的金银越多，就越富强。而为了民富国强，国家就要干预经济生活，禁止金银输出，增加金银输入，而不论这种干预手段是否合理、合法、合乎正义。早期重商主义的代表人物有英国的约翰·海尔斯和威廉·斯塔福、法国的孟克列钦等人，他们坚持货币差额论，主张采用行政手段，禁止货币输出，反对商品输入，以贮藏尽量多的货币。晚期重商主义的代表人物有英国的托马斯·曼、法国的柯尔贝尔等人，他们坚持贸易差额论，主张发展工业，扩大对外贸易出超，保证大量货币的输入。一个是禁止货币输出，一个是保证货币输入，目的都是一样的，即保证本国货币在数量上的绝对优势地位。

一个不容置疑的事实是，重商主义确实为早期的资本主义发展积累了雄厚的资本。葡萄牙通过太平洋、印度洋航线，一度垄断了与中国、印度等东方国家的香料、黄金、食糖等贸易。与此同时，它们还利用庞大的贸易网络和武力威胁，从众多贫穷国家廉价攫取大量生产资料，给这些国家造成巨大经济损失。在财富和金银迅速积累的同时也制造了通胀，据统计，1500—1620年间，欧洲物价平均涨了300%—400%。[1]掌握大部分财富的商人和资本家可以穷极奢侈，而农民、工人、殖民地民众却只能艰难生存。

05　冲破人伦道德

任何一种理论，它越是彻底、越是透彻，就越要直奔主题、切中要害，而不是刻意回避和隐瞒活生生的现实。我们一再揭示重商主义者丢掉一切人间伦理道德，为殖民和掠夺辩护的本质，也是为了构建更加高尚、更加完备的理论体系，更加凸显社会主义思潮的深刻性、彻底性和对道义制高点的尊崇、追求。

我们不妨再来深刻剖析一下重商主义的另外一面。在黄金的诱惑下，战争劫掠、殖民掠夺、黑奴贸易等，似乎一切都是合理的。据史料记载，英国殖民者入侵北美时，曾通过了重赏剥取印第安人头盖皮的决定。1744年马萨诸塞湾的赏格是：每剥一个十二岁以上男子的头盖皮得新币100镑，每俘获一个男子得105镑，每俘获一个妇女或儿童得50镑，每剥一个妇女或儿童的头盖皮得50镑。英国议会曾无耻地宣布，杀戮和剥头盖皮是“上帝和自然赋予它的手段”[2]。在长达四百多年的“猎奴战争”中，仅利物浦的船只，从事奴隶贩运的就有900趟，所贩奴隶卖价1500万镑，净赚1200万镑。有资料显示，在16世纪上半叶，西班牙残暴的殖民制度使印第安人被屠杀的达1200万至1500万人。如15世纪末西班牙入侵海地时，当地人口约有6万人，到1548年时，只剩下500人；当1503年西班牙入侵牙买加岛时，岛上有印第安人30万，到1548年他们几乎全被消灭。[3]有个叫拉斯·卡萨斯的修道士，以亲身经历揭露西班牙殖民者在新大陆的暴行：“他们从母亲的怀里夺下婴儿，把脑袋往石头上撞。

---

① 参见［法］德尼兹·加亚尔、［法］贝尔纳代特·德尚、［法］J.阿尔德伯特：《欧洲史》，蔡鸿滨、桂裕芳译，人民出版社，2010年版，第311页。

② 《马克思恩格斯全集》第23卷，人民出版社，1972年版，第822页。

③ 参见刘明翰主编：《世界通史》（中世纪卷），人民出版社，2017年版，第427页。

或是把他们抛入河里，在看到垂死者泛起水泡时笑着并开心地说：'看！这就是异教徒的灵魂离开躯壳泛起的水泡。'……他们用我们的救世主和十二使徒的名义立起大绞刑架，在火刑柱上把印第安人活活烧死。……训练出来最凶猛的猎狗，在'救主祷文'没读完以前，它们就能把印第安人咬碎。把这些狗向印第安人放过去，它们像吃猪一样吃掉不幸者，这种狗使印第安人遭受极大的毁灭。"[①]可以说在重商主义之下，殖民地到处是殷殷鲜血、累累白骨，有时是真正的"种族灭绝"啊！

不仅如此，重商主义对国内农民的盘剥和对工人的压榨也日益深重。在科技并不发达的年代，重商主义要求不断扩大再生产，这就需要庞大的劳动力人群。而庞大的劳动力人群从何而来，那只能是完全剥夺农民的土地，使其只能到城市、到工厂打工。与此同时，在劳动力总量受到一定限制的前提下，通过延长劳动时间、增加劳动强度、提高单位时间的劳动生产率，来满足市场对产品的需求。

总之，从本质上讲，重商主义就是狭隘的民族主义和功利主义，它使富国越富，穷国越穷，富人越富，穷人越穷，导致了严重的国家之间的矛盾和冲突，宗主国和殖民地国家之间的矛盾和冲突，富人和穷人之间的矛盾和冲突，严重损害了殖民地国家和贫穷国家的利益，扰乱了世界市场，因此必然要遭到人民和历史的唾弃。

06　撕开政治伦理遮羞布

在资本主义发展过程中，马基雅维利的《君主论》是一部具有非凡影响力的政治学著作。《君主论》在统治者眼里是一本不可多得的执政宝典，因为它教给统治者如何获得统治权，应该建立什么政体，不同政体国家的君主应如何统治，以及君主的行事准则和手段、谋略等。对于野心勃勃、跃跃欲试的从政

① 《世界通史资料选辑》（中古部分），商务印书馆，1964年版，第322—323页。

者，或者在职场中拼搏奋斗的青年才俊而言，也是一本能够令人恍然大悟、有醍醐灌顶之效的从政和职场教科书。

马基雅维利生活的意大利佛罗伦萨城，早先处在美第奇家族统治之下。佛罗伦萨是文艺复兴的心脏，而美第奇家族则是文艺复兴最大的金主和支持者，曾经铆足劲向建筑、艺术、图书馆、研究等领域投资，久负盛名的乌菲兹美术馆，就是这个家族的遗产。1494年，法国入侵佛罗伦萨，美第奇家族的统治者不战而降，激起全城人民的极大愤怒。随后，全城人民发动起义，驱逐了美第奇家族，建立了共和政府。马基雅维利年轻时是佛罗伦萨共和国的低级官员，担任过共和国权力机构“十人委员会”的秘书，参与军事和外交方面的工作，前后任职达十四年。正是在这样的从政过程中，马基雅维利目睹了各国统治者之间尔虞我诈、玩弄阴谋诡计的种种伎俩，积累了丰富的人生和政治经验。

1512年，美第奇家族重新统治佛罗伦萨，马基雅维利被捕入狱，后流放至乡下。马基雅维利是个官迷，虽然受到打压在农村过隐居生活，但从政志向并未泯灭。为了讨得当政者的欢心，他潜心著述了《君主论》呈献给当政者，仍然积极谋求获得美第奇家族的宽宥，幻想重返政坛。马基雅维利的努力取得一定成效，美第奇家族开始让他为城市未来的政体提供意见，并授予他史官和其他一些不重要的职务。然而好景不长，1527年，美第奇家族统治再次被推翻，共和国恢复。这时的马基雅维利提出希望得到以前在共和国“十人委员会”秘书的职务。但共和国因为他与美第奇家族的交往，拒绝了他的要求。他未展其志，不久便忧郁而死。他死后五年该书出版，对后世影响巨大，因此他被称为政治学之父。

《君主论》是马基雅维利对佛罗伦萨几百年间的“政治实验和激烈改革”，对历史和现实中各国统治者的政治经验，以及他本人多年从政阅历的理论总结。该书问世以来，深受全世界广大读者欢迎，无论是东方还是西方，无论在政界、宗教界还是学术界，都产生了不可估量的巨大影响。西方评论界甚至将其列为和《圣经》《资本论》等相提并论的影响人类历史的十部著作之一。

马基雅维利在《君主论》一书中，试图把但丁的国家统一思想与君权思想付诸实现，尽可能深入权术问题，直接向君主提出种种实行权术的办法。他在书中通过探讨各种类型的君主获得统治权力的历史经验，设置了在统治期间可能会遇到的几种典型场景：生活在各自法律之下的城市或君主国、依靠自己的军队和能力获得的新君主国、依靠他人的武力或凭借好运取得的新君主国、依靠邪恶之道取得的君主国，以及市民君主国、教会君主国，等等，然后教授君主如何处理慷慨与吝啬、残忍与仁慈、受人爱戴与被人畏惧、受人轻视和憎恨、守信之道等关系和问题。特别是深刻剖析了君主们经常采用手段的利与弊，提出了君主获得声望的行事准则等，可谓君主执政的百科全书。

马基雅维利将君主的政治行为和伦理行为截然分开，直言不讳地否定一般公认的道德。他认为政治的实质是权力问题，法律、军队、权术等治国要策都是权力的工具。权力属于有手段得到它的人，君主必须像狐狸一样狡猾，像狮子一样凶猛，如果太善良是要灭亡的；有时候君主必须不守信用，只有在守信用有好处时才能守信用等。这些思想深受马克思的赞赏，赞赏的理由当然不是教人们不要善良和不守信用，而是指这种研究方法已经变得比较切合实际和比较理性了。后世的一些统治者，从《君主论》等学说中吸收了一些巩固统治的原则、谋略和技巧。也有一些统治者因固守脱离道德的所谓权力准则，最终滑向了专制主义的泥潭。还有一些统治者因《君主论》等学说的引导，在政治上产生了国家主义倾向。

07　国家主权神圣不可侵犯

生活在当代世界，观察国际政治，分析国与国之间的关系，国家主权是其中绕不过去又至关重要的概念和理论。而法国的让·博丹就是这一概念和理论的奠基者，《国家六论》就是其代表作。

让・博丹有着谜一样的人生。早年因为对压制世人信仰自由的政策有极大的反感，以年龄尚幼而不足以立誓约为由，退出了天主教会加尔默罗修道会。这在那个处处都存在宗教教派和宗教迫害的年代，对于一个还不到二十岁的青年来说，绝非易事。

脱离教会之后，博丹进入大学主修法律，毕业后当过一段教师和律师。这时他立下了一个志向，即通过历史研究，寻找一个系统的方法，构建一种严密的体系，竭尽全力去重建法国。也正是在这个时候，他成为国王查理九世的弟弟、阿朗松公爵弗朗索瓦的私人幕僚，进而成为公爵的御前大臣和上请法官。他很好地抓住了这一天赐良机，考察了高层政治的细微之处和各国外交的谋略技巧。难能可贵的是，让・博丹并没有陷入公爵的党派事务，即便是长达三十年的宗教战争，既无和平更无秩序，也没能动摇他的志向。《国家六论》就是在这样的环境中孕育并产生的。因此有学者评价到，博丹是一个思想缜密的思想家，他关注的只是事实，满脑子都是实用的改革方案，公爵只是为他的研究搭建了实践的平台，宗教战争更使他认识了社会的本质。由于他所研究问题的政治性和实践性，必然要或多或少地与一些党派发生关系。但是学者的严谨与理性，又决定了在任何时候，他的观点都不仅仅属于某一个党派。他是一个兼具政治家、法学家、哲学家于一身的伟大学者。

在《国家六论》中，让・博丹试图将各个国家的法律体系以及主要国家的民众习惯汇集在一起，进行比较研究，以便看出国家的产生、成长、发展、变化与衰落。从内容到形式，他都参照和汲取了亚里士多德的政治思想体系，提出国家主权学说，指出主权是国家的主要标志，对内具有至高无上的权力，对外具有独立平等的权利。让・博丹认为最好的政体是君主政体，君权不受法律制约，不对人民负责，主权最重要的任务是制定法律，君主是主权者，当然也就是立法者。

让・博丹是很值得后世敬仰和感谢的一位学者。这不仅仅因为他所提出的国家主权学说奠定了现代民族国家理论的基石，由此开辟了主权—治权—人权的国家政治学说的延伸和深化，更重要的是因为他当时面对的社会还不是现代意义上的民族国家，而是还在盛行的封建专制、殖民地、城邦国家联盟等。在这样的背景下，他提出了影响独立民族国家未来的国家主权学说，不能不说是深谋远虑、战略之举、天才预测！当然，后来又有许多学者对让·博丹的学说进行了深化和完善。比如有的学者认为主权是国家政治和国际关系的基础，主权国家是国际社会唯一的主体。也有学者认为，主权国家是国际社会的基本主体之一，个人、利益集团、跨国公司和国际组织的作用日趋重要，主权国家的作用已经受到限制。可见，让·博丹国家主权不可转让的特征正在逐渐发生变化。而这一切都无疑是符合理论与实践互动完善之规律的。

马克思对马基雅维利及其后一些近代思想家这样评价道，他们“已经用人的眼光来观察国家了，他们是从理性和经验中而不是从神学中引申出国家的自然规律”[①]。他还说，从近代马基雅维利、霍布斯、斯宾诺莎、博丹，以及近代的其他许多思想家谈起，“权力都是作为法的基础的，由此，政治的理论观念摆脱了道德，所剩下的是独立地研究政治的主张，其他没有别的了”[②]。

08　自然法学说创立

当人类从千年蒙昧及黑暗中走出，如何保证人类不再跌落文明消失的深渊，众多学者不断地研究、设计，不断地为旧制度的改善、新制度的创立呐喊助威，呈现出少有的历史自觉和历史主动。自然法学说的创立，就是这一切努力创新的突出成果。

这一时期自然法学说的代表是荷兰人胡果·格劳秀斯。格劳秀斯是有名的“荷兰神童”，十一岁进入莱顿大学学习，主修哲学和古典语言学，他兴趣广泛，大学期间翻译出版了力学著作和天文学著作。十四岁通过毕业论文答辩，十五岁陪同荷兰政治家出使法国，并进入法国奥尔良大学攻读法律，同年通过

① 《马克思恩格斯全集》第1卷，人民出版社，1956年版，第128页。

② 《马克思恩格斯全集》第3卷，人民出版社，1960年版，第368页。

论文答辩并获得法学博士学位。法国国王亨利四世对格劳秀斯赞叹不已，称“荷兰之奇迹在此!”并授予他一枚大金质勋章。

凭借精明强干、思维敏捷、能言善辩的才干，以及享誉国内外的“神童”影响力，格劳秀斯年轻时就进入政界，获得相当的职位和地位，后来因为卷入国内的政治斗争和教派纷争，被判处终身监禁，设法逃到法国后受到厚待。1625年，他发表了法学名著《战争与和平法》。在这一著作中，他认为，自然法的基础存在于人性之中，爱社交性是人类共同的基础。人的本性要求过一种和平而有组织的生活，人们对有秩序的和平生活的要求是一切法律的根源，也是自然法存在的依据。自然法学说让人们感觉到人类存在自然法则，从而理性地形成社会契约和“自由、平等、天赋人权”等原则。这显然是在假设基础上美化资本主义，但也不可否认其中有科学有益的成分。

在这一时期，霍布斯的社会契约论，洛克的自由、法治与分权学说也有很大的影响。霍布斯曾给培根当过秘书，深受培根唯物主义思想的熏陶。他自称是第一次将几何学的方法运用到政治学中，恩格斯称他为“第一个现代唯物主义者（18世纪意义上的）”①。他在代表作《利维坦》中指出：人们为了摆脱“自然状态”，彼此之间共同约定：大家都放弃自己的全部权力，并把它交给一个人或由一些人组成会议，并且承认在公共事务方面代替大家作出决定。由于这种契约，公共权力和国家就建立起来了。洛克一生经历了英国革命的全过程，长时间受辉格党影响，支持君主立宪制度，主张公民自由、宗教宽容和对外扩张的经济政策。光荣革命后，洛克接连发表了《论宗教宽容》《政府论》《人类理解论》等重要著作。特别是在《政府论》中提出自由、法治与分权的政治原则，认为国家有三种权力：立法权、执行权和对外权。立法权是最高权力，但必须受委托条件的限制，即不得侵害人民的生命、自由和财产。他还认为，当政府违背人民建立它的目的时，政府便解体了，人民有权运用革命的手段建立新的政府。

① 《马克思恩格斯选集》第四卷，人民出版社，2012年版，第612页。

09　启蒙思想厥功至伟

在近代欧洲发展历史上，法国的启蒙运动与意大利的文艺复兴、德国和法国的宗教改革并称“三大思想解放运动”。然而从本质上讲，启蒙运动和文艺复兴、宗教改革还是有所不同的。如果要形象地做一比喻的话，就好像一个现代人由于各种原因（如野蛮部族的入侵）穿越到了蒙昧野蛮的原始部落时代，虽然那些野蛮人把现代人照顾得很好，甚至用女人的乳汁将其养大成人，但是现代人依然依稀记得和父母在一起的快乐时光，记得那些陪伴他成长的伙伴，记得现代文明的城市、汽车、动物园、酒吧、娱乐城等，无时无刻不在期望拥有昨日的美好时光，哪怕是带着野蛮的部族一起进步成长。因此才有了文艺复兴这个词。同样地，宗教改革冲破了近千年神学的禁锢，就如同人们被长时期封闭在一个黑屋子里，看不清屋里有什么，不知道外面有什么，即便是知道屋里和外面有什么，也是教会的长老告诉人们的。在人们的观念中，教会的教导就是真理，而超越教会的教导甚至违背教会的教导，那是人们从未想过，或者认为想想都是大逆不道的罪过。因此，前两次思想解放运动，主要做了让人们回归本能、回归自然，过上一个正常人所应有的生活的工作。然而一个正常人的生活应该是怎么样的，如何保障人们的正常生活，社会层面应该是一个什么样的架构，国家层面又应该是一个什么样的体制，等等，这恰恰是启蒙运动试图回答和解决的问题。法国启蒙思想的代表有伏尔泰、卢梭、孟德斯鸠，号称“启蒙三剑客”。

伏尔泰是驰名欧洲的诗人、学者，也是法国启蒙运动的思想领袖。他的国家学说建立在人权原则的基础上，认为最公正的社会秩序是以自由和私有制为基础的，除此之外还需要有第三个原则，就是平等。伏尔泰关于人天生平等的思想，在当时有着重大的启蒙意义。他承认自然赋予人类以自由平等的权利，“本身自由，周围的人与自己平等——这才是真正的生活，人们的自然生活”[1]，人在运用自己的本能和理智时也是平等的。他认为，“在我们多灾多难的世界上，生活在社会中的人们不可能不分成两个阶级，一个是支配人的富人阶级，另一个是贫困阶级”[2]，因此“除非有无限数量的有用的人一无所有，人类是不能生存下去的”[3]。强调要废除等级特权，使普通人不受蔑视。伏尔泰在政体上倾向于开明君主制，希望出现一个开明的君主，但在晚年提出过共和制的主张，认为共和政体是最宽大、最自然、最合理的制度，使人们最接近于天然的平等，使人民的自由得到最充分的保障。需要补充一句的是，伏尔泰一生热爱中国，推崇孔子，迷恋儒家学说，孔子的思想给予了伏尔泰很大的影响。

孟德斯鸠是近代分权学说的创立者，又是近代法理学和社会学的奠基人。孟德斯鸠出生在法国一个贵族世家，受到古希腊罗马的政治思想的系统教育。后来继承了家族的爵位和议会议长、法院院长的职位，从政的经验使他洞悉了法国专制制度的黑暗和无能。之后，他就把主要精力放在从事法律、科学、史学和哲学的研究上。1748年，他发表了积二十年心血酝酿而成的学术巨著《论法的精神》，猛烈抨击了封建专制制度，系统地提出了政治和法律制度建设的原则。这部巨著奠定了孟德斯鸠在近代西方学术界的重要地位，直接影响了法、美等国的资产阶级革命，也波及影响到近代中国的政治思想。法的精神的基本含义，就是一个国家的法律和该国的政体、自然环境、土地、气候、人民的生活方式、宗教、贸易、风俗习惯有关系，法律和法律之间也有关系，所有这些关系综合起来，就构成法的精神。孟德斯鸠把国家权力划分为三种，即立法权、行政权和司法权。他强调要分权，分权学说的目的，是保证公民的政治自由。通过阐述三种权力分开掌握与分开行政，以及彼此相互合作又相互制约的理论，孟德斯鸠得出了一个结论，无分权就无自由。一旦立法权和行政权结合，一旦司法权同立法权或行政权结合，一旦王权同时集中在一个人或同一机

---

① 刘祚昌等主编：《世界通史》（近代卷）上册，人民出版社，2017年版，第97页。
② 刘祚昌等主编：《世界通史》（近代卷）上册，人民出版社，2017年版，第97页。
③ 刘祚昌等主编：《世界通史》（近代卷）上册，人民出版社，2017年版，第97页。

关之手，自由就不存在了。

卢梭是法国启蒙运动时期激进的民主主义者。从小就造就了“爱自由爱共和”的思想和倔强高傲以及不肯受奴役和束缚的性格。他长期从事下层职业，目睹并亲身感受了下层人民的穷苦生活，产生了偏爱人民、憎恶上层、赞扬民主、反对专制的情绪。1762年，卢梭的代表作《社会契约论》问世，他用公意权、政府、法律理论，表明他激进的民主主义理论体系的成型。平等思想是卢梭政治思想的核心，他提出人人生而平等，财产占有应尽可能地平等，以及在法律规定下人人权利平等的原则，为人民主权奠定了一个理论基础。卢梭对社会契约论的叙述带有鲜明的人民性：“对个人来说，他是主权者的一个成员；而对于主权者来说，他又是国家的一个成员。”[①]卢梭反复强调，个人愈彻底地把个人权利交给整体，愈密切地融合于整体，这个国家就愈完美。卢梭的政治思想在德国历史的进程中发挥过巨大影响，其政治原则影响了西方近代政治制度的建立。

10　文明制度瓜熟蒂落

从中世纪蒙昧野蛮时代，跨越到资本主义文明时代，无疑是一个伟大的历史性进步，然而如同一个人的成熟，必然要经历隔三差五的摔跤、如云似雾的迷茫、痛彻心扉的挫折，只有经历了种种磨难，人生的道路才会越走越顺畅，越走越宽广。一个新型社会制度的成熟定型，也要经历类似的过程。记得邓小平曾讲过这样一段话：“封建社会代替奴隶社会，资本主义代替封建主义，社会主义经历一个长过程发展后必然代替资本主义。这是社会历史发展不可逆转的总趋势，但道路是曲折的。资本主义代替封建主义的几百年间，发生过多少次王朝复辟？所以，从一定意义上说，某种暂时复辟也是难以完全避免的规律

① ［法］卢梭：《社会契约论》，李平沤译，商务印书馆，2011年版，第21页。

性现象。”[①]这可以说是对资本主义制度发展规律的一个注解。资本主义的兴起及其制度的发展、完善，有一个反反复复、螺旋式上升的发展历程。18世纪末19世纪初德国的崛起，可以说是资本主义发展的升级换代。经过德国古典哲学和古典经济学的熏陶，一些被反复提及但又没有深入研究、反复出现并不断被诟病的问题等，在德国资本主义发展中逐步被解决，并得到哲学层面上的回应。于是整个资本主义社会又回过头来审视自己走过的路，借鉴德国的做法不断调整自己的思路和政策，这就又有了19世纪的法国、英国政治思想的大发展。当然，这样的循环往复还会一直持续下去。这一时期资产阶级政治思想的发展还有一个显著特征，就是适应资产阶级革命的需求，阶级性、战斗性更为鲜明。

首先看法国启蒙运动同时期的美国。当时的美国是英国在北美大陆设立的殖民地，此时殖民地与宗主国的矛盾日益激烈，独立战争已在充分酝酿之中。与此相适应，产生了潘恩、杰斐逊、汉密尔顿的政治思想。潘恩提出代议制的共和政府，主张要打破征服者强权政治，建立基于维护各州、各阶层共同利益和共同权利的理性政府。杰斐逊是美国《独立宣言》的起草者，美国独立战争的著名领导人。他提出自然权利理论，认为当政府不能保障人民的利益和安全时，人民就有革命的权利，而政府不应靠镇压对待人民的不满，应注意法律改革，以免引起人民的反抗。他提出了民主自治思想和原则，即人民自治要以个人自治为基础，个人自治就是凭个人单独意志自我决定、自我管理。汉密尔顿是美国宪法的主要起草者，被誉为美国“宪法之父”。他的主要贡献是提出了性恶论和精英论，认为“战争的愤怒和破坏性情感在人们心目中所占的支配地位，远远超过和平的温和而善良的情感”[②]。但他认为人民是不可靠、不可信的，因此要有富于理性和善于决断的精英代替人民执政。这三位政治思想家的观点在美国政治制度的设计中得到了充分体现。

---

① 《邓小平文选》第三卷，人民出版社，1993年版，第382—383页。

② ［美］汉密尔顿、［美］杰伊、［美］麦迪逊：《联邦党人文集》，程逢如等译，商务印书馆，1980年版，第164页。

再来看看18世纪末19世纪初德国的崛起及其政治思想。从17世纪到18世纪中期，德国长期落后于英国和法国，国内处于分裂状态，三百多个封建邦国各据一方，其中最大和最强的两个邦国为普鲁士和奥地利。德国的崛起，带有明显的民族主义扩张色彩。黑格尔在其《历史哲学》中就提出：日耳曼世界是世界历史的归宿，是精神的“老年时代”，是一种完满的成熟和力量。[①]日耳曼精神就是新世界的精神。[②]在表面上，日耳曼世界只是罗马世界的一种继续，然而其中有一个崭新的精神，世界由之必须更生——就是那个自由的、以自己为依归的“精神”——主观性的绝对的固执。[③]这也是德国两次挑起世界大战的哲学根源。

1897年12月，时任德国外交部部长皮洛夫两次在议会演说，公开提出建立“大德意志帝国”，要求“在太阳下的地位”。他说：“但我们无论如何应抱有这项见解，即在别的民族争取统治那些具有发展前途的国家之竞争里，一开始就不该把德意志关在门外。当初有过一个时候，德意志人把领土让给这个邻邦，把海洋让给那个邻邦，而自己留置于纯粹的空谈的天空里，但那个时代已一去不复返了。”“我们不能容忍任何外国，任何外国的主神向我们说道：‘怎么办？世界已经分割完了！’我们不愿阻挠任何人，但我们也不容许任何人妨碍我们的道路。”[④]德国著名社会学家韦伯也指出：一个伟大的民族必定会首先追求权力，这是历史的必然。“这个现世的法则……在可以预见的未来就包括了为权力而战的可能性和必然性，而要保存民族文化，就必然离不开权力政治。”[⑤]“我们需要到海外找出路，通过扩大出口市场创造更多工作机会。这就意味着德国要对外扩张经济势力范围，归根结底要完全依靠对外扩张政治权

① 参见［德］黑格尔：《历史哲学》，王造时译，生活·读书·新知三联书店，1956年版，第153—154页。

② 参见［德］黑格尔：《历史哲学》，王造时译，生活·读书·新知三联书店，1956年版，第387页。

③ 参见［德］黑格尔：《历史哲学》，王造时译，生活·读书·新知三联书店，1956年版，第388—389页。

④ 《世界通史资料选辑》（近代部分）下册，商务印书馆，1964年版，第44—45页。

⑤ ［德］沃尔夫冈·J.蒙森：《马克斯·韦伯与德国政治》，阎克文译，中信出版社，2016年版，第67页。

力。”[①]可见资产阶级革命时期的思想家对扩张和掠夺是毫不掩饰的，也是毫无道德约束的。

康德是德国古典哲学的集大成者，他在其代表作《纯粹理性批判》《道德形而上学原理》等著作中指出，人唯有遵守道德法则，行为才是合乎道德的。按照道德法则的要求，永久和平是人类的目的和必然趋势。还有一位思想家洪堡提出，一切政治问题的核心是国家关系，国家最根本的关系就是公民与国家的关系，不仅要研究“人拥有什么”，更要研究“人是什么”，要尊重人的个性的崇高价值。洪堡还指出，国家的目的是唯一的，即保障安全，除此之外的国家行为，如教育、宗教、艺术、道德、风俗、习惯等，都应当撒手不管。

11 自由主义终成官方意识形态

面对德国的崛起及其政治思想与国家意识形态的完美结合，给法国和英国以极大的刺激，同时也促进了两国政治思想的发展。19世纪法国的政治思想代表人物有孔斯坦、孔德、托克维尔。孔斯坦的政治思想体现在其代表作《立宪政治教程》中，该书主要论证人的权利和自由，反对国家干预个人的自由，主张自由竞争。孔德是实证主义的创始人，代表作为《实证哲学教程》《实证政治体系》。他认为人类社会历史的发展本质上是精神的发展，经历了神学阶段、形而上学阶段和科学阶段，出现了相应的三种社会政治制度，即君主政治和绝对权威的时代、民族国家和人民主权的时代、自然法则和科学精神的时代。托克维尔在法国是与让·博丹、孟德斯鸠齐名的思想家。他的代表作为《论美国的民主》，核心内容是“民主是历史发展的必然”，民主与平等的发展不可阻挡，未来社会是一个民主的社会、法制的社会。从中可以看出，19世纪法国政

① ［德］沃尔夫冈·J.蒙森：《马克斯·韦伯与德国政治》，阎克文译，中信出版社，2016年版，第80页。

治思想已拥有很大程度的自由主义倾向。

英国被德国超越，在政治思想上引发的波动是巨大的。柏克、边沁、密尔和斯宾塞都有过急切的阐述。柏克指出，社会是人为的产物，而不是自然的产物。社会和国家是成长出来的，而不是哪个人理性设计出来的，政治制度的形成和发展也是如此，都有一个深厚的历史传统。他认为政党不是阶级或集团利益的代表，而是观点相同者的联合体。最好的政体是精英政治、贵族政治，实行代议制民主。

自由主义是资本主义市场经济发展、遵循自由竞争原则在思想意识领域的反映。其代表理论为边沁的功利主义思想。据说边沁小时候是个神童，刚会走路就能跟他的父亲一道阅读大部头的英格兰历史，在大学学习期间就立志要建立一种科学的道德学，并成为该领域的“牛顿”，最后他确实做到了。他最重要的代表作《道德与立法原理导论》，以功利观为内核，形成了一个完整的学说体系，首先被英国政治体制改革所采用，成为资产阶级公认的完整的意识形态。边沁把个人利益看作人类一切行为的动因，把“最大多数人的最大幸福”作为根本道德原则，作为衡量国家法律和制度好坏的根本价值标准。他认为求乐避苦是人的行为的唯一动机，出于功利的原则，服从对于个人的损害可能最小，因而国家的产生或政治社会的形成，源于人们服从的习惯，而不是契约或自然法。马克思称其为“资产阶级蠢才中的一个天才”①。

边沁的学生密尔，继承和发展了功利主义哲学，认为快乐有质和量的差别；个人利益与社会利益之间有矛盾和差别；人类追求快乐避免痛苦的制裁，既有外部的原因，也有内部的原因（如良心发现）。密尔主张用“社会利益”作为检验政府好坏的标准。

斯宾塞是社会进化论和社会有机体论的早期代表人物。他认为，世间的一切，包括宇宙的生成、生物的演变和人类社会的发展，无不是进化的结果，无不受进化规律的支配。他指出人类社会的进化是朝着更大程度的相互依赖和更

---

① 《马克思恩格斯全集》第23卷，人民出版社，1972年版，第669页注释。

大程度的个体化方向发展的。在这个发展过程中，个体化作为有机体生命力的表现，是衡量社会有机体发展程度高低的根本标志。

12 一个不得不说的真相

在阐述社会主义思潮的论著中，我们拿出如此大的篇幅去讨论时代背景和思想大咖们对资本主义文明的描述，是有一个不得不说、不吐不快的理由的。那就是现在被人们所崇尚的、模式化了的现代化，是经过欧美国家三百多年的探索、实践而逐步形成的。许多思想家们的阐述确实触及了当时条件下事物发展的本质，有些已超越时代预见到了未来发展的趋势，不时闪耀着真理的光辉。但是马克思主义的唯物史观和辩证法告诉我们，任何精神层面的东西，任何意识形态的体系，都建筑在长期经济社会实践的基础之上。如果我们通晓了资本主义发展过程中所经历的经济社会实践，就可以明白无误地揭示欧美国家现代化取得空前成就奇迹的根源：历时三百多年的长期殖民活动。也就是说，一方面，欧美国家通过向殖民地国家转移过剩人口，有效化解本土人口与资源的紧张关系，为资本的原始积累提供了宽松和谐的环境。另一方面，通过掠夺或占有殖民地的丰富资源和廉价劳动力，欧美国家获得大量回流的资本收益，加速了本土资本原始积累的进程。换句话讲，欧美国家让人羡慕不已的现代化和资本主义文明，实际上是以掠夺殖民地，对穷国、弱国实行残酷的殖民政策来实现的，其现代化的过程就是以殖民化为手段的资本形成、资本扩张甚至战争屠戮的过程。①

我们已经不止一次地提到对印第安人的“种族灭绝”，三百多年前在欧洲人到来之前，北美大陆的印第安人大约有一亿人，而现在又有多少？被灭绝的种族无疑成了欧美国家现代化的牺牲品，那么，这种牺牲是否合乎道理，是否

---

① 参见《西式现代化不是普世价值——温铁军教授与美国柯布博士关于现代化道路的对话》，《红旗文稿》2013年第2期。

代价巨大？实际上我们从中国在两次鸦片战争中的遭遇，帝国主义列强通过武力迫使清朝政府签署几百个不平等条约，攫取几乎相当于清帝国十五至二十年财政收入的巨额财富的事实，就已经充分验证了上述判断。

据有关资料显示，三百多年的殖民化，欧洲本土共转移出去近四分之一人口，号称“日不落帝国”的大英帝国，其爱尔兰转移出去大约三分之一人口，苏格兰则转移出去近一半人口。因此，恩格斯在《英国工人阶级状况》1892年英国版序言中分析英国工人运动之所以红火不起来，英国工人对资本家的反抗之所以不强烈，主要是由于英国从其众多的殖民地赚取了足够的和源源不断的收益，这些收益不仅被资本家所攫取，有相当一部分也被公民包括工人分享。试想，付出较小成本就能获得丰厚的收入，这样的工人怎可能有革命性！很显然，欧美国家的现代化以及现代资本主义文明的建立，是完全不可复制的。

当然，所谓国际秩序的更改有待于大家的觉醒，更有待于寻找一条造福全世界人民的可持续发展道路。这就给我们提出了一个巨大的疑问：既然建立在三百多年殖民化基础之上的西方文明是不可复制的，那么同样建立在这一基础上的西方人文思想，包括政治、经济、文化、制度、意识形态等，都是科学的吗？很显然，这是一个不得不重新思考的根本性问题。

我们并不否认西方人文思想中有许多科学和真理，正如世界其他各地的人文思想也有很多科学和真理一样。所不同的是，因为欧美国家的现代化和资本主义文明已经示范或统治世界几百年，似乎西方人文思想的影响力、渗透力已遥遥领先于世界其他地区的人文思想。哪怕是已经被实践证明是错误的，建立在三百多年血腥殖民基础上的资本形成、资本扩张经验，抑或是政治制度、政治统治经验，仍然具有不可撼动的话语权。而历史和现实一再告诫我们的是，所有的后发国家、追赶现代化的发展中国家，无一例外地都不可能重复欧美发达国家走过的路。如果要遵循西方的人文理念，将无一例外地陷入中等发达国家的陷阱而不能自拔，或者永远做一个二流国家，成为欧美的附庸。这就使世人不得不得出一个结论，西方语境中的权威、真理，并不真正是科学的东西。

我们在西方现代化和资本主义文明建立过程中获得的经验和结论，也并不都是“普世价值”和完全正确的东西，更不能把他们约定俗成的理念、体系和话语，一股脑地拿过来当作我们的评判标准，甚至成为我们的指导思想。而真正科学的东西，还需要世界各国的人民和思想大咖们，在脱离类似三百多年殖民化这样特定的历史背景的情形下，在世界各国平等相待、和平相处、济困扶贫、携手共进的前提下，理性地思考，共同地造就。而从历史中走来的社会主义先贤，就是这样的一群人。

第三章
从历史中走来的社会主义先贤

01　站在社会主义入口的伟人

在人类发展的每一个重要历史阶段，总会有一些伟大的天才人物，能够抛开世俗偏见和传统观念，能够甄别权威洪钟和喧哗众声，能够独立自主地从实际出发，探究社会变迁的客观规律，揭示人类发展的本来面目。他们目光如炬，洞悉过去、现在、将来的历史进程；他们成竹在胸，了解每一历史进程的昨天、今天和明天；他们敏锐犀利，穿越迷雾而不惑，透过现象看本质；他们悲天悯人，见不得人间的艰难困苦，放得下自身的荣辱利禄。他们不属于自己，不属于亲人和家庭，他们只属于全体人民，属于整个人类社会！

从大航海开启的历史中走来，我们能够清晰地看到，在这样剧烈的社会变革中，思想大咖们关注了很多方面，但基本上都是为资本主义的到来和资产阶级的统治寻找理论依据，都在为巩固和完善资本主义制度和资产阶级统治出谋划策，具有鲜明的资本主义意识形态属性。这些思考和理论经过几百年持续不断地补充、完善、灌输和实践，可以说已经广为传播、深入人心，甚至成为真理的代名词。

然而与此同时，一个人口众多，深受封建专制、新兴资产阶级、教会的压迫和剥削，生活困苦不堪的群体，即广大农民和工人这个群体，却一直被主流思想所忽视，或者说这些大咖尚未形成为穷苦人民服务的意识形态。幸亏在通向社会主义的入口处，站着托马斯·莫尔、托马斯·闵采尔等伟人，才使社会主义的火种在欧洲大地广泛传播。由此可以看出，世界上各种各样的意识、思潮及意识形态，总是为相应的阶级、阶层和利益集团服务的，每一种意识形态可能都会有某些合理科学的成分，但是如果认为世界上真有超越阶级、阶层和利益集团的意识形态，或者把某一种意识形态当成“普世价值”、普遍真理，那就太过于天真了。

02　第一波三百年

由此我们可以得出两点结论：一是劳苦大众被思想界严重忽视；二是社会主义不是当时意识形态的主流。尽管如此，从1516年莫尔《乌托邦》出版开始，到19世纪40年代科学社会主义诞生，第一波社会主义思潮共经历了三百多年，诞生了数十位空想社会主义思想家，留下了上百部著作。这些先贤在被忽视和非主流的前提下仍然执着前行，是多么伟大和值得尊敬啊！

社会主义思潮经典作家与前面所阐述思想大咖们的显著区别在于，他们始终站在人类道义的制高点上，俯视底层、悲悯苍生，致力于改善劳苦大众的生活，致力于构建一个平等和谐友善的崭新世界。诚然，他们的理论之所以被称为“空想”，确实有不切实际、过于理想化、缺乏实践主体等缺陷，但丝毫不影响他们理想之崇高，人格之伟大，实践之可贵，影响之深远。在这一时期，他们的思想不是主流，也不可能主导社会发展和政治家们的政策，但这丝毫不会抹杀其闪耀的真理光辉，以及人类对大同社会的不懈追求，其历史价值随着时代的发展进步，必将愈发彰显和光大。

第一波社会主义思潮的三百年历程，大体可以分为三个阶段。第一个阶段为16—17世纪中叶，这一时期的主要背景是大航海运动如火如荼，殖民事业蓬勃兴起，英国、法国相继崛起，开始经略原葡萄牙、西班牙等国的势力范围。文艺复兴席卷欧洲，人文主义思想广为传播。宗教改革深入推进，政教分离，宗教世俗化深入人心。五月花号正式出航，欧洲人自此大批移居美洲。波兰神父哥白尼发表《天体运行论》，第一次科技革命由此兴起，手工业向手工工场转变，大批失地农民成为雇佣劳动者或无业游民。英国爆发资产阶级革命，并建立了共和国。适应这一时期的实际，诞生了真正意义上的社会主义思想，代表人物有莫尔、闵采尔、康帕内拉、安德利亚、维拉斯等人。

第二个阶段为17世纪中叶到18世纪末，这一时期的主要背景是英国完成光荣革命，取得资产阶级革命的胜利。孟德斯鸠、伏尔泰、卢梭等人的启蒙运动思想广为传播。美国独立战争爆发，发表了具有广泛影响的《独立宣言》。法国大革命爆发，拿破仑发动雾月政变，开始了为期十五年的独裁统治。与此同时，无产阶级在追随资产阶级革命的过程中并没有达到自身的目的，资产阶级在利用无产阶级推翻封建专制统治之后，也没有兑现无产阶级诉求的利益，于是无产阶级与资产阶级的斗争也逐步开展并尖锐起来。与之相适应，这一时期的社会主义思想显然带有更加明显的革命色彩，其代表人物有温斯坦莱、摩莱里、梅叶、马布利、巴贝夫等。

第三个阶段为18世纪末到19世纪上半叶，这一时期的主要背景是随着资本主义制度的建立和巩固，资产阶级与封建地主阶级、资本主义与封建专制主义的矛盾，几经反复基本解决。而资产阶级与无产阶级、资本主义与社会主义的矛盾日益突出，社会日益分裂为资产阶级、无产阶级两大对立阶级。美洲原属西班牙、葡萄牙等国的殖民地纷纷独立建国。大机器工业生产迅速发展，法国里昂工人起义、英国宪章运动、德国西里西亚纺织工人起义等，标志着独立工人运动开始走上政治舞台。这一时期的社会主义思想更加成熟、更加完备，也更具有实践意义，其代表人物有圣西门、傅立叶、欧文、卡贝、布朗基等。

03 跨越时空的《乌托邦》

在欧洲思想史上，如果说有一部著作被不同思想分野的人们都视为至宝经典，而且世代流传，那一定是托马斯·莫尔的不朽之作《乌托邦》。当时还没有“社会主义”这个词，只存在明显的思想倾向。对于《乌托邦》，共产主义者把它看作是指引自己前进的思想灯塔，资本主义者把它看作是柏拉图式理想国的展望，而基督教徒则把它看作是圣徒对上帝启示的感悟。最早把乌托邦与社会主义者联结在一起的，据考证是法国经济学学者日洛姆·布朗基，1839年在《经济学说史》中他提出“乌托邦社会主义者”的新概念。1848年，马克思、恩格斯在《共产党宣言》中公开认定莫尔的《乌托邦》是空想社会主义、共产主义的起源。

《乌托邦》出自莫尔之手，有其偶然性，也有其必然性。莫尔这个人很不简单。1478年2月，莫尔出生于英国伦敦一个富裕家庭。在英国这个等级森严、特别讲究礼仪和风度的国家，对孩子的教育和与上流社会的交往非常重要。曾经担任过皇家高等法院法官的父亲，在这方面极其用心，对儿子的管教也极为严格。莫尔很早就被送入久负盛名的圣安东尼学校学习拉丁文，十三岁时就寄住在坎特伯雷大主教、红衣大主教莫顿家中当少年侍卫。

莫顿是当时红极一时、很有影响力的政治家，学识渊博、机智过人、谈吐优雅，颇有许多文学作品中描写的英国绅士贵族的范儿。能和他朝夕相处并得到他的教诲，是多少有志少年梦寐以求而不可得的事，然而莫尔在父亲的精心安排下，就这样轻而易举地得到了。莫顿曾担任过英国的大法官，这在当时英国政治体制中，是一人之下、万人之上的“二把手”。莫顿对这位聪明好学的少年侍卫的疼爱溢于言表，他常对朋友夸奖说：“我的这个孩子，将来一定会成为一个名人。”莫尔未来的发展“不幸”被他一语言中。他先是牛津大学高才生，当过律师，爱好文学，当选过议员和下议院议长，后被任命为大法官，和他启蒙老师莫顿一样位极人臣。然而后面的结局有些令人始料不及，这位才华横溢、道德高尚的思想家和政治家，同时也是极具原则性和坚定性的战士，由于强烈反对宗教改革，拒绝宣誓承认国王是教会的首领而遭监禁，最后被处死。

很显然，其有这样非凡经历的莫尔，撰写《乌托邦》绝对不是为了消磨时光，他是在写下自己儿时的梦想。他之所以要这样做，是有一种信仰、一种价值在引领和支配着他，是现实中种种与信仰相左的现象每每让他心痛，是因身边件件与价值冲突的事例让他时时郁闷。莫尔始终难以理解，在圈地运动中，“有些佃农则是在欺诈和暴力手段之下被剥夺了自己的所有，或是受尽冤屈损害而不得不卖掉本人的一切”[①]。而“有大批贵族，这些人像雄蜂一样，一事不做，靠别人的劳动养活自己”[②]。莫尔主张通过议会限制国王的权力，通过政教分离来实现国家与宗教的共存和补充，然而亨利八世对国家和宗教两种权力的追逐，使他陷入对专制独裁的深深担忧。莫尔希望用法律治理国家，带给人们公平和正义，而现实中让法官自由审理案件造成人民毫无自由可言，社会陷入更加糟糕的境况。莫尔喜欢伴有美德的学问，而社会上充斥着失掉道德诚实的学问，留下一片声名狼藉和臭名昭著。如此等等。

正当莫尔在理想与现实的落差中纠结徘徊时，几本与大航海相随而来，不远万里漂流到英伦的书信集和游记引起了他的极大关注，这也为他创作《乌托邦》提供了思想养料。一本是1507年出版的阿美利哥·维斯普奇的书信集，一本是1511年出版的昂若埃拉的《论新大陆》。特别是意大利航海家阿美利哥·维斯普奇在1503年发表的《新世界》一书，对莫尔的影响尤为深刻。从《新世界》一书中，莫尔知道了一个叫“金丝雀群岛”的地方，知道了岛上的原始共产主义状况。而当时已经进入资本原始积累时期的英国，不但对海外各殖民地的财富大肆收割，而且也开始了对国内农民疯狂剥夺的圈地运动。思想深刻的莫尔在资本主义初露端倪时，就敏锐地捕捉到它的许多矛盾和弊端。此时此刻、此境此景，青年时代曾爱不释手的柏拉图《理想国》里的图景，如财产公有、人人劳动、平等分配等，给他以强烈的灵魂撞击。他如饥似渴地吮吸这些宝贵的思想乳汁，夜以继日地探寻原始共产主义公社的奥秘，冷静理性地检视他曾经执掌的国家机器的运行轨迹，以及那个整天吵吵嚷嚷要当宗教领袖的国王内心深处的波澜。似乎一切都在为《乌托邦》的孕育而寻找机遇，使它在怀胎十月

---

① ［英］托马斯·莫尔：《乌托邦》，戴镏龄译，商务印书馆，1982年版，第22页。

② ［英］托马斯·莫尔：《乌托邦》，戴镏龄译，商务印书馆，1982年版，第19页。

后能够顺利生产，只为那一声降临人世的啼哭划破夜空。

这一机遇就这样顺理成章地出现了。莫尔有一个同窗密友叫德西德里乌斯·伊拉斯谟斯，是莫尔年轻求学访友时曾给予自己很大帮助的忘年之交。他长莫尔十几岁，荷兰人，私生子，父母早丧。人们都说私生子聪明，这在伊拉斯谟斯身上得到了很好的验证。伊拉斯谟斯虽没有受过正规系统的学校教育，但他自学成才，学富五车，思想精湛，酷爱自由，善于独立思考。在一次到英国讲学时，他与莫尔邂逅，情投意合，相谈甚欢，从此成为终生密友。他们都是人文主义的信奉者，周围有一批志同道合者经常把酒畅谈，纵论天下，针砭时弊，好不快活。大约是1505年5月，莫尔受国王亨利八世委派，前往比利时所属的法兰德斯办理外交商务谈判，而当时伊拉斯谟斯就住在比利时东部布拉班特省的卢文市，经伊拉斯谟斯的介绍，莫尔认识了其另一位密友彼得·贾尔斯。有道是朋友的朋友是铁哥们儿，莫尔与贾尔斯也是一见如故，情意相投。好在当时的外交商务谈判是一份马拉松式的差事，今天说说，明天转转，比较清闲，莫尔为此在比利时逗留了半年多。可以想象，两人隔三差五地聚会是家常便饭、理所应当，一定少不了的。碰巧的是，从海外归来的航海家拉斐尔·希拉斯德也来到贾尔斯家，三人相聚数日，促膝长谈，二人洗耳恭听希拉斯德讲述海外见闻和亲身体验。那口若悬河、滔滔不绝的叙述，一件件一幕幕奇闻逸事、惊险传奇，听得他们如痴如醉。思绪的闸门往往是很脆弱的，当海外仙岛上令人神往的共产主义生活触碰到莫尔心灵最柔软之处时，犹如闪电击破长空，沉淀已久的理论与实践的结合，思想与观念的碰撞瞬间融通，《乌托邦》的理想在出使比利时的短短几个月中一挥而就。

现在想来，也正是因为有了这样的信仰和执着，当亨利八世提出宗教改革法案时，莫尔才能以视死如归的勇气毅然拒绝了国王的要求，据说在狱中最后的日子里，他是那么坦然自若，那么平悦和蔼，那么圣洁纯朴，以致受国王指使对他询问审判时，一度找不到合适的罪名。最终他被以所谓叛国罪绞死，临终前他幽默地对司狱长说："请帮我上去，至于下来，我自己安排好了。"在他去世三百多年后，被罗马天主教会的教宗庇护十一世册封为圣人。四百多年后，被教宗若望保罗二世尊为殉教圣人。

从莫尔的人生旅程来看，《乌托邦》确实是一个人世难寻的美好故事，因而书名的拉丁文原意就是“乌有之乡”或“好城邦”，全称则更加准确地表达了莫尔的理想之都——《关于最完美的国家制度和乌托邦新岛的既有益又有趣的金书》。莫尔生活的时代，是资本主义刚刚兴起的时代。莫尔对当时英国资本原始积累的现状进行了考察和分析，目睹了资产阶级新贵族对农民的疯狂剥夺，以及广大工人和农民日益深重的艰难和困苦，他毅然拿起笔来对资本主义的贪婪本质进行无情的揭露和抨击，以其非凡的洞察力揭示社会主义的光明前景和历史必然。莫尔具有“我不下地狱，谁下地狱”的气魄。为了理想，他毫不犹豫地抛弃了自己原来所属的贵族上流社会和富人阵营，义无反顾地站到被剥削、被压迫的工人和农民一边，成为现代无产阶级最早的代言人。莫尔《乌托邦》的文学表现手法，也形成了后世社会主义者传播思想的一种模式，如康帕内拉的《太阳城》、安德利亚的《基督城》、维拉斯的《塞瓦兰人的历史》、卡贝的《伊加利亚旅行记》等一系列作品，都打上了《乌托邦》的深刻烙印。

04 革命的平民牧师

历史总是这样，把错写的篇章结集在一起，让人们从中比较和寻找不同人生中的相同目标，不同路径中的相同结果，不同辉煌中的相同落寞。当看到一天一地、一高一低、一静一动的奋斗最终都殊途同归时，我们不禁泪流满面，唏嘘不已。把早期空想社会主义的另外一位伟大人物德国人托马斯·闵采尔与托马斯·莫尔放在一起比较便是如此，一个是作为彻底的宗教改革派而被当局绞杀，一个则因为反对宗教改革而殒命。然而这两位经历迥异的伟人，在社会主义思潮的兴起和传播中，却出人意料地站在了一起，共同成为社会主义殿堂中熠熠生辉的巨星，被后人称颂和敬仰。

托马斯·闵采尔出生于德国采矿工业中心哈茨山区一个铸造钱币的小手工业者家庭。在他很小的时候，父亲就受到当地贵族的迫害而死在绞刑架上，因而他打小就对贵族统治及贵族统治者有一种天然的蔑视和仇恨。十七岁时，他被录取为莱比锡大学的学生，此后分别在法兰克福大学、美因茨大学等专修过哲学和神学。大学期间，他博览群书，成绩优异，毕业后获得神学学士和文学硕士学位。在当时的历史条件下，他以极大的热忱全盘接受流行于世的人文主义思想，然而作为一个贫苦工人出身的大学生，他又很难从心里容忍人文主义者对劳动人民的冷漠，他的心始终和劳苦大众连在一起，与他们同呼吸、共命运。

离开大学后，闵采尔开始从事改革教会和传教的工作，结交了很多贫苦农民、矿工、纺织工及印刷工，并与他们成为挚友。当时马丁·路德的宗教改革运动风起云涌，闵采尔认为宗教改革是每一个人的事，尤其是劳动人民不能置身事外。他反对德国的胡登（德国著名的骑士理论家）只依靠骑士（一种因成功而获得荣誉的阶层，负有保护教会的职责）去改革教会的观念，高度赞许捷克的胡斯（宗教改革运动先驱，并为教会改革和捷克民族大义而殉道）塔波尔派（胡斯运动的激进派，主张基督徒在上帝面前人人平等）的改革思想。他反对天主教教义中的繁文缛节，尽量简化一些程序而适应最广大信众的需要。而这些内心深处的冲动与马丁·路德的《九十五条论纲》是那么地契合，二人的合作也就那么顺其自然。闵采尔主动以路德为师，全身心研究“先生的著作”[①]。路德也很欣赏这位半路的学生，把很多开疆拓土的事交给闵采尔去做。

然而正如毛泽东所指出的，“革命不是请客吃饭，不是做文章，不是绘画绣花，不能那样雅致，那样从容不迫、文质彬彬，那样温良恭俭让”[②]。宗教改革毕竟是一场深刻的社会革命，不可能按路德所设定的路线平稳有序地进行。实际上，欧洲的宗教改革持续了一百三十多年，特别是三十年战争造成重大暴力冲突，成为欧洲人口锐减的一个特殊时期。随着宗教改革的深入，以闵采尔为代表的激进宗教改革分子，自然而然地成为老百姓心目中的领袖。于是

① ［德］冈特·福格勒：《闵采尔传》，陈静译，商务印书馆，1997年版，第58页。
② 《毛泽东选集》第一卷，人民出版社，1991年版，第17页。

在闵采尔的人生道路上，明显分成相互联系又截然不同的两个阶段：在宗教改革运动前期，他是一个地地道道、名副其实的路德分子，与路德心相通，情相连；但是当宗教改革涉及贵族富人的利益（比如财产、金钱），以致影响劳苦大众平等的权利和福音时，他又必然要与路德分道扬镳，成为绝不妥协和退让的斗士。

在与矿工、贫苦农民广泛而密切的接触中，闵采尔的思想已经从单纯的宗教改革急剧发展为组织穷人发动革命。闵采尔告诫人们，千年天国不能等待，而必须用暴力斗争才能取得，号召信徒用实际行动包括武装斗争的形式进行社会改革，来实现上帝的公义。他宣告："整个世界必须忍受一次大震荡；这是关乎不敬上帝的人垮台而卑贱的人翻身的事情。"[①]他坚定地走上了广泛组织和发动社会革命的道路，积极帮助"再洗礼派"制定教义，发动起义。流亡捷克时，闵采尔号召塔波尔派的农民起义。他还组织秘密团体——"上帝的选民同盟"（又称"基督教同盟"），四处散发革命小册子，四面八方派出使者，把德国西南部变成了革命活动的中心地区。各地革命的牧师和起义的组织者，大都成为闵采尔的学生和信徒，促使各地起义斗争的火炬高高举起、熊熊燃烧。

路德对闵采尔火药味十足的举动非常不满，指责"邪灵除了毁坏教会、修道院和焚烧形象以外，不会结其他的果子"[②]，并写告密信向当局提供闵采尔的住址，不惜和反动势力一起围剿他。面对围剿和告密，闵采尔义正辞严地揭露道：为什么被他称为"宁静生活的兄弟"与"敏锐步调之交"的路德会如此狂暴呢？原因显然是，他想牢牢地抓住富贵、抓住财富，然后就想牢牢地占领住一个屡试不爽的信仰。[③]1525年春，闵采尔亲自指挥了图林根和萨克森地区的农民战争，领导缪尔豪森的城市平民、矿工和农民推翻了贵族统治，成立了人民政权——永久议会。但是在反动当局的围堵镇压下，闵采尔不幸被俘。临

① 《马克思恩格斯全集》第7卷，人民出版社，1959年版，第416页。

② 路德文集中文版编辑委员会编：《路德文集》第2卷，上海三联书店，2005年版，第112页。

③ 参见［德］冈特·福格勒：《闵采尔传》，陈静译，商务印书馆，1997年版，第139页。

终前，面对行刑的刽子手，他铿锵有力地大声呼喊："忏悔！决不！"牺牲时他年仅三十六岁。

恩格斯曾对托马斯·闵采尔做出过很高的评价，把他和莫尔一起，称为近代社会主义的先驱者。恩格斯认为，闵采尔的宗教哲学接近于无神论，他的政治纲领也接近于共产主义。"闵采尔的纲领，与其说是当时平民要求的总汇，不如说是对当时平民中刚刚开始发展的无产阶级因素的解放条件的天才预见。这个纲领要求立即在地上建立天国，建立早经预言的千载太平之国。"[①]但是闵采尔的政治理论远远超出了当时的社会政治条件，"要实现他的理想，不仅当时的运动，连他所处的整个世纪也都不够成熟""他所幻想的社会变革，在当时的物质条件中过于缺乏基础，甚至这些物质条件正在准备着的一种社会制度和他所梦想的社会制度是刚刚相反的"。[②]

05　心中的太阳

当一个人将自己毕生追求的理想深埋心底，不懈奋斗，历尽挫折却久久不能实现。突然有那么一天，内心的情绪再也压抑不住，喷薄而出，犹如高悬当空的艳阳，普照大地，带给人们温暖和希望。那么这个人一定遭遇过世所罕见的风波，尝遍了人间辛酸百味，经受了常人难以想象的苦难，心灵深处曾有过炼狱般的煎熬。唯有这样经历大苦大难的人，才会有思想上的大彻大悟，才会超越个人的成败荣辱，创造出宛如太阳的智慧和光辉。这个人就是托马斯·康帕内拉和他的《太阳城》。

康帕内拉一生先后坐过五十处牢狱，受过七次严刑拷打，在世俗监狱和宗教裁判所共坐过三十三年的牢。《太阳城》就是他以无与伦比的坚强意志和丰富知识，在狱中写就的。托马斯·康帕内拉出生在意大利南部一个贫苦的鞋匠

① 《马克思恩格斯全集》第7卷，人民出版社，1959年版，第414页。
② 《马克思恩格斯全集》第7卷，人民出版社，1959年版，第469—470页。

家庭。16世纪50年代末，意大利大部分地区都处在西班牙帝国铁蹄占领之下，罗马教廷的神权统治借助西班牙的武装力量，疯狂镇压异教徒，社会矛盾日益激化，反抗外国侵略者和封建统治者的斗争此起彼伏，连绵不断。康帕内拉目睹了西班牙侵略者的累累暴行，看到了教俗封建统治对劳动人民恣意的剥削，这在他心中深深播下了仇恨的种子，他由此立下了为真理、正义、自由和解放战斗到生命最后一息的誓言。他说："我降生是为了击破恶习：诡辩、伪善、残暴行为……我到世界上来就是为了击溃无知的。"[①]

康帕内拉在少年时代酷爱文学，在诗歌创作上颇有造诣，十四行诗写得有滋有味，还能自如地将文学创作深入到政治和哲学领域。他博览群书，融会贯通，很早就是公认的饱学之士。他十四岁时进修道院当修士，读遍了修道院的藏书，领略了古代希腊罗马和中世纪思想家的各种名著，他曾自嘲，他点过的灯油比别人喝过的酒都要多。能够验证其学识的一个著名桥段，就是他十七岁时代替生病的师父参加了圣方济各派（天主教的一个教派）僧侣挑起的一场关于宗教教义的争论。面对对方引据经典、搬出亚里士多德等名人的权威言论，宣称教父的著作是绝对正确无误的，是真理的标准的挑战，他斩钉截铁地回应道：自然是真理的标准，教父著作不是真理的标准，每个人都应该根据自己的经验来认识自然，而不是借助于超自然的力量来认识事物。他援引大航海发现新大陆，而经书里曾经否定新大陆的存在。康帕内拉层层剥笋、旁征博引，令人信服地驳倒了对方。一位在辩论现场的老人感叹道："这个青年一定会成为伟大的学者，如果不是很快被处以火刑的话。"这一预言在不久之后成为现实，只是被处以火刑的人不是他，而是布鲁诺—— 一个和他心灵相通、追求科学和真理的人，一个同样被教会视为异教徒和叛逆者的人。

从此，康帕内拉对长期统治修道院的神学权威和经院哲学体系更加不满，并开始关注反对和怀疑亚里士多德学说的学者。意大利著名哲学家倍尔那狄诺·特莱肖就这样走进他的视野，影响他的思想，促进他的成长。康帕内拉认

---

① ［意］康帕内拉：《太阳城》，陈大维等译，商务印书馆，1980年版，第85页。

为特莱肖是难得的敢于发表反对亚里士多德错误言论的哲学家，并决心走批判亚里士多德主义、批判中世纪经院哲学，维护特莱肖唯物主义的道路。1587年，意大利出版了哲学家扎科波·安东尼·马尔塔的著作《亚里士多德的反对倍尔那狄诺·特莱肖学说原则的堡垒》，对特莱肖学说进行攻击。为了回击，康帕内拉撰写了自己第一部哲学著作《感官哲学》，后来又撰写了《为特莱肖学说辩护》等著作，也因此多次被宗教裁判所逮捕。获释后，他看到西班牙统治者横行霸道，到处搜捕和屠杀反抗的人民，心中激起更大的愤怒，因而积极组织卡拉布里亚人民反对西班牙统治的武装起义，以实现其改造意大利社会的计划。但由于叛徒告密，起义还未进行，康帕内拉和其他密谋起义者就被西班牙当局逮捕，康帕内拉被控犯有反对西班牙当局和罗马教廷双重罪，分别由西班牙当局和罗马宗教裁判所审判和裁决。正是在狱中，他终于有时间将一生思索的改造社会计划融入写作中，创作出具有深远历史意义的《太阳城》。

康帕内拉出狱后不断组织和策划反抗西班牙统治者的起义，晚年化名逃到法国，全力整理和出版自己的著作，撰写许多政治评论，唤起人们对意大利革命的同情和支持。在一首十四行诗里，他把自己比作那个希腊神话中盗火给人间的巨人普罗米修斯，把监禁自己的地牢称为“高加索”，表示要像普罗米修斯那样，把一切丑恶的东西统统放在烈火中烧个精光！康帕内拉最后病死在法国。作为文艺复兴时期杰出的思想家，作为意大利反抗西班牙统治的爱国主义战士，作为近代空想社会主义的奠基人，康帕内拉的历史功绩将永垂史册。

06 基督城里的虔诚

约翰·安德利亚为德国著名神学家，早期空想社会主义者。他被中国读者熟知也是近些年的事情。据说商务印书馆很早就有翻译出版世界社会主义思想系列名著的计划，安德利亚的《基督城》也名列其中。但是当时中国学界比较公认莫尔的《乌托邦》和康帕内拉的《太阳城》（估计与马克思、恩格斯等经典作家对莫尔、康帕内拉的评价有关），《基督城》的出版不幸搁浅。后来也是借鉴国外的研究成果，比如为《乌托邦》树碑立传的美国学者列德莱千字文的介绍，以及有关评价称《基督城》为西欧空想社会主义史上的“三颗明珠”之一，可见其历史地位之高，因此《基督城》才得以在中国出版发行。[①]

安德利亚出生在德国一个宗教家庭，祖父是杜宾根大学神学教授和校长，父亲是神父和神学院院长。父亲曾热衷于化学炼金术，母亲沉浸在研究自然的快乐中，安德利亚很小就深受父母的影响，博览群书，勤于思考，亲近自然，是一位极具才华、天赋出众的人。安德利亚二十一岁时走向社会，云游国内外，深受马丁·路德、加尔文宗教改革思想和人文主义思潮的影响。游历回国后，他潜心于著述和教职工作，取得神学研究的丰硕成果。也就是在这个时期，他读到了莫尔的《乌托邦》和康帕内拉《太阳城》的手稿（据说是安德利亚的助手阿达米以帮助《太阳城》出版为名，获得手稿并带到德国），游历中他看到了宗教改革所倡导的平等和谐新社会，令他按捺不住《基督城》的创作欲望，于是开始动笔了。

《基督城》一书，采用文学游记的体裁，描写了一个海外仙岛上新型的生产资料公有制的社会制度，为读者精心描绘了一个公平和谐的基督徒国家。《基督城》一书的写作显然是受了莫尔《乌托邦》的启发，安德利亚曾说：“这里并没有说什么对著名的莫尔不利的话。至于说到我的作品，那是很容易弃如敝屣的，因为它不像莫尔的作品那么重要，或者那么丰富。”如果说《乌托邦》为他构建《基督城》提供思想灵感的话，《太阳城》则属于《基督城》的催生剂。安德利亚在书中讲了一百个小题，从生到死，从吃到住，从城市到农村，从各种职业到各项制度，从自然科学到社会科学，无所不有，无所不包，讲述了一个人间天堂——基督徒精心打造的共产主义和谐社会。

---

① 参见高放：《空想社会主义史上的第三颗明珠——安德利亚著〈基督城〉评介》，《文史哲》，1989年第2期。

07 塞瓦兰人的历史

除了英国的莫尔、意大利的康帕内拉、德国的闵采尔和安德利亚，似乎还不能忽略一个法国人——德尼·维拉斯·德·阿莱，一位稍晚一些的法国空想社会主义者。维拉斯出生于法国一个新教徒家庭，早年应征入伍，参加对意大利的战争。退伍后潜心研究法律，后变卖家产，游历国内和整个欧洲，因积极参加与英国的政治斗争而被迫离开英国前往法国。维拉斯在巴黎专心著书立说，写成了《塞瓦兰人的历史》一书。该书一经发行，便大受欢迎，在18世纪末以前，先后印行约十二版。

在书中，作者虚构了一个存在于“南方大陆”上的一个国家——塞瓦兰，并对这个国家的社会制度、政治体制、风土人情及其建立以后的历史进行了详细的描述。诸如公有制、集体公社生活、选举代表组成最高会议、普遍参加劳动、儿童教育、劳动竞赛等，原始共产主义思想应有尽有。对于这位作家及其代表作的历史地位，专家们的看法大相径庭。有人认为，他的作品虽然风行一时，但“其基本思想是很少创造性的，大部分都从莫尔和康帕内拉那里借来的”①；有人则认为，“凡熟悉18世纪社会理论的人都清楚知道，维拉斯的体系已经包含着18世纪最流行的观点的一切基本因素”②。但类似的比较实际上是没有意义的，因为对任何一部著作来说，人们最为关注的是其独特的创新之处，《塞瓦兰人的历史》中新旧执政之间的顺利交接以及既继承又创新的关系，显然是很独特的。

---

① ［德］麦克司·比尔：《社会主义通史》，嘉桃、启芳译，生活·读书·新知三联书店，1958年版，第365页。

② 许征帆：《关于新与旧的相互关系的光辉思想（读〈塞瓦兰人的历史〉）》，《读书》，1981年第6期。

08　为无地贫民请命

在资本主义发展过程中，英国的圈地运动可谓臭名昭著。但是那些无地贫苦农民到哪里去了？他们的生活是否都有了着落？随着资产阶级革命的胜利，人们很快发现，这些失地的农民大多成为工场、农场的雇佣劳动者，也有相当一部分人衣食无着，不得不开垦荒地，寻求生存的出路。这就是英国资产阶级革命过程中出现的著名的掘地派运动，而杰腊德·温斯坦莱则是掘地派运动的著名领袖和杰出的思想家。

温斯坦莱是历史上第一个出身低微，长期和贫苦农民摸爬滚打，致力于改变劳动人民生存状态，且写出众多论著的社会主义思想家。他出身于一个商人家庭，经营过布匹买卖，开过小店铺，因内战引起的经济危机而破产，后迁居到伦敦附近农村，以替人放牧牛羊为生。在英国爆发第一次内战时，社会动荡、经济受挫，食品价格无限攀升，这对于本来生活就难以为继的无地贫苦农民来说，无异于雪上加霜。

1649年4月，退役军人埃弗拉德带领四个农民到伦敦附近的圣乔治山岗开垦荒地，后来人数逐渐增加到二十多人，成立公社。作为领袖之一，温斯坦莱发表《真正的平等派举起的旗帜》的宣言。1650年3月，公社被迫解散。但是在其他许多地区，不断出现贫民耕种村社公地的运动，有的地方参加者达千人之多。掘地派运动引起了当地地主和土地私有者的仇恨，认为这些公地属于他们，因此蓄意进行骚扰和破坏。后来在地主和军队的镇压下，掘地派运动失败。通过这些亲历的斗争，温斯坦莱先后发表了《新的正义的法律》《自由法》等著作，提出在土地公有制的基础上，共同利用土地和享受土地果实的思想。

温斯坦莱和埃弗拉德领导的这场掘地派运动，发生在英国资产阶级革命胜利之后。温斯坦莱认为，由于资产阶级和新贵族自私的本性，不仅没有兑现对人民的允诺，使英国的人民成为自由的人民，反而使广大城乡贫民遭受更深的奴役和更加沉重的压迫，广大城乡贫民被迫依靠自己的力量来解决日益迫切的土地问题。温斯坦莱在《给英国当局和全世界当局的宣言》中，不断申述了掘地派采取行动的理由，深刻指出只有使人民在公有制基础上联合起来，才能使英国成为一个和平与自由的国家，继而成为世界上最强大的国家。

温斯坦莱的这一论断可谓切中要害、富有远见。实际上英国的圈地运动一直在以各种形式存在、延续并发展，一直到19世纪中叶，才逐渐淡出和结束。在这漫长的圈地运动中，资本及其主人是唯一的受益者，而广大农民除了靠出卖自身劳动力才能生存外，一无所有。马克思在《资本论》中论述对农村居民土地的剥夺时指出，仅1801年到1831年农村居民就被夺走了三百五十多万英亩公有地，并由地主通过议会赠送给地主，农村居民却未得到过一分钱的补偿。①

温斯坦莱领导的掘地派运动，虽然得到广大贫民的热烈响应，但克伦威尔政权很快出动军队进行了镇压。在掘地派运动被镇压下去后的一年，温斯坦莱出版表了《以纲领形式叙述的自由法或恢复了的真正管理制度》一书。在书中不仅继续捍卫掘地派关于土地自由的观点，而且还以此为基础提出了建立理想的社会制度——共和管理制度的方案。

09　底层神甫的控诉

在早期社会主义思想家中，宗教神职人员占了很大比例。这也不奇怪，因为近千年中世纪神学统治，使得神职人员可以接受更多的系统教育，掌握更多的科学知识，社会地位也比大多数社会阶层高。如果说，社会精英阶层大多是神职人员或是受过神学教育的人员，也不为过。基于这样的现实，甚至一些已经“叛经离道”的科学家，也是要十分谨慎地处理与教廷的关系。但是谁也没有想到，一个在一百五十户居民的小村庄当了一辈子神甫，且始终兢兢业业、照章办事的人，竟然会是一个惊世骇俗的革命思想家和无神论者。这个人就是

① 参见《马克思恩格斯全集》第23卷，人民出版社，1972年版，第796页。

让·梅叶。

梅叶是法国第一个无神论者和唯物主义思想家。作为一名神甫，他的贡献甚为特殊。他出身于法国一个乡村纺织工人家庭，曾在宗教学校上学，毕业后担任教职。梅叶曾经写道："我从未感觉到我有入教的爱好，甚至有怀着尊敬和赞许的心情来谈论宗教的爱好。在我年轻的时代，人们为我接受圣职。我的父母很愿意看到我有这个身份。为了不使父母难过，我担任了这个职务。"[①]二十五岁时他担任神甫，负责这个远离省会的偏远小村庄低级教区的事务，同时也照应附近的教徒们。梅叶一生都在这个社区度过，整天与最底层的人民打交道，目睹了广大农民深受封建教会和专制制度压榨的痛苦，看到了封建社会的黑暗，逐渐怀疑自己所从事的宗教职业是否符合正义，进而对教会和封建专制制度产生了厌恶和憎恨。

梅叶正直、敬业、无私、奉献，他默默无闻但思想深邃，他平淡安静但敏感犀利，他宽容仁厚但疾恶如仇。据说，他像苦行僧，一餐一饭都要克扣自己，把省吃俭用省出来的钱分给最需要的教民们，他做圣礼从不收费，日常还访贫问苦，关心每家每户生活的一点一滴。所以村里的人都很尊重他，特别是那些贫苦的民众。

不少介绍他生平的文章都讲过他一生唯一一次在公开场合狂怒的情景。那是大约1711年的某一天，村里的封建领主虐待农民，掠夺孤儿。梅叶怒不可遏，进行揭露和制止。但是该封建领主勾结里姆的大主教（梅叶的顶头上司），想方设法陷害梅叶。最后他们找到了梅叶没有在教堂中专设忏悔室的一条过错，将梅叶囚禁一个多月，而且要求他当众向封建领主道歉并祈福。梅叶的狂怒就发生在这次精心安排的教徒为他们的领主祈祷的大会上。梅叶面对父老乡亲们说，这就是可怜的乡村神甫的命运。我们只请求上帝叫我们村子里的封建领主不要欺负贫苦农民，尤其是不要掠夺孤儿，但是现实中的这个社会就是这样不公平，他们不仅不为欺负百姓感到不安，而且还要我们为他们祈祷。在我

---

① ［法］让·梅叶：《遗书》第一卷，陈太先、眭茂译，商务印书馆，1959年版，第13页。

们这个地方，大主教实际上是和封建领主勾结在一起的，大主教实际上就是本地最大的封建领主，他们虽然都有耳朵，但只是为贵族老爷而生。当然后果是可想而知的。由于梅叶在教会讲台上斥责封建领主对待农民的残暴行径，并把攻击目标转向整个贵族阶层乃至大主教，因而与封建领主、大主教的嫌隙芥蒂，就伴随了他终生。

就个人而言，命运对梅叶是不公的，大主教、封建领主对他是不公的，但他还是那样默默无闻、兢兢业业、不争不怒，甚至有些忍辱负重。像梅叶这种通透的人，个人的遭遇实在影响不了他的情绪，左右不了他的人生，只能成为他认识思考社会的素材。他的人生使命就是探索社会发展的规律，揭露宗教的虚伪，探寻劳苦大众摆脱贫困的途径和方法，描绘未来平等和谐社会的美好。这一切，由于他的平淡和谨慎，在他有生之年人们都不可能察觉和体会得到，而当他在垂死之际拿出三卷本的《遗书》时，人们震惊了，世界战栗了，时间凝固了。人们从来没有想到，一个偏僻乡村的无名神甫，会有这样的胸襟大德，会有这样的远见卓识，会有这样的胆略气魄。

著名法国作家、启蒙运动的标志性人物伏尔泰曾说，《遗书》是真正的宝贝，是一本很罕见的书。“当我阅读他的著作时，不禁吓得发抖。这位神甫在临死时，请求上帝饶恕他学过基督教，他的论证对于不信教的人有很大的用处。”[①]梅叶去世后，《遗书》一度以手抄本的形式广为流传，许多手抄版本成为当今博物馆的镇馆之宝。在法国启蒙运动中，梅叶的《遗书》多次以删节本的形式出版，成为启蒙运动最有力的思想武器。当然，这一时期不同思想流派各取所需，肢解梅叶《遗书》的行为也比比皆是。直到梅叶去世后一百三十五年，《遗书》才以其本来面目展现在人们面前。

---

① [法] 让·梅叶：《遗书》第三卷，陈太先、眭茂译，商务印书馆，1961年版，第334页。

10　神秘的摩莱里

埃蒂安-加布里埃尔·摩莱里是法国杰出的思想家，同时也是法国学术史上一位极为神秘的人物。他一生写了许多著作，但都用不同的笔名发表，“摩莱里”是他的一个笔名，其真实姓名无法考证。他有可能是一位已经成名的学者，但是要发表与以往观点完全相左的学术著作，可能会毁了他的清誉；他有可能是一位玩世不恭的富家子弟，一生吃喝不愁，只想捉迷藏似的把自己的理想和见解公之于世；他还有可能是一位类似托马斯·莫尔的官员，只不过缺少莫尔般的果断和坚韧，只能使自己活在更名改姓的梦幻中。

据史学家研究考证，摩莱里出身平民，大约生于1700年，卒于1780年，是个长寿的学者。大约在1743年至1745年间，他发表过《人类理智论》《人心论》，讨论儿童教育和心理发展问题。考证者据此认为他先在维特勒弗朗沙瓦读书，后从事过家庭教师的职业。据说后来一个不知姓名的富翁赏识他的才华，专门资助和支持他从事哲学社会科学方面的研究著述。当然，无论摩莱里是谁，来自哪里，现在已经不那么重要了。最重要的是历史给我们创造了这样一位神秘的社会主义思想大咖，而他的思想不断散发出真理的光芒，照耀着前行的人们，给他们智慧，给他们方向，给他们力量。

在摩莱里众多的著作中，最有影响的著作是《巴齐里阿达》和《自然法典》。《巴齐里阿达》全名是《浮岛的毁灭或著名的皮尔派的巴齐里阿达》，摩莱里采用叙事诗的形式，描绘了一个理想的国家形态，在“浮岛”毁灭之后实行共产主义的幸福图景。而《自然法典》不仅继承和发展了《巴齐里阿达》的共产主义思想，而且提出了建立一个公有制社会的法律草案，论证了这一合理的“自然状态”的社会。摩莱里从对理想社会制度的描述变为对共产主义理想的阐发，对后来的空想社会主义理论有着重大影响。他认为，人天生就有需求，而人又天生具有满足需求的能力，尽管这种能力是不平衡的。这种需求和能力的矛盾对社会的发展有着极其重要的作用，它促使人们自觉地结合成各种社会联合体，去求得满足那些单靠个人的力量绝对不能满足的需求。从人的需求是相同的因此应该得到同样的满足出发，他得出人的社会地位和权利也是平等的这一结论。因此他主张人们应该共同劳动，共同使用土地资源，共同享受劳动产品，实现平均的共产主义制度。

摩莱里的空想社会主义思想与其他思想家的理论相比，具有更加鲜明的理论推演和逻辑分析，他天才地把复杂的社会经济、政治文化等方面的关系简化为对需求的认识，这为我们建立需求社会学理论提供了 ·把钥匙。

11　用著书立说参与社会政治生活

在18世纪的法国，马布利是与孟德斯鸠、卢梭一样享有盛名的流行作家。但是从20世纪开始，他似乎变得不为人知。我们没有对此进行深入考究，但一个直观的原因又似乎是显而易见的，因为他宣扬了共产主义。这从他去世后他的著作一经出版就遭到政府的查禁而得到验证。

加布里埃尔·博诺·德·马布利是18世纪杰出的空想社会主义者，是法国著名政治家、理论家和历史学家。马布利出身于法国一个贵族家庭，青年时期就学于著名的里昂耶稣会学院，很早就受到人文主义和启蒙思想的影响，毕业后担任神职工作，但很快辞职，返回家乡潜心研究哲学、文学和历史。1740年，马布利出版了自己的第一部著作《罗马和法国的比较》，阐述了法国君主制度的必要性，1742年进入法国外交部供职，1746年再次辞职回到家乡，潜心学术研究。他为什么频频辞职回归学术研究，比较公认的说法是，当时法国启蒙思想风起云涌，马布利本身也深受摩莱里的影响，然而无论是神职工作还是外交工作，让他广泛接触到的现实是，黑暗的专制制度、资本的贪婪无度、普通百姓的悲惨处境，这就使他从一个为现实社会制度的服务者、维护者，转变为对现实制度的否定者、批判者。然而，马布利的出身和接受的教育，使他很难冲破羁绊，蜕变为一个革命者。痛苦的角色矛盾，促使他脱离职位，转而从事著述，用以揭发和批判现实制度的弊端和黑暗。

1748年，马布利出版《根据1648年〈威斯特伐利亚和约〉到现在的各项条约建立的欧洲国际法》，批判欧洲各国的对外政策，并首次提出准备用后半生解决财富不均、自由匮乏、人对人的奴役以及现实制度与自然规律的矛盾等问题。此后，马布利以此为信念笔耕不辍，阐述自己对未来社会的设想、对人民权利的看法、对资本主义文明的失望和对私有制的批判。1763年，匿名出版《福基翁谈道德与政治的关系》，借批判雅典国家制度影射法国的封建专制制度，主张建立一个彼此平等的小私有者的共和国。1765年出版《法国史论》，对法国的历史和现状进行了剖析，揭露了封建专制制度产生的根源，批判了王权神授的观点。马布利的一生用著书立说参与社会政治生活，以深刻的观察力，以对历史和社会发展的洞见，影响着历史发展的进程，并对人类的发展与进步贡献出自己的力量。

12　十足的行动派

如果说在马克思、恩格斯发表《共产党宣言》之前，各国革命的共产主义者有一本必读书的话，首推一定是《为平等而密谋》（又称《巴贝夫密谋》）一书。这是由格拉克斯·巴贝夫生前亲密战友菲·邦纳罗蒂在长期流亡中写成的，是一部回顾平等派运动的个人回忆录，也是一部当事者、亲历者精心撰写的平等派运动正史。在第二阶段空想社会主义发展历程中，巴贝夫和温斯坦莱一样是十足的行动派，不仅有丰富的思想理论，更是一个革命家。

巴贝夫出生在法国一个贫苦农民家庭。家境贫困，十六岁丧父，中断学业，独立谋生。当过文书、雇员和地契档案管理员等，通过具体的实际工作，加深了对现实社会的了解。资本主义生产方式在工农业中的发展，以及给劳动人民带来的悲惨后果，引起青年巴贝夫的密切关注。为了寻求解决社会问题的答案，他开始刻苦自学哲学、历史和文学著作，系统阅读启蒙思想家的著作，其中马布利、摩莱里的著作对他产生了深刻影响，社会主义成为他毕生奋斗的目标。经认真研究摩莱里的《自然法典》，1786年，巴贝夫开始形成并陈述自己的共产主义思想。

巴贝夫是法国大革命期间成长起来的，在法国大革命之初积极参加反对封建与旧制度的斗争，协助三级会议起草陈情表，要求废除封建特权。他积极从事新闻活动，创办《皮卡特通讯员报》，1792年9月被选为索姆郡行政官，热月政变前夕，再创办《新闻自由报》。由于积极参加法国大革命，抨击热月党的政策和督政府，主张建立平等者共和国，巴贝夫几次被捕入狱，促使他成为平等派运动的领导人之一。1796年，巴贝夫主持建立了平等派密谋组织的中央委员会，进行秘密活动，并积极策划筹备武装起义推翻督政府，但因计划泄露起义失败，他遭逮捕并被处死。

菲·邦纳罗蒂曾回忆说："在我们被宣判之前的瞬间，巴贝夫和达尔蒂在旺多姆最高法庭被告席上和贵族分子的斧钺之下，得到了我给他们许下的诺言，我答应把当时被党派情绪弄得面目全非的我们的共同目标原原本本地公之于世，以此来替他们申冤昭雪。"[①]于是，在巴贝夫逝世三十一年后，《密谋》一书历经磨难问世。巴贝夫学说的核心是"平等论"，认为在自然状态下人类本身是平等的，主张通过密谋暴力的方式推翻剥削制度，建立"平等共和国"——共产主义公社。巴贝夫政治思想最有特色、最有影响的是革命和过渡阶段的思想。他认为，法国资产阶级革命不过是一场"富人的革命"，在此之后必须进行一场深刻的"人民革命"，建立新的革命政权，即人民当家作主的"平等共和国"。为实现这一目标，必须在革命后的一段时间内采取一系列的过渡措施，而其中财产关系的变革是不可避免的。马克思称巴贝夫为第一个"真正能动的共产主义政党"[②]的奠基人，巴贝夫的主要著作有《永久地籍》。

---

① ［法］菲·邦纳罗蒂：《为平等而密谋》上卷，陈叔平译，商务印书馆，1989年版，第9页。

② 《马克思恩格斯全集》第4卷，人民出版社，1958年版，第334页。

13 “白痴公民”坚信胜券在握

在社会主义思想史上，有一个人出身名门，但公开声明放弃爵位和贵族身份，病贫交加，仍微笑着说我们稳操胜券，他就是圣西门。克劳德·昂利·圣西门出生于法国一个贵族家庭，父亲是个伯爵，母亲也是贵族。童年时他就不相信宗教的圣礼，认为圣礼不符合他的信念。他从小爱好研究唯物主义哲学，向往民主自由，对神学和封建制度采取批判态度。圣西门的一生充满变数，或艳阳高照，或乌云密布；或飞沙走石，或风平浪静；或高朋满座，或孤家寡人。他犹如一片飘荡在浩瀚海洋中的孤舟，随风浪起伏，却又是那样悠然自得、气象万千，一切都如戏剧般地浪漫发展。

圣西门年轻时参加过美国独立战争，沉浸于革命的激情中，倾心研究美国革命的目的——实现人类的独立和自由。他设想了很多科学技术计划和政治方案，但又受不了枯燥无聊的军旅生活，厌倦了无休止的战争，于是脱下军装、脱离军队。他乐此不疲地向墨西哥、西班牙推销实业工程计划，甚至成立公共马车公司，商议修建运河。然而当听闻祖国爆发了大革命，他又迫不及待地终止工程、放弃公司，马不停蹄地回到法国。他兴冲冲地回到祖国，原本想参加革命斗争，却顺风顺水地做起了投机生意，开办了法国最早的信托投资公司，赚得盆满钵满，阴差阳错地做了革命的旁观者。他积极向新制度靠拢，但革命却造成家族破产，他本人也被投进监狱。他宣传政治平等和自由思想，公开声明放弃伯爵头衔和贵族称号，他看到没有头衔的平民被贵族蔑称为“白痴”，于是就给自己起了个新名字——“白痴公民”。他如饥似渴地阅读和研究，信心满怀地写作和教学，想做一个踏踏实实的学者和作家，但是十多年以后，自己身边竟然聚集起一批学生和门徒，形成圣西门主义团体。

晚年圣西门贫病交加，生活艰难。在一个大雨瓢泼的夜晚，他将手枪对准自己的头颅，连续扣了七次扳机，唯一命中的一发打瞎了自己一只眼睛，并贯穿头颅。然而他并没有死去，他忍着疼痛挣扎着敲开了附近一家医生的房门，经抢救，居然奇迹般地活了下来。圣西门临终前躺在病床上，医生问："您很难受吧?"他回答："不难受。""怎么，难道您不感到疼痛?""这样说也许是撒谎，但是，这有什么意思呢? 还是谈谈别的吧!"哲学家最后一次费力地举起一只手，喃喃地说："我们稳操胜券!"[①]这就是社会主义思想史上的伟大传奇人物圣西门。圣西门的处女作《一个日内瓦居民给当代人的信》深刻揭露了资本主义社会的各种矛盾。《19世纪科学著作导论》的完成，标志着圣西门已由民主主义者转变为社会主义者。《论实业体系》《实业家问答》《论文学、哲学和实业》等著作，则系统完整地阐述了圣西门的社会主义思想。圣西门认为，所有制是社会的基础，是社会存在的决定性因素；人类是分为阶级的，一是学者、艺术家和一切具有自由思想的人，二是主张革命维新的反对者，三是赞成平等口号的其余的人；新的社会制度是实业制度，实业制度下实行计划经济，按劳分配；致力于建立没有城乡对立、脑力劳动和体力劳动对立、工业和农业对立的和谐社会，等等。圣西门去世后，他的门徒巴扎尔、勒鲁和安凡丹等人继承和发展了他的学说和事业。

14 "大脑患病的产物"

在中外历史上，构建和谐社会一直是人类的一个梦想。在中国，老子曾提出"人法地，地法天，天法道，道法自然"[②]，期望遵循客观规律，构建和谐社会。孔子则强调"均无贫，和无寡，安无倾"[③]，期望通过人为努力，实现社会整体和谐。在欧洲历史上提出构建"和谐社会"的人，影响最大的当属傅立叶。

沙尔·傅立叶出身于法国一个中等商业资产阶级家庭。父亲算是一个成功的商人，开了一家大呢绒商店，在商界颇有声望，一度担任当地商业法庭庭

---

① ［苏］阿·列万多夫斯基：《圣西门传》，孙家衡、钱文干译，商务印书馆，1983年版，第232—233页。

② 《道德经》第二十五章。

③ 《论语·季氏》。

长。傅立叶的童年几乎是在商店和家庭之间往来穿梭度过的，受商店和家庭熏陶，傅立叶打小就能说破商业欺诈的“奥秘”。据傅立叶自己回忆说，在他六岁那年，人们把他带到父亲的商店去玩，无意间发现店里的伙计欺骗买主，便向买主说明了真相，天真的傅立叶因此遭到一顿痛打。傅立叶在中学时学习成绩很好，作文和拉丁文尤为出色，小小的年纪就养成了善于推理和发现的严谨风格，富于幻想和表达的诗人气质。中学毕业后，他花费很大精力和时间去各地游历，甚至不惜辞职或经常改变工作地点，以达到开阔视野、丰富知识、增长阅历等目的。与此同时，他还不辜负母亲的期望从事商业活动，获得极大成功。

然而正当傅立叶踌躇满志地接手父亲分给他的一部分产业，以期从事大宗货物贸易赚钱致富时，法国资产阶级革命的暴风骤雨不期而至。傅立叶的全部库存被雅各宾派军队强行征用为战争物资，本人也被强征入伍。父亲几次遭到雅各宾派军方的逮捕，侥幸保全了性命。傅立叶设法从军队逃出，又因证明文件不是依法取得而被捕。作为商业资本家的继承人，他的全部财产和家当，在革命的硝烟中丧失殆尽，家人也面临生命危险，因而产生了仇视革命的思想。在后来的著作中，傅立叶把雅各宾派专政说成是野蛮的倒退，就与这一段历史有关。

此后，失去财产的傅立叶只能靠当会计员、出纳员、发行员、推销员、经纪人等生活，并浪迹法国各重要城市和地区。也正是在曲折丰富的社会经历中，他认识到整个社会制度存在的严重弊端，开始做独立自主的深入研究和思考。傅立叶具备一个伟大思想家的各种潜质，他对所有的社会现象都具有非凡的感受，就如同身临其境一样。但是这种感受绝不局限于消极直观，而是精心观察周围的现实，积极探索事物的发展规律和本来面目。他善于抽丝剥茧，把零星观察得来的材料，放在一起归纳整理，从中概况、总结和勾勒出一幅伟大的构想。他具有天赋的创造性和想象力，以至于他提出的空想社会主义思想，已大大超越当时人们的认知，不少人认为他脑路异常、不可思议，甚至有人讥讽他的思想是“大脑患病的产物”。傅立叶的主要著作有《关于四种运动和普遍命运的理论》《宇宙统一论》《经济的和协作的新世界》等。

值得着重说明的是，傅立叶把牛顿和莱布尼茨的“万有引力定律”应用到社会发展方面，提出了“情欲引力”的概念。他说“情欲引力看起来好像是邪恶的东西”[①]，但是其表现为情欲和理性具有合乎自然的、合乎人性的属性。傅立叶把情欲引力神秘化为“引力的分配者只是上帝”，并把人的情欲分级，如第一级有三种情欲，第二级有十二种情欲，等等，同时提出诸如奢侈欲、合群欲、分配情欲、统一欲等。他说：“我很快发现，情欲引力的规律在各个方面都符合由牛顿和莱布尼茨所阐明的物质引力规律，物质世界和精神世界在运动的体系上具有统一性。”[②]傅立叶提出惊世骇俗的“情欲引力理论”后，在此基础上提出了“社会和谐理论”，而“社会和谐理论”都是围绕“情欲引力”展开的。傅立叶的学说在当时并没有多少人理会，但是后来对社会主义运动产生了巨大影响，被认为是马克思主义学说的重要来源之一。

15　新和谐公社的实验

一个出身卑微、九岁就辍学当童工和学徒的穷小子，凭借打工的丰富阅历和儿时如饥似渴自学得来的广博知识，十八岁时毅然结束打工生涯，向哥哥借款一百美元办起了纺织厂。在企业蒸蒸日上时，又果断卖给一家大企业主，甘心为这个企业主打工当职业经理人。让人匪夷所思的是，因为出色的管理和优秀的业绩，老板不仅赠予他股份，还让他做了自己的乘龙快婿。这活脱脱一个丑小鸭妙变白天鹅的励志故事。而这一故事的主角就是英国空想社会主义思想家、英国社会主义之父罗伯特·欧文。

欧文出生于英国一个小企业主家庭，据说是因为儿时吃粥烫着嗓子差点送了命，他很注重饮食材料、烹调、进食等细节，久而久之，养成了观察事物、

① 《傅立叶选集》第一卷，赵俊欣等译，商务印书馆，1979年版，第56页。
② 《傅立叶选集》第一卷，赵俊欣等译，商务印书馆，1979年版，第12页。

注意细节的习惯。得益于这一习惯，加上丰富的企业阅历，使其形成了通过仔细观察工人的各种活动，推出有针对性的管理举措的经验和模式，同时着眼于工人的心身健康，推出一系列改善工人劳动条件的举措，因而他在管理企业、经营工厂方面取得极大成功。

1799年，二十八岁的欧文同他的合伙人以六万英镑的价格购买了苏格兰格拉斯哥拉纳克镇外的一家大型企业，这就是“新拉纳克纺纱公司”，它后来成为欧文构建和谐社区的实验区。1800年，欧文卖掉了在伦敦工厂的股份，来到新拉纳克一心一意进行伟大的实验。他首先从改造工人的生产环境入手，提前更新旧机器，搞清洁卫生，尽量使工人在有序而卫生的环境中工作；改造生活环境，建造一排排整洁的工人宿舍，每个家庭有两个房间，几户共用一个厨房，并且绿化周边环境；改造社会制度，劝导资本家，游说议员，推动立法，限制童工年龄和劳动时间；改变管理方式，根据工人在生产中的表现记录品性，建立日报和交接班制度，唤醒职工的道德感、自尊心；还改革教育，设立陶冶馆，学习知识、提高修养。

1812年，欧文为了宣传自己的改革成就，发表了《关于新拉纳克工厂的报告》，引起欧洲社会的广泛关注。此后，欧文为争取议会制定工厂法和限制工作日的立法进行了大量工作。1815年，他在《论工业制度的影响》一书中，呼吁制定改善工人劳动条件的议会法案，经过努力在历史上第一次通过了限制工厂中女工和童工劳动日的法案。1824年，欧文在美国印第安纳州买下1214公顷土地，开始进行“新和谐公社”试验，但试验最终以失败而告终。失败后，欧文并没有气馁，而是全身心投入到英国工人运动中，组织了“全英大统一工会联合会”，极力争取保障工人权利的法令。八十七岁高龄的他，直到生命最后一刻，还在英国科学促进大会上为工人争取权利进行演讲。马克思曾称赞欧文：“一经踏上革命的道路，即使遇到失败，也总是能从中汲取新的力量，而且在历史的洪流中漂游得愈久，就变得愈坚决。”[①]欧文在历史上第一次揭示了

---

① 《马克思恩格斯全集》第30卷，人民出版社，1974年版，第522页。

无产阶级贫困的原因，并从生产力的角度提出公有制与大生产的紧密联系，晚年还提出过共产主义主张，其最著名的代表作有《新社会观》《新道德世界书》。

16　劳动人民的新福音

社会主义思潮是因为莫尔发表《乌托邦》而走红全球的。人们肯定没有想到，三百多年后，竟然有人如法炮制，一个名叫埃蒂耶纳・卡贝的年轻人，同样以游记的形式写了一本小说《伊加利亚旅行记》，同样获得了极大成功。众多粉丝纷纷给作者写信，表达他们的崇敬和爱戴。甚至有一些铁粉、钢粉，愿意死心塌地地跟他浪迹天涯，去寻求梦中的和谐社会。这使我们不止一次地深深感悟到，用小说和讲故事的方式，通俗易懂地谈思想、谈信仰、谈学术、谈理想，应该是最有影响和最有成效的方式。

卡贝是在马克思、恩格斯的科学社会主义诞生之前，一位重量级的空想社会主义实践派代表。他出生在法国一个手工匠家庭，幼年跟随父亲劳动，青年时做过教师，后上大学。1812年凭自己的努力获得法学博士，跻身上层社会，先后担任律师、检察官、参议院议员。他的特殊经历使其深知劳苦大众的疾苦，熟谙上层社会的腐朽、黑暗，并深刻认识到造成这种状况的根源是不公正的社会制度。因此，他将自己的一生定义为致力于变革腐朽社会制度的斗争。

在成为空想社会主义者之前，他就曾参加密谋革命组织——烧炭党，积极投身七月革命，激烈抨击七月王朝对革命的背叛，创办《人民报》宣传激进的民主主义政治主张，揭露政府的腐败和黑暗，为此受到政府迫害逃亡英国。在英国长达五年的政治流亡期间，他逐步接受了共产主义思想，潜心研究空想社会主义著作，在前人的基础上形成了自己的思想理论体系。1839年，卡贝回国，随后出版了集中反映其空想社会主义思想的《伊加利亚旅行记》，深受广大人民欢迎，在法国引起轰动。那些渴望摆脱资本主义的剥削，获得幸福生活的广大劳动群众欢欣鼓舞，把这本书当作新的福音来接受，相信找到了使他们摆脱压迫和剥削的办法。

后来，卡贝又利用报纸宣传共产主义，成为法国规模庞大的伊加利亚运动的思想领袖，成为当时无产阶级革命中力量和影响最强大的一派。从此，卡贝的共产主义学说被称为伊加利亚共产主义，他的追随者尊称他为“慈父”，《伊加利亚旅行记》被称为伊加利亚派共产主义的“圣经”。

欧洲1848年革命前夕，卡贝偕同他的信徒离开法国，到美洲去组织伊加利亚。他们在美国的得克萨斯州购买了一百多万亩的土地，想在那里按照卡贝学说设想的模式创办伊加利亚公社。卡贝曾计划建设一个一百万人口的移民区，但是实际上他的实验从未超过一千五百人。后来由于与移民们在方针政策上的分歧，卡贝不得不在六十八岁高龄时离开，他原计划带领忠实的追随者到另外一个地方去创建“伊加利亚共产主义”，但不幸在途中去世。卡贝去世后，伊加利亚经过许多失败和分裂，但还是延续到1895年，差不多历经五十二年方告消失，足见这一运动对广大无产者的吸引力。

或许是马克思、恩格斯将圣西门、傅立叶、欧文称为“三大空想社会主义者”，使之名气太大，以至于一谈到卡贝，不少人认为他在历史上的地位微不足道，其思想与上述三位也就不能相提并论了。事实上，这些年专家学者对卡贝的研究，已足以证明他对科学社会主义的卓越贡献，以及对工人运动、社会主义运动的历史性推动作用。

马克思、恩格斯有几段经典的评述：一是认为卡贝的共产主义学说是适应法国无产者的政治需要而产生的，它反映了刚刚参加到运动中来的无产者尚未成熟的意识、愿望和要求，因而还是“粗糙的、尚欠修琢的、纯粹出于本能的共产主义”[①]；二是认为卡贝是“这样一个由于对法国无产阶级所采取的实际态度而受到尊敬的人”[②]，他善于吸取前人学说中一切合理的东西，并大大地超过先前的法国共产主义者，甚至认为法国共产主义者“在我们的发展初期帮

---

① 《马克思恩格斯选集》第一卷，人民出版社，2012年版，第385页。

② 《马克思恩格斯全集》第36卷，人民出版社，1974年版，第128页。

助了我们”[①]。卡贝的空想社会主义思想具有一些独创的理论，在法国社会主义史上有着巨大影响。

17 密谋与抗争

他是母亲牵之念之的儿子，几次越狱、几次逃亡，母亲都以微微驼背的身躯在帮助他；他是战友们拥之护之的领袖，几度风雨、几度存亡都有一群战士紧紧护卫在他的身旁；他是敌人恨之惧之的暴徒，几番折磨、几番离间，都未能削弱他锋利的宝剑；他是群众呼之唤之的偶像，几多凄厉的哭泣，都无法挽回他宝贵的生命。他就是法国早期工人运动活动家、革命家、早期共产主义者、巴黎公社的传奇人物、巴黎公社议会主席路易·奥古斯特·布朗基。

布朗基出生在法国阿尔卑斯山旁边的一个小县城。父亲曾是国民公会议员，积极参加雅各宾革命，母亲果敢刚毅、品德高尚，布朗基深受父母影响，继承了他们伟大的品格。布朗基十三岁到巴黎哥哥任教的中学学习，学业优异、才能非凡，哥哥在给父亲的信中赞叹道：“这个小孩以后定将使世界感到震惊。”[②]很快，毕业不久的布朗基就以其异乎寻常的作为验证了哥哥的预言。他先是加入烧炭党人的秘密组织，参加了所有的学生运动，三次受伤，两次被刺刀刺伤，一次被子弹打伤。此后他开始了长达五十多年的革命实践活动，两次被判死刑（后均改判为无期徒刑），三十七年的铁窗生活，近十年的流亡和被管制；先后八次参加和组织革命组织，八次参与和领导暴动起义和示威游行，参加出版和亲自创办三种报刊，做了无数次巡回全国的鼓动演说，撰写了大量战斗檄文。如果把他的经历娓娓道来，那肯定是一部精彩纷呈的大部头小说，如果概要叙之，大致有四个方面的内容：

一是不停地参加和组织秘密团体，不停地组织和发动武装起义和示威游行，目的只有一个：推翻专制统治，建立人民政权。除早年参加过烧炭党外，

---

① 《马克思恩格斯全集》第1卷，人民出版社，1956年版，第592页。

② ［苏］尼·莫恰诺夫：《布朗基传》，郭一民译，商务印书馆，1995年版，第15页。

还参加过激进革命组织“人民之友社”，后又亲自组织“家族社”，吸取屡次失败的经验教训，组织更为严密的“四季社”和具有鲜明统战性质的“中央共和社”，等等。

据史料记载，“家族社”接纳新会员时，必须被蒙住眼睛回答问题：“你以为政府怎样？”答：“政府只为着少数特权者的利益而工作。”“今天统治的贵族是什么人呢？”答：“财政家、银行家、交易所的投机者、垄断商人、大地主——总括一句，都是剥削者。”“政府是依赖什么法律而存在的呢？”答：“依赖暴力。”“什么是社会的主要罪恶呢？”答：“贪婪，追逐金钱，它代替了一切道德的地位；此外还有，财富之崇拜，无产者之被轻蔑和被迫害。”“什么是人民？”答：“是全体工人；他们处于奴隶的地位；无产者的命运和农奴及黑奴之命运，并没有不同。”“社会的基础应该是什么呢？”答：“是社会平等。公民权利：保障生存，普及教育，参加政府；公民义务：献身于社会，对于其他的公民，要有博爱精神。”“将来的革命应该是一种政治的还是社会的革命呢？”答：“是社会革命。”“在革命成功之后，人民能够自治吗？”答：“当社会道德上病态严重的时候，通过英勇的统治方法，才能够迅速地建立健康的社会关系；但在相当时期，人民应该有一个革命的政府。”① “四季社”以每七个人组成一个基层单位，叫作“星期”。四个“星期”组成“月”，三个“月”为“季”，四“季”为“年”，是一个严密的组织体系，故称“四季社”。最多时“四季社”成员达四五千人，成员主要是工人和学生。这些秘密组织实际上是当时工人阶级和劳动群众的政党组织，只是囿于少数骨干的密谋，缺少现代政党的一些元素。后来逐渐形成的布朗基派，就是名副其实的无产阶级政党了。

二是以矢志不渝的革命精神与反动统治、反动制度斗争，数次越狱和庭审演说让人潸然泪下。在布朗基及其战友被关押在圣米歇尔山监狱时，布朗基六十岁的母亲还在为他积极策划和实施越狱，虽然没有成功，但母亲的舐犊之情

① ［德］麦克司·比尔：《社会主义通史》，嘉桃、启芳译，生活·读书·新知三联书店，1958年版，第484—485页。

仍然让人唏嘘不已。母亲在七十五岁那一年，不远千里来到贝尔岛，再一次策划帮助布朗基和他的战友越狱，着实让人赞美和感叹！著名诗人海涅偶然听过布朗基的一次演说，认为它“充满生命力、义正辞严、对资产阶级充满愤怒”①。

三是被敌人构陷和被战友误解时，仍能坦然面对，坚毅前行。日益尖锐的阶级斗争，使法国资产阶级认识到布朗基是最危险的敌人，因此警察当局勾结毫无底线和原则的新闻记者塔色罗，编造了小册子《塔色罗文件》，诽谤布朗基在被捕期间出卖了“家族社”和“四季社”的主要领导人。布朗基发表公开信，揭露这些造谣污蔑的荒唐无稽：“出狱时头发已经斑白了，心灵已经破碎了，身体也被拖垮了，——突然却在我的耳边听到一阵喊声：‘打死叛徒！把他一脚踹开！’”②可惜的是布朗基曾经的亲密战友巴尔贝斯相信了谣言，这导致了“四季社”的分裂。

四是布朗基的巨大影响和布朗基派的英勇实践，创造了巴黎公社这一无产阶级政权的人间奇迹。1871年3月18日，巴黎公社无产阶级和劳动人民举行起义前一天，布朗基在外省被捕。在他缺席的情况下，巴黎公社选举其为委员。1879年他在狱中当选法国国会议员，并于同年6月出狱，当时布朗基已经七十四岁了，他先后在狱中度过了三十七年，有“革命囚徒”之称。布朗基出狱后仍保持旺盛斗志，继续积极参加工人运动。

1881年，布朗基逝世，噩耗震动了所有的法国革命者，全国进步组织纷纷派遣代表携带花圈来到巴黎，近二十万市民走上街头，送别这位一生为人民奋斗的英雄。马克思、恩格斯对布朗基的革命活动和英勇献身精神给予高度评价，称他不愧为法国无产阶级政党的头脑和心脏。③

---

① 《布朗基文选》，皇甫庆莲译，许渊冲校，商务印书馆，1979年版，第175页。

② ［苏］尼·莫恰诺夫：《布朗基传》，郭一民译，商务印书馆，1995年版，第218页。

③ 参见《马克思恩格斯全集》第30卷，人民出版社，1974年版，第612页。

第四章
站在道义制高点上的精神财富

01　花开两朵，各表一枝

当我们徜徉在空想社会主义三个阶段的历史长河之中，感受三百多年的风霜雨雪和思想磨砺，仿佛整个精神世界都在打破桎梏、返璞归真。我们仰望星空，不禁为这些社会主义的先驱流下崇敬的眼泪，也深深为他们的执着和奋斗而感动，从心灵深处为他们献上一首生命的赞歌。

在这三百多年的历史中，资本主义从手工业生产时期，逐步发展到手工工场时期，进而又发展到大机器生产的工业革命时期，社会主义先驱们对资本主义的认识也在逐步地发展和深化。如前所述，他们已经深刻认识到，资本主义制度的建立及其发展，是人类历史上的巨大进步。但是资本主义所取得的空前巨大的成就，是以同样空前巨大的社会代价换来的。资本主义生产方式迅速扩展的过程，是殖民地和半殖民地国家、广大劳动人民备尝屈辱的过程。在早期，这一过程更是带有很大的野蛮性和残酷性。在这个历史过程中出现的各种社会主义思潮，毫无疑问都是对资本主义制度性弊病的某种回应。即便是现在，虽然当代资本主义较之古典资本主义有了长足进步，但其制度性弊病、痼疾并没有因之发生本质性的变化。资本主义发展所造成的种种罪恶和苦难直接引发了社会主义思潮的诞生，并且使之不断发展和完善，这就是当代人类思想史上的真实轨迹。

换句话说，在资本主义生产方式产生之时，反资本主义的社会主义思潮就随之而出现了。资本主义生产方式的每一步发展，也必然伴随着社会主义思潮和社会主义运动的每一步发展。历史上各种社会主义思潮的产生、发展，记录着社会主义先驱者在资本主义发展不同时期对不同社会问题的反应，也刻印下了怀有社会主义理想、信念的人们孜孜求索的足迹。马克思说："他们猜到了（见欧文及其他人）文明世界的根本缺陷的存在；因此，他们对现代社会的现实基础进行了无情的批判。"①我们看到，莫尔以犀利的笔触鞭挞资本主义制度的罪恶，温斯坦莱用镢头刨断资本主义不平等的根脉，摩莱里和马布利从理论层面剥去私有制和资产阶级统治的虚伪画皮。更有圣西门、傅立叶和欧文，认真思考无产者群众贫困的根源，剖析资本主义社会制度存在的问题，寻求变革现存社会制度的途径。批判的目的是改变。解决资本主义制度性危机，也只有从废除资本主义制度、建立更完美价值取向的社会制度做起。而这一更完美价值取向的社会制度，就是社会主义制度。

社会主义先驱者依据所处的历史环境和自己的切身体验，从不同层面描绘了社会主义的美好景象。诸如建立一个人类与自然和谐共存、在资源占有和利用上保持社会公正的生态社会；建立一个消灭剥削和压迫，人人平等、人人自由、人人幸福的公有制社会；建立一个量饥而食、量渴而饮、按需分配，具有完备生产生活保障能力的安全社会；建立一个消灭脑力劳动和体力劳动、城市和乡村、工人和农民等差别的和谐社会；等等。

这就犹如一株破土而出、顽强生长的文明之树，开出了恶与善两个花朵，而社会主义先贤对于二者，其一无情鞭挞，其二无限憧憬。三百多年的历史为我们留下了可观、可贵的精神财富。梳理这一笔价值连城的精神财富，着实让我们感慨万千、兴奋不已。因为我们看到当初社会主义的火种已燎原成熊熊大火，当初资本主义的野蛮与残酷已被迫披上了温情和文明的外衣。无论社会主义的道路怎样曲折坎坷，也无论资本主义的发展怎样峰回路转，社会主义先驱

① 《马克思恩格斯全集》第2卷，人民出版社，1957年版，第106—107页。

者为人类最美好的事业不惜抛头颅、洒热血，坚韧不拔、勇毅前行的壮举，将永远温暖整个人类和世界。

02　羊吃人的故事

莫尔在《乌托邦》中讲了一个“羊吃人”的故事。15、16世纪，由于大航海打开了世界市场，英国等国毛织业突然繁荣起来，羊毛的需求量激增，市场上的羊毛价格持续猛涨，养羊成了最赚钱的行当。巨额的利润空间，促使地主、资本家和一些有权势的人开始投资养羊业，并打起了土地的主意。

当时英国农村土地大体分为三种类型：一是公用地，属于全体村民；二是租用地，农民租种地主的土地；三是少量农民自有地。养羊需要大量的土地，以便有充裕的牧场保障羊群有足够的饲料。贵族们纷纷行动起来，想方设法和政府、议会勾结，通过议案不道德地把尚未开垦的森林、草地、沼泽、荒地等公用地抢占过来，变成自己的私人土地。对少量农民自有地，则以极低的价格购买或租借过来。租种土地的农民则被无情地赶走，甚至其居住的房屋被强行拆除。原来用于种植粮食的土地都被圈占起来用以养羊，一时间，英国到处都是木栅栏、篱笆或用石块垒起的围墙，把土地分成一块块的草地。农民都被赶出家园，变成无家可归的流浪者，或者讨饭，或者盗窃。这就是历史上著名的“圈地运动”。

莫尔在《乌托邦》中描写道：“这些不幸的人在各种逼迫之下非离开家园不可——男人、女人、丈夫、妻子、孤儿、寡妇、携带儿童的父母，以及生活资料少而人口众多的全家，因为种田是需要许多人手的。嗨，他们离开啦，离开他们所熟悉的唯一家乡，却找不到安生的去处。他们的全部家当，如等到买主，本来值钱无多，既然他们被迫出走，于是就半文一钱地将其脱手。”[①]不仅如此，国王还颁布“血腥的立法”，凡是有劳动能力的游民，如果

① ［英］托马斯·莫尔：《乌托邦》，戴镏龄译，商务印书馆，1982年版，第22页。

不在规定时间内找到工作，一律加以法办：第一次挨打，第二次割掉半只耳朵，第三次就要处以死刑。权贵们还垄断羊及羊毛的交易市场，达不到他们要求的价格就不会轻易出手，这就更加剧了圈地运动的疯狂和对无地农民的奴役和压榨。莫尔悲愤地写道："你们的羊，一向是那么驯服，那么容易喂饱，据说现在变得很贪婪、很凶蛮，以至于吃人，并把你们的田地、家园和城市蹂躏成废墟。"[①]

羊为什么吃人？佃农为什么被逼走？圈地养羊只是表面现象，贵族阶层靠剥削广大劳动阶层来维持自己的奢靡生活，才是深层次的制度根源。这种羊吃人的现象，实质上是人吃人，是贵族豪绅、主教们在金钱欲的驱使下，为掠夺更多的土地用作牧场，才这样不顾大批佃农的死活。莫尔大声疾呼："戒绝这些害人的东西吧。用法律规定，凡破坏农庄和乡村者须亲自加以恢复，或将其转交给愿意加以恢复并乐于从事建设的人。对富有者囤积居奇的权利以及利用这项权利垄断市场，须严加控制。"[②]

《乌托邦》附录中有个《莫尔小传》，详细记录了莫尔因犯贪污罪和叛国罪而被处死的判词原文：送他回到伦敦塔，从那儿把他拖过全伦敦城街到泰伯恩行刑场，在场上把他吊起来，让他累得半死，再从绳索上解开他，趁他没有断气，割去他的生殖器，挖出他的肚肠，撕下他的心肺放在火上烧，然后肢解他，把他的四肢分钉在四座城门上，把他的头挂在伦敦桥上。好在英国国王亨利八世感念莫尔过去的名望与功绩，突然善心大发，将刑罚改为砍头，再将头颅悬挂在伦敦桥上示众。在文明制度下的这段判词中，我们既看到了貌似庄严的行刑被描述得颇有仪式感，但同时又残忍得让人毛骨悚然。而这，就是资本主义发展初期的社会现状：专制、严酷、暴力和劫掠。可见，资本掠夺的本性并没有因为建立文明制度而有所改变，"羊吃人"等充满血腥和暴力的现象仍然是资本主义制度难以克服的致命缺陷。

---

① ［英］托马斯·莫尔：《乌托邦》，戴镏龄译，商务印书馆，1982年版，第181—182页。

② ［英］托马斯·莫尔：《乌托邦》，戴镏龄译，商务印书馆，1982年版，第183页。

温斯坦莱发起的掘地派运动，所揭示的资本剥夺的本质与莫尔有相通之处。温斯坦莱在《给英国当局和全世界当局的宣言》中阐述到，一方面是无地的贫农，另一方面是因圈地而富裕的地主。一方面是无地贫农希望得到允许耕种村庄的公用土地，另一方面是克伦威尔政权却很快出动军队进行镇压。这就非常鲜活地揭示了资本主义原始积累的本质，即通过剥夺和压榨底层劳动者来维护资产阶级的利益。

03　分裂的群体

恩格斯对托马斯·闵采尔有非常高的评价，他在《德国农民战争》的开篇就写道："德意志民族也有自己的革命传统。在历史上德国也曾出过能和他国最优秀的革命人物媲美的人才。"[①]闵采尔中等身材、脸庞粗犷、神色严峻、颧骨突出，他那双坚毅的眼睛尤其锐利无比。据说他身先士卒、战死沙场后，敌人非常惧怕他那怒目而视、毫不妥协的眼神，就用枪尖残忍地把英雄的双眼挖了出来，把头颅悬挂在高竿上示众。[②]

而正是这一双锐利的眼睛，看穿了资本主义的"脉脉温情"，并不是像人文主义者所宣称的那样，实现社会公平，消除社会分裂，解决根本问题。现实社会的状况仍然是，富人攫取了反封建专制革命的胜利果实，劳苦大众依旧艰难生存，利益群体和利益集团仍然存在，社会日益撕裂成相互对立的群体。

闵采尔指出："城市和乡村里贫苦的、平凡的人们都处于与上帝的意旨和任何正义相违背的境地，承担着宗教贵族、氏族贵族和政府的沉重负担。"[③]诸侯和贵族不但占有土地、房屋、原料和工具，而且"他们随意霸占：水中的鱼、空中的鸟、田野中的植物——这一切都被认为是该属于他们的……他们压

---

① 《马克思恩格斯全集》第7卷，人民出版社，1959年版，第385页。

② ［苏］阿·施捷克里：《托马斯·闵采尔》，叶中林译，生活·读书·新知三联书店，1963年版，第317页。

③ 《世界通史资料选辑》（中古部分），商务印书馆，1974年版，第279页。

迫所有的老百姓，破坏、抢劫穷苦的农民、工匠和整个世界”[①]。

死后扬名的乡村神甫梅叶在《遗书》中控诉：财产和土地集中在私人的手里，不可避免地会产生不平等，因为每一个人都想不择手段地攫取财富，结果最狡猾的人总是获胜，从而把别人的财富据为己有，这就产生了两极分化。一部分人酒醉饭饱，另一部分人却死于饥饿；一些人养尊处优，无所事事，而另一些人则日夜劳动还免不了挨饿。由于不平等，导致人们之间互相妒忌、仇恨、冲突和反抗。这个世界到处是无法无天，人世间竟是“充满那样多的恶意，甚至最完美的德性和最纯洁的善良行为，都难免受诽谤者所中伤”[②]，“许多不幸的人没有任何罪过和根据而遭到迫害和不公平的压迫”[③]。他认为，宗教应当斥责那残酷和不公的暴政制度，政治应当斥责和抑制假宗教的滥用权力、谬误及欺骗行为。但事实上他们之间一旦缔结同盟和建立友好关系，彼此就相处得不坏。可以说，从这时起，它们已情投意合，像两个小偷一样，互相庇护和支持。宗教甚至支持最坏的政府，而政府也同样庇护最荒谬最愚蠢的宗教。[④]

有着纯正贵族血统的圣西门积极投身法国资产阶级革命，然而切身体验使他认识到，这次世界近代史上规模最大、最彻底的革命，却远没有预想的那样坚决和纯粹。在血腥、恐怖的革命措施渐渐松懈后，依然是富者愈富、穷者愈穷，全国三分之二以上的土地仍然在贵族、教会和富裕的上层资产阶级手里，广大劳苦群众依然一无所有。现实当中的资本主义社会，即便是三权分立等政治学理论在做支撑，仍然是一个典型的“黑白颠倒的世界”。圣西门曾致信法兰西第一皇帝拿破仑，幻想请他来领导建立铲除特权、人人幸福的社会，而忙于称霸欧洲的拿破仑或者根本没有翻开手稿，或者是在特别严重的局势下，他还要操心其他的事，索性就没有把圣西门的建议交人去办理。一代枭雄根本无

---

① 《世界通史资料选辑》（中古部分），商务印书馆，1974年版，第342页。

② ［法］让·梅叶：《遗书》第一卷，陈太先、眭茂译，商务印书馆，1959年版，第2页。

③ ［法］让·梅叶：《遗书》第一卷，陈太先、眭茂译，商务印书馆，1959年版，第2页。

④ 参见［法］让·梅叶：《遗书》第一卷，陈太先、眭茂译，商务印书馆，1959年版，第8—9页。

暇顾及圣西门的发现，也给圣西门带来了依旧的幸运。①

傅立叶曲折的人生经历，使得他对资本主义制度下存在的丑恶现象深恶痛绝。恩格斯曾称他为“自古以来最伟大的讽刺家之一”②，他以法国人特有的风趣，用巧妙、诙谐、辛辣的笔触，对资本主义这一文明制度下的社会撕裂进行了无情的讽刺和批判。他说，文明制度有两个阶级，一个是工厂主阶级，一个是一无所有的阶级。工厂主阶级差不多只做领导和监督工作，并不生产，一无所有的阶级则肩负劳动重荷，给富人当奴隶；穷人的流行病是饥饿，富人的流行病是消化不良。“文明制度虽然有种种生产的功绩和源源不断的以假代真的智慧之光，却不能保证给予人民劳动和面包。”③

04　万恶之源

“魔鬼”和“地狱”是早期社会主义思想家揭露资本主义用得最多的词。那么，是什么造成了资本主义社会的这种现状？人们不断推动和参与的革命，为什么在华丽的辞藻和动人的蛊惑下每每失败？面对这样的质疑，社会主义思想家们不约而同地把眼光盯向了私有制，即社会生产资料的私人占有。

在社会主义思想史上，第一个提出私有制是一切社会罪恶根源观点的是莫尔，他说：“私有制存在一天，人类中绝大的一部分也是最优秀的一部分，将始终背上沉重而甩不掉的贫困灾难担子。”④他愤怒地指出：“任何地方私有制存在……一个国家就难以有正义和繁荣。”⑤“我怀疑当个人所有即私人财产时，一切平均享有能否达到……我深信，如不彻底废除私有制，产品不

---

① 参见［苏］阿·列万多夫斯基：《圣西门传》，孙家衡、钱文干译，商务印书馆，1983年版，第185页。

② 《马克思恩格斯选集》第3卷，人民出版社，2012年版，第647页。

③ 《傅立叶选集》第一卷，赵俊欣等译，商务印书馆，1979年版，第93页。

④ ［英］托马斯·莫尔：《乌托邦》，戴镏龄译，商务印书馆，1982年版，第44页。

⑤ ［英］托马斯·莫尔：《乌托邦》，戴镏龄译，商务印书馆，1982年版，第43页。

可能公平分配，人类不可能获得幸福。”[①]

然而，空想社会主义思想家们对私有制的认识并不一致。最早只是立足道德的批判，即以善恶为标准，揭示对大多数劳动者的不公，看到的只是事物的一些表象，朴素地把私有制理解为个人占有财产，没有区分生活资料和生产资料。同样地，对公有制的理解亦然。

后来马布利等人用自然法理论和理性原则，把批判的对象限定为生产资料私有制。马布利认为，私有制违反自然法则，私有制产生后引起的社会苦难是大自然对人的惩罚。他说：“这种不祥的私有制是财产和地位的不平等的起因，从而也是我们的一切罪恶的基本原因。”[②]私有制造成经济上的不平等，把人们分成利益对立的阶级，贫富悬殊愈来愈大，富者享乐无度，贫者无以为生；私有制造成政治上的不平等，财富占有地位，富人掌握国家政权，制定满足富人贪欲和压迫穷人的法律，致使阶级斗争和革命不可避免，国家陷入不安宁状态；私有制是产生侵略战争的根源，在败坏联系全国公民一切关系的同时，也败坏整个世界社会的联系，依靠侵略邻国扩大自己的财富，一般的战争都是由此产生的；私有制带来的财产和地位的不平等，改变了人心的自然趋向，破坏了人类的善良、同情心和互助友爱的社会品质，是导致社会道德颓废和智慧退化的根源。[③]这样的阐述已经上升到法理的批判，不可谓不深刻。

欧文在企业经营中发现，工人在劳动中所创造的财富，要远比他们所得到的劳动报酬多得多，工人们除了“生产出了自己的生活资料”之外，还生产出“剩余产品”。而企业主通过对生产资料的占有，进而占有了工人创造的利润。这就从经济关系开始了对私有制的批判。欧文认为，私有财产是社会经常产生仇视的原因，是人们之间不断发生欺骗和诡诈的根源，也是贫困的唯一根源。

可见，伴随着资本主义从原始积累发展到机器大工业的阶段，空想社会主义思想家对私有制的批判也在发展，经历了从道德批判到法理批判再到经济批判。

---

① ［英］托马斯·莫尔：《乌托邦》，戴镏龄译，商务印书馆，1982年版，第43—44页。

② 《马布利选集》，何清新译，商务印书馆，1960年版，第34页。

③ 参见《马布利选集》，何清新译，商务印书馆，1960年版，第60—81页。

05　富人的革命

温斯坦莱一生都感到困惑不解的是，曾并肩战斗的议会军首领克伦威尔，一旦夺取了政权，原来用来激励人们的“使英国的人民成为自由的人民”的口号，顿时成为过往的记忆。温斯坦莱撰写《自由法》一书敬献给克伦威尔，想让当权者看到，由于他们的自私本性，与革命之前相比较，贵族、教会、富裕资产阶级对土地和公共资源的垄断，甚至有过之而无不及，城市贫苦人民的境况更加艰难。

温斯坦莱在为掘地派运动代言时，言辞是那样恳切，论证是那样妥帖。他说：“要知道在无地的贫民还未允许得到耕种村社土地，还没有生活得像在自己圈地上的地主那样富裕以前，英国不会有自由的人民。”[①]但是，这一看似天经地义的事，却被国务会议发布法令予以禁止，克伦威尔开始派军队驱散和镇压掘地者。虽然温斯坦莱曾经提醒克伦威尔：“如果发现您和其他与您一起掌权的人沿着国王的脚迹前进，您能防止自己或您的后人不被推翻吗?”[②]但这只是空洞的威胁和警告，他的主导思想仍然是“不是靠我们的刀剑来获得这些土地和财产，因为刀剑是一种扼杀创造物的极端令人厌恶的、不正义的权力”[③]。铁的事实和血的教训教育了温斯坦莱，使他沉痛地认识到，没有经济上的平等，就不可能有政治上的自由。

实际上，对于先后爆发的资产阶级革命，空想社会主义者和革命家都是满腔热情地参与和支持。因为毕竟是要推翻带给欧洲千年黑暗的封建专制主义，毕竟是要发展大机器生产，给消灭贫穷带来希望，毕竟是要建立据说能给全体人民带来民主与自由的文明制度，因而在他们的倡导和指引下，广大工人阶级和劳苦群众也积极投身到这一史无前例的伟大革命，成为整个资产阶级革命运

① 《温斯坦莱文选》，任国栋译，商务印书馆，1965年版，第16页。
② 《温斯坦莱文选》，任国栋译，商务印书馆，1965年版，第89页。
③ 《温斯坦莱文选》，任国栋译，商务印书馆，1965年版，第30页。

动的中坚和骨干。但是，资产阶级革命取得胜利后，人们很快发现，这并不是他们所期待的革命，他们所要求的一切在这场革命中都难以实现。

巴贝夫十分尖锐地指出，法国社会存在着两大“处于极端对立的地位”[①]集团，其中一个集团由一百万资产阶级和贵族组成，另一个集团由两千四百万劳苦人民组成。社会历史“就是贵族和平民之间，富人和穷人之间的斗争史”[②]。法国资产阶级革命不过是一场“富人的革命”，而劳苦大众需要的是进行一场更为深刻的“人民的革命”。他直截了当地说：即使资产阶级极为推崇的《人权宣言》，“香饵和圈套紧挨着放在一起，我们仔细一看就能立刻认出，它是危险的、只有那些想哄人民睡觉的人才会制造出来的幻影”[③]。

在当时的欧洲，社会启蒙思想、自然法学说十分盛行，既给人们带来无限憧憬，又带来现实困惑。空想社会主义者以犀利的眼光和辛辣的文笔，无情揭露资本主义制度的虚伪和残酷，以此来唤起普通民众的觉醒。以下这些观点，现在看来还是那么切中时弊、直击要害。

莫尔指出，资本主义制度造成经济上不平等、政治上不平等，整个社会是为富人服务的，穷苦大众处于被奴役、被压榨的地位。傅立叶对所谓自由商业的文明制度做了如下抨击：“一、现代人们的骗局，他们力图使人们相信这种欺骗的机构是流通唯一的保证；二、诡辩者的骗局，他们不去攻击掠夺行为以获得光荣，不去作出发现，反而堕落为掠夺行为的保护者；三、政府的骗局，它们允许商人吸血鬼掠夺自己，但是本来应该自己去从事商业以便确立对诚实的保证。”[④]显然，在这种制度下，许多写在纸上的权利，都是不现实的和不可能实现的。欧文认为，资产阶级政治制度具有欺骗性和虚伪性，政府是掠夺、暴虐和欺骗的集合体，议会民主和选举制度起败坏道德的作用，各政党的竞选活动总是怀着最坏的欲念尔虞我诈。

---

① 《巴贝夫文选》，梅溪译，商务印书馆，1962年版，第27页。

② 《巴贝夫文选》，梅溪译，商务印书馆，1962年版，第27—28页。

③ 《巴贝夫文选》，梅溪译，商务印书馆，1962年版，第54页。

④ 《傅立叶选集》第三卷，汪耀三等译，郭一民校，商务印书馆，1982年版，第140页。

我们不得不说这些先贤的睿智和深刻，如此阐述，放到当下欧洲一些国家政党和政治家身上，仍是如此贴切！

06 无法逾越的三大差别

在傅立叶生命的最后十年中，有一个信念一直在支撑着他。他常年在报纸上刊登一则广告，呼吁百万富翁或王公贵族能够慷慨解囊，帮助他进行没有城乡对立、脑力劳动和体力劳动对立、工农对立，消除贫富分化和一切权利不平等的理想社会——“法朗吉”的实验，他每天中午12点准时在家等候。日复一日、年复一年，老人每天都准时在家等候，但是直到去世，也没有等到这样一位百万富翁或王公贵族的出现，他应该是在殷殷期待中郁郁而终的。

人生经历极为丰富和坎坷的傅立叶，对资本主义制度的认识也极为深刻，对工农对立、城乡对立和劳动者的无权感同身受。他指出，资本主义社会教育不平等，只保障有产阶级，而剥夺了工人农民受教育的权利。所谓的资本主义文明制度无法消除贫富分化，消除脑力劳动和体力劳动的差别，消除城乡对立。因而，傅立叶提出并逐步形成自己的改革计划，即建立一种生产与消费相结合的“农工协作社”，即“法朗吉”。

空想社会主义思想家们所面临的任务，就是要揭露资本主义制度造成的阶级、阶层间的巨大利益差异，导致城乡对立、脑体对立、工农对立这种根本缺陷，从而寻找实现社会和谐平等的途径。如果我们详细研究莫尔的《乌托邦》和康帕内拉的《太阳城》，就能很直观地体会到空想社会主义者对私有制造成城乡、脑体、工农等差别的失望和愤怒。

莫尔在批判英国当局对盗窃犯施以死刑的做法时，深入分析了除了盗窃就没有活路的两种人：一种是贵族游手好闲的随从，主人死后或自己生病后被赶了出去，如果不盗窃，只有挨饿；另一种是圈地运动后大量出现的失地农民。因此，振兴农业和恢复织布业等才是消除对立和差别的根本方法。因而在他的设计中，乌托邦已不存在脑力劳动与体力劳动的对立，只存在不同的社会分工。康帕内拉强调，在太阳城，教育与生产劳动相结合，实现了脑力劳动与体力劳动的融合。他们还设计城乡居民的定期轮换和流动，解决城乡对立和工农对立问题。

圣西门在设计实业制度时认为，现实的社会是由“老爷的世界和劳动者的世界”①构成的，并且“老爷的世界”的运转是靠向“劳动者的世界”索要和榨取财物，生活在这一社会中的人们并不能获得真正的自由和幸福。阶级社会中的领导者，无论实施什么样的政治主张和策略，出发点都是寻求财产的增加和统治地位的巩固。而“实业制度是一种可以使一切人得到最大限度的全体自由和个体自由，保证社会得到它所能享受到的最大安宁的制度”②。在这里，一切阶级成员都接受普及的教育和教养，德、智、能全面发展，从而从根本上消除城乡对立、脑体对立和工农对立。

欧文有别于圣西门和傅立叶的地方在于，他在英国创立的新拉纳克村和在美国创立的新和谐公社，都是对资本主义制度造成的城乡对立、脑体对立、工农对立的一种深刻反思，而积极探索一种“城乡融合”的新模式。他毫不留情地揭露：“在工业城市里，贫民和劳动阶级现在一般都住在小胡同和大杂院内的阁楼和地下室里。”③“劳动人民周围环境十分肮脏，呼吸着烟雾和尘埃，举目四顾，很少看到什么使人赏心悦目的景物。”④因此，必须保障劳动阶级生活环境优美和持续呼吸新鲜空气的权利，做到城市和乡村传统自然景观的融合。“工业城市是贫穷、邪恶、犯罪和苦难的渊薮；而所筹划的新村将是富裕、睿智、善行和幸福的园地。”⑤

---

① [苏] 阿·列万多夫斯基：《圣西门传》，孙家衡、钱文干译，商务印书馆，1983年版，第39页。

② 《圣西门选集》第二卷，董果良译，商务印书馆，1982年版，第80页。

③ 《欧文选集》第一卷，柯象峰等译，商务印书馆，1979年版，第231页。

④ 《欧文选集》第一卷，柯象峰等译，商务印书馆，1979年版，第231页。

⑤ 《欧文选集》第一卷，柯象峰等译，商务印书馆，1979年版，第234页。

07　黄金的妙用

当资本主义把一切都“物化”时，把一切都可以等价交换时，资产阶级的本性在人生观、价值观方面就表现为极度的拜金主义。

莫尔在《乌托邦》中就讲了这样一个故事。有一个国家派出三位使节带着一百名随从到乌托邦，大都全身丝绸，五色夺目，三位使节都是贵族，披着锦缎外衣，挂着金项链，戴着金耳环、金戒指，帽子上挂的是珠宝灿烂的金缨金缕。而在乌托邦，他们看到，用金银铸造粪桶溺盆之类的用具，套在奴隶身上的镣铐也是黄金的，犯罪的人都戴着金耳环、金戒指、金项链以及一顶金冠。总之，他们装饰在身上的一切，正是乌托邦人用来惩罚奴隶，侮辱没有脸皮的人，或是给小孩子做玩具的。……使节住了一两天之后，看见乌托邦金银无数，贱如粪土。使节们见到乌托邦人极端贱视金银，正如同他们自己非常珍视金银一样，加在逃亡奴隶身上的锁链镣铐所用的金子，比三个使节身上的金子还更多些。这是用虚构的乌托邦来讽刺资本主义以金银财富、拜金主义主导社会价值。

傅立叶对资本主义崇尚金钱，导致人们心理扭曲，不考虑他人福祉，只考虑自身的利益，带坏社会风气等道德滑坡现象有着极为生动的刻画：医生希望自己的同胞患寒热病；律师则希望每个家庭都发生诉讼；建筑师需要一场大火把一个城市的四分之一化为灰烬；安装玻璃的工人希望下一场大冰雹把所有的玻璃打碎；裁缝和鞋匠希望公众用容易褪色的料子做衣服，用坏皮子做鞋子，以便多穿破两套衣服，多穿坏两双鞋子。[①]

马克思曾对这一段历史有过这样的精辟阐述：“美洲金银产地的发现，土著居民的被剿灭、被奴役和被埋葬于矿井，对东印度开始进行的征服和掠夺，非洲变成商业性地猎获黑人的场所——这一切标志着资本主义生产时代的曙

① 参见《傅立叶选集》第一卷，汪耀三等译，郭一民校，商务印书馆，1982年版，第122页。

光。"[①]当然，随着资本主义制度的发展和完善，这种赤裸裸的剥夺和压榨会变得含蓄和隐蔽许多。但是资本主义的生产过程必然要产生剥削性和垄断性的本质，是难以改变的。所谓的文明制度一方面拥有大规模生产，另一方面生产却是分散和无序的，这种矛盾必然引起各企业主之间的激烈竞争、产生垄断。竞争又通过商业造成"经济生活周期地陷入混乱"，从而使经济危机的爆发成为不可避免的。资本主义是世界不平等产生的根源，同时为了资本主义自身的发展，它必然需要国际经济之间达成某种默契，使其在所谓规则秩序的框架内保持这种不平等，以保证资源首先流向资本主义世界。因此，不管法律、制度多么健全，在资本主义制度框架内必须留有一个允许资本专横生产的空间。

正如我们看到的那样，资本主义世界的经济学家和政治学家都信奉市场至上，尽管现实市场经济中各种危机不断浮现，但都被他们认为是小害。不可否认的是，现实社会中很多严重的问题，都是由这样的偏见造成的。空想社会主义的这一思想对科学社会主义者影响也很大。列宁在谈论黄金在未来社会中的用处时曾说："我们将来在世界范围内取得胜利以后，我想，我们会在世界几个最大城市的街道上用黄金修建一些公共厕所。这样使用黄金，对于当今几代人来说是最'公正'而富有教益的。"[②]

08　"乌有"之乡

对未来理想社会的描绘与论证是空想社会主义思想家下功夫最多、也是最有影响力的内容。其中莫尔的《乌托邦》、康帕内拉的《太阳城》、安德利亚的《基督城》被称为空想社会主义的三颗明珠，也主要是指对未来理想社会的描述。其他还有闵采尔将理想社会称为"千年太平王国"，维拉斯的塞瓦兰，温斯坦莱的"共和制度"，马布利的彼此平等的小私有者的共和国，巴贝夫的

① 《马克思恩格斯选集》第2卷，人民出版社，2012年版，第296页。

② 《列宁全集》第42卷，人民出版社，2017年版，第259—260页。

“平等共和国”，卡贝的伊加利亚运动等。

莫尔在《乌托邦》中描绘到：在地球的南半球有一个长500英里、宽200英里、呈月牙状的岛国，叫乌托邦。岛上有54座城市，均匀地分布在广阔的乡村之间。所有的城市都具有共同的风格、语言、习俗和法律。每座城市分成四个相同的区，居住着6000户居民，每户人口在10到16名之间。在这个富有教养和文化的国度，人人无忧无虑，人人权利平等，信仰自由，没有剥削，没有压迫，每个人只需完成同等的劳动，财产共享。居民们按每30户一厅的规模集中用膳，最美味的食品由老年人首先食用，然后大家再平均分配。乡村和城市人口定期流动，城市之间互通有无，剩余产品运到国外换回自己缺少的铁和金银。乌托邦实行民主体制，最高权力机关是全岛大会和议事会。官员由选举产生，从事公共事务管理，还要选出500名学者从事教育文化工作。实行按需分配的原则。住房每十年调换一次，公民穿统一的工作服和公民装，业余时间从事教育、科学、艺术等活动，一夫一妻，宗教信仰自由，等等，宛如一个人间天堂。

摩莱里、圣西门、傅立叶等人对共产主义社会的到来所做的理论论证，也是非常引人入胜的。摩莱里从人的需求理论出发，推导出一个完美的共产主义制度。他指出，人天生就有需求，而人又天生具有满足需求的能力。这种需求和满足需求的能力促使人们自觉地结合成各种社会联合体，去求得满足那些单靠个人的力量绝对不能满足的需求。而人的需求是相同的，因而人的社会地位和权利也是平等的，进而人们应该共同劳动，共同使用土地资源，共同享受劳动产品，实现平均的共产主义制度。这一推论堪称完美。

圣西门吸收法国18世纪唯物主义思想，运用当代自然科学发展成就，构建了自己的哲学体系。他认为，人类社会历史的发展与宇宙发展过程一样，是按照一定的客观规律进行的，是一个连续的、上升的、进步的发展过程。比如，封建制度崩溃后，由资本主义取而代之，而资本主义也终将走向衰亡，另一个更高级、更完美的社会制度必然要出现。圣西门将这种理想的社会制度称之为“实业制度”。在这种制度下，不存在一部分人统治、压迫另一部分人的现象，而有能力的企业家和学者是“天然领袖”。

傅立叶则指出，迄今为止，人类社会经历了蒙昧、宗法、野蛮和文明四种制度，而每一种制度都有一个由盛到衰的必然过程。由此可以判定，被资产阶级视为永恒的文明制度，也不过是社会发展过程中的一个阶段，必将为和谐制度所替代。在这种理想的和谐制度中，人民按性格组成协作社即“法朗吉”，产品按劳动、资本和才能来分配，人人可入股，进而消除阶级对立。

圣西门甚至提出好的社会制度的四个标准：多数人过着幸福生活；品德高尚的人最受人尊敬，有最多的发展机会，而不论出身如何；把绝大多数人团结在一起；鼓励劳动，促进科学和文明的最大进步。可见，空想社会主义者对未来理想社会的构想，是在资本主义还不发达的时代，“不得不从头脑中构想出新社会的要素”①，但是他们“处处突破幻想的外壳而显露出来的天才的思想萌芽和天才的思想”②，体现了不少“共产主义思想的微光”。

09　都是穷人也都是富人

空想社会主义者对于资本主义制度的抨击和揭露，火力最集中的就是生产资料私有制，认为这是万恶之源。只有废除了私有制和雇佣劳动，建立公有制的社会制度，资本主义的种种弊端才会被清除。

康帕内拉在他设计的“太阳城”中，实行生活资料和生产资料的公有制，不仅土地、厂房、劳动工具、原料、劳动产品等一切生产资料都归全体人民共同所有，而且房屋、宿舍、床铺、食品、图书和一切生活必需的东西，也都是公有的，连着装都是统一的。大家过着一种“有饭同吃，有衣同穿”的平均共产主义生活。他认为，只有实行这种绝对平均的公有制，才能消除贫富的两极分化，进而消除由此带给社会的一切灾难。他还说，每个人之间绝对的平均主

---

① 《马克思恩格斯文集》第9卷，人民出版社，2009年版，第282页。

② 《马克思恩格斯文集》第3卷，人民出版社，2009年版，第529页。

义，就“使大家都成为富人，同时又都是穷人；他们都是富人，因为大家共同占有一切；他们都是穷人，因为每个人都没有任何私有财产。因此，不是他们为一切东西服务，而是一切东西为他们服务”[①]。公有制是一种合乎人性、合乎自然的最好的形式。

欧文对废除私有制有独到的见解，他在新拉纳克的社会改革实践中认识到，生产资料的私有制、现行的婚姻制度形式、宗教是阻碍社会改造的三大障碍。人类要有所进步，就必须从上述三个方面有所突破。他说：“世界充满财富，但到处笼罩着贫困。”要建立一个“没有剥削、没有压迫、人人劳动、财产公有”的社会，就必须从铲除生产资料的私人占有做起。他在代表作《新社会观》与《新道德世界书》中揭示到，无产阶级贫困的原因是生产资料的私人占有，而大机器生产的发展，不仅要消灭贫穷，最后还要消灭剥削制度本身。这就把公有制与大生产紧密联系起来，使其建立在更加科学的理论基础之上，具有不可抗拒的历史必然性。欧文所设想的理想社会，是由建立在生产资料公有制基础之上的众多共产主义劳动公社联合组成的联盟共和国。共产主义劳动公社是未来社会的基层单位，公社实行财产公有、共同劳动、共同分配的原则。欧文还确定了劳动公社的基本原则和组织形式：劳动公社建立在生产资料公有制基础上的集体劳动的生产单位和消费单位，区分了生产资料公有制和个人日常用品的私有制。公社的生产目的是满足公社成员和社会全体成员的物质和精神需要，它为人人都受同样的教育和拥有同样的生活情趣提供了可能。被称为无神论者的平民神甫梅叶指出，未来理想的社会，人人都从事正当有益的劳动，在平等的基础上共同占有和享用一切财富和土地资源。

当然，也有一些空想社会主义者并没有明确提出废除私有制和雇佣劳动，比如傅立叶提出保留小生产者的私有制，或以股份制的形式使无产者逐步成为有产者从而消除阶级对立。但他们都认为公有制是自由幸福的源泉。

如同对社会制度变迁规律的论证，不少社会主义思想家提出，人类历史的

---

① ［意］康帕内拉：《太阳城》，陈大维等译，商务印书馆，1980年版，第74页。

起点是公有制而不是私有制，私有制只是目前的一种历史现象，是社会发展到一定阶段才出现的，是历史发展偏离理性的产物。人类社会的高级阶段应该是符合理性的公有制。

10　幸福的源泉

在前面我们描写过一个孤独的老人在报纸上登广告，期望百万富翁或王公贵族资助“法朗吉”实验，每天中午12点在家等待与他们会面的故事。最终这一故事在法国著名作家、傅立叶的崇拜者左拉的笔下变成了现实，圆满地演绎了一场劳动创造幸福生活和美好世界的人间喜剧。

在小说《劳动》中，左拉塑造了几个主要人物：侣克，青年建筑师、小说的灵魂人物，其劳动改组计划，即是傅立叶的“法朗吉”；宣乐梅，亚比末的创始人；曹尔丹，出资建厂的百万富翁；朗琪，激进的无政府主义者；鲍耐尔，工人，集产主义的代表。小说一开始，侣克应朋友之邀来到钢铁重地亚比末，看到一幅贫困和凄惨的图景：女工拿着篮子，带着孩子，低声下气地乞讨；姐姐被自己的男人赶出家门，领着弟弟在街头流浪，弟弟为饥饿的姐姐去面包店偷面包，险些被宪兵抓进监狱；因为在工钱制度下毫无快乐和乐趣，男人们把可怜的工资都花在了酗酒上；一些女工被人诱骗后，堕落成为妓女，等等。侣克立志要改造亚比末，使之成为一个新的没有压迫、相互友爱的新城市——克勒舒里。

年迈的宣乐梅坐在轮椅上由仆人推着散步，工人们见到他都会毕恭毕敬地敬礼。鲍耐尔在和工人们讨论：贫穷没有别的原因，工钱制度是产生饥饿及其一切不幸后果——如盗窃、谋杀、卖淫等——的不良酵母，因此要废除工钱制度，以新的状态和别的组织来代替它。[①]朗琪说出非常暴力的语言：“我们的出

① 参见［法］爱弥尔·左拉：《劳动》，毕修勺译，黄河文艺出版社，1985年版，第63页。

路只有一条，就是一下推倒剥削的大厦，用斧头到处摧毁权利。”[①]一开始，克勒舒里的成立和倡克的行为遭到资产者的破坏和反对，广大工人也在迷茫中猜疑和抵制。曹尔丹夫妇十分信任和崇拜倡克，源源不断给予资金支持。鲍耐尔成为凝聚工人的核心，他始终不离不弃地支持倡克的劳动改组事业，组织领导工人罢工，与罪恶的资本主义工钱制度做抗争，他提出：“国家首先应该取回土地和劳动工具的所有权，把它们社会化了，还给所有的人。其次是改组劳动，使它成为普通的和义务的，各人都将按照自己所提供的工作时间，得到适当的报酬。”[②]在倡克“爱”的思想感召下，在鲍耐尔、曹尔丹等人的共同努力下，工人们团结友爱、齐心协力，终于使克勒舒里转危为安，发展成为一个巨大的城市，一个广大劳动人民向往的圣地。倡克的事业最终得到成功，也圆了傅立叶生前的梦。

如何改变劳动的属性，建立科学的分配方式，是空想社会主义者对资本主义制度揭露和抨击的一个重点，也是构建理想和谐社会的一个重点。莫尔在社会主义思想史上第一个提出人人劳动、按需分配的思想。康帕内拉的最大贡献在于第一个提出劳动光荣的思想，并且给劳动以伦理道德方面的新理解。他指出，任何一种工作都是服务，而“任何一种服务都称为学习”[③]，越是繁重的劳动就越是荣誉程度最高的劳动。他说：“劳动强度最大的工作，例如金工与建筑工，在他们当中是最受称颂的。”[④]

圣西门在《寓言》一文中提出了两个有趣的假设。第一个假设：法国突然失去了五十名优秀物理学家、五十名优秀化学家、五十名优秀数学家、五十名优秀诗人、五十名优秀作家、五十名优秀军事和民用工程师，法国马上就要变成一具没有灵魂的僵尸。第二个假设：法国不幸失去了国王、国王的兄弟和那些王公大臣、参事、议员、主教、元帅、省长和上万名养尊处优的最大财主，

---

① ［法］爱弥尔·左拉：《劳动》，毕修勺译，黄河文艺出版社，1985年版，第32页。

② ［法］爱弥尔·左拉：《劳动》，毕修勺译，黄河文艺出版社，1985年版，第63页。

③ ［意］康帕内拉：《太阳城》，陈大维等译，商务印书馆，1980年版，第23页。

④ ［意］康帕内拉：《太阳城》，陈大维等译，商务印书馆，1980年版，第32页。

并不会给国家带来政治上的不幸。由此，他提出以“才能和贡献分配”的主要方式，设计未来社会的分配方式，显示出“天才思想的萌芽和天才的思想”[①]。圣西门认为，“劳动是一切财富的源泉”，而生产是增加财富的唯一手段。因此要通过科学的管理、最先进的生产方式来大力发展生产。这样一来，在维护整个社会生产的过程中，管理才能就居于非常重要的地位，这一点的实现需要“哲学家、艺术家和企业家”的联合行动。同时，科学技术决定最先进的生产方式，科学技术工作者的才能及贡献在劳动中起着举足轻重的作用，因而主张“每个人的地位和收入应该同他的才能和贡献成正比”。[②]在实业制度下，每一个公民都将自然地专心去做自己最擅长的工作，这反映出圣西门对未来社会“各尽所能”原则的某些天才的设想。

当然对于分配方式和劳动，其他社会主义思想家也都有一些经典的阐述，诸如重视脑体结合、以劳动和健康为美、重视对儿童的劳动教育、开展劳动竞赛等，都是极为宝贵的。

11 有计划的生产

在人生旅途中，我们大都有过这样的体验，某些时日、某些阶段受某些理论体系或思想观念的影响，我们的人生方向或多或少会得到调整和校正，帮助我们春风化雨、登高望远、坚定信心。对于一个人是这样，对于一个国家、一个民族、一个社会也是这样。这就是理论的力量。马克思曾经十分深刻地指出：“理论只要说服人，就能掌握群众；而理论只要彻底，就能说服人。所谓彻底，就是抓住事物的根本。”[③]

社会主义思想家们大都在做这样的理论工作，而神秘学者摩莱里则称得上是真正抓住事物根本的理论大家。记得在中国刚刚开始改革开放时，有幸读到

① 《马克思恩格斯文集》第3卷，人民出版社，2009年版，第529页。
② 《圣西门选集》第三卷，董果良、赵鸣远译，商务印书馆，1985年版，第226页。
③ 《马克思恩格斯选集》第一卷，人民出版社，2012年版，第9—10页。

他对计划经济的见解，恍若有隔世指点迷津的感觉，也十分惊叹他的理论的预见性和洞察力。于今再次拜读，仍然为他严密而精彩的推论拍案叫绝。摩莱里从自然法的观念，即人人平等自由、符合自然和崇尚理性的角度阐述了未来社会对待商品交换和生产的态度。他指出，未来共产主义社会是一个有机的整体，“这个整体凭借简单而奇妙的结构自行建立起来；它的各个部分准备就绪，可以说已为组成最美的结合体而雕琢好了”[①]。在这个有机整体中，实行公有制，人人劳动、各尽所能、各得其所。它遵循统一的经济计划，计算全体社会成员的需要，并且在他们之间分配工作。从组建城市，组织专业生产单位，安排生产量、品种，到分配产品，都有严格的计划指标。要进行人口普查，根据人口资料来划定城市、省份，来划定专业、行业，建立仓库、厂房和宿舍，确定分配方案。要求社会生产都要符合社会需要，一切产品都要经过统计，然后再在公民之间分配。消灭货币和贸易，公民之间不许进行买卖，也不许进行交换，他们所需要的一切都从国家取得。这里摩莱里讲了一个极其重要的观点：严密的计划经济与实行集中制原则是成龙配套、相辅相成的。

按照摩莱里的推理，实施严密的计划经济，国家必须用经济法律等手段来调节社会生产和分配关系。因此，实行高度集权的集中制原则是适宜的。这也是严密的计划经济必须以集中制原则来保障的理论逻辑。反过来说，实行集中制的原则，而严密的计划经济是其核心。

莫尔在《乌托邦》中指出，乌托邦的农业生产和手工业生产全部根据国家统一计划有组织地进行，实行普遍义务劳动制。除了对外贸易领域，乌托邦已完全废除商品和货币，内部不需要进行任何物品交换，无论是城市还是农村，各家庭都把自己生产的产品统一运到国库，并从国库领取自己所需要的东西。圣西门设计的实业制度，要求有计划地组织社会生产，在社会生活的各个方面都实行计划，它的“主要措施都以制定明确和配合得十分合理的工作计划为目的”，科学、文化和一切有利于居民的公共事务，也都有确定和完整的计划，

---

① ［法］摩莱里：《自然法典》，黄建华、姜亚洲译，商务印书馆，1982年版，第16页。

而将人们紧密联系在一起的是“有组织的分工”，这样生产和消费就会处于协调状态，生产的无政府状态就会消失。

12　消灭差别

号称红色资本家的欧文在新拉纳克工厂创办了“陶冶馆”（即工人夜校），要求工人每天晚上都到那里学习两小时，通过学习文化知识、参加音乐会和舞会，改掉“懒惰、肮脏、嗜酒、愚蠢和不道德”的毛病，努力变成“刚毅果敢、正直无私、慷慨大方、稳重克己、积极有为和仁慈厚道的人”[①]。他还创立了学前教育机构（托儿所和幼儿园），总结了一套学前教育理论，写在《新社会观》一书中。欧文创办的学前教育机构，只要小孩子能走路，就可以送进来。孩子们学习历史、地理、自然、唱歌、跳舞。幼儿园挑选老师的标准不限于多么有智慧，但一定要和蔼、有耐心、爱孩子、不骂人。欧文撰写《致工业和劳动贫民救济协会委员会报告书》，要求立法消除工人失业的具体方案。在拖延了四年之久后，终于在议会获得通过。

欧文的试验对后世的影响十分巨大。人们可能想象不到，如今美如花园的现代企业环境就是欧文最先倡导的；工厂的职工能住上整洁卫生的宿舍，也是欧文最先实施的；他还是工人夜校的首创者，这一创造竟贯穿了整个工人运动的历史；他创办的学前教育机构，是今天的幼儿园、托儿所、小饭桌、课外辅导班、母婴室等的前身。为什么要这样做？他的理念只有一个，这就是环境能够改造人，教育能够塑造人。因而他提出合作公社制度下的社会生活要把城市和乡村结合起来，把工业和农业结合起来，把脑力劳动和体力劳动结合起来，消灭三者之间的差别；教育同生产劳动结合起来，培养全面发展的新人。欧文认为和谐社会最终取决于人的素质，要注重消除体力劳动与脑力劳动的差别，造就全面发展的人，而教育和培训正是消除社会差别的根本途径。

---

① 《欧文选集》第一卷，柯象峰等译，商务印书馆，1979年版，第50页。

在社会主义思想家中，持类似观点的非常之多，足见他们对改造社会的赤诚和执着。康帕内拉就曾提出，教育应由国家统一管理，一切儿童应受学校教育，男女在受教育上一律平等。未来社会重视生产技术的革新和发明创造，这一过程实现了脑力劳动和体力劳动相结合，教育与生产劳动相结合，消灭了体力劳动与脑力劳动的差别。梅叶提出的“流汗是道德之源，而劳动是光荣之本”[①]的观点，可谓鞭辟入里，堪称格言。傅立叶认为，在未来社会里，“教育的目的在于实现体力和智力的全面发展”[②]，在协作制度前提下，人们都能按照自己的兴趣劳动，劳动恢复了它本身的面貌，变成一种享受。“协作制度需要的是，既热烈而又精细的多种情欲”，“各种情欲越炽烈，越多，也就越趋于协调一致”。[③]“在协作制度下，科学和劳动永远是结合在一起的。”两性间淳良的风气、真正的美德的培养，都能充分自由地产生。[④]这些思想对后来的社会主义者影响很大。

在空想社会主义思想家看来，理想社会由于不再有贫富差别，人人都可以受到同样的教育和处于同样的生活环境，因此人人都将成为新人，都将得到全面发展，拥有新思想、新感情、新精神、新道德、新习惯、新语言和新的行为方式，也将获得最大的幸福和康乐。

13　并不永恒的国家

研究社会主义思潮，“共同体”是一个绕不过去的概念。而且由于这一概念与国家职能的转化及消亡密切联系，必然会在思想认识上产生这样那样的质疑和挑战，也必然会在社会实践中出现这样那样的困难和问题。1897年，一群姑娘和妇女身着城里时髦艳丽的服装来到莫斯科的一个乌托邦合作社，而合作

---

① ［法］让·梅叶：《遗书》第二卷，何清新译，商务印书馆，1959年版，第112页。

② 《傅立叶选集》第二卷，赵俊欣等译，商务印书馆，1982年版，第2页。

③ 《傅立叶选集》第一卷，赵俊欣等译，商务印书馆，1979年版，第8页。

④ 参见《傅立叶选集》第二卷，赵俊欣等译，商务印书馆，1982年版，第46、76页。

社里的女社员因长期在森林从事劳动，穿的都是打着补丁的土布衣服，这个简单的差异，却引起了相互之间的嫉妒和怨恨，好几位女社员因此离开了合作社。[①]这只是共同体里的一个小小插曲。

在空想社会主义先驱者眼里，文明制度基础上的国家是资产阶级压榨穷苦人民的工具，未来理想的社会应该是超越国家的共同体，它将逐步取代和削弱国家的职能，逐步把国家变成纯粹的生产管理机构，直至国家最后消亡。空想社会主义者对理想社会共同体进行了设计，其经济制度是财产公有制，实行各尽所能、按劳分配或按需分配。其政治制度是人人拥有平等的政治权利，比如人民享有选举、监督、罢免国家官员的权利，享有直接参与国家重大事务讨论与决定的权利。而对于全体成员而言，由于推行公共福利，保障基本生活，缓和社会紧张关系，强调了团结友谊，满足了对安全感和归属感的需求，所以是安全的共同体。由于以自然法、成文法和人定法的形式保障成员的社会权利，所以是法治的共同体。由于通过各种福利（如食品、服装、住房、医疗、教育等）的保障，创造和谐安宁的生活，所以是幸福的共同体。

莫尔、康帕内拉、安德利亚、摩莱里、马布利、欧文等，都从自然法、自然权利入手，精心构想未来理想的共同体。如莫尔设想，未来社会实行民主的政治制度，人民选举产生首领；法律条文少而明确，解释简单；信仰自由，免费医疗，人们把快乐当作追求的目标。康帕内拉提出，理想社会的政治制度和政治机构是按照民主原则和“贤人政治”的原则组织起来的；人们之间的关系是一种新型的关系，团结友爱、互相关心、互相爱护。摩莱里认为：“一个人既摆脱了贫困的恐惧……他只有一个希望的目标、只有一个行为的动机，那就是公共福利，因为他个人的福利是公共福利的必然结果。”[②]圣西门认为，未来社会的政治将是关于生产的科学，对人的管理将代之以对物的管理，这是关于国家消亡思想的萌芽。

---

① 参见［法］让-克里斯蒂安·珀蒂菲斯：《十九世纪乌托邦共同体的生活》，梁志斐、周铁山译，上海人民出版社，2007年版，第125—126页。

② ［法］摩莱里：《自然法典》，黄建华、姜亚洲译，商务印书馆，1982年版，第21页。

值得认真思考的是，傅立叶提出在历史上，蒙昧制度、宗法制度、野蛮制度和文明制度不过是痛苦多难的一些荆棘丛生的小道，不过是上升到更完美的社会制度的阶段而已，而资本主义制度已经处于文明制度的衰落阶段，必将为新的更高形态的社会制度所取代。恩格斯对此给予高度评价："傅立叶最伟大的地方是表现在他对社会历史的看法上"，傅立叶"巧妙地掌握了辩证法"，"正如康德把地球将来会走向灭亡的思想引入自然科学一样，傅立叶把人类将来会走向灭亡的思想引入历史研究"。[①]

14 人民的公仆

公民参与选举、参与国家管理是民主政治最直接的体现。但是，应该选举一些什么样的人来为社会服务？谁适合被选举出来担任共和国的各种职务？英国17世纪著名的空想社会主义者、掘地派领袖和杰出的理论家温斯坦莱，他为此所做的一个"菜单"，如今看来确实有一种未卜先知、贯通古今的感觉。

温斯坦莱提出了八条标准：第一，请选举那些早就用行动证明自己拥护普遍自由的人；第二，请选举性情温和、待人接物稳重的人；第三，请选举受过国王迫害的人，因为他们会同情其他各种奴役的受害者；第四，请选举那些冒着牺牲自己的财产和生命的危险企图把土地从奴隶制度下解放出来并且始终相信会做到这一点的人；第五，请选举在制定和平的、组织健全的政府的法律方面有经验的聪明人；第六，请选举敢于说老实话的勇敢的人，因为这对当代英国有许多陷入了对某些人奴颜婢膝的臭泥坑的人来说，是一种羞辱；第七，请选举四十岁以上的人充当职员，因为这种年龄的人有经验的比较多，而且在这种人中间往往可以找到大胆的、作风正派的、憎恨贪婪的人；第八，应该选举以通情达理、言谈谨慎和熟悉共和国法律著称的人来担任公职。[②]所有四十岁

---

① 《马克思恩格斯文集》第3卷，人民出版社，2009年版，第532页。

② 参见《温斯坦莱文选》，任国栋译，商务印书馆，1965年版，第138页。

以上的男人有权被选出担任国家职务，不满四十岁者不能当选，但以热爱劳动和言谈谨慎著称而被人民选出的人则不受此限。[①]可见，温斯坦莱所设计的未来理想社会制度下官员的标准，主要是政治标准，是基于“一个国家的福祸系于官员的品德”[②]的认识之上的，是很有见地和远见的。

这些标准，即便放到今天，恐怕也很少有人能完全达到。特别有意思的是，温斯坦莱还提出“三种人”不能有选举权和被选举权。一种是“所有同君主政权和君主管理制度有关系的人”，他们不可能拥护普遍的自由；一种是在革命中“急急忙忙开始买卖共和国土地”的人，他们是一群贪婪成性的自私自利者；一种是受到法律处分被剥夺了自由的人。

纵观社会主义思想史，莫尔的“乌托邦”、康帕内拉的“太阳城”、维拉斯的“塞瓦兰国”等的描写中，都充斥着德才兼备的学者、贤人治国的思想。温斯坦莱第一个提出，每个公职人员都应当是“共和国的勤务员”“人民的公仆”。

莫尔在《乌托邦》中也描述了选举制：每三十户每年选出官员一人，每十名上述选出官员隶属于一个更高级的官员——首席飞拉哈。全城共四个区，每个区推选一名候选人，用秘密投票方式从中推选出总督，由两名首席飞拉哈和总督组成议事会，处理国家日常事务。国家最高权力机关为民众大会，商讨国家大事。总督实行终身制，但如果人民不满意，也会被撤换掉。首席飞拉哈每年选举，如无充分理由，无须更换。其他官员都是一年一选。[③]

卡贝在《伊加利亚旅行记》中提出人民主权理论，人民是国家的主人，国家权力机关——全国代表大会，是由人民选举产生的。行政机关必须对人民和全国代表大会负责，向它们报告工作，并且可以随时撤换。“行政机关只能由选举产生，而且有一定任期。”[④]而当选者的资格，是“最值得尊敬的人”“最

① 参见《温斯坦莱文选》，任国栋译，商务印书馆，1965年版，第202页。

② ［英］托马斯·莫尔：《乌托邦》，戴镏龄译，商务印书馆，1982年版，第91页。

③ 参见［英］托马斯·莫尔：《乌托邦》，戴镏龄译，商务印书馆，1982年版，第53—54页。

④ ［法］埃蒂耶纳·卡贝：《伊加利亚旅行记》第一卷，李雄飞译，商务印书馆，1976年版，第250、283页。

有能力最为坚毅的人”。①

更为可贵的是，温斯坦莱坚决反对公职人员的世袭制、终身制和长期任职制，主张在公有制社会里，对所有公职人员一律实行限任制。他认为：“长期担任这种与荣誉和伟大有关的职务之后，他们就会变得自私起来，竭力谋求个人福利，而不去关心普遍的自由。目前的经验证明一句民间俗语说得很对：‘国家和军队的高位改变了很多好心人的良心。’自然现象告诉我们，死水易臭，但是流水不腐，可以为大家使用。”②他主张坚决按照“人民要求”，“每年改选一次国家职员”。③

莫尔在《乌托邦》中也指出，官员都是靠自己的贤能获得人民信任而当选的，“凡奔走运动谋求官爵的人总是完全希望落空”④。

卡贝在《伊加利亚旅行记》中描写道：相当于国家元首的历届最高执政委员会主席，“和他的同事们都当过工人，当选后也仍然是工人。我们现任的主席，就同我们的代表、官员和所有公民没有两样，本身就是个泥瓦匠。……在卸去前任职务尚未担任现在职务以前的一段时间内，他又重操旧业，回去当泥瓦工；他的孩子们也都在工厂里工作”⑤。

英国19世纪历史学家阿克顿曾指出：“权力导致腐败，绝对的权力导致绝对的腐败。”⑥以温斯坦莱为代表的社会主义思想家们，很早就预见到即使在未来社会，也存在着掌握权力的公职人员滥用权力及腐化的危险性，公职人员特别是执政者谋取私利的做法，无疑是一个“毁灭全国的毒瘤”⑦，必须采用切实有力的举措，有效防止公职人员腐化变质。温斯坦莱等给出的答案是，在严

---

① [法] 埃蒂耶纳·卡贝：《伊加利亚旅行记》第二、三卷，李雄飞译，商务印书馆，1978年版，第53页。

② 《温斯坦莱文选》，任国栋译，商务印书馆，1965年版，第134页。

③ 《温斯坦莱文选》，任国栋译，商务印书馆，1965年版，第134页。

④ [英] 托马斯·莫尔：《乌托邦》，戴镏龄译，商务印书馆，1982年版，第90页。

⑤ [法] 埃蒂耶纳·卡贝：《伊加利亚旅行记》第一卷，李雄飞译，商务印书馆，1976年版，第285页。

⑥ [英] 阿克顿：《自由与权力》，侯健、范亚峰译，商务印书馆，2001年版，第285—286页。

⑦ [英] 阿克顿：《自由与权力》，侯健、范亚峰译，商务印书馆，2001年版，第1页。

格选举标准，建立严格任期制的基础上，必须对公职人员实行严格的监督。国家最高权力机关要制定法律和监督法律的执行，监督其他机关、公职人员、个别人及其行为，防止把个别人的利益放在首位，发生一部分人妄想使另一部分人破产，然后加以奴役的危险。地方和教区、城市权力机构，要监督本区域公职人员是否忠于职守，调节公民之间的争端，监督各种手工业家庭和农业家庭认真工作和履行职责，等等。

空想社会主义思想家们的这些思想，对后世社会主义运动乃至世界民主政治建设，产生了深远的影响，现在有些国家采取的选举制、任期制、罢免制、监督制度等，大都来源于这些社会主义先贤的创造。

15　普遍解放的天然尺度

谈到妇女和婚姻问题，我们看过太多的文学作品和专家评析，总以为社会主义、共产主义和“共产共妻”是如此紧密地联系在一起。特别是当敌我双方的斗争日趋激烈、对立状况日益严峻时，“共产共妻”必然是攻讦社会主义、共产主义的主要内容。其实在空想社会主义思想家的论述中，“共产共妻”并不是核心议题，甚至绝大多数思想家都主张实行“一夫一妻”制。

引起争议的主要原因，是康帕内拉在《太阳城》中借用了柏拉图在《理想国》中的说法，提出了“公妻制”这一概念。康帕内拉在《太阳城》中描写道：成年男女的结合是不固定的，出于优生学考虑，那些体格健康、容貌姣好、品德优良的男女被组合在一起，担负起为太阳城繁衍后代的使命；那些体弱多病、外表丑陋者则不许生育后代；而不会生孩子的女性被宣布为“公妻”。之所以要实施“公妻制”，是因为生儿育女的目的，乃是为了保存种族而不是为了保存个人，是关系到国家利益的问题。所以，男女的配合必须根据他们天赋的优良品质和哲学的原理来决定，必须根据一定的制度生产后代。[①]

① 参见［意］康帕内拉：《太阳城》，陈大维等译，商务印书馆，1980年版，第17—20页。

为什么康帕内拉要移植柏拉图《理想国》的“公妻制”？主要是因为柏拉图的《理想国》是一个公有制的城邦，与康帕内拉的《太阳城》有相同之处。在《理想国》中，柏拉图认为，统治阶级的成员除了不允许有私有财产而实行财产公有制度外，也不允许有自己的家庭，妻子、儿女也应该是公有的。他说：“处理所有这一切都应当本着一个原则，即如俗话所说的，‘朋友之间不分彼此’，‘朋友之间一切共有’。”根据法律，“这些女人应该归这些男人共有，任何人都不得与任何人组成一夫一妻的小家庭。同样地，儿童也都公有，父母不知道谁是自己的子女，子女也不知道谁是自己的父母”[①]。因为“人们之间的纠纷，都是由于财产、儿女与亲属的私有造成的”，只有取消了私有财产和家庭，才可以防止把国家弄得四分五裂。

针对资产阶级的攻击，马克思、恩格斯在《共产党宣言》中予以回击，揭露“资产阶级的婚姻实际上是公妻制”，“公妻制无须共产党人来实行，它差不多是一向就有的”，“资产者不以他们的无产者的妻子和女儿受他们支配为满足，正式的卖淫更不必说了，他们还以互相诱奸妻子为最大的享乐”。[②]当然，“公妻”这样的观点也反映出空想社会主义有不合理的成分，也有不成熟的地方。

空想社会主义思想家们对妇女解放和婚姻自由问题的研究，是十分严肃和深刻的。莫尔、温斯坦莱提出并主张一夫一妻制，“每个男人都有自己的妻子，每个女人都有自己的丈夫”，“每个男人的妻子和每个女人的丈夫，都只属于他们自己”。[③]

在欧文看来，建立在资本主义私有制基础上的婚姻制度，根本不是以两性之间纯洁的爱情为基础，而是在私有财产和宗教信仰的基础上形成的许多极为离奇的结合，是以图谋财产为目的的。通奸和卖淫是这种制度的必然产物。这种制度给家庭，特别是给妇女和儿童带来无穷的灾难。因此他主张婚姻应该建

---

① ［古希腊］柏拉图：《理想国》，商务印书馆，1996年版，第59—62、130、131、200—201页。

② 《马克思恩格斯选集》第一卷，人民出版社，2012年版，第419页。

③ 《温斯坦莱文选》，任国栋译，商务印书馆，1965年版，第105、117页。

立在爱情的基础之上，实行自由的婚姻制度；将人口的生产与节制结合起来，制定必要的制度，以防止人口过剩。

而傅立叶是历史上第一个深刻阐述妇女的自由程度与时代进步程度相关联的学者，他一针见血地指出，妇女的自由程度与时代的社会进步是相适应的，相较于野蛮时代的简单形式，侮辱女性是作为文明的本质特征存在的，与野蛮社会的区别在于，它赋予这种行为“复杂的、暧昧的、两面性的、伪善的存在形式”[①]。也就是认为妇女问题的性质随着社会制度的变化而有所不同，资本主义的婚姻制度是一种使妇女受压迫、受苦难的制度，婚姻之中并无爱情。而在和谐制度下，男女平等，婚姻完全建立在两性相互爱慕的基础上，两性结合或离异都是完全自由的。对于傅立叶关于妇女解放的思想，恩格斯的评价为：“他第一个表述了这样的思想：在任何社会中，妇女解放的程度是衡量普遍解放的天然尺度。”[②]

16　道路的选择

追忆空想社会主义先贤，品味他们博大精深的思想，我们能够清晰地看到，空想社会主义大体上可以分为两类，一是激进空想社会主义，他们强调只有推翻旧的社会制度，建立全新的公有制度，才能真正实现和谐社会；二是理性空想社会主义，他们强调对社会进行改良，寄希望于资本家、富人能发善心、捐款等来构建和谐社会。二者之间显然是有很大区别的。

闵采尔、康帕内拉、梅叶、巴贝夫、卡贝等都具有鲜明的暴力革命思想，温斯坦莱、马布利、圣西门、傅立叶、欧文等具有鲜明的社会改良思想，认真分析他们的思想分野，结合他们的出身、经历和当时的背景，我们能够较为清晰地勾勒出如下特点：凡是出身卑微、洞悉社会底层的生活状态、自身

① 《马克思恩格斯全集》第2卷，人民出版社，1957年版，第250页。

② 《马克思恩格斯选集》第三卷，人民出版社，2012年版，第784页。

又遭受过严重挫折的空想社会主义思想家，往往都是坚定不移的改革派、毫不妥协的战士。像法国平等派的组织者和领导者巴贝夫，在英勇献身的前夕还十分自信地表示：“我的行为洁白无瑕，没有任何可以指责的地方”[①]，“我是为了最伟大的和最崇高的事业而牺牲自己的”[②]。他倡导要进行一场人民的革命，他说：“罪恶的暴君们，也是在你们认为可以用加强暴力、挥舞铁拳而不受惩罚地置人民于死地的时候，人民会让你们知道他们的巨大威力，会使自己从你们强加给他们的重担和铁链中解放出来，重新占有古来的神圣权利。”[③]“人民必须要求全部权利，必须坚决地表现出当家作主的意志；人民必须显示出自己的全部威力；人民所发出的论断，人民所说的话，一切都必须绝对服从，什么也不能对人民有所抗拒，人民必须得到自己所愿意的一切和自己所需要的一切。”[④]

凡是在大改革、大变动的时期，和广大劳苦大众有密切联系、深厚感情的空想社会主义思想家，他们的思想与行动要更为坚定、更为坚决、更为彻底。比如空想社会主义的奠基人闵采尔，生活在欧洲宗教改革时期，当时人们思想活跃、社会动荡、农民战争风起云涌。面对宗教和世俗双重压迫和盘剥，闵采尔在著名的《对诸侯讲道》中这样说道：“基督就说：‘我来并不带来和平而是带来刀剑。’但是你们要刀剑干什么呢？你们如果要做主的仆役，那末没有别的任务，就是去驱除妨害福音的恶魔。”[⑤]在被捕后的审讯中，闵采尔答道：“之所以要掀起人民的斗争，就是要争取所有人的平等，应该打倒甚至处死反对《福音书》原则的诸侯和一切统治者们。”[⑥]而相比较而言，宗教改革的真正发起者马丁·路德，则只能在社会改良的道路上艰难行进，最终沦为统治阶级的同盟军和统治阶级利益的维护者。

---

① 《巴贝夫文选》，梅溪译，商务印书馆，1962年版，第95页。
② 《巴贝夫文选》，梅溪译，商务印书馆，1962年版，第96页。
③ 《巴贝夫文选》，梅溪译，商务印书馆，1962年版，第69—70页。
④ 《巴贝夫文选》，梅溪译，商务印书馆，1962年版，第82—83页。
⑤ 《马克思恩格斯全集》第7卷，人民出版社，1959年版，第412页。
⑥ ［德］冈特·福格勒：《闵采尔传》，陈静译，商务印书馆，1997年版，第207页。

凡是出身高贵、有过上层社会非凡经历的空想社会主义思想家，更容易“理性”对待现行制度，虽然他们有许多思想上的狂奔，在现实中只能屈从于现状。像马布利，作为法国启蒙运动的著名代表人物，虽然算得上是一位激进的改革家，把实行财产公有制、实行经济平等作为终身追求的理想目标，但囿于出身和经历，很难得到来自富人和穷人两方面的支持，由此他采取了较为现实和退缩的态度，并自嘲道：“我想建立一个比柏拉图的共和国还要完美的共和国，可是我没有建筑这所房屋的材料。”①

凡是和统治阶层有千丝万缕的利益联系，或是和底层劳苦大众缺乏广泛沟通的，或者在革命中切身利益受损的空想社会主义思想家，更容易反对暴力革命，建议走社会改良的道路。像圣西门和傅立叶，一个出身贵族（伯爵），一个是成功商人；一个在革命中家族破产、被投入狱，一个在战争中财物损失殆尽、差点赔上性命；一个晚年贫困潦倒，一个晚年乞求富翁的施舍。虽然他们都成为无产阶级忠贞的代言人，但又都毫无例外地反对暴力革命。

当然也有例外的情况，比如号称红色圣经《乌托邦》的作者莫尔，在为理想社会做设计时，提出了两种周全完满的途径。一种是采取和平改良的方式。乌托邦岛原先并非四面环海，只是一个半岛形状，岛上住着一群未开化的、民风淳朴的居民，过着风餐露宿、茹毛饮血的艰辛日子。后来，岛屿被一个叫乌托普的国王所征服，后采用和平改良的方式成为世人向往之地。另一种是使用战争暴力的方式。当乌托邦人口超过岛屿的承载限度，就会派人向邻近大陆进发，如果当地人愿意和乌托邦人一道生活，就共同打造新国家、新社会。如果当地人不同意，乌托邦人将从自己圈定的土地上逐出当地人，如若反抗就要诉诸武力、出兵讨伐。②

第一个从社会底层成长起来的空想社会主义思想家温斯坦莱，虽然浩浩荡荡地发起了掘地派运动，得到了广大平民的热烈响应，但当克伦威尔的屠刀砍

---

① 《马布利选集》，何清新译，商务印书馆，1960年版，第52页。

② ［英］托马斯·莫尔：《乌托邦》，戴镏龄译，商务印书馆，1982年版，第49页。

向手无寸铁的平民时，他却只能悲怆地疾呼："刀剑是一种扼杀创造物的极端令人厌恶的、不正义的权力。人子不是来毁灭人的，而是来拯救人的。"①

而因为出身高贵不便投身现实革命的马布利，就表现出思想理论上的两面性。比如他曾呼吁："让正直的人们尽一切努力，去消除犹如锁链把我们拴在轭上的偏见"②，甚至要迫使政府反思。但是他又强调，在道德的帮助下，可以轻而易举地建立良好的秩序和纪律，这又是需要提倡的。③在他看来，最好采用和平手段，只有在万不得已的情况下，才能走暴力革命的道路。

对于空想社会主义，一定要充分肯定它积极的方面，珍视这一宝贵思想源泉的清流。正如马克思所说："我们不应该否定这些社会主义的鼻祖，正如现代化学家不能否定他们的祖先古代炼金术士一样。"④要看到它在历史上的启蒙教材作用，启发人们加深对资本主义制度和资产阶级剥削压迫本质的认识，提高人们对未来社会主义的期待和展望，唤起人们为实现社会主义而奋斗的雄心和壮志。当然，对空想社会主义的充分肯定，也要取其精华，去其糟粕，在吸收和借鉴中不断完善，从而获得一个完整的、全面的和科学的认知。

站在人类道义的制高点上，社会主义思潮的洪流仍然在唱响：人类社会取代资本主义的下一个选择是什么？人类实现自身彻底解放的前景是什么？这是值得在世界范围展开最广泛、最深入和最富创造性讨论的根本性问题。

---

① 《温斯坦莱文选》，任国栋译，商务印书馆，1965年版，第30页。

② 《马布利选集》，何清新译，商务印书馆，1960年版，第135—136页。

③ 参见《马布利选集》，何清新译，商务印书馆，1960年版，第14页。

④ 《马克思恩格斯全集》第18卷，人民出版社，1964年版，第336页。

第五章
脱颖而出的科学社会主义

01　卢德的“觉醒”

卢德是个人名，但又不是一个具体的人。传说在英国莱斯特郡的某个织袜厂，有一个名叫内德·卢德的学徒工，因为受到企业主的责备而怒火中烧，一气之下用铁锤砸毁了企业主的织机。而英国近代发生过的席卷全国、以砸毁机器为主要特征的卢德运动，只是借了这个学徒工的名字而已。

1811年的诺丁汉，一封封署名“内德·卢德将军”的恐吓信被寄发到雇主手里，要求停止削减工资与使用非学徒工，否则就要砸毁雇主的机器。一到晚上，工人们就开始零零星星地潜入工厂，砸毁雇主的机器。三周以内，被捣毁织机达二百多台。随后，这一运动开始蔓延到其他工业比较发达和集中的地区。

卢德运动一开始带有很大的自发性和盲目性，但是到了后来则表现出较强的组织纪律性。在诺丁汉郡和约克郡，卢德派经常在夜间分组行动，出动人数有时七八个，有时几百个，完全视情形而定。为了便于联系和配合行动，卢德派成员之间还设有联络暗号：“你必须把右手高举过右眼——假如有另一个卢德派在场，他会把左手高举过左眼——然后你应将右手食指举到右嘴角边——另一个人就把左手小指举到左嘴角边说：你是干啥的？回答：铁了心眼儿的。他会说：为什么？你答：自由。然后他就跟你交谈，告诉你他所知道的任何东西……”

面对卢德派的抗议行动，有些工厂主做出一定妥协，但有的拒不让步，议会则通过议案制定法令，对卢德派进行无情镇压。[①]研究表明，卢德运动的目的是抗议由某些机器导致的传统规范的破坏，想通过有选择的暴力来确保自己的切身利益不受损害。当时，卢德运动塑造的卢德“将军”“统帅”等形象，在工人中影响很大，有一首叫《卢德将军的胜利》的歌唱道：“不要再吟唱罗宾汉，也别把他的业绩赞叹，我如今要歌颂卢德将军的成就，他现在是诺丁汉的英雄。”

卢德运动是早期工人运动的序幕，说明随着资本主义生产方式的确立和巩固，大工业得到进一步促进和发展，资本主义制度的基本矛盾也日益显露。最突出的表现是，被马克思、恩格斯称为“社会瘟疫”的周期性经济危机不断爆发，不仅严重破坏了社会生产力，也给广大工人和劳动群众带来深重灾难。马克思指出：“机器具有减少人类劳动和使劳动更有成效的神奇力量，然而却引起了饥饿和过度的疲劳。财富的新源泉，由于某种奇怪的、不可思议的魔力而变成贫困的源泉。”[②]卢德运动的兴起，就是这种社会矛盾的反映。恩格斯说得好：“工业革命创造了一个大工业资本家的阶级，但是也创造了一个人数远远超过前者的产业工人的阶级。随着工业革命逐步波及各个工业部门，这个阶级在人数上不断增加；随着人数的增加，它的力量也增强了。”[③]

到了19世纪三四十年代，像卢德运动这样的工人阶级反对资产阶级的自发斗争，就逐步上升到自觉斗争的阶段。在欧洲工人阶级的头脑中，已经逐步产生阶级斗争、大罢工、摆脱议会民主幻想等新概念了，开始发展到有组织、大规模的政治罢工和武装起义，其中最著名的就是“三大工人运动”，即法国里昂纺织工人起义、英国宪章运动和德国西里西亚纺织工人起义。

1831年11月，法国里昂的纺织工人为要求增加工资，上街示威游行，遭

---

① 参见李培锋：《论英国卢德运动的维权特性》，《徐州师范大学学报》，2006年第5期。

② 《马克思恩格斯文集》第2卷，人民出版社，2009年版，第580页。

③ 《马克思恩格斯文集》第3卷，人民出版社，2009年版，第516页。

到军警枪击。面对政府的血腥镇压，工人们高呼“不能劳动而生，毋宁战斗而死”的口号，举行了伟大的起义。工人们攻占了市政府，控制了全市，十天后运动被军警镇压。1834年4月，全市工人为反对审判工人领袖，再次武装起义，他们高举“不共和，毋宁死”的红旗，同军警展开巷战，最终仍被镇压。匈牙利著名作曲家李斯特闻知后，以“不能劳动而生，毋宁战斗而死”为主题，谱写下传世之作——钢琴曲《里昂》。[①]

英国宪章运动的背景是，工业革命后英国议会选举仍然很不民主，许多劳苦大众并没有选举权。为了争取选举权，伦敦工人协会拟定了争取普选权的纲领，称为《人民宪章》。主要内容有：凡年满二十一岁的男子皆有普选权，秘密投票，废除议员候选人的财产资格限制等。《人民宪章》得到广大民众热烈的响应。1839年，宪章派在伦敦召开首次全国代表大会，代表们抬着128万人签名的约100千克重的请愿书送往议会，但被议会否决。工人们以集会、游行和罢工抗议，但宪章派领袖和骨干遭到逮捕、判刑。1842年，宪章派再度起草请愿书，签名者达330多万人，仍遭到议会的否决。1848年，宪章运动出现第三次高潮，最后仍以失败而告终。列宁称它是“世界上第一次广泛的、真正群众性的、政治上已经成型的无产阶级革命运动”[②]。

最后，德国西里西亚工人起义爆发。1844年6月，因不堪忍受资本家和封建主的残酷剥削，三千多名西里西亚纺织工人举行起义，他们捣毁厂房，烧毁账簿和债据，并同普鲁士政府军队展开搏斗，激战两天后被镇压。西里西亚工人起义得到了全国各地的响应，萨克森、柏林等地的印染、铁路工人纷纷举行大罢工以示声援。著名诗人海涅专门创作了《西里西亚织工之歌》，称赞工人阶级的觉醒和他们埋葬旧世界的决心。恩格斯称这首诗是他所知道的最有力的诗作之一。

三大工人运动虽然失败了，但却开辟了无产阶级反对资产阶级斗争的新纪

① 参见周小静：《钢琴之王李斯特》，上海人民出版社，1999年版，第50页。

② 《列宁选集》第3卷，人民出版社，2012年版，第792页。

元。它表明无产阶级作为一种新的政治力量，已经登上了欧洲乃至世界的政治舞台。

02　跳出“不食人间烟火”的理论

恩格斯在《自然辩证法》一文中深刻指出：“一个民族要想站在科学的最高峰，就一刻也不能没有理论思维。”[①]恰巧在欧洲近代历史上，德意志民族是最富有理论思维的民族之一，出现了黑格尔、费尔巴哈等德国古典哲学的代表人物，形成了以辩证法和唯物主义为内核的哲学思想。加之以亚当·斯密、大卫·李嘉图等为代表的英国古典政治经济学，以圣西门、傅立叶、欧文为代表的英法空想社会主义思想，以基佐、梯叶里、米涅等人为代表的法国复辟时期历史学的影响和融入，为科学社会主义在德国的诞生奠定了坚实的思想基础。

黑格尔是德国著名哲学家，对辩证法做出了卓越贡献。黑格尔认为，整个世界处于不断运动、变化和发展之中，矛盾是发展的内在根源。这种辩证法思想是黑格尔哲学中的“合理内核”。但是，在黑格尔哲学中，辩证运动的主体不是客观存在的物质，而是所谓“虚无缥缈”的绝对精神。因而，马克思称其为不食人间烟火的哲学，很难落地，也很难在现实中找到。

费尔巴哈批判了黑格尔的唯心主义哲学体系，使唯物主义重新登上理论殿堂的王座。他认为，自然界是人类赖以生存的基础，它不依赖于任何精神而独立存在；精神是物质的产物，人的意识和思想不过是物质的器官即人脑的产物。这种唯物主义观点是费尔巴哈哲学中的“基本内核”。但他的唯物主义是机械的、形而上学的；在解释社会历史现象时，其从人性论的观点出发，又不自觉地陷入了唯心主义的泥潭。

马克思、恩格斯的高明之处在于，批判地吸收了黑格尔哲学中的辩证法和费尔巴哈哲学中唯物主义的合理部分，抛弃了黑格尔哲学的唯心主义体系和费

---

① 《马克思恩格斯选集》第三卷，人民出版社，2012年版，第9页。

尔巴哈哲学机械的、形而上学的方法，使哲学重新用脚立地，创立了无产阶级的世界观——辩证唯物主义和历史唯物主义。

马克思在致魏德迈（德国和美国早期工人运动活动家）的信中，十分谦逊地指出："无论是发现现代社会中有阶级存在或发现各阶级间的斗争，都不是我的功劳。在我以前很久，资产阶级历史编纂学家就已经叙述过阶级斗争的历史发展，资产阶级经济学家也已经对各个阶级作过经济上的分析。"[①]这里的资产阶级经济学家，指的就是英国古典政治经济学。他们最积极的成果，就是提出并论证了劳动价值论，指出劳动是价值的源泉，劳动所创造的价值是工资、地租和利润的源泉，这为人们研究资本主义经济规律、揭露资本主义剥削的秘密、研究资本主义社会阶级状况提供了有益借鉴。马克思在劳动价值论基础上提出剩余价值学说，创立了马克思主义政治经济学。

对于19世纪英法空想社会主义的成果我们已经做过详尽的阐述，总体而言，英法空想社会主义者对资本主义批判的广度和深度都已达到前所未有的水平，对未来共产主义的构想及实验也达到了前所未有的程度，他们的主张和预测尽管在当时很不现实，但也显示出天才的智慧和远大的目光，预示了马克思和恩格斯后来"科学地证明了其正确性的无数真理"[②]，为科学社会主义的创立做了理论上的准备。

此外，被马克思称之为资产阶级历史编纂学家的法国复辟时期历史学家，为了反对封建贵族的统治，出版了许多历史学著作，抨击专制主义。他们论述了资产阶级与封建地主阶级的矛盾和斗争，论证了用资本主义代替封建主义、用资产阶级统治代替封建地主阶级统治的必然性，指出资产阶级的发展史就是资产阶级和封建地主阶级争夺政权的历史，是资产阶级和贵族斗争的历史。同时还把法国平民的历史看成是阶级斗争的历史，试图对法国历史按阶级斗争史加以分析。马克思、恩格斯借鉴这些思想，发现了资本主义社会阶级和阶级斗

---

① 《马克思恩格斯文集》第10卷，人民出版社，2009年版，第106页。

② 《马克思恩格斯文集》第2卷，人民出版社，2009年版，第218页。

争的特点。正如马克思所指出的:“我所加上的新内容就是证明了下列几点:(1)阶级的存在仅仅同生产发展的一定历史阶段相联系;(2)阶级斗争必然导致无产阶级专政;(3)这个专政不过是达到消灭一切阶级和进入无阶级社会的过渡。”①

03　为人类幸福而工作

历史总是在偶然之中有必然。科学社会主义诞生在德国，马克思、恩格斯成为其创始人，是有一定历史必然性的。马克思在《青年在选择职业时的考虑》中说道:“如果我们选择了最能为人类福利而劳动的职业，那么，重担就不能把我们压倒，因为这是为大家而献身;那时我们所感到的就不是可怜的、有限的、自私的乐趣，我们的幸福将属于千百万人，我们的事业将默默地、但是永恒发挥作用地存在下去，而面对我们的骨灰，高尚的人们将洒下热泪。”②可能谁也想不到，写下这一段富有诗意和哲理的文字，具有如此胸襟和境界的，竟是一个年仅十七岁的中学毕业生。恩格斯也是一样，他生长在一个资产阶级家庭，中学未毕业父亲就强迫他停学去学习经商做生意，希望他将来能继承家族事业，成为大资本家。十九岁时他写的一首诗，反映了他的思想、他的精神:汹涌的山泉飞泻而下，渲腾地穿越山间林谷，松树在它面前轰然倒下，它却独自开拓前进的道路。我愿像这股山泉，为自己冲出一条道路勇往直前。③就这样，两个胸怀大志、渴望为人类福利而奋斗的年轻人，开始了注定要碰撞出火花的人生道路。

马克思中学毕业后进入波恩大学学习法学，并经历了一小段消遣娱乐的消沉日子。后转到柏林大学继续攻读法律，在柏林大学浓厚的学术氛围中，马克思开始重新认真学习。他的兴趣转到法律和哲学的联系上，通过阅读黑格尔的

---

① 《马克思恩格斯文集》第10卷，人民出版社，2009年版，第106页。

② 《马克思恩格斯全集》第40卷，人民出版社，1982年版，第7页。

③ 参见《马克思恩格斯全集》第41卷，人民出版社，1982年版，第468—469页。

著作，他从浪漫主义的理想中慢慢走出，力图通过理性来理解现实，并加入青年黑格尔派的行列。大学毕业后，马克思成为当时黑格尔派的宣传阵地《莱茵报》的撰稿人之一。在《莱茵报》，马克思看到了一件奇怪的事，工业革命下的普鲁士两极分化，贫富差距悬殊。生活在社会底层的穷人不堪饥寒去林地里采摘野果或捡拾枯枝落叶。对穷人这样悲惨的生活境况，莱茵省议会视而不见，却把偷拿枯树和捡拾枯枝的行为判定为“盗窃”，要和盗伐活树受到同样的处罚。自然脱落的枝叶被当成私人财产加以保护，穷人却被当成枯树抛弃！这样荒谬的法律，严重违背了公平正义。马克思在写作《关于林木盗窃法的辩论》一文时，深感黑格尔哲学的无力，从而“物质利益、经济关系”成了他后来研究的重点。①马克思在《莱茵报》发表系列政论文章对封建主义进行激烈批判，引起政府不满，他被迫辞职。

十八岁时，恩格斯来到德国北部港口城市不来梅一家大贸易公司工作。这里虽属德国，但不是普鲁士的领土，思想比较自由，可以自由地看书、议论。恩格斯在这里把大部分时间用在了学习和考察上。他如饥似渴地阅读能找到的哲学、历史、物理、化学等方面的书籍，掌握了丰富的自然科学和社会科学知识。早在家乡读中学时，他就对在自己家里干活的工人充满同情之心。在这里，他常常一个人偷偷跑到工厂里去观察工人劳动，又到工人住宿的地方，观察工人的生活。他看到这样一种现实，工人在潮湿、窄小的低矮工棚里生活，一家老小挤在一起，屋里几乎没有任何亮光，乱糟糟的，简直无法立足。工人们缺吃少穿，过着极端贫困的生活，而正是他们在为资本家创造着一笔又一笔的财富。他们拖着疲惫、纤弱的身子，没日没夜地劳动，有时患了病也没有时间去看，以致积劳成疾。更使恩格斯吃惊的是，工厂里竟然有三十多名童工！他们本该和自己童年时一样读书、学习、无忧无虑，但他们却在这里辛辛苦苦为资本家赚钱。这种对工人极端同情的思想，一直持续到恩格斯长大成人。之后，尤其到不来梅之后，他认识到工人穷困的原因是现行的社会制度，要想改

---

① 参见《马克思恩格斯全集》第1卷，人民出版社，1956年版，第141—142页。

变工人们的生活面貌，必须彻底推翻这个制度。于是，他开始寻找推翻资本主义制度的道路和方法。

04　两颗伟大心灵的历史性结合

马克思和恩格斯各自的经历，以及共同的理论和志向，使他们终有机会走到一起。马克思在大学时期因结识鲍威尔兄弟（布鲁诺·鲍威尔是德国哲学家，青年黑格尔学派领袖，曾指导马克思完成博士论文。他家有三兄弟，被马克思、恩格斯戏称为“神圣家族”）而加入青年黑格尔派。恩格斯也熟识鲍威尔兄弟，他在柏林服兵役期间也经常参加青年黑格尔派活动。马、恩两人虽未在聚会时碰面，但都从好友那里知道了对方的名字。

1842年11月底，恩格斯特意取道科隆去拜会当时已任《莱茵报》主编的马克思。而此时马克思因鲍威尔兄弟不关注现实生活，整天醉心于抽象的哲学论证而与他们彻底决裂。不知就里的恩格斯还是以鲍威尔兄弟朋友的身份出现，于是马克思对恩格斯没有任何好感，初次会面就十分冷淡地结束了。然而，1843年9月，恩格斯给《德法年鉴》编辑部寄去了一份稿件，题为《国民经济学批判大纲》，负责审稿的正是马克思。恩格斯的文章将德国哲学、英国经济学和法国社会主义思想融合在一起，并将社会批判的矛头直接指向资本主义私有制。马克思高度评价了这篇文章，称其为“天才大纲”，甚至在早年写下的《1844年经济学哲学手稿》中称其为“内容丰富而有独创性的著作”，后在《资本论》中至少四次引用相关内容。与恩格斯这篇文章同时发表在《德法年鉴》第一、二号合刊上的，还有马克思的两篇文章，即《〈黑格尔法哲学批判〉导言》和《论犹太人问题》，恩格斯看到合刊后，深深为马克思的学说所折服，为马克思文章中所揭示的德国革命的前景所打动，也认识到鲍威尔兄弟理论上的巨大缺陷。从此两人开始不断通信交换意见，发现彼此在基本理论问题与实际斗争策略方面的看法竟然高度一致。这就为两人的再次会面奠定了坚实基础。

1844年8月底，恩格斯在巴黎逗留了十天，与马克思深入交流。马克思建议两人合作批判鲍威尔兄弟的思辨哲学，合作的第一个成果就是《神圣家族》，最终这种合作持续了一生。恩格斯后来回忆道："当我1844年夏天在巴黎拜访马克思时，我们在一切理论领域中都显出意见完全一致，从此就开始了我们共同的工作。"[①]列宁后来也评价道："古老传说中有各种非常动人的友谊的故事。欧洲无产阶级可以说，它的科学是由两位学者和战士创造的，他们的关系超过了古人关于人类友谊的一切最动人的传说。"[②]特别值得提出的是，马克思在把主要精力放在撰写《神圣家族》和《前进报》的编辑工作时，还与法国民主主义者、社会主义者和德国的秘密组织正义者同盟领导人保持密切联系，也和德国工人有关协会保持密切联系，经常出席法德两国工人和手工业者的集会。恩格斯也是一样，在潜心撰写《英国工人阶级状况》的同时，直接参加法国社会主义者和共产主义者的集会，会见了俄国社会主义者巴枯宁和托尔斯泰，在德国积极参加社会主义宣传工作和民主主义、社会主义运动的组织工作，与比利时社会主义者、波兰革命流亡者代表、英国宪章派领导人等建立了广泛联系。

马克思、恩格斯在参与工人运动的过程中一致认为，迫切需要写两三本书来阐述唯物主义和共产主义原理，以便为社会主义运动奠定理论基础。恰在此时，因普鲁士政府的压力，马克思和《前进报》的撰稿人被驱逐出法国，马克思辗转来到了比利时布鲁塞尔。而恩格斯在德国爱北斐特的社会主义和共产主义集会也遭到当局禁止，只好迁往布鲁塞尔马克思的住处。

05 必然要遭遇的思想流派

在马克思、恩格斯完成世界观的转变，创立科学社会主义的同时，欧美国家风行着一批社会主义的思想流派，其在极大促进独立工人运动兴起的同时，

① 《马克思恩格斯全集》第21卷，人民出版社，1965年版，第247页。
② 《列宁选集》第一卷，人民出版社，2012年版，第95页。

又严重影响着工人运动的健康发展。这样的社会主义思想流派有意大利的马志尼主义、德国的真正的社会主义、法国的蒲鲁东主义、德国的魏特林主义等。

朱塞佩・马志尼是意大利民族统一运动领袖，青年意大利党的创始人。他出生于一个医生家庭，大学毕业后担任过律师。19世纪20年代末创办报纸，撰写政治文章，宣传反奥爱国思想，后因加入烧炭党遭逮捕被逐出境。1831年，马志尼在法国团结一批侨民爱国者，创立“青年意大利党”。青年意大利党建立后发展很快，在城市下层群众，即手工业者、工人和贫民中很有影响。该党的口号是自由、平等、博爱、独立、统一。马志尼提出的纲领，主张通过人民武装起义和革命斗争，推翻意大利各邦的封建王朝，然后召开全意大利议会，制定宪法，成立新政府。他主张以宗教影响、控制群众，以对上帝的热爱投身革命斗争；在推翻封建专制制度后，在封建的经济基础上，在意大利建立共和国；强调以“劳资合作”“生产协会”为基础来解决工人问题，反对阶级斗争学说和社会主义，主张“阶级和平”；主张不断地起义，“意大利革命的实现无须凭借欧洲的纠纷所造成的有利形势，只要依靠突然行动的意大利密谋家们的单独发动就可实现革命”①。

“真正的社会主义”是德国19世纪40年代流行的一种空想社会主义思潮，其代表人物是莫泽斯・赫斯、卡尔・格律恩、海尔曼・克利盖等。赫斯为德国哲学家、社会主义者、犹太复国主义的领导人。作为《莱茵报》的编者之一，他曾是马克思、恩格斯的同事和朋友，在恩格斯转向共产主义、马克思进入社会学领域和经济学领域，以及马克思唯物辩证法形成过程中，赫斯都起过举足轻重的作用。卡尔・格律恩早年主编激进派的《曼海姆晚报》，因撰写反对政府当局的文章遭到驱逐，后结识赫斯，受到共产主义思想影响，转向哲学共产主义。格律恩是社会主义思想史上首次提出“科学社会主义”概念的人，后为马克思、恩格斯所沿用并得到公认。克利盖是一位新闻记者，1845年在伦敦加入德意志工人教育协会和正义者同盟，同年移居美国，以正义者同盟的名义，

① 《马克思恩格斯全集》第9卷，人民出版社，1961年版，第575页。

在纽约领导“真正的社会主义”团体。赫斯、格律恩、克利盖等所宣扬的“真正的社会主义”，理论基础都是费尔巴哈的人道主义。他们不把社会主义看成是社会经济发展的结果，而是只看作是哲学发展的纯逻辑结论，是实现真正的人的本质的思辨。他们反对政治斗争和革命，宣扬超阶级的伦理说教，主张依靠人类互爱本性和扬弃利己主义来实现社会主义。他们怀有改革社会的善良愿望，在一定程度上促进了社会主义思想在德国的传播。

有意思的是，“真正的社会主义”的形成过程与马克思主义的形成过程是同时并行的，两者的哲学来源都是黑格尔哲学和费尔巴哈哲学，两者的代表人物都是从黑格尔哲学和费尔巴哈哲学转向共产主义，但前者演变为“真正的社会主义”者，后者逐步创立了科学社会主义。当然，两者之间的相互影响也是显而易见的。赫斯、格律恩、克利盖也有各自的一些独立见解。比如，赫斯将犹太人的融合问题纳入全球社会主义运动中，提出“宗教是社会的鸦片”的观点，但反对将一切历史问题归结为经济基础以及阶级斗争。格律恩系统、通俗地向德国民众介绍社会主义运动的历史，产生了很大影响，成为真正的社会主义深入人心的主要原因。克利盖主张平均土地，使小生产者摆脱剥削，曾组织“全国改革协会”，要求把土地无偿分给每个劳动者，建设没有剥削、人人和睦相处的“爱的村镇”，把“土地解放”运动看成是一切运动的最终、最高目的。

蒲鲁东主义是资本主义猛烈冲击下濒于破产而又竭力挣扎不愿归附到无产阶级行列中来的小私有者的思想体系。马克思曾形象地描述：“他既迷恋于大资产阶级的豪华，又同情人民的苦难。他同时既是资产者又是人民。”[①]比埃尔·约瑟夫·蒲鲁东出生于法国一个农民兼小手工业者家庭，父亲曾开设了一个木桶作坊，但因高利贷的盘剥而破产，连仅有的一点土地也卖掉了。蒲鲁东及其家庭的遭遇，使其成为小生产者的代言人。蒲鲁东认为，资本主义大私有制是罪恶之源，而劳动者个人占有则是天然合理的，是应该永世长存的。他主张把消灭大私有制和保护小私有制作为社会改良的宗旨。他认为，以个人占有

① 《马克思恩格斯选集》第四卷，人民出版社，2012年版，第418页。

为基础的“互助制”社会是最好的社会模式，主张建立以无息贷款为基础的人民银行作为改造资本主义制度、实现“互助制”社会的根本途径；宣扬和平革命，反对暴力和阶级斗争；提倡个人绝对自由，反对任何国家和政府，反对一切权威。由于在资本主义竞争洪流中，一批批破产的小生产者形成了一支庞大的无产阶级队伍，他们的思想意识滞后于他们的实际地位，致使蒲鲁东主义在法国工人阶级中有着广泛的影响。

魏特林主义是当时工人运动中影响巨大的社会主义思想。恩格斯在回顾时曾指出:“在工人阶级当中已经强大到足以形成空想社会主义，在法国有卡贝的共产主义，在德国有魏特林的共产主义。”[①]威廉·克里斯蒂安·魏特林是19世纪欧洲重要的激进主义者，德国共产主义的创始人。他出生于普鲁士王国的马格德堡，是一个私生子，其父在战争中死去，由母亲抚养长大。魏特林少年时求知欲甚强，通读过不少史书和民间传说，中学毕业后长期从事裁缝工作，获得流动艺人证书，并借此漫游德国各地。阅历丰富、见多识广为他研究社会问题奠定了坚实基础。1835年魏特林来到法国巴黎，并参加了半公开、半秘密的团体正义者同盟。1838年，正义者同盟首次讨论自己的纲领，魏特林受同盟委托写了《人类的现状及其未来》，向无产阶级指出“通向社会新秩序之路”。他主张要依靠劳动阶级，通过暴力革命，消灭社会的主要弊病——私有制。他认识到资本主义社会是划分为阶级的，即劳动者和不劳而获者。渴求人人平等，希望按普遍平等原则组织生产和分配。他还为未来社会绘制了一幅蓝图:“完善的社会没有政府，而有管理；没有法律，而有义务；没有惩罚，而有医治。”[②]他还提出能力选举和交易小时制度，代表作有《现实的人类和理想的人类》《和谐与自由的保证》。

---

① 《马克思恩格斯选集》第一卷，人民出版社，2012年版，第385页。

② 《马克思恩格斯全集》第45卷，人民出版社，1985年版，第731页。

06　组建传播网络

两个伟大的心灵碰撞在一起，必然要燃起熊熊大火。然而，马克思、恩格斯1844年第二次会面，奠定创造性合作、共同学术研究以及为无产阶级事业进行战斗的坚实基础时，一个刚刚二十六岁，另一个还要小两岁。这样年龄的人，即便获得了构建庞大理论体系的金钥匙，也有一个逐步让业界认可，直至刮目相看的过程。他们自身也有一个淬炼和提升的过程。

面对风起云涌的工人运动，面对林林总总的共产主义派别，面对众说纷纭的社会主义思潮，如何既要与他们建立必要的联系，又传播自己的观点以影响他们，最终达到改造整个社会的愿望呢？马克思、恩格斯的做法是，和一群志同道合者于1846年初创立了布鲁塞尔共产主义通讯委员会。马克思说，建立通讯委员会的目的是："讨论学术问题，评述流行的著作，并进行社会主义宣传。……通过这种方式，可以发现意见分歧从而得以交流思想，进行无私的批评。"马克思强调："问题只在于建立一种经常性的通讯活动，保证能够了解各国的社会运动，以便取得丰硕的、多方面的成果，而靠一个人的努力是永远也做不到这一点的。"[①]马克思、恩格斯是很明智的，他们给各国工人团体、社会主义者发出倡议，在德国、英国、法国等国建立起通讯委员会的分支和小组，相互通信、交流理论观点和实践经验，一个国际共产主义思想交流的网络就这样建立起来了。

我们现在说，布鲁塞尔共产主义通讯委员会为建立无产阶级政党奠定了思想基础，培养了一批无产阶级先进分子，这是基于一年后共产主义者同盟的成立，但是在当时恐怕还没有这么明确的想法。从现有的资料可以看出，通讯委员会成立后，联系最为频繁的是伦敦和德国各地的委员会。通过观点交流和情况介绍，一方面马克思、恩格斯深切地了解了工人精神交往的需求和特点，结

① 《马克思恩格斯全集》第27卷，人民出版社，1972年版，第465页。

识和团结了一批各国无产阶级的代表人物，包括德国的W.沃尔弗、J.魏德迈，在伦敦的正义者同盟领导人K.沙佩尔、H.鲍威尔、J.莫尔，英国宪章派左翼领导人G.J.哈尼，比利时的P.日果等；另一方面开始直接见面和讨论问题，使其中的相当一部分人接受了马克思、恩格斯的思想，从而走向科学社会主义。也正是在与伦敦通讯委员会的负责人沙佩尔的交流中，马克思、恩格斯赞同道："建立一个总的宣传组织，在各国共产主义者中进行思想交流，是非常必要的，所以，每一个真正的共产主义者都将乐于给以帮助。"这堪称建立国际性共产主义政党的一次动议。

当时世界社会主义、共产主义派别中存在的最大问题，就是没有理论或缺乏正确理论的指导，往往以道德说教来解决包括无产阶级精神需求在内的各种问题，各种派别中还存在较多的宗派意识。面对这种情形，马克思、恩格斯不得不花费很大精力同各种错误思潮进行斗争，口诛笔伐打破宗派壁垒。最有名的当属以布鲁塞尔共产主义通讯委员会的名义发布了《反克利盖通告》，严厉批评克利盖在美国主办的《人民论坛报》上，把共产主义描绘为"爱的呓语"。这一通告虽然引发了各通讯委员会对马克思、恩格斯"不适当嘲讽"的不满，但克利盖本人却接受了马克思、恩格斯的观点，他们认为"现在他对尘世的事情比较关心了"[①]。

另一个著名的例子就是对魏特林的耐心争取帮助并对他的错误观点进行严肃批评。1846年，魏特林来到比利时布鲁塞尔，首次会见了马克思、恩格斯，并参加了主题为"如何以最好的方式在德国进行宣传"的讨论会。参加讨论会的一位俄国人记载了当时的情形：面对魏特林在德国的宣传制造了这么大的声音，马克思直接向魏特林提问："你证明自己行动合理性的根据是什么？将来你打算把它建立在什么样的基础上？"魏特林的回答很混乱、很不好，不时地重复、纠正，最后艰难地得出了结论。马克思批评说，无法实现的希望的产生只能导致受苦者最终的毁灭，而不是他们的得救，唤醒工人如果没有一种严格

---

① 《马克思恩格斯全集》第27卷，人民出版社，1972年版，第73页。

科学的思想或建设性的学说（尤其在德国），那么这就等于宣传空洞的、骗人的游戏。魏特林用群众寄给他的几百封感谢信来说明他的鼓动有成效，马克思一听到上面这些话，终于失去了控制，“啪”的一声把拳头砸在了桌子上，“呼”地站起来说：“无知还从来没有帮助过任何人。”魏特林事后回忆这一段时，出于个人狭隘的观念，认为马克思拥有了声望，就排挤别人。他说：“我认为马克思的脑袋只是一本好的百科全书，他并不是一个天才。他影响的原因在于其他人。有钱人在新闻出版方面支持他，仅此而已。”①

通讯委员会的活动促进了科学共产主义同工人运动的结合，对改造正义者同盟起了推动作用。1847年共产主义者同盟成立后，通讯委员会的活动即告停止。

07 并非仅仅改变口号

“人人皆兄弟”是正义者同盟的口号，有点像行业帮会组织的哥们儿义气。正义者同盟是1836年由德国流亡到法国的工人和手工业者，在巴黎建立的一个半公开、半秘密性的革命团体。其宗旨是要求财产公有，消灭剥削和压迫，建立新社会。

1839年正义者同盟的成员参加了布朗基领导的“四季社”在巴黎的武装起义，失败后被驱逐出境，被迫分赴英国、瑞士、德国、美国等，并在各地建立了自己的支部，成为名副其实的国际性工人组织。正义者同盟的中心也由巴黎转移到了伦敦。1838年，正义者同盟在巴黎进行了第一次直接涉及纲领的讨论。经过长时间的争论，由魏特林起草的《人类的现状及其未来》，被采纳为同盟的纲领。该小册子采用问答的形式，在吸收了傅立叶、巴贝夫、蒲鲁东和其他法国空想社会主义和共产主义精神财富的基础上，创立了一种特别的空想

① ［英］戴维·麦克莱伦：《马克思传》，王珍译，中国人民大学出版社，2016年版，第154—155页。

工人共产主义。“在为达到共产主义的手段中，他把人民群众的革命斗争置于前列。他认为，人们要奔向人道的社会制度，就必须通过暴力革命消灭主要的弊病——私有制。”[①]这已完全是共产主义和国际主义的纲领，虽然还不是科学的共产主义的纲领，虽然“对财产共有制就完全没有做历史的和经济的阐述”[②]，但在当时有着进步和积极的历史作用，产生了极大的影响。

由于马克思、恩格斯与正义者同盟的主要领导人有密切联系和深厚情谊，1847年1月，同盟的代表莫尔先后到布鲁塞尔、巴黎会见马克思和恩格斯，请求他们加入正义者同盟，并指导同盟的改组和发展。在确信同盟领导者愿意改组并接受科学社会主义原理后，马克思和恩格斯同意参加同盟。对此，恩格斯回忆道：“1847年春天莫尔到布鲁塞尔去找马克思，接着又到巴黎来找我，代表他的同志们再三邀请我们加入同盟。他说，他们确信我们的观点一般正确，也确信必须使同盟摆脱陈旧的密谋性的传统和方式。如果我们愿意加入同盟，我们将有可能在同盟的代表大会上以宣言形式阐述我们的批判的共产主义，然后可以作为同盟的宣言发表；同时我们也将有可能帮助同盟用新的符合当时条件的适当组织来代替它的过时的组织……于是我们加入了同盟。”[③]

1847年6月，正义者同盟在英国伦敦召开大会改组成为共产主义者同盟，这次大会也就成为共产主义者同盟的第一次代表大会。马克思因为缺乏经费而没有到伦敦开会，恩格斯作为巴黎区部代表参会。大会按照恩格斯的提议，把正义者同盟改为共产主义者同盟，旗帜鲜明地亮出了共产主义的旗帜。大会讨论通过的《共产主义者同盟章程草案》，明确提出同盟的目标是：“通过传播财产公有的理论并尽快地求其实现，使人类得到解放。”大会放弃了“人人皆兄弟”这个缺乏阶级内涵的口号，改为具有鲜明的无产阶级性质和共产主义方向

① ［德］马丁·洪特：《〈共产党宣言〉是怎样产生的》，金海民译，商务印书馆，1979年版，第14页。

② ［德］马丁·洪特：《〈共产党宣言〉是怎样产生的》，金海民译，商务印书馆，1979年版，第16页。

③ 《马克思恩格斯全集》第21卷，人民出版社，1965年版，第251页。

的口号——“全世界无产者，联合起来!”[1]恩格斯还为大会起草了《共产主义信条草案》，阐述了科学社会主义的一些基本原理。比如，共产主义是无产者实现解放的学说；共产主义者的目的就是使社会的每一个成员都能完全自由地发展和发挥他的全部才能和力量；实现共产主义就要废除私有制而代之以财产公有；为了实现共产主义必须首先启发并团结无产阶级；无产阶级是完全靠自己的劳动为生的社会阶级；无产阶级是由于采用机器而产生的；无产阶级只有废除一切所有制才能解放自己；共产党人将用实际行动来捍卫无产阶级的事业；实行财产公有的第一个基本条件是通过民主的国家制度达到无产阶级的政治解放。[2]随后，恩格斯很快起草了名为《共产主义原理》的纲领草案，后又跟马克思商议决定废除《原理》的问答形式，起草一个完整表述马克思主义理论和共产党原则的《宣言》。

1847年11月29日至12月8日，马克思、恩格斯参加共产主义者同盟第二次代表大会，经过热烈讨论，大会接受了马克思主义为同盟的指导思想，并委托马克思、恩格斯以宣言形式制定共产主义者同盟纲领。

08　舌战群“儒”

1846年8月，恩格斯前往巴黎参加正义者同盟的活动。这不是一次简单的例行活动，而是肩负着重要使命，即清除“真正的社会主义”者格律恩对同盟的思想影响。格律恩是一位新闻记者，他在正义者同盟寻求德国先进哲学指导时，以社会主义理论家的身份在巴黎工人中活动，极力宣扬真正社会主义思想，鼓吹阶级和平，用超阶级的“博爱”和“人道”代替阶级斗争，反对暴力革命。要求工人们积蓄小额股份成立生产合作社，以征服资本主义。他的理论在巴黎同盟小组中影响很大。因此，恩格斯的巴黎之行，就具有了直接思想交

---

① 《马克思恩格斯全集》第4卷，人民出版社，1958年版，第572页。

② 参见《马克思恩格斯全集》第42卷，人民出版社，1979年版，第373—380页。

锋的味道。

然而格律恩总是躲着恩格斯，不敢在恩格斯参加的会上露面，而是派其代言人艾泽曼等与恩格斯辩论，在三天的舌战群“儒”中，恩格斯系统阐述了科学社会主义基本原理，精辟指出共产主义者的宗旨是：“（1）维护同资产阶级利益相反的无产阶级利益；（2）用消灭私有制而代之以财产公有的手段来实现这一点；（3）除了进行暴力的民主的革命以外，不承认有实现这些目的的其他手段。”①从而澄清了巴黎盟员中的许多模糊认识，表决时以十三票赞成、两票反对通过了上述三项原则，战胜了格律恩的“真正的社会主义”。

马克思、恩格斯之所以能够顺利改造正义者同盟，与他们和正义者同盟长期密切的联系，以及与主要领导人之间的良好关系有关，也与双方的迫切需求有关。客观地讲，马克思、恩格斯的科学社会主义当时还很年轻，既需要在工人运动中检验、丰富和发展，又需要有一个较为成熟的工人组织作为实践的基础。当时的情况是，法国工人团体历史悠久但四分五裂，英国宪章派规模很大但极为松散。再加之马克思、恩格斯是德国人，就自然而然地把眼光投向了正义者同盟。而此时的正义者同盟刚刚经历了与魏特林的分歧，开始转向学习先进的德国哲学，包括学习马克思、恩格斯的著作，是一个最易于接受新理论和最富有国际性的工人组织。

事物的发展总是这样，当正义者同盟需要新的理论指导时，除了马克思、恩格斯的科学社会主义，其他各种各样的社会主义也竞相涌入，以各种面目、各种形式影响正义者同盟。有鉴于此，改造正义者同盟的首要任务，就是肃清多种非科学的社会主义思潮的影响。当时影响正义者同盟的社会主义思潮除了克利盖和格律恩“真正的社会主义”外，还有海因岑小资产阶级政治幻想、蒲鲁东主义和魏特林的平均共产主义。

1847年1月至4月，恩格斯撰写《真正的社会主义者》等著作，比较系统地阐述了这种思想的表现、实质和危害。他指出：“‘真正的社会主义者’的

---

①《马克思恩格斯全集》第27卷，人民出版社，1972年版，第71页。

全部本领不过是把德国哲学、德国式的庸人伤感情绪和一些被歪曲了的共产主义口号掺混在一起……它不是德国著作界的进步的革命的因素，而是守旧的反动的因素。”[①]因此“从头到脚都是反动的”[②]。1847年9月，卡尔·海因岑发表文章公开非难共产主义者，恩格斯随即发表《共产主义者和卡尔·海因岑》予以回击，指出海因岑先生是19世纪最无知的蠢汉之一，他所提出的一系列措施，只是“任意编造出来的改善世界的庸俗幻想”[③]，“共产主义不是学说，而是运动。它不是从原则出发，而是从事实出发。被共产主义者作为自己前提的不是某种哲学，而是过去历史的整个过程，特别是这个过程目前在文明各国的实际结果”[④]。

蒲鲁东主义在当时很有市场，很投合工人团体的觉悟水平，因而对巴黎的正义者同盟也有严重的渗透。恩格斯觉察到这一问题，于是主张召开一系列会议，通过辩论达成思想统一。

魏特林的情况有些特殊，他既是正义者同盟的著名领导人，也是思想领袖。特别是《和谐与自由的保证》一书出版，以通俗易懂的语言阐述了他的社会政治观点和关于未来社会的设想，在工人群众中产生极大影响，并广为流传。马克思称之为德国工人的“史无前例光辉灿烂的处女作”[⑤]。魏特林的著作为唤醒和促进无产阶级的阶级意识，建立了不可磨灭的历史功绩。但是魏特林的思想有明显的局限性。比如他不能揭示资本主义的基本矛盾、剥削的实质和资本主义必然灭亡的客观规律，看不到无产阶级的力量和建立无产阶级政党的必要性，而企求依靠流亡无产者中少数人的密谋活动去摧毁旧社会。1844年，伦敦正义者同盟与魏特林发生分歧，在讨论解决问题的过程中，同盟盟员看到了魏特林的空想共产主义的缺陷，逐渐抛弃了魏特林空想共产主义思想。马克思、恩格斯对这位革命领袖给予了充分的尊重，也期望在一些原则问题上达成一致。但

---

① 《马克思恩格斯全集》第4卷，人民出版社，1958年版，第46页。
② 《马克思恩格斯全集》第4卷，人民出版社，1958年版，第48页。
③ 《马克思恩格斯全集》第4卷，人民出版社，1958年版，第303页。
④ 《马克思恩格斯全集》第4卷，人民出版社，1958年版，第311—312页。
⑤ 《马克思恩格斯全集》第1卷，人民出版社，1956年版，第483页。

是魏特林自命不凡、固执己见，顽固坚持宗派主义立场，特别是在讨论对“真正的社会主义”克利盖的公告时，魏特林为克利盖辩护，至此马克思、恩格斯与魏特林彻底决裂，也为正义者同盟的改造扫清了最大的一个障碍。

09　石破天惊的宣言

“一个幽灵，共产主义的幽灵，在欧洲大陆游荡。为了对这个幽灵进行神圣的围剿，旧欧洲的一切势力，教皇和沙皇、梅特涅和基佐、法国的激进派和德国的警察，都联合起来了……”这是《共产党宣言》诗一般的开篇，宛如一道从天而降的甘泉，让人神清气爽，乐处清闲堪一唱，通体于天地，同精于阴阳。

《共产党宣言》是共产主义者同盟的纲领，也是改造正义者同盟的最终成果。然而，马克思、恩格斯起草这一纲领的过程并非一帆风顺，以往曾深度影响同盟盟员的各种思潮并不甘心退出历史舞台，总是千方百计寻找机会卷土重来。在巴黎区部讨论纲领时，原“真正的社会主义”代表莫泽斯·赫斯（德国社会主义之父，真正的社会主义代表人物）抛出了一份所谓的修正稿。恩格斯在参加巴黎区部讨论时，发现原来的《共产主义信条》被修改得支离破碎，尤其充斥着“真正的社会主义”的观点。因此在恩格斯的巧妙引导下，巴黎区部决定委托恩格斯重新撰写对纲领草案的意见。这就是共产主义者同盟纲领起草权之争，此后才有了新的纲领草案《共产主义原理》以及最终的《共产党宣言》问世。

马克思、恩格斯反复强调：“共产党人的理论原理，绝不是以这个或那个世界改革家所发明或发现的思想、原则为根据的。”[①]“这些原理不过是现存的阶级斗争、我们眼前的历史运动的真实关系的一般表述。”[②]《共产党宣言》

---

① 《马克思恩格斯选集》第一卷，人民出版社，2012年版，第413页。

② 《马克思恩格斯选集》第一卷，人民出版社，2012年版，第414页。

1883年德文版序言指出了贯穿《宣言》的基本思想:“每一历史时代的经济生产以及必然由此产生的社会结构，是该时代政治的和精神的历史的基础；因此(从原始土地公有制解体以来)全部历史都是阶级斗争的历史，即社会发展各个阶段上被剥削阶级和剥削阶级之间、被统治阶级和统治阶级之间斗争的历史；而这个斗争现在已经达到这样一个阶段，即被剥削被压迫的阶级(无产阶级)，如果不同时使整个社会永远摆脱剥削、压迫和阶级斗争，就不再能使自己从剥削它压迫它的那个阶级(资产阶级)下解放出来。”[①]在这一历史唯物主义思想的指引下,《共产党宣言》精辟地阐述了如下基本观点:

努力实现人的自由全面发展的价值追求。马克思、恩格斯对未来理想社会的描述是:“代替那存在着阶级和阶级对立的资产阶级旧社会的，将是这样一个联合体，在那里，每个人的自由发展是一切人的自由发展的条件。”[②]这就最鲜明地体现了马克思主义的基本价值追求与共产主义的本质规定。

资产阶级的灭亡和无产阶级的胜利是同样不可避免的。马克思、恩格斯回顾了资产阶级在历史上曾经起过的非常革命的作用，比如从各个方面冲击和瓦解封建制度，破坏封建宗法关系和道德观念，在它不到一百年的阶级统治中所创造的生产力，比过去一切世代创造的全部生产力还要多还要大，等等。马克思、恩格斯揭示了资本主义社会的基本矛盾，是生产社会化和生产资料私人占有之间的矛盾。这一基本矛盾的运动表明,“资产阶级用来推翻封建制度的武器，现在却对准资产阶级自己了”[③]。资产阶级不仅锻造了置自身于死地的武器，它还产生了运用这种武器的人，即自己的掘墓人——现代工人。

实现社会主义目标的前提是消灭私有制。马克思、恩格斯提出了一个重要观点:“共产主义革命就是同传统的所有制关系实行最彻底的决裂；毫不奇怪，

---

① 《马克思恩格斯选集》第一卷，人民出版社，2012年版，第380页。
② 《马克思恩格斯文集》第2卷，人民出版社，2009年版，第53页。
③ 《马克思恩格斯选集》第一卷，人民出版社，2012年版，第406页。

它在自己的发展进程中同传统的观念实行最彻底的决裂。”[①]“现代的资产阶级私有制是建立在阶级对立上面、建立在一些人对另一些人的剥削上面的产品生产和占有的最后而又最完备的表现。”[②]从这个意义上说，共产党人可以把自己的理论概括为一句话：消灭私有制。[③]

促进社会生产力的不断发展是社会主义的根本任务。马克思、恩格斯设想，在无产阶级革命取得胜利后，“无产阶级将利用自己的政治统治，一步一步地夺取资产阶级的全部资本，把一切生产工具集中在国家即组织成为统治阶级的无产阶级手里，并且尽可能快地增加生产力的总量”[④]。

实现绝大多数人的利益是社会主义的出发点和归宿。马克思、恩格斯分析道：“过去的一切运动都是少数人的，或者为少数人谋利益的运动。无产阶级的运动是绝大多数人的、为绝大多数人谋利益的独立的运动。”[⑤]因而无产阶级是历史上先进的生产力和生产关系的代表，是最革命、最有前途的阶级，无产阶级的利益是全人类的共同利益。“共产主义并不剥夺任何人占有社会产品的权力，它只剥夺利用这种占有去奴役他人劳动的权力。”[⑥]即共产党人要消灭的是资本主义剥削关系，把依靠剥削占有的财产归还给全体劳动者。

无产阶级政党的领导是建立社会主义的根本保证。马克思、恩格斯认为，共产党人不是同其他工人政党相对立的特殊政党，“没有任何同整个无产阶级的利益不同的利益”[⑦]。但是共产党人强调和坚持整个无产阶级共同的不分民族的利益，在无产阶级和资产阶级斗争所经历的各个发展阶段，共产党人始终代表整个运动的利益。而之所以共产党人具有这样的特征和使命，是因为在实践方面，共产党人是各国工人政党中最坚决的、始终起推动作用的部分；在理

---

① 《马克思恩格斯选集》第一卷，人民出版社，2012年版，第421页。
② 《马克思恩格斯选集》第一卷，人民出版社，2012年版，第414页。
③ 参见《马克思恩格斯选集》第一卷，人民出版社，2012年版，第414页。
④ 《马克思恩格斯选集》第一卷，人民出版社，2012年版，第421页。
⑤ 《马克思恩格斯选集》第一卷，人民出版社，2012年版，第411页。
⑥ 《马克思恩格斯选集》第一卷，人民出版社，2012年版，第416页。
⑦ 《马克思恩格斯选集》第一卷，人民出版社，2012年版，第413页。

论方面，他们胜过其余无产阶级群众的地方在于他们了解无产阶级运动的条件、进程和一般结果。[①]

10 席卷欧洲的革命及启示

1840年基佐任法国政府首脑后，加紧推行为一小撮金融寡头服务的政策，加剧了国内矛盾，引发工农运动。1848年2月，以工人为主休的巴黎人民走上街头，高呼反对由金融贵族把持的法国政府的口号，遭到政府军队开枪镇压。人民被政府的暴行激怒，开始建筑街垒，与政府军对抗。最后示威游行发展为武装起义，国王被迫宣布让位，群众冲击波旁宫，驱散议会，七月王朝被推翻，二月革命取得胜利。

然而胜利果实被资产阶级窃取，资产阶级共和派掌握了政权。这一政权利用一切手段刁难、压制和排挤工人阶级。在忍无可忍的情况下，1848年6月，巴黎无产阶级再次上街游行，进而转化为武装起义，提出在人民的参与下制定宪法，建立“民主的社会共和国”。四万名极端缺少武器的起义者迎战二十万装备精良的政府军，他们视死如归、浴血奋战，坚持数日之后起义失败。这场大革命，一万多名起义者被杀，两万多人被判刑或流放。法国无产阶级从血的教训中认识到，在资本主义制度下，真正的民主共和国只能是遥远的梦想，根本不可能实现。

马克思曾得出这样一个结论：六月起义“是分裂现代社会的两个阶级之间的第一次大规模的战斗。这是保存还是消灭资产阶级制度的斗争”[②]。然而，1848年“欧洲大陆经济发展的状况还远没有成熟到可以铲除资本主义生产方式的程度；历史用经济革命证明了这一点”[③]。以法国巴黎工人起义为标志，1848年欧洲资产阶级性质的革命爆发，瞬间席卷了全欧洲，为发展资本主义确

① 参见《马克思恩格斯文集》第2卷，人民出版社，2009年版，第44页。

② 《马克思恩格斯选集》第一卷，人民出版社，2012年版，第467页。

③ 《马克思恩格斯全集》第22卷，人民出版社，1965年版，第597页。

立了基本的历史前提。作为资产阶级革命的同路人，无产阶级大都积极参加了本国的资产阶级革命，不少人甚至为实现所谓的民主与自由献出了生命。但当无产阶级提出自己独立的阶级性要求时，如选举权、平等、土地、教育机会等时，取得政权的资产阶级立刻翻脸，对自己曾经的战友进行残酷的镇压。

受法国大革命的影响和启示，与法国接壤的德国也于1848年3月爆发了革命。3月下旬到4月初，马克思和恩格斯同三百多名共产主义者同盟的骨干秘密潜回德国参加革命。马克思、恩格斯认真研究了德国革命中的重大问题，为共产主义者同盟起草了《共产党在德国的要求》。他们创办了由马克思主编的《新莱茵报》，成为德国革命中号召和组织群众进行斗争的重要舆论阵地。恩格斯则直接参加了爱北斐特、巴登和普法尔茨等地的武装起义。参加1848年德国革命，对马克思、恩格斯来说具有不可替代的重要意义，使他们对资本主义的本质、资本主义社会的内在矛盾和无产阶级革命的道路等问题有了深刻的理解。

革命失败后，马克思、恩格斯又开始了流亡生活。他们先后到达伦敦，组建了共产主义者同盟新的中央委员会，后又迁到科伦，还成立了救济流亡者委员会，开展救助工作并推动各地同盟支部恢复工作。在科伦期间，发生过一起重要案件——科伦共产党人审判案。1851年5月10日，科伦中央委员会的特使诺特奈克完成出使任务后，在莱比锡车站因为没有护照而被捕，警察从他身上搜获了《共产党宣言》《共产党在德国的要求》《中央委员会告共产主义者同盟书》等文件和一些盟员的通信地址。于是，普鲁士政府以“密谋叛国”的罪名，逮捕了十一名同盟盟员。虽然马克思时刻关注法庭内外动向，协助被告辩护人提供证据材料，但仍有七人以“叛国罪”和阴谋罪被判处三至六年徒刑，四人被宣告无罪。

这一时期，他们撰写了大量著作，如合写了《共产主义者同盟中央委员会告同盟书》，马克思写作了《从1848到1849年》系列文章、《路易·波拿巴的雾月十八日》，恩格斯写作了《德国的革命和反革命》。在这些著作中，他们全面总结了欧洲1848—1849年革命的经验，进一步发展了科学社会主义理论，现总结

如下:

提出“革命是历史的火车头”[①]的科学论断。马克思指出:“我们的利益和我们的任务却是要不断革命，直到把一切大大小小的有产阶级的统治全都消灭，直到无产阶级夺得国家政权，直到无产者的联合不仅在一个国家内，而且在世界一切举足轻重的国家内都发展到使这些国家的无产者之间的竞争停止，至少是发展到使那些有决定意义的生产力集中到了无产者手中。对我们说来，问题不在于改变私有制，而只在于消灭私有制，不在于掩盖阶级对立，而在于消灭阶级，不在于改良现存社会，而在于建立新社会。”[②]

提出无产阶级革命的首要任务是打碎资产阶级的国家机器，建立无产阶级专政的思想。欧洲1848年革命的经验教训表明，一旦无产阶级独立地表达自己的阶级意志，资产阶级政权会毫不迟疑地实行“资产阶级恐怖”。鉴于此，马克思后来在给共产主义者同盟负责人魏德迈的一封信中指出，无产阶级革命的首要任务是打碎资产阶级的国家机器。我们不能把社会主义建立在“把现代社会理想化”的基础上，科学社会主义就是“宣布不断革命，就是无产阶级的阶级专政，这种专政是达到消灭一切阶级差别，达到消灭这些差别所由产生的一切生产关系，达到消灭和这些生产关系相适应的一切社会关系，达到改变由这些社会关系产生出来的一切观念的必然的过渡阶段”[③]。

提出无产阶级革命胜利的条件之一是建立工农联盟。欧洲1848年革命爆发时，农民人数在总人口中还占有相当大的比例。如何正确认识和对待这一庞大的群体？这一群体对无产阶级革命的胜利具有什么样的影响？马克思在总结中得出一个伟大的结论：在革命过程中，无产阶级的任务之一就是与农民结成联盟。马克思以德国为例强调:“德国的全部问题将取决于是否有可能由某种再版的农民战争来支持无产阶级革命。”[④]

---

① 《马克思恩格斯文集》第2卷，人民出版社，2009年版，第161页。

② 《马克思恩格斯文集》第2卷，人民出版社，2009年版，第192页。

③ 《马克思恩格斯文集》第2卷，人民出版社，2009年版，第166页。

④ 《马克思恩格斯文集》第10卷，人民出版社，2009年版，第131页。

11　欧洲第七强国

国际工人协会即第一国际的成立，与1863年波兰爆发的旨在推翻沙皇俄国残暴统治的起义有关。灾难深重的波兰，在历史上曾遭受数次瓜分。第一次是在1772年，波兰被三个邻国即俄国、普鲁士和奥地利瓜分；第二次是1793年，波兰被俄国和普鲁士瓜分；第三次是1795年，波兰再次被俄国、普鲁士瓜分，因此亡国。面对俄国等列强的欺压，波兰人民组织过多次示威和暴动。最著名的是1830年在俄军中的波兰士兵起义，得到波兰人民广泛支持，起义军一度发展到数百万人，并建立了独立政权。但由于起义组织者没有采取彻底的改革措施而且逐步脱离人民，起义归于失败。

1863年的波兰起义显然是受到了1848年以来欧洲大革命的影响，特别是1859年意大利人民起义的鼓舞。一批波兰青年在俄国组织起秘密革命小组，并直接参加俄国的革命活动。在彼得堡的波兰革命军官组织文学社，积极传播《钟声》等俄国秘密革命刊物。在国外的波兰青年社也与《钟声》建立了直接联系。由此，形成了革命民主派的核心，成立了领导起义的中央民族委员会。1862年9月，中央民族委员会代表与《钟声》出版人举行会谈，签订联盟协定，明确规定沙皇统治是两国革命的共同敌人，解放农民和实现民族自决权是两国革命的共同任务，决定把民族革命和农民革命、波兰起义同全俄革命结合起来。正如恩格斯所说："波兰的独立和俄国的革命是互为条件的。"[①]1863年1月，中央民族委员会成为临时政府，颁布起义宣言和解放农奴的法令，宣布土地永远归耕者所有，号召波兰、立陶宛、白俄罗斯、乌克兰各族人民举行武装起义，推翻沙皇俄国统治。起义遭到沙俄残酷镇压而失败。

波兰民族争取独立的起义，得到欧洲各国工人的关注和支持，特别是英法两国工人组织相互致信，号召两国工人加强团结，共同战斗，齐声抗议沙皇俄

---

① 《马克思恩格斯选集》第三卷，人民出版社，2012年版，第292页。

国镇压波兰起义。1864年9月，英国工联在伦敦圣马丁堂召开群众大会，欢迎为响应呼吁书而来访的法国工人代表团。出席大会的还有德国、意大利、波兰、爱尔兰的工人代表以及一些资产阶级民主人士。大会根据英法工人代表的提议，决定建立一个国际性的工人协会。由此，国际工人协会即第一国际宣告成立。

第一国际的成立有深厚的国际历史背景。1848年革命后，欧洲资本主义飞速发展，资本主义世界市场形成，资本主义各国的联系越来越具有国际性质。与此同时，各国无产阶级在反压迫反剥削的斗争实践中认识到，只有在国际范围内联合起来，用无产阶级的国际团结去对抗资产阶级的国际联合，才能最终解放自己。马克思参加了成立大会，并当选为有二十一个成员的临时委员会的成员之一，该委员会从1864年10月起称为中央委员会，1866年夏改为总委员会。临时委员会第一次会议选举了各国代表，还选出一个由九人组成的起草章程的专门委员会（小委员会）。马克思又被选为小委员会成员。这就为马克思成为国际章程、国际成立宣言的起草人创造了条件。

1864年10月8日，提交小委员会的原创宣言是英国人韦斯顿（英国工人运动活动家，欧文主义者）起草的，章程是意大利民族统一运动领袖马志尼的秘书沃尔弗翻译成英文的意大利工人团体——兄弟联合会的章程。前者内容混乱，文字冗长，后者则直接把国际工人协会变成松散的联合互助组织。显然这样的宣言和章程是很难达成一致的，小委员会多数人对这两个文件都不满意。随后交给法国人吕贝（德国工人运动活动家，蒲鲁东主义者）将其统一加工成一个文件草案后，提交小委员会讨论，通过后交中央委员会审议。马克思此前因生病没有参加小委员会的会议和讨论，这次是他第一次参加中央委员会审议，也是第一次看到吕贝的草案。会上很多人都对这个文件草案提出了意见，马克思巧妙而委婉的发言博得大家的称赞。会上决定将此件退回小委员会重新修改。小委员会一致同意约请马克思执笔修改。后来马克思亲笔另写了《国际工人协会宣言》，大幅度修改了《协会临时章程》。中央委员会很快一致通过了这两个文件。

在《宣言》中，马克思开篇就挑明了一个事实：工人群众的贫困在1848年到1864年间没有减轻，这是不容争辩的事实，但是这个时期就工业品发展和贸易的扩大来说都是史无前例的。马克思认真分析了当前的形势，指出1848年革命失败后，欧洲进入黑暗时代，给工人阶级造成了极大的灾难。然而在这个时代中，工人阶级经过惊人顽强的斗争取得了新的进展，取得了十小时工作制法案的通过、合作运动创办了合作工厂等两大成就。在这基础上，马克思提出了国际工人运动的根本任务，其包括六个要点：夺取政权已成为工人阶级的伟大使命；要夺取政权就必须要有工人政党的正确领导；工人政党的正确领导还必须有大量工人群众的自觉行动，工人们所具备的一个成功因素就是人数众多，但是只有当群众组织起来并为知识所指导时，人数众多才能起决定胜负的作用；各国工人不能孤军奋战，必须要有国际联合和互相支援才能取得胜利；过去的经验证明，忽视在各国工人间应当存在的兄弟团结，忽视那应该鼓励他们在解放斗争中坚定地并肩作战的兄弟团结，就会使他们受到惩罚，使他们分散的努力遭到共同的失败；工人阶级夺取政权后，必须遵循科学理论采取正确的对内对外改革等。①

《章程》导言开宗明义指出了工人阶级的解放斗争的伟大目标，“不是要争取阶级特权和垄断权，而是要争取平等的权利和义务，并消灭一切阶级统治”②。要争取和摆脱“在经济上受劳动资料即生活源泉的垄断者的支配”③，也就是要实现生产资料归社会占有作为第一国际的伟大目标。从章程规定还可以看出，确定了国际工人协会的组织制度和组织原则，全协会工人代表大会是协会的权力中心和最高权力机关，它实行年会制，总委员会是协会的领导机构和执行机关，它要由全协会的工人代表大会选举产生并向代表大会报告工作；各个基层支部和加入的工人团体有相对独立的自主权。协会的最高权力机关实行少数服从多数的组织原则。协会还提出有关权利与义务著名的辩证关系：

---

① 参见《马克思恩格斯选集》第三卷，人民出版社，2012年版，第10—11页。

② 《马克思恩格斯选集》第三卷，人民出版社，2012年版，第171页。

③ 《马克思恩格斯选集》第三卷，人民出版社，2012年版，第171页。

“没有无义务的权利，也没有无权利的义务。”[①]最后，再次重申了《共产党宣言》所阐述的口号：全世界无产者，联合起来！

马克思在第一国际的正式职务是总委员会委员、德国通讯书记，1871年当选荷兰临时通讯书记，10月当选俄国通讯书记，在事实上领导着总委员会的全部工作，总委员会一切文件几乎都出自马克思之手。马克思不愧是第一国际的“缔造者”，第一国际的思想灵魂、组织头脑、活动领袖和内部斗争的楷模。恩格斯曾经形象地比喻说，摩尔的一生，要是没有第一国际，便成了挖去了钻石的钻石戒指，失去了应有的光辉。

而恩格斯在1870年10月被选为总委员会委员，1871年1月担任代理西班牙通讯书记（11月正式当选），4月任比利时通讯书记，8月改任意大利通讯书记。恩格斯还具体筹备、参加并领导了1871年伦敦代表会议和1872年海牙代表大会，成为第一国际后期实际的总书记。

在第一国际与马克思并肩作战的还有总委员会主席G.奥哲尔和担任过国际总书记的W.R.克里默、J.G.埃卡留斯、F.A.左尔格等人。在马克思的领导下，第一国际在其实际存在的八年中，广泛支持各国工人的罢工斗争，声援波兰、爱尔兰的民族解放斗争，参加各国群众性的民主运动，坚持反对侵略战争、保卫和平的斗争，坚决支持巴黎公社等方面的革命活动，突出表明第一国际的无产阶级性质和国际主义本质。马克思说：阶级斗争无论在何处、以何种形式、在何种条件下表现出来，自然总是由我们协会的会员站在最前列。

1868年发生在日内瓦的罢工，就显现了国际工人协会和组织起来的工人的力量。由于资本家的剥削和压榨，日内瓦建筑工人对生存状况深感不满，决定举行全体建筑工人大会选举一个共同委员会，与资本家谈判，设法通过和平谅解的途径，达到将工作时间从十二小时减为十小时、工资提高20%的目的。但资本家不向工人让步，反而组成对立的社团，一再拒绝工人要求。面对这种情况，工人委员会请求国际工人协会出面协调。协会任命一个三人委员会进行多

---

① 《马克思恩格斯选集》第三卷，人民出版社，2012年版，第172页。

轮调解也毫无结果，而且资本家的联合会还通过决定，不同国际工人协会的委员会进行任何谈判。于是国际工人协会的委员会贴出公告，指出如果当晚得不到满意结果，以击鼓为号，宣布罢工。资本家们惊恐万状，商店、货栈纷纷打烊，银行戒备森严，有的机构甚至派人荷枪实弹守卫，如临大敌。资本家们想了许多办法，比如招募新工人等，但是新工人一到就被领到协会驻地，并被动员参加了罢工。不停地斗智斗法，使得罢工越来越广泛，涉及的领域越来越多。为了使罢工坚持下去，国际工人协会发起募捐，捐款从四面八方汇来，加之工人们团结互助和乐于牺牲的精神，最终使资本家们想以饥饿迫使工人就范的诡计彻底破产，达成了工作时间缩短两小时，工资增加10%的协议。

正是通过领导欧洲国际无产阶级反对资本主义制度和其他反动制度的斗争，第一国际才争取到使无产阶级的敌人恐慌畏惧的“欧洲第七强国”的地位。

12　各种思想流派的大聚合

有一组资料能够说明第一国际的吸引力以及其成分的复杂。英国工联是国际工人协会的创建者之一，也是第一国际会员最多的组织。到1810年全英共有二百五十个国际支部。美国召开全国工人代表大会，决定同国际工人协会采取共同行动。法国建立许多与第一国际总部直接联系的支部，还有更多的地区组织加入协会。比利时大批煤矿工人和铁路工人加入协会。荷兰、西班牙都设有第一国际的支部。意大利六百个工人团体组成一个工人联合总会加入协会。瑞士几乎各主要城市，包括一些乡村地区组织都加入了协会。德国因法律不允许而不能加入协会，但许多组织显然同情协会。如此复杂的工人组织，代表着各社会主义思想流派，主要有英国的工联主义，德国的拉萨尔主义，法国的蒲鲁东主义，意大利的马志尼主义，西班牙、瑞士、俄国等国的巴枯宁主义，等等。

有必要回顾一下第一国际成立大会的情况。1864年9月28日晚上8点，第一国际成立大会在伦敦市中心特拉法加广场附近的圣马丁堂召开。圣马丁堂雄伟壮观、高耸入云。英国工人为欢迎法国工人代表团的到来，做了户外的广告宣传。举行国际工人会师大会的公报早已见报，海报也贴上了街头，歌曲演奏等节目也已经准备就绪。当晚，前来参加大会的群众人山人海，到处都挤满了人，“这次大会的规模确实是很可观的。至少有两千名工人出席，其中有许多来自英国为数很多的劳工协会的代表”。参加大会的除英国工人之外，还有来自法国、德国、意大利、波兰和爱尔兰的工人代表和小资产阶级民主派的代表近百人。偌大的圣马丁堂灯火通明，人头攒动，不仅座无虚席，而且被站立者挤得水泄不通。在德国工人歌咏队演唱了两首欢快的歌曲后，大会正式开始。大会主席是伦敦大学民主激进派教授比斯利，在开幕词中，他报告了大会的筹备的过程，强调英法工人的联合将促进全世界劳动人民为在地球上实现正义而联合起来。英国工联书记奥哲尔和法国工人代表托伦分别宣读了英法工人双方往来的书信，表达了建立国际工人联合组织的愿望。法国代表吕贝宣读了国际工人联合组织方案，提出在寓居伦敦的各国工人中选举出中央委员会，在英国和欧洲各国首都和大城市成立分会等。与会代表在会上都发表了热情洋溢的讲话，异口同声赞成这一方案。最后大会一致通过了决议案，接受这一方案作为国际工人协会的基础，随即当场选出五十五人组成临时中央委员会，其中英国人二十七名，德国人九名，法国人九名，意大利人六名，波兰人和瑞士人各两名。

除了前面已介绍过的一些社会主义思想流派之外，再着重介绍一下英国的工联主义、德国的拉萨尔主义、俄国的巴枯宁主义。

工联主义是英国工人联合会主要坚持的思想观点。工人联合会最早出现在英国。19世纪上半叶，英国工会发动了一系列工人运动和工人斗争，但大多以失败告终。总结历史经验，英国工人开始意识到，只有加强工人阶级的团结，推动工人团体逐渐走向联合，工人运动和工人斗争才有可能取得成功。于是成立了由不同工人团体联合组成的工人联合会。这些联合会设有专职工作人员，对联合会进行专门的管理，其领导者对工人运动有专业和深入的研究，由此产生了系统的工联主义思想。工联主义有一个著名的战斗口号：“做一天公平的工作，得一天公平的工资。”通过由资本家代表和工人代表组成的仲裁法庭来调解劳资纠纷，以达成劳资两利的协议。工联主义宣扬劳资利益的一致；提出工会的任务在于争取局部的改良，而不是改变社会制度；反对罢工，主张通过调节和仲裁解决劳资争端；反对爱尔兰民族解放运动等。工联主义作为一种改良主义思潮，主张把工人运动局限在经济斗争的范围内，通过合法的谈判来改善工人的处境，反对进行推翻资本主义制度的斗争，因而无法从根本上改善无产阶级的生活状况。

拉萨尔主义因其创始人为德国工人运动的鼓动家拉萨尔而得名。斐迪南德·拉萨尔是德国早期工人运动著名领导人，全德工人联合会的创立者。他出生在普鲁士王国一个犹太富商家庭，少年时被称为神童，阅读了大量古典文学作品，深受民主主义思想影响。中学毕业后，在大学攻读哲学、语言学和历史，受黑格尔哲学影响极深，认为其使自己的精神获得一种再生。通过接触空想社会主义思想和蒲鲁东的著作，开始形成自己的社会主义思想。1848年欧洲大革命期间，他加入革命民主派组织，成为革命运动的领导人之一。其间结识了马克思，马克思的知识渊博使拉萨尔十分敬佩，因此自称是马克思的学生。后来拉萨尔在杜塞尔多夫组织民主力量，赶制枪支弹药，准备武装起义时，被政府逮捕并判刑。革命失败后，拉萨尔继续在白色恐怖下坚持斗争，组织工人宣传革命思想，帮助处于危难中的革命战友躲避政府的搜捕，救济被捕革命者的家属等，因而获得广大工人的拥护和马克思、恩格斯的赞赏。1863年全德工人联合会成立，拉萨尔当选联合会主席。

拉萨尔主义的主要观点包括：国家是为所有阶级服务的永恒机构，是超阶级的，反对建立无产阶级专政；在资本主义制度下，工人阶级的贫困是由所谓“铁的工资规律”造成的，这个规律使工人的平均工资始终停留在一国人民为维持生存和繁殖后代、按照习惯所要求的必要的生活水平上；解放工人阶级的唯一道路，就是依靠国家帮助发展工人合作社，使工人获得全部劳动所得，而这只有通过普遍的直接的选举才能实现；一旦实施了普选权，占据国家人口多数的工人阶级就能执掌政权，社会中的阶级矛盾将随之消失，国家将成为自由的人民国家。值得一提的是，拉萨尔敌视农民阶级，否认农民运动的革命作用，认为农民运动“实质上是反动透顶的”[①]，对于工人阶级来说，“国内其他一切政党都是落后的和反动的”[②]。他反对马克思建立工农联盟和革命统一战线等主张，认为工人阶级应该到统治阶级中去找同盟者。而且他身体力行，多次与号称“铁血宰相”的俾斯麦密谋和通信，表示工人阶级本能地感到自己倾向于独裁，因之其威望逐渐下降。

巴枯宁主义亦称巴枯宁无政府共产主义，是萌芽于19世纪40年代的一种社会主义思潮。米哈伊尔·亚历山大罗维奇·巴枯宁是俄国早期无产阶级革命者，著名的无政府主义者。巴枯宁出生于俄国贵族地主家庭，父亲希望他将来从事军事，因此十四岁时被送往圣彼得堡炮兵学校，但他很快对军营失去兴趣，转入大学读书。二十六岁时赴德国系统学习黑格尔哲学并走上了革命道路。在巴黎他结识了马克思和恩格斯，特别是认识了蒲鲁东，很快成为朋友。1848年欧洲革命中，处处能见到巴枯宁的身影。如二月革命在巴黎爆发，巴枯宁闻讯立即回到巴黎投身运动之中；波兰发生起义，他又立即前往；德国出现革命风潮，他又成为主要成员。他几次被捕，几次被引渡，成为名副其实的英雄和老革命。其代表作有《国际革命协会的原则和组织》《国家制度和无政府状态》等。巴枯宁认为，自由是个人的绝对权利，是道德的唯一基础，主张立即摧毁和破坏一切国家，只有国家的消灭，才有资本、剥削和奴役的消灭。他提出必须不断地进行暴动，认为由个人坚强意志领导的密谋团体组织全民暴乱是推翻资本主义的唯一途径，强调“破坏的欲望就是创造的欲望”。巴枯宁的主张于19世纪在瑞士、意大利、西班牙等国广泛传播，对工人运动有一定影响。

---

① 《机会主义、修正主义资料选编》编译组：《拉萨尔言论》，生活·读书·新知三联书店，1976年版，第43页。

② 《机会主义、修正主义资料选编》编译组：《拉萨尔言论》，生活·读书·新知三联书店，1976年版，第223页。

13　艰难的思想交锋

限于当时国际工人运动的发展水平，马克思主义只是众多社会主义流派之一，因此通过激烈的思想交锋，“把至今仍然分散的各国工人阶级争取自身解放的斗争联合起来，把它纳入共同的轨道”[①]，就成为决定第一国际前途与命运的关键大事。马克思、恩格斯在协会内部与各种社会主义流派之间的斗争大体分为两个时期。

第一个时期是反对蒲鲁东主义的斗争。如前所述，在正义者同盟改造期间，马克思、恩格斯曾清算过蒲鲁东主义。但是以当时无产阶级的思想状况和认识水平，蒲鲁东的以个人占有为基础的互助制，不要政府、不要权威的无政府主义还有很大的市场。在第一国际期间，特别是在巴黎公社成立期间，蒲鲁东主义的实际影响要大于马克思主义的影响。因此马克思、恩格斯开始就把反对蒲鲁东派的斗争提到思想斗争的首位。这一斗争从第一次伦敦代表会议（1865）、日内瓦代表大会（1866）、洛桑代表大会（1867）、布鲁塞尔代表大会（1868）继续到巴塞尔代表大会（1869），前后经历五年。斗争的主要问题是工人阶级要不要参加政治斗争，要不要消灭私有制度。第一次伦敦代表会议通过必须恢复波兰民主独立的决议，强调工人阶级参加政治斗争的必要性，取得了反对蒲鲁东主义斗争第一个回合的胜利。日内瓦代表大会根据马克思起草的《临时中央委员会就若干问题给代表的指示》精神，通过关于八小时工作制、保护妇女和儿童劳动、普遍综合技术教育、合作社、工会、废除常备军等问题的决议，要求把无产阶级的经济斗争和政治斗争密切地结合起来，从而不仅反对了否定工会组织的蒲鲁东派和拉萨尔派，也反对了夸大经济斗争意义的工联派。洛桑代表大会再次肯定工人阶级进行政治斗争的必要性，强调工人阶级的社会解放和他们的政治解放是不可分割的，而争取政治自由是不可缺少的首要

---

① 《马克思恩格斯全集》第16卷，人民出版社，1964年版，第214页。

措施。经过日内瓦代表大会和洛桑代表大会，蒲鲁东派开始发生分化。在布鲁塞尔代表大会上，左派蒲鲁东主义者赞成实行土地集体所有制，被称为“集体派”。会议最后通过建立土地和矿藏公有制的决议，马克思主义反对蒲鲁东主义的斗争取得决定性的胜利。右派蒲鲁东主义者要求在下届代表大会上再次讨论这个问题，于是土地所有制问题成为巴塞尔代表大会的中心议题。通过激烈辩论，大会最后通过决议，重申布鲁塞尔大会关于土地公有化的决议。至此，国际内部再也不能有人以私有制的公开拥护者身份进行活动。

第二个时期主要是反对巴枯宁主义。1868年，巴枯宁以个人身份加入社会主义民主同盟，后来又把社会主义民主同盟纳入国际工人协会，然后利用这一同盟组织在国际工人协会中搞分裂活动，给国际造成重大损失。与巴枯宁的斗争主要围绕如何消灭私有制问题展开，问题的实质涉及无产阶级为了消灭资本主义剥削制度，要不要建立自己的独立政党和建立无产阶级的政治统治。这一斗争从巴塞尔代表大会（1869）、第二次伦敦代表会议（1871）持续到海牙代表大会（1872），前后历时四年多。巴枯宁及其组织社会主义民主同盟加入国际后，一直企图把国际变成实行无政府主义的工具。巴塞尔代表大会通过实行土地公有制的决议后，巴枯宁要求把废除继承权作为消灭私有制的手段和社会革命的起点，力图把他的“社会清算”即立刻废除一切政治国家的无政府主义主张强加给国际。马克思为总委员会起草了《关于继承权的报告》，批判了巴枯宁的主张，指出他在理论上是错误的，在实践上是反动的。巴塞尔代表大会后，巴枯宁就此诬蔑和攻击总委员会。马克思在《机密通知》中对巴枯宁的阴谋活动和诽谤言论进行了揭露和批判。巴黎公社失败后，各国反动统治阶级对国际展开疯狂的进攻，加紧迫害国际会员。而巴枯宁派别对国际的破坏活动也日趋加剧。为了总结巴黎公社的经验教训和反击巴枯宁派的进攻，总委员会于1871年9月在伦敦召开代表会议，通过了在各个国家建立无产阶级独立政党的决议以及要求参加国际的团体放弃宗派组织的决议，这不仅标志着马克思主义对巴枯宁主义的胜利，而且为各国工人运动以后的发展指明了方向。

伦敦代表会议后，巴枯宁派在瑞士松维利耶召开分裂主义的代表大会，攻击和否定伦敦代表会议的决议，号召取消总委员会和实行完全的自治。马克思、恩格斯在为总委员会起草的通知《所谓国际内部的分裂》中揭露巴枯宁的阴谋，批判了巴枯宁的无政府主义观点。1872年夏，马克思、恩格斯得到国际内部存在有巴枯宁的秘密组织“社会主义民主同盟”的确切证据，便开始准备召开国际的例行代表大会，以解决国际的生死存亡问题。马克思及其拥护者在海牙代表大会上同巴枯宁派进行了激烈斗争。大会批准伦敦代表会议关于建立无产阶级独立政党的决议，并决定把相应的条文补入国际的章程。大会决定把阴谋组织的首领巴枯宁和J.吉约姆开除出国际。1873年，马克思、恩格斯根据海牙代表大会的决定，公布关于巴枯宁秘密组织的文件资料《社会主义民主同盟和国际工人协会》。此后，巴枯宁再也不能在工人运动中进行任何活动了。

14　划时代的功绩

《资本论》是马克思花费了数十年工夫，呕心沥血写作的一部巨著。它是科学社会主义的基础性理论，也是揭露资本主义制度本质、资本家剥削秘密的思想武器，深受广大工人阶级的期待和欢迎，也深受资产阶级及其统治者的忌惮和憎恨，因而在出版传播上采取“沉默的阴谋”（即不予报道）和阻止出版等两种卑劣手段。俄国两位侨居国外的革命家为了掩人耳目，合写了一篇文章《从社会卫生角度看西欧工人的状况》，刊载于《法医和社会卫生文献》杂志上，文中介绍了《资本论》的有关内容。不幸的是，这一打了很多“掩护”、读者群很专业的杂志，被“聪明”的检查官查获，杂志只发行了一小部分，就招来了灾祸——报检查官接到了内务部最严厉的训斥，总编也被撤换了，而剩下的该期杂志，凡能查获的均付之一炬！①

后来，俄国革命者、《资本论》的第一批读者H.Φ.达尼埃尔松倡导把《资本论》翻译成俄文出版，几经周折，在俄国革命者克服重重困难的接力赛下，

① 参见《马克思恩格斯与俄国政治活动家通信集》，人民出版社，1987年版，第67页。

1872年2月俄文版的《资本论》终于问世了。愚蠢的检查官虽然指出这本书“具有十分明显的社会主义性质”，但他认为“鉴于此书的论述绝对不能称之为通俗易懂的”。[①]这样才得以通过书报检查这一关。殊不知，正是这部著作在俄国的发行，以及俄国革命者对其通俗的解读，武装了一大批人的头脑，这一理论与俄国工人运动相结合，最终催生了伟大的十月革命。

后来马克思的一位朋友回忆道：“当俄文版的《资本论》终于从彼得堡寄来的时候，这件事就像重要的时代象征一样，它不管是对马克思，对他的一家，还是对他的朋友来说，都变成了真正的胜利。”《资本论》耗费了马克思毕生的精力，他深有感触地说：“我一直在坟墓的边缘徘徊。因此，我不得不利用我还能工作的每时每刻来完成我的著作，为了它，我已经牺牲了我的健康、幸福和家庭。”[②]但是，“我必须对党负责，不让这部著作为肝病期间出现的那种低沉、呆板的笔调所损害”[③]。

《资本论》是一部具有划时代功绩的巨著。在这部著作中，马克思运用唯物史观和唯物辩证法，揭示了资本主义社会的经济运动规律，和资本主义产生、发展、灭亡的规律，阐述了劳动价值理论和剩余价值理论，揭露了资本主义剥削的秘密，论证了共产主义取代资本主义的历史必然性，为科学社会主义奠定了牢固的理论基础。具体如下：

资本主义能比其他社会形态更有效地推动生产力的发展和进步，但它不是生产力发展的绝对形式，它必将被能更有效推动生产力发展的社会形态所代替。马克思做了这样的分析：“资本的文明面之一是，它榨取这种剩余劳动的方式和条件，同以前的奴隶制、农奴制等形式相比，都更有利于生产力的发展，有利于社会关系的发展，有利于更高级的新形态的各种要素的创造。因此，资本一方面会导致这样一个阶段，在这个阶段上，社会上的一部分人靠牺牲另一部分人来强制和垄断社会发展（包括这种发展的物质方面和精神方面的

---

① 《马克思恩格斯与俄国政治活动家通信集》，人民出版社，1987年版，第142页。

② 《马克思恩格斯文集》第10卷，人民出版社，2009年版，第253页。

③ 《马克思恩格斯文集》第10卷，人民出版社，2009年版，第167—168页。

利益）的现象将会消灭；另一方面，这个阶段又会为这样一些关系创造出物质手段和萌芽，这些关系在一个更高级的社会形式中，使这种剩余劳动能够同物质劳动一般所占用的时间的更大的节制结合在一起。”[①]

资本主义社会发展生产力的过程是为未来的共产主义社会准备物质基础的过程。马克思精辟而辩证地指出，资本主义生产方式“是造成毁灭和奴役的祸根，但在适当的条件下，必然会反过来转变成人道的发展的源泉”[②]。

资本主义必然灭亡是不可逆转的历史趋势。马克思非常形象地分析了资本主义基本矛盾运动：“生产资料的集中和劳动的社会化，达到了同它们的资本主义外壳不能相容的地步。这个外壳就要炸毁了。资本主义私有制的丧钟就要响了。剥夺者就要被剥夺了。”[③]

代替资本主义社会的共产主义社会是人与自然和谐的社会。在这里，人的自由真正得到了实现。马克思认为，这种结果的出现，源于共产主义社会“合乎自然规律地改造和利用自然”。马克思认为在共产主义社会，“社会化的人联合起来的生产者，将合理地调节他们和自然之间的物质变换，把它置于他们的共同控制之下，而不让它作为一种盲目的力量来统治自己；靠消耗最少的力量，在最无愧于和最适合于他们的人类本性的条件下来进行这种物质变换”。

恩格斯在谈到《资本论》时坚定而自信：“任何人，不管他对社会主义采取什么态度，都不能不承认，社会主义在这里第一次得到科学的论述。”[④]正是由于上述原因，恩格斯将《资本论》称之为“工人阶级的圣经”[⑤]。国际工人协会在《资本论》第一卷正式出版的第二年（1868年）作出决议：“建议所有国家的工人都来学习去年出版的卡尔·马克思的《资本论》。”

---

① 《马克思恩格斯文集》第7卷，人民出版社，2009年版，第927—928页。
② 《马克思恩格斯文集》第5卷，人民出版社，2009年版，第563页。
③ 《马克思恩格斯文集》第5卷，人民出版社，2009年版，第874页。
④ 《马克思恩格斯全集》第16卷，人民出版社，1964年版，第411—412页。
⑤ 《马克思恩格斯文集》第5卷，人民出版社，2009年版，第34页。

15　公社的旗帜

有一首歌，传唱了一百三十多年仍经久不衰；有一首歌，哺育了几代人仍令人激情澎湃。这首歌的词作者是无产阶级革命先驱、巴黎公社领导人之一欧仁·鲍狄埃。巴黎公社革命失败后，他在参加巷战时负伤，在群众的掩护下被转移到巴黎近郊的一个地方。在那段极其悲痛的日子里，他心潮澎湃、义愤填膺，眼前一幕幕闪过战友们冲向敌人倒在血泊中的场景，胸膛中涌动着一波波难以抑制的豪情，终于在蒙马特尔的一所破旧的小阁楼里，一首震撼寰宇的六节格律诗《英特纳雄耐尔》，如火山爆发一样喷涌而出，它就是我们至今传唱的《国际歌》。

1887年11月，长期流亡且重病缠身的鲍狄埃在贫困中与世长辞，巴黎十万市民打着红旗、喊着口号，为他举行了隆重的葬礼。在他逝世后的第二年，年轻的作曲家皮埃尔·狄盖特发现了这首诗，为诗人的情怀和执着所深深感动，他如痴如醉、彻夜难眠，一夜之间谱好了曲子，并在一次工人集会上指挥合唱团首次演唱。很快，这首无产阶级的战歌迅速传遍法国，越过千山万水传向全世界。

鲍狄埃死后被埋葬在巴黎拉雪兹神父公墓，陵墓非常简朴，墓碑也很小，但是设计很别致。墓棺上用白色大理石雕镂了一册掀开的诗集造型，书页左边镌刻的是铭文："献给歌手/欧仁·鲍狄埃/巴黎公社社员/1816—1871—1887/他的朋友和景仰者们敬献/1905。"书页右边刻有《国际歌》里最经典的一句歌词"英特纳雄耐尔就一定要实现"，以及鲍狄埃所作诗歌的题目。值得人们特别注意的是，鲍狄埃的一生被"1871"这一组数字分开，显示出其非凡独特的意义，以及对诗作者一生的决定性评价。1871年就是巴黎公社诞生的年份。

1870年7月，法兰西第二帝国皇帝路易·波拿巴为了争夺欧洲霸权和转移国内社会矛盾，发动了对普鲁士的战争。不料外强中干的法国军队一战即溃，反而让普鲁士军队攻入法国，路易·波拿巴被迫率军投降，签订了《停战和巴黎投降协定》，割地赔款更是不可避免。与此同时，普鲁士军队长驱直入，兵临巴黎城下，占领了法国三分之一的国土。法国政府无意保卫国家，巴黎工人和市民不得不武装自己，建立“法国国民自卫军”，抵抗侵略。然而卖国政府却要解除国民自卫军的武装，这激起了巴黎人民的更大愤慨，1871年3月18日，武装起义终于爆发。起义取得胜利，3月28日巴黎公社宣告成立。

巴黎公社诞生后立即采取了一系列措施维持这一新生政权的存在——摧毁资产阶级的国家机构，以新的政府形式取而代之；镇压反革命；执行灵活的经济政策，组织恢复生产；发展文化教育事业；实行男女平等的社会政策，等等。

法国卖国政府与普鲁士占领军相互勾结，对巴黎公社进行了极为残酷的镇压，公社战士共有7.29万人在作战中牺牲。有一段亲历者的回忆录是这样写的：“我带了四五个老兵，奔向那里，准备战斗到底。在这几个积极的老兵中有一个很著名的印刷厂的排字工人，公民福尔，绰号‘那维’。他一生已经历过不少无产阶级的失败，不愿再见一次失败。……而现在决心舍生取义了。”“他说，如果你得免于死的话，年轻的朋友，勿忘告诉和你谈及‘那维’的同志们，我是战斗而死的一个老革命家。他微笑地说着，真是一个仁慈的老工人！还有若干次的机枪射击，但后来火力宛如喷出的铁水柱一样，冲击在障碍物上。在半昏半瞎状态里，我极力张开眼睛，找寻那苦难的朋友，他的尸体已被炮弹击得粉碎，头颅已去了四分之三。片片肉块飞得很远。一个无恐惧无怨言的同志，老的碉堡战士，无产阶级的英雄与世长辞了。——为这老人报仇！——未死者在喊着，并用新的力量重新进行着搏斗。”①

在随后的反攻倒算中，反动派又枪杀了近三万名起义者，六万多人被投入监狱或流放。这就是震惊世界的“五月流血周”。1871年5月28日，无产阶级专政的第一次伟大尝试——巴黎公社以失败而告终。

虽然马克思、恩格斯不赞成在条件不成熟时贸然举行起义，但当武装起义

① 蒋相泽主编：《世界通史资料选辑》（近代部分）下册，商务印书馆，1964年版，第32—33页。

爆发时，他们就旗帜鲜明地站在公社一边，予以坚决支持和指导。马克思评价道："这是使工人阶级作为唯一具有社会首创能力的阶级得到公开承认的第一次革命"，所以，"工人的巴黎及其公社将永远作为新社会的光辉先驱而为人所称颂。它的英烈们已永远铭记在工人阶级的伟大心坎里。那些扼杀它的刽子手们已经被历史永远钉在耻辱柱上，不论他们的教士们怎样祷告也不能把他们解脱"。[①]恩格斯甚至说："公社无疑是国际的精神产儿。"[②]

马克思、恩格斯在总结巴黎公社革命的经验教训时，深刻论述了一系列科学社会主义的基本原理。一是无产阶级革命成功并保住胜利成果的首要条件是无产阶级要有自己的革命武装。巴黎公社失败两天后，马克思在国际工人协会总委员会的会议上宣读了他撰写的总委员会宣言——《法兰西内战》，科学地总结了巴黎公社的经验教训，进一步阐述和发展了马克思主义关于阶级斗争、国家、无产阶级革命和无产阶级专政的理论。马克思在《纪念国际成立七周年》的讲话中满怀深情地说："最近的运动就是巴黎公社，这是迄今最伟大的运动……只要把一切劳动资料交给从事生产的劳动者，从而消灭现存的压迫条件，并由此促使每一个身体健康的人为生存而工作，这样，阶级统治和阶级压迫的唯一的基础就会消除。但是，在实行这种改变以前，必须先建立无产阶级专政，其首要条件就是无产阶级的大军。工人阶级必须在战场上赢得自身解放的权利。"[③]一年后，恩格斯在《论权威》一文中将这一原理阐述得更为直白："革命无疑是天下最权威的东西。革命就是一部分人用枪杆、刺刀、大炮，即用非常权威的手段强迫另一部分人接受自己的意志……要是巴黎公社面对资产者没有运用武装人民这个权威，它能支持哪怕一天吗？反过来说，难道我们没有理由责备公社把这个权威用得太少了吗？"[④]

二是无产阶级革命要获得成功，就必须打碎旧的国家机器，建立无产阶级

---

① 《马克思恩格斯文集》第3卷，人民出版社，2009年版，第181页。
② 《马克思恩格斯选集》第四卷，人民出版社，2012年版，第515页。
③ 《马克思恩格斯选集》第三卷，人民出版社，2012年版，第1006页。
④ 《马克思恩格斯文集》第3卷，人民出版社，2009年版，第338页。

专政的国家机器。马克思非常赞赏巴黎公社把革命的真正领导权掌握在自己手中，用自己的政府机器去代替统治阶级的国家机器、政府机器的做法："工人阶级不能简单地掌握现成的国家机器，并运用它来达到自己的目的。奴役他们的政治工具不能当成解放他们的政治工具来使用。"[①]因为，"这个拥有令人倾心的官职、金钱和权势的国家机器的最高管理权……一直是一种维持秩序，即维护现存社会秩序从而也就是维护占有者阶级对生产者阶级的压迫和剥削的权力"[②]。

三是无产阶级专政的国家是为人民服务的机关，机关工作人员是人民的勤务员。马克思十分赞赏公社的做法："公社必须由各区全民投票选出的市政委员组成（因为巴黎是公社的首倡者和楷模，我们应引为范例），这些市政委员对选民负责，随时可以罢免。其中大多数自然会是工人，或者是公认的工人阶级代表。它不应当是议会式的，而应当是同时兼管行政和立法的工作机关。警察不再是中央政府的工具，而应成为公社的勤务员，像其他所有行政部门的公职人员一样由公社任命，而且随时可以罢免；一切公职人员像公社委员一样，其工作报酬只能相当于工人的工资。法官也应该由选举产生，可以罢免，并且对选民负责。一切有关社会生活事务的创议权都由公社掌握。总之，一切社会公职，甚至原应属于中央政府的为数不多的几项职能，都要由公社的勤务员执行，从而也就处在公社的监督之下。"[③]这也是社会主义国家与资本主义国家政权运行方式不同的重要源头。

四是无产阶级解放的形式并非只有暴力革命一种途径，途径的选择要与具体的国情相结合。马克思在接受美国《世界报》记者采访时指出："协会并不规定政治运动的形式；它只要求这些运动保证朝向一个目标。国际是遍布整个劳动世界的联合起来的团体的网络，在世界上的每一地区，问题的某个特殊方面都会出现，这要由那里的工人以他们自己的方式去解决。……选择这种解决

---

① 《马克思恩格斯文集》第3卷，人民出版社，2009年版，第218页。

② 《马克思恩格斯文集》第3卷，人民出版社，2009年版，第219页。

③ 《马克思恩格斯文集》第3卷，人民出版社，2009年版，第222页。

办法是这个国家工人阶级自己的事。”[1]

五是无产阶级解放目标的实现取决于无产阶级革命政党的建立，这一政党要发挥政治领导作用。早在巴黎公社革命前夕，恩格斯就反复阐述这样一个观点：“各地的经验都证明，要使工人摆脱旧政党的这种支配，最好的办法就是在每个国家里建立一个无产阶级的政党，这个政党要有它自己的政策，这种政策显然与其他政党的政策不同，因为它必须表现出工人阶级解放的条件。”[2]

---

① 《马克思恩格斯文集》第3卷，人民出版社，2009年版，第611页。

② 《马克思恩格斯文集》第3卷，人民出版社，2009年版，第92页。

第六章
科学社会主义影响全世界

01 逃出埃及的幽囚

1870年，当马克思得知恩格斯能够摆脱“该死的生意”，回到第一国际取代自己成为日常工作的“总管”时，他写信祝贺恩格斯“逃出了埃及的幽囚”。[①]“埃及的幽囚”原指古代埃及对被囚禁的犯人要在监狱中加设地牢、地窖等，使之从事艰苦劳动。这里指恩格斯被迫从商，犹如埃及幽囚受尽磨难。

事情的原委是这样的，从1850年底开始，恩格斯重操旧业，来到曼彻斯特经营家族的欧门-恩格斯公司，过起了长达二十年的“两重生活”：一方面是资产阶级的商人、股东、经纪人，另一方面是坚定的社会主义者、无产阶级革命家。同时扮演这两个截然相反的角色，对恩格斯来讲是十分痛苦和无奈的事。但是为了让马克思专心致志指导第一国际和从事《资本论》的创作，恩格斯只能这样做。后来在马克思的几番催促下，他才想方设法摆脱经营，回来指导第一国际工作。从这个意义上说，恩格斯的埃及幽囚生活，也是为了无产阶级解放事业，为了挚友马克思所从事的伟大理论创造，所做出的自我牺牲和无私奉献。

多年后，恩格斯在回忆这段“两重生活”经历时，不无感慨地说：“一个

① 《马克思恩格斯全集》第32卷，人民出版社，1974年版，第311页。

人自己可以当一个不错的交易所经纪人，同时又是社会主义者，并因此仇恨和蔑视交易所经纪人阶级。难道我什么时候会想到要为我曾经当过工厂股东这件事进行辩解吗？要是有人想要在这方面责难我，那他就会遭到惨重的失败。如果我有把握明天在交易所赚它一百万，从而能使欧洲和美洲的党得到大批经费，我马上就会到交易所去。”[①]恩格斯回到第一国际总委员会领导日常事务，“起了很卓越的作用，实际上等于总书记”[②]。而致力于把马克思主义与工人运动相结合，建立和发展无产阶级独立政党，是其最为主要的任务。

第一国际伦敦代表会议作出关于建立无产阶级独立政党的决议，海牙代表大会批准了这一决议。决议指出：“工人阶级在反对有产阶级联合权力的斗争中，只有组织成为与有产阶级建立的一切旧政党对立的独立政党，才能作为一个阶级来行动；工人阶级这样组织成为政党是必要的，为的是要保证社会革命获得胜利和实现这一革命的最终目标——消灭阶级。”[③]为什么要在这个时候把建党问题作为工人运动最直接的任务提出来呢？这是因为现代意义上的政党已经在欧洲和美洲发展起来，并成为政治斗争的主要工具。

现代意义上的政党和政党政治产生于英国。1679年，英国议会围绕着约克公爵（即后来的詹姆士二世）是否继承王位发生内讧，形成了两个对立的政治派别，即辉格党（意为苏格兰强盗）和托利党（意为爱尔兰歹徒）。经过一百五十多年的发展，两党各自形成了严密的组织体系和成熟的政治诉求，逐步演绎成现代意义上的政党政治。恩格斯曾在《关于共产主义者同盟的历史》中回顾道：“我在曼彻斯特时异常清晰地观察到，迄今为止在历史著作中根本不起作用或者只起极小作用的经济事实，至少在现代世界中是一个决定性的历史力量；这些经济事实形成了现代阶级对立所由产生的基础；这些阶级对立，在它们因大工业而得到充分发展的国家里，因而特别是在英国，又是政党形成的基

---

① 《马克思恩格斯全集》第35卷，人民出版社，1971年版，第445页。

② 张文焕：《第一国际史研究中的几个问题》，见《国际共运史研究资料》第七辑，人民出版社，1982年版，第14页。

③ 《马克思恩格斯全集》第18卷，人民出版社，1964年版，第165页。

础，党派斗争的基础，因而也是全部政治历史的基础。”[①]既然如此，那么很显然工人阶级再也不能非常滑稽地充当资产阶级及其政党的尾巴了。马克思、恩格斯注意到，在政党政治已经成为阶级斗争的主要形式时，活跃在社会政治舞台上的却只有资产阶级政党，而没有真正意义上的无产阶级政党。这就在实际工人运动中出现了一种奇特的现象：用资产阶级的理论去反对资产阶级，不可避免地充当了资产阶级及其政党的尾巴。因此，只有创造真正属于无产阶级的思想理论，只有在这一基础上建立独立的无产阶级政党，无产阶级才能真正作为一个阶级来行动。

恩格斯在致国际工人协会西班牙联合委员会的信中写道：“各地的经验都证明，要使工人摆脱旧政党的这种支配，最好的办法就是在每一个国家里建立一个无产阶级的政党。”[②]还有，马克思、恩格斯认为，在巴黎公社失败后的历史条件下，像第一国际这样的组织形式已经过时，必须用在各个民族国家建立群众性的社会主义工人政党的形式，来推动世界各国的工人运动。恩格斯在晚年回顾说：“马克思和我从1847年以来就坚持这种立场”，“无产阶级要在决定关头强大到足以取得胜利，就必须组成一个不同于其他所有政党并与它们对立的特殊政党，一个自觉的阶级政党”。[③]

02　崭露头角的独立工人政党

1862年4月的一天，一个身材修长、一头棕色鬈发，有着聪明睿智的额头和一派一往无前精神的青年人，在对柏林郊区奥兰宁堡手工业协会的工人发表长篇演讲，他说工人阶级的任务是通过普遍的平等和直接的选举权把自己的原则上升为国家和社会的统治原则。他在最后以诗意的语言鼓动道：“先生们，你们可曾在高山上观赏过日出的景色？一道紫红色的光带把天际染成血红色，

---

① 《马克思恩格斯全集》第21卷，人民出版社，1965年版，第247页。

② 《马克思恩格斯全集》第17卷，人民出版社，1963年版，第304页。

③ 《马克思恩格斯选集》第四卷，人民出版社，2012年版，第592页。

预告新的一天就要来临，云雾冉冉升起，渐渐凝成一团，迎着朝霞疾奔而去，顷刻间，云雾遮蔽了光芒；但是地球上没有任何力量可以阻挡太阳缓慢而雄伟地升起；一小时以后，全世界都可以看到，太阳已经高悬天空，金光万道，温暖大地。每天自然景象中的一小时，在世界历史的日出的壮丽得多的景象中是一二十年。”[①]台下工人们听得热血沸腾，无不报以热烈的掌声。这个演讲者就是斐迪南德·拉萨尔，德国著名的社会主义宣传鼓动家，也是德国社会民主党的重要创始人。

1862年10月，莱比锡工人成立了中央委员会，准备召开全德工人代表大会，建立工人阶级独立的政治组织。鉴于拉萨尔的影响和才华，莱比锡中央委员会向他请教工人运动发展的方向和目标，拉萨尔于转年3月写出《给筹备全德工人代表大会的莱比锡中央委员会的公开答复》，提出了废除“铁的工资规律”，广泛建立生产合作社，实行普选等政治主张。1863年5月全德工人联合会宣告成立，这就是德国社会民主党的前身，拉萨尔被选为第一任主席。

德国社会民主党是世界社会主义、共产主义运动史上第一个在民族国家范围内成立的社会主义政党。它自1863年成立起，几经名称变换，几经合并改组，几经思想交锋，几经辉煌沉沦，至今仍然活跃在德国政治舞台上。马克思、恩格斯在世时，德国社会民主党无疑是他们花费心血最多、指导最为有力的政党。

19世纪60年代，随着德国经济发展和工业化步伐加快，产业工人迫切需要有一个能代表和维护自己利益的政治组织，成立独立的工人阶级政党。有道是时势造英雄。有了马克思、恩格斯率领共产主义者同盟盟员回国参加德国民主革命的奠基，有了此后十多年能量的积蓄，一个因以《工人纲领》演讲而驰名的社会主义宣传鼓动家拉萨尔也就破茧而出了。这是一个天生的革命斗士与风流骑士的融合体，早年因投身革命运动被捕入狱，马克思、恩格斯曾四次以

---

① 《机会主义、修正主义资料选编》编译组：《拉萨尔言论》，生活·读书·新知三联书店，1976年版，第74页。

“拉萨尔”为标题发文章声援。后来因拉萨尔坚持不懈地替女伯爵打官司，进而与大他二十岁的女伯爵出双入对而引起轰动。联合会刚刚成立一年多，拉萨尔因不停地吹捧专制国王而引起大家不满，有人提出了批判和清算的建议。而此时的拉萨尔正在瑞士休假疗养，巧遇德国巴伐利亚驻瑞士联邦公使的女儿海伦，一见钟情，不可自拔，最终与海伦已订婚的罗马尼亚男友决斗，被击中下腹部血流不止而亡，时年三十九岁。

拉萨尔是死了，但是他的影响还在延续。1867年，全德工人联合会在爱尔福特代表大会上通过《德国社会民主党的纲领》，仍然坚持拉萨尔的政策，联合会内的反对派只好选择退出。1869年8月，反对派在爱森纳赫城召开全德社会民主主义工人代表大会，宣告成立德国社会民主工党。大会还同时宣布加入国际工人协会，这是加入第一国际的第一个民族国家范围内的社会主义政党。至此，德国工人运动分为两派：拉萨尔派和爱森纳赫派。1871年德国统一，工业化开始加速，工人阶级队伍日益壮大，资产阶级对于工人的压迫日益严重，两派合作的愿望也更加强烈。1875年两派代表在哥达举行合并会议，决定建立德国社会主义工人党，1890年再次更名为德国社会民主党，1875年3月分别在两派机关报上发表《哥达纲领》。

法国是社会主义思想的重要发祥地，流派众多。巴黎公社失败以后，许多工人领袖惨遭屠杀、放逐或流放，工人组织受到破坏，工人运动暂时处于低潮。但是到了19世纪70年代末，工人运动又重新活跃起来。工人阶级的先进分子没有被白色恐怖所吓倒，他们擦干身上的血迹，更加顽强地投入新的战斗。1877年，工人领袖茹尔·盖得回到巴黎和战友创办了《平等报》，批判蒲鲁东主义，宣传马克思主义，致力于组建独立无产阶级政党。保尔·拉法格也同样投身于组建独立无产阶级政党的工作。1879年召开的马赛工人代表大会，通过成立工人党的决议，推举盖得和拉法格为工人党的领导者。1880年哈佛尔党的代表大会，通过工人党纲领，强调必须建立无产阶级政党，进行革命斗争，推翻资产阶级统治，实现生产资料社会化，建立社会主义社会。法国工人党的创建，使法国社会主义运动迈出决定性的步伐。

俄国境内的第一个马克思主义团体是1883年9月成立的劳动解放社，创始人为普列汉诺夫等人。劳动解放社的宗旨是在俄国传播科学社会主义，批判民粹主义，深入研究俄国社会生活中的重大问题，翻译出版马克思、恩格斯的著作。1881年2月，劳动解放社的部分成员请求马克思谈谈对俄国社会发展前景和俄国农村公社命运的看法，马克思十分重视，停下手头《资本论》的撰写，四易其稿拟就回信，使其成为内容极其丰富的关于俄国农村公社的综合性概述。19世纪80至90年代，普列汉诺夫等人与恩格斯保持密切的通信，特别是1894年普列汉诺夫出版《论一元论历史观的发展》，得到恩格斯的大力赞扬，标志着俄国马克思主义的诞生。

除此之外，19世纪70年代成立的独立工人政党还有丹麦社会民主党。19世纪80年代成立的独立工人政党有：英国费边社、奥地利社会民主党、澳大利亚社会主义联盟、荷兰社会主义同盟、保加利亚社会民主党、意大利社会党、波兰社会党、立陶宛社会党、罗马尼亚社会党、美国社会主义工党等。

03　善意的批判

德国党拉萨尔派和爱森纳赫派的合并有一个曲折的过程，说它是两派打架打出来的，一点都不为过。爱森纳赫派独立组建德国社会民主工党后，有意识地将中央执行委员会的会址选定在德国北部的布伦瑞克城，因为它靠近拉萨尔派会员最集中的地区——莱茵区。由于爱森纳赫派有力的工作，拉萨尔派被分化和转化的成效十分明显。“拉萨尔派整批整批地、接二连三地、大张旗鼓地转到倍倍尔和李卜克内西的被称为爱森纳赫派的新党的队伍中来。这个党的人数不断增加；结果不久就弄到拉萨尔派和他们的对手公开敌视的地步；而最尖锐的斗争——甚至使用棍棒”，一直到“两个社会主义党团的议员并排坐在帝国国会中，加倍感到必须共同行动的时候”。①

---

①《马克思恩格斯全集》第22卷，人民出版社，1965年版，第289页。

事实也是这样。1874年在德意志帝国国会选举中，德国社会民主工党有6名议员，全德工人联合会有3名议员，而代表资产阶级、地主阶级、大地主大资产阶级、小资产阶级、天主教徒等的政党，如进步党有49名议员，保守党有21名议员，民族自由党有125名议员，中央党有91名议员，帝国党有33名议员。在力量对比如此悬殊的情况下，两党合并是大势所趋。

经过两党代表的会谈，决定成立新的纲领草案的起草委员会，并举行了合并代表大会的预备会议。会后，李卜克内西（爱森纳赫派领袖之一）把他起草的采纳了拉萨尔主义观点的纲领草案寄给倍倍尔、白拉克（爱森纳赫派领袖之一）等。倍倍尔不同意这个过多退让的纲领草案，并给恩格斯写信征求意见。白拉克也不同意纲领草案，给恩格斯写信告知此事。恩格斯在给倍倍尔的回信中，严厉批判了纲领草案中种种错误观点，指出："一个新的纲领毕竟总是一面公开树立起来的旗帜，而外界就是根据它来判断这个党。因此，新的纲领无论如何不应当像这个草案那样比爱森纳赫纲领倒退一步。我们总还得想一想，其他国家的工人对这个纲领将会说些什么；整个德国社会主义无产阶级向拉萨尔主义的这种投降将会造成什么印象。"①马克思在给白拉克的信中称这是"极其糟糕的、会使党精神堕落的纲领"②。同时，马克思把写下的对纲领的长篇批注寄给白拉克，并且请他转交倍倍尔、李卜克内西等人，这就是后来以《哥达纲领批判》为书名出版的经典名著。

然而马克思、恩格斯对哥达纲领草案的中肯批判，并没有被德国社会民主工党领导人所接受。李卜克内西在给恩格斯的信中这样辩解："只要不想使关于合并的协商破裂，这些缺点在代表会议上就是不能避免的。……无论如何事情就是这样：要么就是这个纲领，要么就没有合并。"③倍倍尔在给恩格斯的信中也表示："我也严厉谴责了李卜克内西的委曲求全，但是既然不幸的事情已

① 《马克思恩格斯文集》第3卷，人民出版社，2009年版，第415—416页。

② 《马克思恩格斯文集》第3卷，人民出版社，2009年版，第426页。

③ 中共中央马克思恩格斯列宁斯大林著作编译局资料室编译：《研究〈哥达纲领批判〉参考史料》，生活·读书·新知三联书店，1978年版，第161页。

经发生，那就应当尽力摆脱它。”[①]而且他们一致认为：“若是我们要求得更多些，那合并势必不可能，这不仅为敌人所快，还将有损于我们的党。”[②]考虑到合并有利于工人运动和党的利益，也考虑到民族国家独立工人政党建设尚在探索阶段，还考虑到马克思、恩格斯远在国外不了解党情、国情，马克思、恩格斯没有公开这些回信，仍然满腔热情地继续指导、支持德国党统一后的工作。

1875年5月，德国社会民主工党与全德工人联合会两党合并大会在哥达召开，决定统一后的党名名称改为德国社会主义工人党，通过了新党纲、新党章。马克思在《哥达纲领批判》中有一句至理名言：“一步实际运动比一打纲领更重要。”[③]恩格斯也说过：“一个政党的正式纲领没有它的实际行动那样重要。”[④]哥达大会后德国社会主义工人党的实际行动确实比以往有很大进步。

在《哥达纲领批判》中，马克思明确提出共产主义社会发展的两个阶段理论。共产主义的第一阶段“是这样的共产主义社会，它不是在它自身基础上已经发展了的，恰好相反，是刚刚从资本主义社会中产生出来的，因此它在各方面，在经济、道德和精神方面都还带着它脱胎出来的那个旧社会的痕迹”[⑤]。“在共产主义社会高级阶段，在迫使个人奴隶般服从分工的情形已经消失，从而脑力劳动和体力劳动的对立也随之消失之后；在劳动已经不仅仅是谋生的手段，而且本身成了生活的第一需要之后；在随着个人的全面发展，他们的生产力也增长起来，而集体财富的一切源泉都充分涌流之后，——只有在那个时候，才能完全超出资产阶级权利的狭隘眼界，社会才能在自己的旗帜上写上：各尽所能，按需分配。”[⑥]

明确提出向共产主义过渡的理论。马克思写道：“在资本主义社会和共产

① 中共中央马克思恩格斯列宁斯大林著作编译局资料室编译：《研究〈哥达纲领批判〉参考史料》，生活·读书·新知三联书店，1978年版，第181页。

② ［德］倍倍尔：《倍倍尔自传》，汤行健译，生活·读书·新知三联书店，1956年版，第186页。

③ 《马克思恩格斯文集》第3卷，人民出版社，2009年版，第426页。

④ 《马克思恩格斯文集》第3卷，人民出版社，2009年版，第415页。

⑤ 《马克思恩格斯文集》第3卷，人民出版社，2009年版，第434页。

⑥ 《马克思恩格斯文集》第3卷，人民出版社，2009年版，第435—436页。

主义社会之间，有一个从前者变为后者的革命转变时期。同这个时期相适应的也有一个政治上的过渡时期，这个时期的国家只能是无产阶级的革命专政。”①

明确提出共产主义社会的国家制度问题。马克思分析道：“在共产主义社会中国家制度会发生怎样的变化呢？换句话说，那时有哪些同现在的国家职能相类似的社会职能保留下来呢？这个问题只能科学地回答。”②要“把国家由一个高踞社会之上的机关变成完全服从这个社会的机关”③，变成社会管理的机关。可见，在过渡时期马克思强调国家的革命专政职能，而在共产主义社会第一阶段则强调国家的社会职能和管理职能。

04 对一个目盲多产作家的廓清

《反杜林论》是恩格斯花了两年时间撰写的阐述科学社会主义的一本理论巨著。那么是什么原因使恩格斯不得不放下手头工作，尤其是指导国际工人运动和《自然辩证法》的写作，用两年时间来清算目盲多产的作家杜林呢？

卡尔·欧根·杜林是德国哲学家、经济学家、小资产阶级社会主义思想流派的主要代表。他出生于普鲁士一个官吏家庭，大学学习法律，毕业后曾担任律师和见习法官，后任大学讲师。杜林自幼丧父，家境贫寒，青年时期因患眼疾导致双目失明，但身残志坚，刻苦钻研，笔耕不辍，著作等身。他的理论著述很多，如《国民经济学和社会主义批判史》《国民经济学和社会经济学教程》《哲学教程——严密科学的世界观和人生观》等。恩格斯曾评价说：“这三部八开本的巨著，在外观上和内容上都很有分量，这三支论证大军被调来攻击所有前辈哲学家和经济学家，特别是马克思。”④杜林认为，马克思的理论在哲学上是黑格尔非逻辑学的再版，是对黑格尔辩证法的简单沿袭。在经济学上，马克

① 《马克思恩格斯文集》第3卷，人民出版社，2009年版，第445页。

② 《马克思恩格斯文集》第3卷，人民出版社，2009年版，第444—445页。

③ 《马克思恩格斯文集》第3卷，人民出版社，2009年版，第444页。

④ 《马克思恩格斯选集》第三卷，人民出版社，2012年版，第751页。

思关于资本的概念，“只是历史幻想和逻辑幻想的杂种的荒谬观念”，“只能在严谨的国民经济学中引起混乱”。[①]在科学社会主义上，马克思的理论具有“隐蔽的反动性”[②]，试图用他的所谓“终极真理”来取代马克思主义在德国工人党和社会主义运动中的指导地位。

杜林主义之所以在德国党内能像流行病一样传播，原因是多方面的。比如相对和平的国际国内形势，为各种机会主义的滋生创造了温床；爱森纳赫派和拉萨尔派无原则的合并使党的理论水平严重下滑；党中央机关报《人民国家报》提供了传播阵地；杜林非常熟悉工人阶级的生活状况、斗争特点及其规律，他的著作通俗易懂、形式灵活，更能拨动普通民众的心弦；目盲多产，勤勉励志，完全是“科学领域内最热心、最果敢、最勤奋”的典型，在德国党内有一批拥趸，等等。加之杜林很是自负，自吹为天才的社会主义理论“行家”“改革家”和“唯一真正的哲学家”，迷惑了很多理论水平不高的人，在党内造成严重的思想混乱。比如号称理论家的伯恩施坦，阅读了杜林的著作后认为，“杜林用比马克思的著作易懂得多的语言与形式来叙述社会主义”，“用其他任何人所不及的科学的激进主义补充了马克思，也可以说继续了马克思”。倍倍尔在他的回忆录中这样写道：“杜林借助他的理论几乎取得了柏林工人运动的总领导者的地位。我也认为，任何一种著作，比如杜林的作品，只要它攻击现有的社会秩序并自称赞成共产主义，由于宣传上的需要，应该加以支持，应该为我们的目的而加以利用。从这种现实出发，1874年我从狱中送出了以‘一个新的共产主义者’为题的两篇文章……这件事更提高了杜林在他的追随者心目中的威望。”[③]

面对这种情况，李卜克内西曾多次请求恩格斯放下其他工作，下决心批判杜林。李卜克内西十分担忧地说，党内“头脑清醒的人也会传染上杜林瘟疫”，如

---

① 《马克思恩格斯选集》第三卷，人民出版社，2012年版，第582页。

② 《马克思恩格斯选集》第三卷，人民出版社，2012年版，第538页。

③ 崔伟奇、翟俊刚编著：《〈反杜林论〉导读》（增订版），中国民主法制出版社，2018年版，第8页。

果“用沉默扼杀它，反而会使它获得活力”，因此必须发表文章加以驳斥并“清算”它。[①]于是恩格斯决定，“放下其他工作，着手来啃这一个酸果”[②]。之后相继在《前进报》发表批判杜林的文章，并最终汇编成单行本《反杜林论》出版发行。恩格斯这种对马克思主义通俗化、体系化的解读，很快不胫而走，见到了奇效。考茨基曾认为：“如果要我判定恩格斯的《反杜林论》对我的影响，那么对于理解马克思主义来说，没有别的书能比得上这部著作的作用了。”[③]

在《反杜林论》这部号称马克思主义的百科全书中，恩格斯首次对马克思主义思想的三个组成部分进行了系统的、完整的阐释。在引论中，恩格斯对全书做了系统的概括性叙述，说明了社会主义是怎样由空想变为科学的，批判了杜林对自康德以来的全部德国古典哲学、达尔文的进化论和空想社会主义者的贡献的全盘否定。在哲学编中，恩格斯清算了杜林理论体系的哲学基础，批判了杜林在构建哲学体系、进行哲学分类上的唯心主义先验论，自然观的机械论、真理观的绝对主义、社会历史观的唯心主义，论述了唯物论反映论的原理、世界的物质统一性原理、真理观的辩证法、唯物辩证法的自然观和历史观的有机统一，包含了诸如对立统一规律、量变质变规律、否定之否定规律，并对道德和法、平等和自由做了辩证法的分析。在政治经济学编中，恩格斯运用辩证唯物主义和历史唯物主义的世界观和方法论，批判了杜林的唯心主义暴力论，在政治经济学上的先验主义和形而上学观点、历史虚无主义等，指出政治经济学是研究人类社会中支配物质生活资料的生产和交换的规律的科学。因此政治经济学研究的重点，就是生产力与生产关系的辩证关系、经济基础与上层建筑的辩证关系。恩格斯强调马克思劳动价值论是科学的劳动价值论，马克思从剩余价值理论出发，逐步“揭露了现代资本主义生产方式以及以它为基础的占有方式的机制，揭示了整个现代社会制度得以确立起来的核心”[④]。在社会

---

① 《研究〈反杜林论〉参考史料》，生活·读书·新知三联书店，1980年版，第131页。

② 《马克思恩格斯选集》第三卷，人民出版社，2012年版，第380页。

③ ［德］H.乌尔利希、［德］I.维尔善：《〈反杜林论〉的产生过程和历史作用》，俞长彬、钱学敏摘译，《哲学译丛》1979年第4期。

④ 《马克思恩格斯选集》第三卷，人民出版社，2012年版，第586页。

主义编中，恩格斯评述了空想社会主义者的学说，揭示了空想社会主义产生是科学社会主义的思想来源，深刻分析资本主义的基本矛盾，论证了资本主义必然被社会主义代替的客观规律，同时还阐述了社会主义和共产主义社会的基本特征。

1880年，应保尔·拉法格的邀请，恩格斯将《反杜林论》引论中的第一章“概论”、第三编中的第一章“历史”和第二章“理论”等阐述科学社会主义产生过程和基本原理的三章抽取出来，摘编成一本独立的通俗小册子。该小册子先以《空想社会主义和科学社会主义》为题在法国的《社会主义评论》杂志上发表。1883年在出版德文版时，书名改为《社会主义从空想到科学的发展》。由于这本著作深入浅出，简明易懂，一经发表就受到广泛欢迎，成为工人们学习社会主义理论的重要文献和教科书。该书先后以法文、德文、英文等十多种欧洲文字出版，其版本之多、发行量之大、流传之广在当时是很少见的。马克思对这部著作评价很高，誉之为“科学社会主义入门”。在这部著作中，恩格斯全面阐述了科学社会主义的基本原理。具体如下：

资本主义生产方式的基本矛盾，就是生产的社会化和生产资料的私人占有之间的矛盾。随着资本主义的发展，“社会化生产和资本主义占有的不相容性，也必然越加鲜明地表现出来”[①]。这一基本矛盾表现在两个方面：一是资产阶级和无产阶级的对立；二是“个别工厂中生产的组织性和整个社会中生产的无政府状态之间的对立”[②]。

资本主义基本矛盾运动，必然导致社会主义代替资本主义。“在危机中，社会化生产和资本主义占有之间的矛盾剧烈地爆发出来。……经济的冲突达到了顶点：生产方式起来反对交换方式，生产力起来反对已经被它超过的生产方式。”[③]“社会化生产和资本主义占有之间的矛盾表现为无产阶级和资产阶级的

① 《马克思恩格斯文集》第9卷，人民出版社，2009年版，第287页。

② 《马克思恩格斯文集》第9卷，人民出版社，2009年版，第290页。

③ 《马克思恩格斯文集》第9卷，人民出版社，2009年版，第293页。

对立。”[①]而这种阶级对立的发展，特别是无产阶级反对资本家阶级的斗争从自发向自觉的发展，是消灭资本主义剥削和建立没有阶级的新社会的根本途径。

未来社会主义社会具有如下基本特征：生产资料归全社会所有，国家以社会名义占有物质生产资料；整个社会生产自觉地按计划进行，消除了社会生产的无政府状态；消灭商品生产，消灭商品规律对生产者的统治；消灭阶级和阶级差别，国家逐步走向消亡；消灭城乡差别等旧式分工，实现人的全面发展和人类从必然王国向自由王国的飞跃。

05　墓前的缅怀

1883年3月14日，国际工人运动的伟大导师、社会主义思想的历史巨匠马克思与世长辞。人们把他安葬在英国伦敦一个名叫海格特的公墓中，墓地是十五个月前马克思自己选好的安葬他心爱妻子燕妮的地方。马克思墓位于公墓东园，是一座高约三米的花岗岩纪念碑。英国皇家雕刻协会前主席劳伦斯·布莱德肖雕刻的马克思铜质头像安放在碑顶。头像造型逼真，头发蓬起，目光如炬，美髯浓密，栩栩如生。如今的马克思和燕妮合葬的墓，周围苍松环绕，庄严肃穆，比旁边的墓显得高大许多，而当年恩格斯怀着悲伤的心情发表《马克思墓前的讲话》时，马克思墓还没有这么高大，墓碑上方的刻文还没有经过改动，一切都还有当时时代的烙印。

据考证，马克思墓在后来有过两次大的修缮。一次是20世纪50年代，在英国继承了马克思主义政党衣钵的英国工党，积极推动召开社会党国际大会，将马克思和恩格斯创立的社会民主主义修改为民主社会主义，作为社会党国际的奋斗目标。英国工党还通过决议，将马克思墓前雕像原来向左眺望的眼神，改为向前眺望。以往整个公墓的维护费用靠世界各地来拜谒马克思墓的收入，而苏联解体、东欧剧变后收入锐减。为了扩大影响、增加收入，“公募之友”

① 《马克思恩格斯文集》第9卷，人民出版社，2009年版，第288页。

组织发起募捐重修马克思墓，力图把墓做得高大些。没想到的是，墓做成后，放上原马克思的胸像，远远超过了墓园规定的限制高度，英国工党只好再次作出决定，砍掉马克思雕像的胸部和脖子，只将头像放在墓座上，于是就变成了现在的模样。另一个重大改动是，马克思墓碑上方原来刻写的是《共产党宣言》德文版的结束语："全世界无产者，联合起来！"五年后，也就是1888年，在出版《共产党宣言》英文版时，恩格斯亲自校对和修改，将"全世界无产者，联合起来！"改为"全世界劳动者，联合起来！"，现在墓碑上刻写的是改动后的《共产党宣言》结束语。墓碑中央还镶嵌着一小块正方形的白色大理石，刻着马克思一家五位逝者的姓名和生卒时间，下面是马克思的名言："哲学家们只是用不同的方式解释世界，而问题在于改变世界。"[①]

重温这一段历史，在笔者脑海中久久不能抹去的，是恩格斯在马克思去世的当晚给李卜克内西写的信。信中说："您大概已经知道，欧洲的社会主义革命党遭受了多么严重的损失。……我仍然不能想象，这个天才的头脑不再用他那强有力的思想来哺育两个半球的无产阶级运动了。我们之所以有今天，都应归功于他；现代运动当前所取得的一切成就，都应归功于他的理论的和实践的活动；没有他，我们至今还会在黑暗中徘徊。"[②]第二天恩格斯在致左尔格的信中，不无担忧地写道：由于马克思的去世，"无产阶级运动在沿着自己的道路继续前进，但是，法国人、俄国人、美国人、德国人在紧要关头都自然地去请教的中心点没有了，他们过去每次都从这里得到只有天才和造诣极深的人才能做出的明确而无可反驳的忠告。那些土名人和小天才（如果不说他们是骗子的话），现在可以为所欲为了。最后的胜利依然是确定无疑的，但是迂回曲折的道路，暂时的和局部的迷误——虽然这也是难免的——，现在将会比以前多得多了"[③]。

---

① 赵德昌：《马克思墓前的几点沉思》，《理论探索》，2009年第1期。

② 《马克思恩格斯全集》第35卷，人民出版社，1971年版，第456—457页。

③ 《恩格斯论马克思》，中共中央马克思恩格斯列宁斯大林著作编译局译，人民出版社，1971年版，第27页。

恩格斯《在马克思墓前的讲话》短短不到一千五百字，但通篇浸润着浓烈的战友情思和事业神圣，是一篇情感和艺术相融通的杰作，是历史和现实相碰撞的升华，更是一篇理论与实践相结合的结晶。其内容主要包括以下方面：

一是“停止思想”和“空白”揭示出马克思及其理论对国际工人运动不可或缺的指导和力量。恩格斯说：“3月14日下午两点三刻，当代最伟大的思想家停止思想了。让他一个人留在房里还不到两分钟，当我们进去的时候，便发现他在安乐椅上安静地睡着了——但已经永远地睡着了。”[①]仅仅六十五岁的年华，“这个人的逝世，对于欧美战斗的无产阶级，对于历史科学，都是不可估量的损失。这位巨人逝世以后所形成的空白，不久就会使人感觉到”[②]。

二是“两大发现”奠定了科学社会主义的理论基石。恩格斯指出：“正像达尔文发现有机界的发展规律一样，马克思发现了人类历史的发展规律，即历来为繁芜丛杂的意识形态所掩盖着的一个简单事实：人们首先必须吃、喝、住、穿，然后才能从事政治、科学、艺术、宗教等等；所以，直接的物质的生活资料的生产，从而一个民族或一个时代的一定的经济发展阶段，便构成基础，人们的国家设施、法的观点、艺术以至宗教观念，就是从这个基础上发展起来的，因而，也必须由这个基础来解释，而不是像过去那样做得相反。”[③]“不仅如此。马克思还发现了现代资本主义生产方式和它所产生的资产阶级社会的特殊的运动规律。由于剩余价值的发现，这里就豁然开朗了，而先前无论资产阶级经济学家或社会主义批评家所做的一切研究都只是在黑暗中摸索。”[④]与此同时，马克思在他所研究的每一个领域，都有独到的发现。

三是“真正使命”和“斗争要素”勾勒出马克思毕生追求的伟大事业。恩格斯指出：“因为马克思首先是一个革命家。他毕生的真正使命，就是以这种或那种方式参加推翻资本主义社会及其所建立的国家设施的事业，参加现代无

① 《马克思恩格斯文集》第3卷，人民出版社，2009年版，第601页。
② 《马克思恩格斯文集》第3卷，人民出版社，2009年版，第601页。
③ 《马克思恩格斯文集》第3卷，人民出版社，2009年版，第601页。
④ 《马克思恩格斯文集》第3卷，人民出版社，2009年版，第601页。

产阶级的解放事业，正是他第一次使现代无产阶级意识到自身的地位和需要，意识到自身解放的条件。斗争是他的生命要素。很少有人像他那样满腔热情、坚韧不拔和卓有成效地进行斗争。”[①]恩格斯缕数了马克思的奋斗历程，最后说：“作为全部活动的顶峰，创立伟大的国际工人协会，——老实说，协会的这位创始人即使没有别的什么建树，单凭这一成果也可以自豪。”[②]

四是从“驱逐”“诽谤”和“诅咒”引申出马克思的伟大和无私。恩格斯指出：“正因为这样，所以马克思是当代最遭嫉恨和最受诬蔑的人。”[③]“而我可以大胆地说：他可能有过许多敌人，但未必有一个私敌。”[④]

06　剖析怪兽托拉斯

托拉斯为垄断组织的高级形式之一，由许多生产同类商品的企业或与产品有密切关系的企业合并而成，旨在垄断销售市场、争夺原料产地和投资范围，加强竞争力量，以获取高额垄断利益。

1907年，路易斯联邦巡回法院发起了对标准石油公司的托拉斯指控。法院认为，标准石油已经严重超过了托拉斯巨头的标准。最终法院判决，这个垄断了美国超九成石油产业链的托拉斯企业正式解散，经多方协商后被拆分为三十四个独立的石油公司。这就是自1890年美国国会批准通过著名的《谢尔曼反托拉斯法案》后，经过十多年的沉寂，在罗斯福政府支持下做出的一个影响全球的判决。

事情的原委是这样的。南北战争后，美国社会经济发生重大转变，由战前的以农业和家庭手工业为主的经济模式向现代工商业经济模式进一步转型，工业化进程提速，以铁路为代表的公共交通业迅猛发展，从事各类经营活动的商

① 《马克思恩格斯文集》第3卷，人民出版社，2009年版，第602页。
② 《马克思恩格斯文集》第3卷，人民出版社，2009年版，第602页。
③ 《马克思恩格斯文集》第3卷，人民出版社，2009年版，第602页。
④ 《马克思恩格斯文集》第3卷，人民出版社，2009年版，第603页。

业组织大量涌现。与此同时，对铁路运输的过度依赖，导致频频出现联合限价、瓜分区域市场、给予价格回扣等限制竞争行为，严重损害了中小经营者的公平交易权，激起了全社会大规模的反铁路公司垄断定价的运动。以研究出台规制铁路公司违法垄断的举措为出发点，联邦政府开始着手制定反托拉斯法。俄亥俄州参议员约翰·谢尔曼在国会大声疾呼："美国不应屈从于一个以权力妨碍竞争、为商品定价的贸易独裁者。如果联合在一个州的范围之内，这个州就必须使用纠正措施；如果贸易垄断是跨州进行的，而且控制了许多州的生产活动，国会则必须使用纠正措施。"①他还与同僚共同起草了《谢尔曼反托拉斯法案》。然而法案通过后的实施并不十分顺利，甚至一度成为"一副没有牙齿的摆设"，这种局面持续了大约十年时间。对标准石油的拆分，才算是反托拉斯法案真正得以实施的典型案例。

恩格斯在世时没有看到像标准石油公司这样的托拉斯被拆分，但他看到了《谢尔曼反托拉斯法案》的出台，看到了资本主义发展出现托拉斯企业这种新的形式和趋势，他不顾高龄亲赴美国和加拿大进行考察，由此产生了一系列对现代资本主义的新认识。

第一，资本主义生产由简单协作到工场手工业、再到机器大工业的发展过程，是生产力水平不断提高的过程，也是生产社会化不断发展并最终确立社会化生产主导地位的过程。生产资料、生产过程、劳动产品的社会化，实现了有分工和有协作的社会行动。

第二，资本主义社会的基本矛盾，即生产的社会化与生产资料的资本家占有之间矛盾持续发展，成为资本主义社会各种冲突的总根源。为了维护资本主义制度，统治阶级只能有限度地采取一些改良措施，来缓和基本矛盾和克服社会危机。

第三，股份公司的出现一定程度上适应了扩大生产的需要。然而，当社会生产力发展到一定阶段时，股份公司的形式也不能满足要求了，于是，一个或

① Marion Miller，*Great Dabates in American History*，vol.II，Mini-Print Corp，1970，p.14.

几个经济部门中居于重要地位的大企业联合起来，形成垄断组织，对商品的生产、销售和价格等进行操纵和控制。但垄断没有消除竞争，反而使竞争层次更高、范围更广，也更加激烈了。

第四，资本主义被社会主义取代的历史命运，是过程的长期性与结果的必然性的统一。这集中体现在马克思、恩格斯的“两个必然”与“两个决不会”的规律性论断上。“两个必然”即《共产党宣言》中所指出的：“资产阶级的灭亡和无产阶级的胜利是同样不可避免的。”[①]“两个决不会”是马克思1859年在《〈政治经济学批判〉序言》中的论断：“无论哪一个社会形态，在它所能容纳的全部生产力发挥出来以前，是决不会灭亡的；而新的更高的生产关系，在它的物质存在条件在旧社会的胎胞里成熟以前，是决不会出现的。”[②]

第五，马克思逝世后资本主义出现的更高程度的垄断现象，资本主义的“一些新的工业企业的形式发展起来了。这些形式代表着股份公司的二次方和三次方”[③]。就其规模和范围而言，已经在许多国家和部门占据了统治地位。

第六，交易所成为资本主义生产最突出的代表。在马克思写作《资本论》第三卷时（1865年），交易所仅是资本主义体系中“一个次要的要素”[④]。但到恩格斯整理《资本论》第三卷时（1883年后），交易所已变得非常重要。它改变了分配，使得资本积聚的速度大为加快，加剧了贫富两极分化，激发了社会矛盾。

第七，经济危机的周期和形式发生变化。在资本主义发展初期，恩格斯在《英国工人阶级状况》中曾得出经济危机每五年发生一次的结论，后来多次总结危机周期实际上大约是十年。马克思逝世后，恩格斯多次总结资本主义发展中危机周期的变化，指出每十年就发生一次的经济危机周期已经结束了，随之出现的是长时间持续的慢性萧条，繁荣时期不再出现。恩格斯认为，这些新情

---

① 《马克思恩格斯文集》第2卷，人民出版社，2009年版，第43页。

② 《马克思恩格斯文集》第2卷，人民出版社，2009年版，第592页。

③ 《马克思恩格斯全集》第25卷，人民出版社，1974年版，第494—495页。

④ 《马克思恩格斯文集》第7卷，人民出版社，2009年版，第1028页。

况表明，资本主义世界正处于“一个空前激烈的新的世界性的崩溃的准备时期”，“每一个对旧危机的重演有抵消作用的要素，都包含着更猛烈得多的未来危机的萌芽”。[①]

第八，资本家采取了更加隐蔽的剥削手段。恩格斯在《1845年和1885年的英国》《〈英国工人阶级状况〉1892年德文第二版序言》中揭示到，在新的发展阶段上，资本家实行了一些提高工人待遇的改良措施，如取消实物工资制度，实行十小时工作制等。一些大资本家倡导同工人和平共处的精神，因为他们懂得，“没有工人阶级的帮助，资产阶级永远不能取得对国家的完全的社会统治和政治统治”[②]。资本家还对工人的生活环境和卫生状况进行了改善，一些工人居住地区得到整改或清除，城市规划更有秩序且更加干净等。

资本主义社会的这些变化，根本原因在于生产力的发展，而核心要素是第二次科技革命的有力推动。第二次科技革命发生在19世纪70年代至20世纪初，以电力的发现和内燃机的广泛运用为标志，将人类带入电气时代。这一时代不同以往的特点是，自然科学技术与工业生产紧密结合，在几个先进的资本主义国家同时发生，有些相对落后的国家（如德国、美国等）借以实现跨越式发展，出现了许多国家层面的垄断组织，如托拉斯、卡特尔、辛迪加、康采恩等，在全世界划分自己的势力范围。据有关资料记载，1870年世界钢产量为52万吨，到1900年升为2930万吨，增长逾55倍；世界石油开采量，1870年为80万吨，1900年升至2000万吨，增长24倍；世界铁路网，1870年为21万千米，1900年升至79万千米，增长近3倍；世界电报线，1870年为150万千米，1900年升至430万千米，增长近两倍等。[③]

据此，恩格斯经过研究认为，资本主义的灭亡具有长期性，资本主义生产方式的消灭，必须以资本主义经济自身足够成熟为前提。尽管资本主义发展表明它还有上升的空间，但是资本主义终将被社会主义所取代的结论仍然没有改

---

① 《马克思恩格斯文集》第7卷，人民出版社，2009年版，第554页。
② 《马克思恩格斯选集》第一卷，人民出版社，2012年版，第72页。
③ 参见洪韵珊：《恩格斯晚年思想研究》，华中师范大学出版社，1988年版，第3页。

变，“新的革命正如新的危机一样肯定会来临”[①]。

07 龙种与跳蚤

“我播下的是龙种，收获的却是跳蚤。”这是德国著名诗人海涅的一句名言。中国读者熟知这段话，主要是由于马克思主义的广泛传播，以及人们对马克思主义的各种解读，引发了不少人引用恩格斯的一段话。对于19世纪70年代末法国冒牌的“马克思主义者”，恩格斯说：“马克思曾经说过，‘我只知道我自己不是马克思主义者’。马克思大概会把海涅对自己的模仿者说的话转送给这些先生们：‘我播下的是龙种，而收获的却是跳蚤。’”[②]

关于马克思说自己不是马克思主义者，确实是其女婿拉法格在参与法国党内理论斗争时，没有做到与时俱进，而把马克思的一些论述笼统称为“马克思主义”，肢解了马克思理论的整体性、科学性，而遭到老岳父批评时马克思的用语，是一种善意的戏谑。而今天我们用这句名言来评价学术界对恩格斯晚年思想的某些解读，也是再恰当不过的。

解读恩格斯晚年思想，有一种极端倾向是值得关注的，这就是有人煞有介事地认为，马克思逝世后形势的发展——资本主义社会的发展，已完全证明人类社会的发展规律，特别是资本主义的发展规律并非马克思、恩格斯所料，他们是犯了错的，并列举了恩格斯一系列“坦诚直言”，由此进一步说明所谓的无产阶级专政，今天和永远都不会实现。马克思、恩格斯最终否定了暴力革命的道路，而致力于进行议会斗争，走和平过渡的道路。暴力革命后形成的社会主义仍然是专制主义，民主社会主义才是马克思主义的正统等。恩格斯在《恩格斯致弗弗·阿·左尔格》中曾经做过预言，那些土名人和小天才们为所欲为的时代来临了。而恩格斯晚年的思考，很大程度上是对这种“为所欲为”的回

① 《马克思恩格斯文集》第2卷，人民出版社，2009年版，第176页。
② 《马克思恩格斯选集》第四卷，人民出版社，2012年版，第603页。

应和对马克思主义基本原理的捍卫。这一点如果我们认真梳理恩格斯晚年的活动和论述，就能得出非常清晰的结论。

马克思去世后，恩格斯的主要活动包括：指导国际工人运动，推动国际社会主义工人代表大会（即第二国际）的召开；整理出版《资本论》第二卷、第三卷，再版马克思其他著作，筹备出版马克思全集；完成了自己的一些著作及作品，撰写了一批导言或序；继续指导各国工人阶级政党建设，并对资本主义的新发展进行考察和研究。

在这一时期，恩格斯对资本主义的认识有较大发展。这一点在《〈英国工人阶级状况〉1892年德文第二版序言》《〈1848年至1850年的法兰西阶级斗争〉导言》中，有较为集中的反映。对此我们已经在"剖析怪兽托拉斯"中做了忠实的记载。

但是即使有这样的变化，无产阶级反对资产阶级的社会革命仍具有历史必然性。恩格斯说道："社会革命才是真正的革命，政治的和哲学的革命必定通向社会革命。"[①]社会革命发生的原因，不是从革命领袖身上去寻找，而是"从每个经历了动荡的国家的总的社会状况和生活条件中寻找"[②]。从根本上说，社会革命是社会基本矛盾运动的产物。而资本主义社会基本矛盾的运动，必然导致无产阶级革命。

与此同时，恩格斯还明确地指出，无产阶级革命的基本形式是随着革命形势的变化而变化的，并不是一成不变的。在19世纪70年代中期以前，马克思、恩格斯更强调暴力革命。而当巴黎公社失败后，随着资本主义经济的发展和资产阶级统治的巩固，资产阶级民主政治也得到发展，马克思、恩格斯在强调暴力革命的同时，也指出了用和平手段取得政权的可能性。特别是进入80年代以后，他们对普选制更加重视，甚至提出了普选制是测量工人阶级成熟性标尺的重要论断。但是，马克思、恩格斯从来没有放弃过暴力革命。马克思在1872年

① 《马克思恩格斯文集》第1卷，人民出版社，2009年版，第87页。

② 《马克思恩格斯文集》第2卷，人民出版社，2009年版，第352页。

曾有这样一段表述："我们从来没有断言，为了达到这一目的，到处都应该采取同样的手段。我们知道，必须考虑各国的制度、风俗和传统；我们也不否认，有些国家，像美国、英国，——如果我对你们的制度有更好的了解，也许还可以加上荷兰，——工人可能用和平手段达到自己的目的。但是，即使如此，我们也必须承认，在大陆上的大多数国家中，暴力应当是我们革命的杠杆；为了最终地建立劳动的统治，总有一天正是必须采取暴力。"[①]

在新的历史条件下，恩格斯更加强调工农联盟是无产阶级夺取政权的重要条件。恩格斯1895年在《卡·马克思〈1848年至1850年的法兰西阶级斗争〉一书导言》中指出，以往的一切革命都是少数人的革命，而无产阶级革命是多数人的革命。争取农民——这个在多数国家占据人口主体的力量——显得尤其重要。恩格斯认为，无产阶级政党"为了夺取政权，这个政党应当首先从城市走向农村，应当成为农村中的一股力量"[②]。要对农村居民进行阶级分析，以制定不同的策略（如将农村居民大体上划分为小农、大农和中农、大土地所有者、农业工人四类），以结成更为可靠的工农联盟。

尤其值得深思熟虑的是，恩格斯晚年对未来社会主义社会的认识更加宏观和原则化。在马克思生前，他和恩格斯已经从彻底消灭私有制的角度论证了过渡时期的必要性。马克思逝世后，恩格斯进一步发展了这一思想，指出过渡时期作为新旧社会之间交替、转型的一个中间阶段，属于新的历史时期。但是又不完全具备新社会的基本特征，它只是作为完全进入新社会的准备阶段。在这个过渡时期，一方面要坚持无产阶级专政原则，另一方面"民主共和国甚至是无产阶级专政的特殊形式"[③]。

恩格斯晚年对未来社会的论述越来越原则化，反复强调方法论，采取了更为审慎的态度。他指出："无论如何应当声明，我所在的党并没有任何一劳永逸的现成方案。我们对未来非资本主义社会区别于现代社会的特征的看法，是

---

① 《马克思恩格斯全集》第18卷，人民出版社，1964年版，第179页。

② 《马克思恩格斯文集》第4卷，人民出版社，2009年版，第510页。

③ 《马克思恩格斯文集》第4卷，人民出版社，2009年版，第415页。

从历史事实和发展过程中得出的确切结论；不结合这些事实和过程去加以阐明，就没有任何理论价值和实际价值。”①

需要进一步澄清的是，许多研究者把恩格斯《卡·马克思〈1848年至1850年的法兰西阶级斗争〉一书导言》，作为其政治遗嘱，并经伯恩施坦和考茨基宣扬而广为流传。这实际上是缺乏根据和极不严肃的，因为遗嘱是要有当事人认定或说明的，而恩格斯在撰写该导言时，并不认为自己处于弥留之际，需要给后人留下遗嘱。另外，该导言只是针对马克思这一著作而言的，并不涉及对马克思理论的全面点评或否定，而这种全面点评或否定对于恩格斯这位马克思理论的重要创立者而言，是绝无可能的。事实上，只要结合历史条件完整地理解恩格斯晚年的思想，特别是对该导言及相关文章、书信的综合研究，就能很轻易地发现，指责或宣扬恩格斯晚年放弃了暴力革命的思想，宣扬绝对地使用和平手段，走议会选举的道路，是毫无根据甚至是别有用心的。

08　跨越“卡夫丁峡谷”

“卡夫丁峡谷”这一典故出自古罗马史。公元前321年，萨姆尼特人在古罗马卡夫丁城附近的卡夫丁峡谷击败了罗马军队，并迫使罗马战俘从峡谷中用长矛架起的形似城门的“牛轭”下通过，借以羞辱战败的罗马军队。“卡夫丁峡谷”一词，通常比喻灾难性的历史经历，特别是刻骨铭心的耻辱经历。“卡夫丁峡谷”现已成为“耻辱之谷”的代名词，并可以引申为人们在谋求发展时所遇到的极大困难和挑战。

关于马克思所引用的“卡夫丁峡谷”一词的含义，学术界主要有两种认识。一种是认为“卡夫丁峡谷”就是指资本主义生产发展的过程。所谓可以不通过资本主义制度的“卡夫丁峡谷”，就可以超越资本主义生产发展的整个阶段，由前资本主义的生产方式直接进入公有制为基础的社会主义生产方式阶

① 《马克思恩格斯文集》第10卷，人民出版社，2009年版，第548页。

段。另外一种是认为“卡夫丁峡谷”意指资本主义的社会形态。前资本主义国家在特殊的历史条件下，可以直接进入社会主义社会，不仅实现生产方式的变更，同时也实现社会制度的更新。

在马克思、恩格斯关于无产阶级革命的大战略中，始终存在一个欧美先进的资本主义国家的革命和相对落后国家特别是东方国家的革命的关系问题。他们认为，在世界无产阶级革命中，欧美先进资本主义国家的革命具有决定性意义，而且由于这些国家资本主义相对发达，革命很可能首先在这几个国家大体上同时爆发并取得胜利。西方国家革命的胜利，将带动其他相对落后国家的革命，并帮助他们取得胜利，走向社会主义。与此同时，东方国家的革命有可能成为刺激西方国家革命爆发的导火索。

早在19世纪50年代，马克思、恩格斯就把探索的目光投向东方，关注俄国、中国、印度等国的形势变化，特别是结交了许多俄国朋友。1881年2月，俄国女革命家查苏利奇给马克思写信，请教他对俄国历史发展前景，特别是俄国农村公社命运的看法。马克思以极其负责的态度拟就了复信。1882年1月，马克思、恩格斯为《共产党宣言》俄文第二版写序言，进一步概括了他们的观点。1894年恩格斯的《论俄国的社会问题》被译为俄文在俄国出版，恩格斯为该书作跋，根据俄国社会发展的新情况，进一步探讨了俄国农村公社的命运和俄国社会前途的问题。这些观点是很具启发性的：

俄国农村公社性质的两重性，带来发展前途的两种可能。俄国农村公社是从原始社会的公有制向私有制社会过渡阶段的产物，它兼有公有制社会和私有制社会的二重特性，因而它的发展前途也有两种不同的可能。或者是公社中的私有制因素逐步发展，最终导致公社完全解体；或者是公社中的公有制因素得到保护和发展，从而成为俄国社会新生的支点。至于哪一种可能会成为现实，取决于当时俄国所处的历史环境。

俄国农村公社可能跨越“卡夫丁峡谷”。由于俄国农奴制改革后开始走上资本主义道路，俄国农村公社面临危机和可能灭亡的命运，但还可能有另一种前途，即“不通过资本主义制度的‘卡夫丁峡谷’”，而吸取资本主义的成就，直接进入社会主义社会。

俄国具有可能跨越“卡夫丁峡谷”的历史条件。比如俄国是在全国范围内把农村公社保持下来的唯一的欧洲国家，土地公有制有助于发展集体经济；俄国农村公社是与资本主义同时代的，从而有可能吸取资本主义的积极成果；俄国农村公社处于资本主义矛盾激化和深陷危机的时代，有可能得到来自西欧国家无产阶级革命的帮助，从而实现自身的新生。而对这种可能性产生的历史条件，马克思、恩格斯这样写道：“那么试问：俄国公社，这一固然已经大遭破坏的原始土地公共占有形式，是能够直接过渡到高级的共产主义的公共占有形式呢？或者相反，它还必须先经历西方的历史发展所经历的那个瓦解过程呢？对于这个问题，目前唯一可能的答复是：假如俄国革命将成为西方无产阶级革命的信号而双方互相补充的话，那么现今的俄国土地公有制便能成为共产主义发展的起点。”①

在俄国社会主义运动中，不能过分夸大农村公社的作用和盲目崇拜农民革命的自发性。俄国民粹派认为，俄国虽然没有城市无产阶级，但也没有城市资产阶级，而且俄国完好地保存了农村公社制度和劳动组合的形式，俄国农民是天生的社会主义者，实现社会主义在俄国比在西欧更快、更容易。针对这一观点，恩格斯严肃地指出，这种贬低现代大工业和现代工人阶级的观点是幼稚可笑的，这种农村公社自身并不能长出社会主义，而且企图把俄国农村公社和现代工业直接嫁接而实现社会主义也是一种幻想。

总之，马克思、恩格斯十分关注俄国革命，期望俄国借助农村公社走上社会主义道路。他们认为，俄国革命将是一个信号，会对西欧无产阶级革命起到推动作用，而西欧无产阶级革命的胜利和社会主义制度的建立，又将为包括俄国在内的相对落后国家做出榜样，并帮助他们跨越资本主义制度的“卡夫丁峡谷”，走上社会主义道路。

当然，马克思、恩格斯的这些思想与后来的历史发展有一定出入。比如俄

---

①《马克思恩格斯文集》第2卷，人民出版社，2009年版，第8页。

国并没有像马克思一度设想的那样，得以借助农村公社避免资本主义前途，而是仍然走上了资本主义发展道路。同样，俄国革命虽然像马克思指出的那样成为一个信号，但无产阶级革命的胜利和社会主义制度的建立，并没有出现在西欧资本主义发达国家，而是率先出现在了俄国。这是马克思、恩格斯所没有料到也不可能料到的。尽管如此，马克思、恩格斯关于俄国社会发展和俄国革命的论述仍然具有方法论的意义，对于思考中国和其他发展中国家的革命和社会发展，具有重要的启发意义。

09 一个使人畏惧的强国

1893年8月12日上午，第三次国际社会主义工人代表大会闭幕式在瑞士苏黎世举行。主持会议的意大利米兰劳动生产者联盟代表库利绍夫夫人突然宣布："无产阶级光荣的先锋战士，国际社会民主党的精神先驱弗里德里希·恩格斯此刻正在我们中间。主席团一致决定，请他担任名誉主席，并主持代表大会闭幕式。"[①]会场上当即响起暴风雨般热烈的掌声，会场外走廊上的旁听者，更是不断响起激动的欢呼声。

已年届七十三岁的恩格斯，留着络腮胡须，虽然步履有些缓慢，但是精神矍铄，思维敏捷，声音洪亮，满怀深情。他面带笑容走向主席台中央，先后用英、法、德三种语言发表简短的闭幕词。他以回顾的口吻说道："你们给我意外的极好的接待，使我深为感动，我认为这不是对我个人，我仅仅是作为一个伟人的战友来承受这种接待，那边挂的就是这个伟人的照片。恰恰距今五十年之前，马克思和我开始投入了运动。自那时以来，社会主义已经从很小的派别发展成为使整个官方世界不寒而栗的强大的政党。马克思已经去世了，如果他现在还活着的话，那末，欧美两洲就没有任何一个人能够以他那样当之无愧的自豪来回顾自己一生的事业。"他说："现在每一个国家的无

① 童建挺编：《国际共产主义运动历史文献》第16卷，中央编译出版社，2013年版，第131页。

产阶级得到机会以独立自主的形式组织起来。这一点实现了，因而现在的国际要比从前强大得多了。我们也应当按照这一方向在共同的基础上继续我们的工作。为了不致蜕化成为宗派，我们应当允许讨论，但是共同的原则应当始终不渝地遵守。自由联合（松散联合）和历次代表大会所支持的自愿联系——这就足以保证我们取得胜利。这种胜利已是世界上任何力量都不能从我们手中夺去的了。"[①]恩格斯最后说："我受主席团的委托宣布代表大会闭幕。国际无产阶级万岁！"会场响起暴风雨般的祝贺声、经久不息的欢呼声，与会者全体起立齐唱《马赛曲》。[②]

这是恩格斯参加第二国际第三次代表大会的情景。这一场景使我们直观地认识到，从共产主义者同盟到第二国际成立，国际工人运动已发展到前所未有的成熟程度，各民族国家独立的无产阶级政党，尤其是德国社会民主党、法国工人党在劳动群众中享有崇高声誉，并在国际工人运动中具有举足轻重的影响。然而即使是这样，马克思、恩格斯还是不太赞成再建一个类似于第一国际的国际工人组织。1881年，马克思、恩格斯在《致斯拉夫人在伦敦举行的巴黎公社纪念大会主席》中指出："为了共同利益、反对共同敌人的共同斗争，将把工人们联结在一起，形成一个新的规模更大的自发的国际，这个国际将愈来愈超过协会的任何外在形式。"[③]1885年恩格斯在《关于共产主义同盟的历史》一文中说道："欧洲和美洲无产阶级的国际运动现在已壮大到如此地步，以致不仅它那狭窄的第一个形式即秘密同盟，而且连它那更广泛无比的第二个形式即公开的国际工人协会，对它来说也成为一种桎梏了。"[④]恩格斯认为，新的国际工人协会"将是纯粹共产主义的国际，而且将直截了当地树立起我们的原则……"[⑤]它"再也不会是一个宣传的团体，而只能是一个

① 童建挺编：《国际共产主义运动历史文献》第16卷，中央编译出版社，2013年版，第132—133页。
② 参见《马克思恩格斯全集》第22卷，人民出版社，1965年版，第480页。
③ 《马克思恩格斯全集》第19卷，人民出版社，1963年版，第271页。
④ 《马克思恩格斯全集》第21卷，人民出版社，1965年版，第260—261页。
⑤ 《马克思恩格斯选集》第四卷，人民出版社，2012年版，第516页。

行动的团体了”[①]。

正是基于这样的考虑，恩格斯一直比较反对恢复或重建第一国际。甚至，1887年德国社会民主党在瑞士召开秘密代表大会，决定在次年召开一次国际代表大会时，恩格斯也劝说他们主动放弃了。然而在1888年11月，事情有了变化。法国工人党内的可能派、英国社会党联盟、英国工联及美国劳动骑士团等组织在伦敦召开国际工会代表大会，基于法国工人党的影响，决定委托可能派于1889年在巴黎召开国际社会主义工人代表大会，讨论成立新的国际。为了防止可能派攫取国际工人运动领导权，并将欧美工人运动引向歧途，恩格斯一改以往的反对态度，建议和指导法国党、德国党联合筹备召开与可能派同名的国际社会主义工人代表大会。于是就有了法、德、荷、比、瑞士社会主义组织代表在海牙举行会议，决议建议可能派根据授权，协同法国及其他国家工人组织和社会主义组织召开巴黎国际代表大会。但是这一建议遭到可能派拒绝，之后恩格斯敦促和指导法国党、德国党筹备单独在巴黎召开国际社会主义工人代表大会，并“为了这个该死的代表大会，我东奔西走，写许多信”[②]。

1889年7月14日，在法国革命攻占巴士底狱一百周年纪念日，巴黎国际社会主义工人代表大会胜利召开，出席大会的有来自二十二个国家的代表，超过了只有九个国家参加并且推迟到7月15日召开的可能派国际大会。这次会议被公认为是第二国际的成立大会。当然，由于第二国际成立仓促、简单，难免在组织章程、达成协议等方面存在缺陷，在组织成分、思想理论上也埋下了以后内部斗争的伏线。尽管如此，第二国际的历史贡献也是显而易见的。

一是尝试建立了适应当时国际工人运动发展水平和要求的松散形式的国际组织。恩格斯和一些社会主义政党的主要负责人认为，作为各国社会主义政党和工人团体的国际联合组织，第二国际应当以加强国际联系和国际统一行动为

① 《马克思恩格斯全集》第35卷，人民出版社，1971年版，第268页。
② 《马克思恩格斯全集》第37卷，人民出版社，1971年版，第193页。

主要内容，而不是把各国的组织统一在一个集权的机构之下。因此，第二国际长期没有正式的组织名称，直到1900年才使用“国际社会党代表大会”的名称；长期没有中央常设机构，1900年成立的社会党国际局也只是简单的值班处而已；长期没有自己的纲领和章程，直到1907年才通过《国际代表大会和国际局章程》；长期没有自己的机关报，1900年以后才把比利时的《人民日报》作为机关报等。这也构成了第二国际的传统。

二是议会斗争取得重要进展。第二国际在领导工人阶级开展反对资本主义制度、维护劳动人民切身利益和民主权利的斗争，反对军国主义、帝国主义和战争危险的斗争，尤其是在议会斗争方面，取得了丰硕成果，积累了丰富经验。1904—1909年，在法、奥、美等17个国家中，社会民主党在议会选举中得到800多万张选票；1912年，德国社会民主党有110名党员当选国会议员，是帝国议会中最大的党团，所得选票达425万张，占全部选票的34.8%。

三是国际社会主义运动和工人运动达到前所未有的规模。1889年第二国际成立时，世界上仅有15个社会主义工人政党，到1914年，第二国际已是欧美亚大四大洲30个社会主义政党的国际联合组织，拥有300多万党员。还拥有强大的工会组织、妇女组织和青年组织，是世界工人运动国际性组织发展史上的黄金时期。

四是两个节日和一首永远的战歌。即五一国际劳动节、三八国际劳动妇女节，以及欧仁·鲍狄埃作词、皮埃尔·狄盖特谱曲的《国际歌》。

五是开展了与无政府主义者的斗争，在无产阶级及其政党应否进行政治斗争以及取得政权的问题上，在对待资本主义特别是军国主义与战争的态度问题上，第二国际内部发生了激烈的争论和斗争。出版了众多党报党刊。涌现了普列汉诺夫、考茨基、伯恩施坦、拉法格、卢森堡、梅林等一批理论家。德国社会民主党还创办了中央党校。

正是由于在国际工人运动和社会主义运动中的杰出贡献和巨大影响，第二国际赢得了“一个使人畏惧的强国”的美誉。

10　在内部斗争中发展

在恩格斯的遗嘱中，几次提到一个人的名字，这个人在德国社会民主党历史上占有重要地位。或许是因为人们过多地关注了那些常常站在台前的人，或许是和他同时代的其他领导人更具有代表性，也或许是我们的研究还没有那么全面和深入，总之这个人在我们的教学和研究中很少被人提及。他就是德国工人运动的著名活动家、马克思主义者、德国社会民主党左派领袖保罗·辛格尔。

辛格尔身上有几道光环。他于19世纪60年代中期结识倍倍尔等人，进而结识马克思、恩格斯，成为德国社会主义组织的发起者；在反社会党人法的白色恐怖下，他挺身而出加入社会民主党，拿出巨款捐助德国社会民主党，被戏称为德国历史上第一个以资本家身份加入社会民主党的人；1883年当选柏林市议员，1884年起当选历年国会议员，1885年起任德国社会民主党议会党团主席，1890年当选德国社会民主党执行委员会主席，从此担任党的执行委员会两主席之一长达十九年之久，是名副其实的德国社会民主党议会斗争的主要实践者和德国党的主要领导人；在第二国际思想斗争中，旗帜鲜明地坚持马克思主义立场，和倍倍尔、李卜克内西、卢森堡一道，成为德国社会民主党左派领袖；辛格尔去世时，三百万人口的柏林，不下一百万人参加或观看了送葬游行。列宁说："这个世界从来没有一个权势显赫的人物有幸举行过这样的葬礼。为了护送某个国王的灵柩或者某个因残杀国内外敌人而闻名的将军的灵柩，可以命令几万名士兵列队街道两旁，但是，如果在成百万的劳动群众的心里没有热爱自己的领袖的感情，没有热爱他们自己反对政府和资产阶级压迫的革命斗争事业的感情，是不能把偌大一个城市的居民发动起来的。"[①]我们在此介绍这位德国无产阶级革命家，主要是想说明，在独立无产阶级政党建设中，出现各

① 《列宁全集》第20卷，人民出版社，2017年版，第145页。

种各样的党内斗争是不可避免的。但是始终站在正确的立场上，自觉维护党的原则以及原则基础上的团结统一，是极其可贵的。

首先是法国工人党内的斗争。法国工人党成立后，为了草拟党纲，党的创始人盖得专程从巴黎来到伦敦，拜见马克思、恩格斯。纲领理论部分由马克思字斟句酌，精心口授，一气呵成，经盖得亲自笔录成文。马克思开宗明义地指出："生产者阶级的解放是不分性别和种族的全人类的解放；生产者只有在占有生产资料之后才能获得自由"；生产者个体占有生产资料这种形式"从来没有作为普遍事实而存在，并且日益为工业进步所排斥"；资本主义社会本身的发展，为集体占有这种形式"创造了物质和精神的因素"。要达到集体占有这个奋斗目标，"只有通过组织成为独立政党的生产者阶级或无产阶级的革命活动才能实现；要建立上述组织，就必须使用无产阶级所拥有的一切手段，包括借助于由向来是欺骗的工具变为解放工具的普选权"。然而，《哈佛尔纲领》在民主讨论、投票审议正式通过后，党内革命派和改良派之间的矛盾加剧。改良派以保罗·布鲁斯和贝努瓦·马隆为首。布鲁斯为知识分子出身，擅长写作。马隆为工人出身，曾任巴黎国民自卫军中央委员会委员和巴黎公社委员，战功赫赫。但二人深受无政府主义影响，反对《哈佛尔纲领》，主张把理想划分为若干发展阶段，"争取我们的某些要求，使之终于可能实现，以免徒劳地踏步不前"。因此改良派又被称为"可能派"。法国党内革命派与可能派的斗争在第二国际成立时尤为激烈。马克思、恩格斯支持法国工人党革命派同可能派的斗争，最终实行组织决裂。恩格斯针对法国工人党分裂、革命派一度处于少数地位的事实，在总结党内斗争的规律时坚定地指出："看来，一个大国的任何工人政党，只有在内部斗争中才能发展起来，这是符合一般辩证发展规律的。"①

英国费边社是英国知识分子组织的社会主义团体，其创始人是戴维森，核心人物是悉尼·韦伯夫妇、文学家萧伯纳。费边社的得名来自古罗马的大将费边。公元前217年，费边接替前任败将的职务，迎战迦太基的世纪名将汉尼拔。

① 《马克思恩格斯文集》第10卷，人民出版社，2009年版，第483页。

费边采取了避其锋芒，改用迅速、小规模进攻的拖延战术，从而达到既避免损失，又打击对方的目的。经过八年的苦战，终于击败了汉尼拔。从此费边主义成为缓步前进、谋而后动的代名词。1883年该团体在伦敦成立时，正值19世纪末的英国社会，社会生产力得到迅速发展，议会民主日益成熟，工人运动通过议会斗争取得显著成就。在这种形势下，费边社的成员坚信，英国的社会主义运动应以下列方法来改革社会：从个人和阶级所有制下解放土地和工业资本，把它们交给社会所有，以谋公众的福利；社会主义必须以民主为前提，没有必要以革命的手段来建立一套新的国家制度，而只需将原有制度加以改良完善，就可以顺利实现社会主义目标；反对暴力，认为暴力是混乱的产婆，又是戒严令的产婆，只有渐进主义才是王道；主张渐进主义必须在法律和道德的框架内实施，社会主义的建立必须以现行政治和社会制度为基础。费边社是英国工党的创始者，但又保持独立身份参与社会改良，通过理性思维为党提出解决方案。费边主义的形成深受马克思主义、蒲鲁东主义的影响，但又具有明显的小资产阶级知识分子的妥协性和动摇性。恩格斯一针见血地指出："害怕革命，这就是他们的基本原则。"①

民粹派是俄国小资产阶级政治派别。其自称是人民的精粹，故有"民粹派"之称。1861年俄国农奴制改革后，农民同地主、沙皇制度的矛盾日益激化。一批代表农民利益的平民知识分子，走上民主革命的道路，逐渐形成民粹派。代表人物有俄国社会主义运动的先驱赫尔岑和车尔尼雪夫斯基，主张直接从农民村社过渡到社会主义。认为农民是"本能的社会主义者"和"天生的革命者"，主张通过农民革命，推翻专制制度。民粹派在俄国发起了"到民间去"的运动，最多时有两三千名革命热血青年穿上农民的服装，模仿农民的语言，走乡串镇，宣传他们的思想，号召农民采取武装斗争的方式赢得解放。他们还成立土地与自由社，主张把全部土地平分给农民，村社应有完全的自主权等。后来，普列汉诺夫等人接受了马克思主义，而另有一部分分裂出来组建民意

① 《马克思恩格斯选集》第四卷，人民出版社，2012年版，第633页。

党，走上冒险主义、搞暗杀密谋的邪路。马克思、恩格斯曾对民粹派予以关注，并给予善意的批评。

其他社会主义流派还有德国社会民主党内的青年派，以党的理论家和领导者是大学生、青年文学家而得名。他们推行冒险主义策略，否认党的领导作用以及利用合法斗争的必要性，破坏党的民主，把马克思主义当作教条。恩格斯对其做了严厉的批评。

11　三颗重磅炸弹

有一封恩格斯写给马克思女儿劳拉的信，信中介绍了他七十岁生日时家宴的盛况，“星期四倍倍尔、李卜克内西和辛格尔来了。星期五收到大批信件和电报”，在一一介绍了打电报的有谁后，恩格斯兴奋地写道：“总之，我真是应接不暇！晚间一大群人都在这里，随后又光临了小奥斯渥特和工人协会的四个代表（其中一个喝得酩酊大醉）。我们一直到清晨三点半才散，除红葡萄酒外，还喝了十六瓶香槟酒，清晨又吃了十二打蚝。你可以看出我尽力向人表示自己还是那样生气勃勃。但是，这是一件好事。”“倍倍尔看上去身体很虚弱，比上次见面时老多了。辛格尔的头发也白了，李卜克内西自然也是一样，虽然他很胖，很高兴，他抱怨青年一代中有才能的人很少，因而找不到很好的人为他的报纸工作，另一方面，他对于一般事物，特别是对于柏林人感到很满意。帝国国会明天开会，我们费了很大气力要把辛格尔和倍倍尔留在这里……”①

这封看似平常的信，透露出几个明白无误的信息。一是在恩格斯七十寿辰前夕，贺信和贺电像雪片似的从欧美各国飞向伦敦瑞特琴公园路122号恩格斯的住处。倍倍尔、李卜克内西和辛格尔等打算专程从柏林来向他祝贺，恩格斯一再表示这完全是不必要的热闹，无论如何不能接受。只是在倍倍尔等的再三坚持下，并说明来伦敦还有其他公务的情况下，恩格斯才勉强同意他们来参加

① 《马克思恩格斯全集》第37卷，人民出版社，1971年版，第501—502页。

他的家宴。二是恩格斯和德国党的领导人感情甚笃，他们开怀痛饮，相谈甚欢。三是十分关心德国党的发展和战友们的身心状况，言语中隐含着少许担忧和焦虑。四是尽量表现得生气勃勃，让同志们有主心骨，同时也让同志们少为自己的健康担心。也正是有了这样情感和事业的基础，尽管年迈多病，恩格斯仍然坚持不懈地为德国社会民主党的建设出谋划策、殚精竭虑。

巴黎公社革命后，资本主义进入相对稳定的发展时期，资产阶级统治日益采取民主的形式，直接通过普选制来实现。在这些国家里，工人阶级政党在合法的议会斗争中取得巨大成就。因而一些人产生了“现代社会和平长入社会主义”的想法，进而要求党放弃暴力革命和无产阶级专政。更为严重的是，德国党中央起草的《爱尔福特纲领草案》也容纳了“现代社会和平长入社会主义”的观点。恩格斯严肃地指出，不肃清“这种使人萎靡不振、动摇不定、糊里糊涂的思想方式的影响”[①]，不痛击党内日益滋长的和平的机会主义，不仅不可能制定一个好的纲领，而且对未来社会主义运动的发展埋下致命的隐患。为此，恩格斯接连投掷出三颗重磅炸弹，在德国党内产生了震撼式的反响。真可谓爱之深责之切啊！

第一颗炸弹是发表《哥达纲领批判》。众所周知，《哥达纲领批判》写出后并没有公开发表，只是作为给德国党领导人的通信，做了善意的批评和善意的提醒。但是马克思在信中指出的问题并没有真正引起重视并得到解决。在《非常法》废除后，德国党召开第一次代表大会，急需起草新的纲领之际，李卜克内西等领导人不仅大谈和平过渡到社会主义的可能性，而且还抄袭《哥达纲领批判》的有关内容，歪曲马克思的原意，为他所用。在这种情况下，恩格斯决定公开发表马克思的《哥达纲领批判》，在全党公开批判党的领导人的机会主义观点。维也纳《工人报》指出，恩格斯正是在需要十分明确地、毫不妥协地确定我们党的理论基础的时候，把《哥达纲领批判》公开发表了。《哥达纲领批判》的发表，引起了党内某些持机会主义观点的领导人的狂怒和愤恨。李卜

---

① 《马克思恩格斯全集》第36卷，人民出版社，1974年版，第200页。

克内西甚至讲："德国社会民主党人既不是马克思主义者，也不是拉萨尔主义者，他们是社会民主党人。"党的议会代表在议会上公开声明，社会民主党不同意无产阶级的观点。

针对德国党的领导人反对无产阶级专政的错误立场，恩格斯又投出了第二颗炸弹——《〈法兰西内战〉导言》。恩格斯趁着纪念巴黎公社二十周年出版马克思《法兰西内战》一书德文第三版的机会，写了一篇内容丰富、论述深刻的导言，借此批评德国社会民主党人对国家的迷信和害怕无产阶级专政的庸人心理。恩格斯指出："国家无非是一个阶级镇压另一个阶级的机器，这一点即使在民主共和制下也丝毫不比在君主制下差。"[①]他指出："近来，社会民主党的庸人又是一听到无产阶级专政就吓得大喊救命。先生们，你们想知道无产阶级专政是什么样子吗？请看看巴黎公社吧。"[②]《导言》的发表，再次击中了右倾机会主义"议会迷"的要害。党内主张调和的领袖们对此十分恼怒，甚至通过各种方式对恩格斯施压，恩格斯根本不为所动。

为了彻底打破德国党内"议会迷"的右倾机会主义幻想，使党的新纲领真正符合马克思主义基本原理，恩格斯又投出了第三颗炸弹，即写下了《爱尔福特纲领草案批判》。自德国党决定修改党纲，责成党的执行委员会起草，倍倍尔和李卜克内西领导了纲领的起草工作。1891年6月18日，纲领草案寄给了恩格斯，恩格斯为此写下了《1891年社会民主党纲领草案批判》（即《爱尔福特纲领草案批判》），就纲领草案中一些原则性错误进行了深入批判。比如纲领草案认为，在德国现行法律秩序下，可以通过和平方式实现党的一切要求，认为"现代社会正在和平长入社会主义"，无须用暴力来炸毁现行制度。恩格斯重申，在代议机关把一切权力集中在自己手里，可以按宪法办事的民主共和国，旧社会可能和平地长入新社会。但在德国这样的半专制制度下，议会没有实权的国家里，和平过渡是不可能的。"在德国连一个公开要求共和国的党纲

---

① 《马克思恩格斯全集》第22卷，人民出版社，1965年版，第228页。

② 《马克思恩格斯全集》第22卷，人民出版社，1965年版，第229页。

都不能提出的事实，证明了，以为在这个国家可以用和平宁静的方法建立共和国，不仅建立共和国，而且还建立共产主义社会，这是多大的幻想。”[①]比如纲领草案在政治要求方面，没有提出无产阶级夺取政权，也没有指出实现民主共和国，而只提了十项具体要求。恩格斯指出，如果没有无产阶级的政权，或者没有民主共和国，这些具体要求也难以实现。如果考虑到提出上述要求会触犯国家法律，至少应当提出“把一切政治权力集中于人民代议机关之手”[②]的要求。还比如，纲领草案忽略了强大的封建土地所有制残余，只谈到资本主义所有制问题。恩格斯认为，“德国整个肮脏腐败的政治打上了自己特有的反动印记的强大的封建制度残余”[③]是不可不提的。在恩格斯指导和坚持下，经过反反复复的讨论，爱尔福特代表大会通过了基本上是马克思主义的纲领。三颗重磅炸弹，是恩格斯晚年为科学共产主义纲领而奋斗的光辉典范。

12 为老近卫军树碑立传

在恩格斯的晚年，有一个未尽的心愿，那就是为马克思和他的战友们立传。回想《共产党宣言》问世的时候，它的响应者寥寥无几，而到马克思逝世时，它已成为从西伯利亚流放所到加利福尼亚金矿里，亿万无产者、劳动阶级战斗的号角。共产主义组织从少数流亡革命者的小团体，发展为遍布欧美各国的社会主义工人政党。无论是战旗高扬、凯歌洪亮，还是曲折波澜、逆水行舟；无论是雄辩滔滔、笑声朗朗，还是屠刀霍霍、皮鞭声声，也无论是相互扶持、善意批评，还是破坏捣乱、恶意喧啸……这一伟大纲领已经演变成一个人类历史上绝无仅有的伟大事业，一个生动活泼的工人运动和触手可及的社会主义实践。这部雄浑壮丽的诗篇，每一页每一行都凝结着马克思、恩格斯及其战友们的辛劳和汗水，都浸透着无数革命先驱和劳苦大众的期望和鲜血。

---

① 《马克思恩格斯全集》第22卷，人民出版社，1965年版，第274页。

② 《马克思恩格斯全集》第22卷，人民出版社，1965年版，第274页。

③ 《马克思恩格斯全集》第22卷，人民出版社，1965年版，第269页。

随着岁月的流逝，马克思和他的战友们一个一个相继离世，这让恩格斯无限感慨。他在给老战友约·菲·贝克尔的信中不无遗憾地讲道："现在，我们两人差不多是1848年以前的老近卫军中最后的两个人了。"[①]因此，恩格斯强烈地意识到，必须把马克思及其战友们的英勇创业事迹记录下来，把先驱者们在血与火的战斗中凝铸成的光荣传统和宝贵经验传承下去。于是他身体力行地把撰写马克思传记和国际工人运动史的工作列入自己的写作计划。

1883年4月，恩格斯在给倍倍尔的信中提到，准备"用一年时间写马克思的传记，此外还要写1843—1863年间的德国社会主义运动史和国际史（1864—1872年）"[②]。当然，这个宏伟的计划最终没有完成，但是这一过程中的一系列文章和资料准备，为后人研究和编写马克思传和国际工人运动史打下了坚实的基础，提供了最可靠的第一手资料。比如在马克思逝世十周年前夕，恩格斯特意写了一篇题为《马克思·亨利希·卡尔》的传略，概述了马克思一生的主要经历，列举了他的主要著作。恩格斯认为，马克思的"传记也是一部《新莱茵报》和1848—1849年下莱茵地区运动的历史，是一部1849—1852年讨厌的伦敦流亡生活的历史和国际的历史"[③]。

从马克思、恩格斯开始从事革命活动之日起，就有一批忠诚的革命战士坚定地团结在他们周围。在血雨腥风的白色恐怖下，他们不怕过着颠沛流离的生活，不惧囚禁在暗无天日的监狱中，不顾反动当局的迫害和凡夫俗子的讥笑，甚至不惜献出宝贵的生命，始终不渝地研究、学习、宣传和践行科学社会主义，为社会主义、共产主义事业做出了不可磨灭的历史性贡献，历史应该记录下他们，后人也不应该忘记他们。从19世纪50年代到70年代，马克思、恩格斯对他们念念不忘："我们真不幸——丹尼尔斯、沃尔弗、施拉姆、魏德迈、济贝耳、维尔特"[④]都相继去世了，"我们老同志的队伍愈来愈减员了。维尔

---

① 《马克思恩格斯全集》第35卷，人民出版社，1971年版，第457页。
② 《马克思恩格斯全集》第36卷，人民出版社，1974年版，第20页。
③ 《马克思恩格斯全集》第36卷，人民出版社，1974年版，第27页。
④ 《马克思恩格斯全集》第32卷，人民出版社，1974年版，第87页。

特、魏德迈、鲁普斯、沙佩尔……”[①]恩格斯晚年写了许多文章和书信，以深情的笔调记述这些老革命家可歌可泣的斗争经历，赞扬他们坚贞不屈的革命精神和光明磊落的崇高品质。下面，我们不妨择要做一介绍。

约瑟夫·莫尔（1813—1849），生于德国科隆，早年参加青年德意志组织和正义者同盟。1840年参与创建德意志工人教育协会，1845年参与创建民主派兄弟协会。这是马克思、恩格斯结识的第一批革命无产者中的一个，长马克思五岁，长恩格斯七岁。这个钟表匠出身的革命家，很早就接受了马克思和恩格斯的革命理论，也是最早主张和积极推动抛弃魏特林主义的正义者同盟的负责人。1847年初，他代表正义者同盟邀请马克思、恩格斯参加并指导同盟的改组工作。后历任共产主义者同盟中央委员会委员、科隆工人联合会主席、民主主义者莱茵区域委员会和科隆安全委员会委员。在1848年革命风暴中始终站在马克思、恩格斯一边，同党内错误路线进行坚决斗争。革命失败后流亡伦敦，后改名回国，继续从事宣传活动。1849年6月参加巴登-普法尔茨起义，在牟尔克河谷的战斗中壮烈牺牲，年仅三十六岁。恩格斯一直怀念这位“最不知疲倦的、无所畏惧的和可靠的先进战士”[②]，在回顾共产主义者同盟历史时，高度评价了他的突出作用和历史功绩。

威廉·沃尔弗（1809—1864），出生于德国一个农民家庭，从小对农奴的悲苦命运有切身体会。大学毕业后参加革命活动被捕，出狱后继续从事革命活动，并撰文赞扬西里西亚纺织工人起义。在流亡伦敦期间参加德意志工人教育协会的活动，后在布鲁塞尔结识马克思、恩格斯，建立了真挚的战斗友谊，加入布鲁塞尔共产主义通讯委员会，参与共产主义者同盟的创建，曾任同盟机关报《共产主义杂志》主编。在1848年革命中，参加了马克思主持的《新莱茵报》编辑部，撰写的关于农民问题的一组文章——《西里西亚的十亿》，在德国农村引起强烈反响。革命失败后，他历尽艰辛，流落到曼彻斯特。他虽然重

① 《马克思恩格斯全集》第32卷，人民出版社，1974年版，第478页。
② 《马克思恩格斯全集》第7卷，人民出版社，1959年版，第219页。

病缠身，仍节衣缩食，慷慨支援处于极度贫困中的马克思一家。他在遗嘱中，把自己教书挣来的微薄积蓄大部分都赠给了马克思一家。1864年沃尔弗病逝后，马克思一直想为他写一篇传记，并拟就了写作提纲。在1867年出版的《资本论》第一卷扉页上，马克思庄重地写道："献给我的不能忘记的朋友，勇敢的忠实的高尚的无产阶级先锋战士威廉·沃尔弗。"1876年，恩格斯参照马克思草拟的提纲，为沃尔弗写了一篇详尽的传记。

西吉兹蒙特·波克罕（1825—1885），出生于德国格洛高，大学毕业后，因为家里太穷，不得不服役做了志愿兵。1848年革命爆发后，积极参加民主聚会，并参加了攻打军械库的战斗，遭到逮捕，后逃往瑞士。当司徒卢威在瑞士组织志愿军向巴登黑林山脉进军时（1848年9月，由古斯达夫·司徒卢威为首的一批德国流亡者发起共和派起义，组织志愿军从瑞士进入巴登地区），波克罕参加了进军并被俘，一直被囚禁到巴登革命释放囚犯的时候。革命失败后，波克罕流亡国外，结识了李卜克内西，并和马克思、恩格斯取得了联系，"他的主要政治活动，是同欧洲反动势力的主要支柱即俄国专制制度作斗争"[①]。这位曾经与恩格斯一起持枪杀敌的老战士，后不幸中风瘫痪在床，但他依然乐观，性情开朗，关心工人运动的发展，卧床写作自己的回忆录。波克罕的遗著《纪念一八〇六至一八〇七年德意志极端爱国主义者》出版时，恩格斯写了导言，并神奇地预测了第一次世界大战的爆发。

卡尔·沙佩尔（1812—1870），出生于德国南部一个乡村牧师家庭。大学期间就积极投身民主运动，成为大学革命民主派学生协会的成员。1833年参加袭击法兰克福警备队的行动，1834年参加马志尼派共和主义者组织的进军，同年加入青年德意志党。1836年流亡巴黎时参加正义者同盟。1839年参加"四季社"暴动被捕，出狱后流亡英国，在伦敦与莫尔、鲍威尔一起创建德意志工人教育协会。1845年参与创建民主派兄弟协会，翌年转向科学共产主义。他是邀请马克思、恩格斯参加并改组正义者同盟的倡议者之一，1847年共产主义者同

① 《马克思恩格斯全集》第21卷，人民出版社，1965年版，第399页。

盟成立时任中央委员。1848年革命爆发后，回国参加革命活动，任同盟新的中央委员会书记，同时参加《新莱茵报》编辑工作。曾与维利希（共产主义者同盟中央委员会委员、同盟中分裂集团领导人）结成极左冒险主义宗派集团，导致共产主义者同盟中央委员会分裂。1856年认识到错误后，重新同马克思、恩格斯接近，做了不少对革命有益的工作。1865年参加第一国际伦敦代表会议，被选为总委员会委员，后病逝于伦敦。十五年后，恩格斯在《关于共产主义者同盟的历史》一文中，为沙佩尔写下了这样一段感人至深的话："他身材魁伟，果决刚毅，时刻准备牺牲生活幸福以至生命，是三十年代起过一定作用的职业革命家的典型。……他的革命热情有时和他的理智是有距离的，但他事后总是发现自己的错误，并公开承认这些错误。他是个纯粹的人，他在建立德国工人运动方面所做的一切是永远不会被遗忘的。"①

约翰·菲利浦·贝克尔（1809—1886），出生于德国一个制刷工人家庭，在青少年时就投身德国和瑞士反对封建专制的进步活动。1848年德国革命爆发后，积极参加革命活动。特别是在1849年德国南部巴登的武装起义中，这位工人出身的革命家出色地指挥巴登人民自卫团，立下赫赫战功。1864年参加创建第一国际，是国际工人协会瑞士支部的主要领导人。1868年加入巴枯宁派的社会主义民主同盟临时委员会，在马克思、恩格斯帮助下，很快与巴枯宁决裂。在历次反对机会主义的斗争中，他都坚定地站在了马克思、恩格斯一边，一直是马克思、恩格斯的忠实战友。1877年，参加创建统一的瑞士工人党的工作。国际工人协会1868年布鲁塞尔大会上通过的号召各国工人学习《资本论》（第一卷）的决议，就是他提出的。贝克尔在战场上是一名骁勇善战的英雄，拿起笔来又是一个出色的著述家。曾担任国际德语区支部机关刊物《先驱报》编辑，出版了《1849年南德五月革命史》。晚年回忆文章《我的生活的片段情景》发表，恩格斯立即给予好评，并鼓励他把回忆录写出来，认为这会是一本出色和生动的真正的人民读物。不幸的是，正当德国党遵照恩格斯的指示准备为贝

① 《马克思恩格斯全集》第21卷，人民出版社，1965年版，第242—243页。

克尔每年提供二百法郎生活费并洽谈回忆录出版事宜时，传来了他病逝的噩耗。

亨利希·鲍威尔（生卒年不详，1851年失踪），生于德国维茨堡，是个皮鞋匠。1836年流亡巴黎，加入流亡者同盟，并参与正义者同盟的创建工作。因参加“四季社”组织的巴黎起义被驱逐出法国，流亡到伦敦，参与伦敦正义者同盟和伦敦德意志工人共产主义教育协会的领导工作。1843年结识恩格斯，此后逐渐受到马克思、恩格斯思想的影响。1846年与沙佩尔、莫尔等组成正义者同盟伦敦中央委员会，与布鲁塞尔共产主义通讯委员会建立正式联系，并于1847年1月正式邀请马克思、恩格斯加入和改组同盟，被选为共产主义者同盟中央委员。1848年欧洲革命爆发后，当选为在巴黎成立的以马克思为主席的同盟新中央委员会委员和德意志工人俱乐部主席。1848年秋与莫尔等人在伦敦建立新的同盟中央委员会，1849年当选为以马克思为首的新中央委员会委员和社会民主主义流亡者委员会委员。1850年作为中央委员会特使回德国重建同盟，坚定站在马克思、恩格斯一边，反对维利希-沙佩尔集团分裂同盟的活动。1851年流亡澳大利亚，此后失踪。恩格斯称“他是个活泼、灵敏而诙谐的小伙子；但在他那矮小的身体里也蕴藏着许多机警和果断”①。

约瑟夫·魏德迈（1818—1866），生于普鲁士，柏林陆军大学毕业。1845年辞去军职，从事新闻工作。1845年12月参加马克思、恩格斯建立的布鲁塞尔共产主义通讯委员会的工作。1847年加入共产主义者同盟，在科隆地区建立同盟组织。1848年德国革命爆发后，魏德迈领导了威斯特伐利亚的民主革命运动。担任过法兰克福国民议会极左翼机关报《新德意志报》副主编。1850年创立同盟法兰克福支部。同盟发生分裂时，坚定地站在马克思、恩格斯一边。由于德国政府勒令《新德意志报》编辑部离开法兰克福，魏德迈先是流亡瑞士，后举家迁居美国。到美国后，发起组建美国的马克思主义组织——无产者同盟，创办刊物《革命》和《改革报》。在组约建立美国工人联合会和纽约共产

① 《马克思恩格斯全集》第21卷，人民出版社，1965年版，第243页。

主义者俱乐部。1859年任《人民呼声报》主编。1864年创建第一国际美国支部。1861年美国内战爆发，魏德迈参加联邦政府军队，曾担任圣路易斯第一军分区指挥官。内战结束后，魏德迈担任《新时代》主编，继续从事工人运动，促成美国劳工联盟的建立。1866年病逝。

此外还有：罗兰特·丹尼尔斯（1819—1855），职业医生，共产主义者同盟盟员，科伦共产主义者同盟中央委员，1852年德国政府制造的科伦共产党人案件的受害者。康拉德·施拉姆（1822—1858），共产主义者同盟盟员，参加1848年革命，马克思主编的《新莱茵报》杂志发行人。卡尔·济贝耳（1836—1868），德国诗人，恩格斯表弟，曾在德国宣传出版马克思、恩格斯的著作。格奥尔格·维尔特（1822—1856），德国诗人，曾作《帮工之歌》的诗稿，为工人阶级呐喊，漂泊到加勒比海湾，客死在海地。马克思闻讯惊痛万分，想给这位“永远不能忘怀的和不可多得的朋友”写一篇纪念文章。最终还是恩格斯写了《格奥尔格·维尔特》一文，称他是“德国无产阶级第一个和最重要的诗人”①，才完成了马克思的心愿。

13　革命家群像

在1889年7月14日召开的巴黎国际社会主义工人党代表大会上，有一个出席会议的各国政党代表的名单，于今看来仍然是那样群星璀璨、光彩夺目。他们有来自德国社会民主党的倍倍尔、李卜克内西、伯恩施坦、蔡特金，来自法国工人党的盖得、拉法格（马克思的二女婿）、瓦扬（巴黎公社委员）、龙格（巴黎公社委员、马克思的大女婿），来自英国社会主义同盟的莫里斯、艾威林（英国社会主义同盟领导人，马克思的三女婿）、爱琳娜（英国工人运动活动家、马克思的三女儿），来自俄国劳动解放社的普列汉诺夫、拉甫洛夫（俄国政治家、第一国际委员、巴黎公社参加者、《前进报》编辑），来自匈牙利的弗

① 《马克思恩格斯全集》第21卷，人民出版社，1965年版，第7页。

兰克尔（巴黎公社委员），来自荷兰社会民主党的纽文胡斯，来自西班牙社会主义工人党的伊格列西亚斯，来自美国社会主义工人党的布希，等等。如此豪华的阵容，几乎囊括了当时国际社会主义工人运动的风云人物，形成了无产阶级革命的领袖群像。我们不妨选取几位予以介绍。

奥古斯特·倍倍尔（1840—1913），出生于德国科隆一个步兵军营，幼年生活极其坎坷，父亲、继父相继去世，后来母亲去世，十三岁时被迫辍学独自谋生。先是当学徒，后开始流浪打工。坎坷的童年、贫困的生活和流浪打工的生涯，让他亲身体验到德国工人社会地位的低下和生活的困苦，对德国社会有了比较具体的了解和比较清醒的认识，同时也练就了他出色的组织能力和主持公道的性格品质。一个偶然的机会，倍倍尔从报上看到一则德国工人教育协会成立的消息，报名参加并全身心投入工作，如鱼得水，很快得到工友们的信赖，成为领导机构成员。1865年结识德国工人另一位领袖人物李卜克内西，又通过他学习马克思、恩格斯的思想，很快转变为坚定的社会主义者。1866年加入第一国际。为了引导工人群众摆脱当时颇有影响的拉萨尔派的影响，他和李卜克内西等坚持不懈地宣传鼓动，创立了德国社会民主工党。此后成为该党和西欧社会党历史上最有影响和最受欢迎的领导人。1869年到1887年之间，倍倍尔因反对俾斯麦铁血政府，散布所谓“危害国家的学说”，以“图谋叛国罪”和“渎君罪”先后六次被捕入狱。他以无私无畏的气度和乐观豁达的态度，把牢狱当成养精蓄锐、增长知识和著书立说的园地，撰写了通俗性论著《论德国的农民战争，着重中世纪主要社会运动》《妇女与社会主义》等。1875年出狱后又促成了爱森纳赫派同拉萨尔派的合并。在俾斯麦政府实施《反社会党人非常法》（亦称“非常法”）期间，倍倍尔等人坚持斗争，创办新的中央机关报《社会民主党人报》，秘密举行党的代表大会，确定党在此期间活动的方针、策略。1882年，报纸误传倍倍尔去世的消息，马克思、恩格斯非常悲痛。马克思称他是“德国（可以说是‘欧洲’）工人阶级中罕见的人物”①。恩格斯赞许

① 《马克思恩格斯全集》第35卷，人民出版社，1971年版，第92页。

他是不仅在德国，而且在别处也难以找到的有智慧的人。倍倍尔还积极参加第二国际的筹建活动，与党内出现的否定议会斗争的青年派和鼓吹和平长入社会主义的福尔马尔派进行了斗争。恩格斯对倍倍尔十分信任，指定他为著作的遗嘱执行人之一。恩格斯去世后，倍倍尔又成为反对伯恩施坦修正主义的旗帜性人物。1913年8月因心脏病在瑞士逝世。

威廉·李卜克内西（1826—1900），出生于一个知识分子家庭，在大学攻读语言学、哲学和神学。1848年德国革命爆发，李卜克内西率领一支民主派队伍进入巴登，宣布起义，建立“共和国临时政府”。失败后被捕，后流亡瑞士。1850年，当选为日内瓦德意志工人协会主席，遭瑞士当局逮捕，后被驱逐出境。在伦敦期间结识马克思、恩格斯，成为坚定的社会主义者，积极参加共产主义者同盟和伦敦德意志工人教育协会工作。1862年加入拉萨尔建立的全德工人联合会。1866年与倍倍尔创建萨克森人民党并加入第一国际，1869年与倍倍尔一道建立德国社会民主工党（爱森纳赫派）。1875年促成爱森纳赫派与拉萨尔派合并。在《非常法》实施期间，采取合法斗争与秘密斗争相结合的策略，领导全党开展斗争。主持党的哈勒代表大会和爱尔福特代表大会，制定新的党纲。李卜克内西是第二国际的创始人和领导人之一。在第二国际成立大会上被选为大会执行主席之一。晚年，在反对伯恩施坦修正主义方面做出重要贡献。

茹尔·盖得（1845—1922），出生于法国巴黎一个贫苦教师家庭。由于家境贫寒，从未进过学校，在父亲的指导下自学成才。二十岁时走上从事报刊工作的人生道路，撰写社论，阐发思想，主张通过武装起义建立共和国。巴黎公社爆发时，盖得坚决拥护并撰文抨击政府，被缺席判处五年徒刑和四千法郎罚款。盖得曾是巴枯宁无政府主义的追随者，逃亡到瑞士后，创建宣传和革命社会主义行动组织，申请加入第一国际遭拒。在意大利米兰逗留期间，受米兰的社会主义者影响，开始远离无政府主义观点。1876年9月起，盖得开始一面钻研科学社会主义理论，阅读马克思的《资本论》和其他著作，一面积极参加工人运动，在工人中宣传社会主义，并与倍倍尔、李卜克内西保持着联系。1877年创办周刊《平等报》，撰写了大量文章和著作。1879年与马克思、恩格斯建立了联系，同年和保尔·拉法格建立了直接联系，从此开始了二人宣传和普及科学社会主义、建立法国工人党等珠联璧合的辉煌合作。盖得是第二国际的著名领袖，是第二国际成立大会的直接组织者之一，被选入大会主席团。1922年7月病逝。

保尔·拉法格（1842—1911），出生于古巴一个法国葡萄种植园主家庭。在巴黎大学医学院学习期间，因积极参加反对路易·波拿巴第二帝国的斗争，被学校开除学籍，不得不转到伦敦继续攻读医学。毕业后任外科医生，结识了马克思、恩格斯，从此聆听马克思的教诲成为马克思主义者。1866年加入第一国际，任总委员会委员兼西班牙通讯书记。1868年与马克思的次女劳拉结婚。巴黎公社成立，拉法格在波尔多组织了保卫公社的斗争。公社失败后，他逃亡到西班牙。1879年，同盖得一起创建法国工人党。拉法格是筹建第二国际的主要组织者之一，被选为大会组织委员会书记。拉法格在法国孜孜不倦地宣传和传播马克思主义，多次遭受反动政府的迫害，但他不怕打击，不惧坐牢，成为法国工人运动的指路明灯。拉法格一生著述很多，主要有《马克思的经济唯物主义》《宗教和资本》等。临终前拉法格和劳拉双双注射毒剂，他在遗书中写道："我怀着无限欢乐的心情死去，深信我为之奋斗了四十五年的事业在不久的将来就会取得胜利。"①

格奥尔基·瓦连廷诺维奇·普列汉诺夫（1856—1918），出生于俄国一个贵族家庭，曾进入军校和矿业学院学习。在矿业学院学习期间，参加民粹派组织的政治性示威游行，被学校开除。此后，他逐渐成为一个职业革命家。创建新的民粹派组织，出任民粹派机关报《土地与自由》的编辑。1880年遭沙皇政府镇压，普列汉诺夫流亡国外，逐渐脱离民粹派。在巴黎，他结识了盖得、考茨基、李卜克内西、伯恩施坦等人。1881年着手翻译《共产党宣言》，他写道："阅读《共产党宣言》是我一生中的新时期。"②1882年他收到马克思、恩格斯

① 李兴耕：《拉法格传》，人民出版社，1987年版，第236页。

② ［苏］米·约夫楚克、［苏］伊·库尔巴托娃：《普列汉诺夫传》，宋洪训等译，生活·读书·新知三联书店，1980年版，第74页。

写的《1882年俄文版序言》，通过钻研和翻译马克思主义重要文献，转变成为一个真正的马克思主义者。1883年，与阿克雪里罗德、查苏利奇等人创立了劳动解放社。1889年出席第二国际成立大会，并前往拜会恩格斯，多次与恩格斯长谈。普列汉诺夫是最早与伯恩施坦修正主义论战的国际战士。普列汉诺夫还是俄国社会民主工党的创始人和总委员会主席、党纲的起草者，后成为孟什维克的代表。1918年因肺病去世。

此外还有：威廉·莫里斯（1834—1896），19世纪英国设计师、诗人，英国早期社会主义运动先驱。列奥·弗兰克尔（1844—1896），匈牙利工人运动和国际工人运动著名活动家，巴黎公社主要领导人之一，匈牙利工人党创始人。斐迪南·多梅拉·纽文胡斯（1846—1919），荷兰工人运动活动家，创办荷兰第一家社会主义劳工刊物《群众权利》，创建荷兰社会民主党并成为该党领袖，从事马克思主义宣传活动等。

14 伟大的谢幕

1895年8月5日，已是食道癌晚期的恩格斯在位于伦敦泰晤士河边的寓所内逝世。8月10日，在威斯敏斯特桥的滑铁卢车站大厅，人们为恩格斯举行追悼会。8月27日，遵照恩格斯的遗嘱，在他生前最喜欢的英国伊斯特勃恩海边，一艘小船划向大海深处，船上坐着爱琳娜、艾威林、恩格斯的战友列斯纳和弟子伯恩施坦四人，他们背诵着但丁的诗句，捧起黑色的骨灰罐，轻轻地将它沉入大海，恩格斯的骨灰被投入伊斯特勃恩海湾的大海中。尽管没有墓地供人瞻仰，世界人民还是在各地建立了展览馆、纪念碑来缅怀这位伟人。在恩格斯的家乡，他的故居得到了精心保护和修缮，作为德国中小学生的教育基地开放，故居旁边的大街也改名为“弗里德里希·恩格斯大街”。恩格斯谢幕的方式是静悄悄的，追悼会也远不如布朗基、辛格尔等人的隆重热烈，但是他的谢幕却是一个思想的高峰、一个时代的结束和一段历史的标志。今后无论人们怎样缅怀、追忆，抑或是无论敌人怎样诽谤、诅咒，他仍然是一座高峰、一个时代和一段历史。

这是一座思想高峰的巍然耸立。恩格斯的离世，是又一个马克思的离世。李卜克内西曾这样回忆道：“我第一次在柏林听到弗里德里希·恩格斯的名字，是在1845年。我如饥似渴地读完了《英国工人阶级状况》，这本书以它大量的事实和严密的逻辑性，替我打开了一个新的世界，或者更确切地说：这本书为我的生活之路奠定了基础。在我的想象中，恩格斯一定是个饱经世故、满额皱纹、有着一部显示智慧的花胡子的人，然而当见到他时，那挺直的、像普鲁士人那样强壮的身躯，快乐的、炯炯有神的眼睛，响亮而愉快的嗓音，诙谐有趣的谈吐，完全是一个爽朗的、热情奔放的年轻人。原来恩格斯就是这个样子！在他那光滑的年轻的额角后面，在他那快乐的炯炯有神的眼睛后面，竟蕴藏着写出《英国工人阶级状况》的思想。那张谈吐幽默、常常发出爽朗笑声的嘴，已经向那仍在昏睡中被束缚着的未来的主人，发出了强有力的唤醒和策励他们拯救自己的号召。全世界无产者，联合起来。这就是弗里德里希·恩格斯——一个和马克思旗鼓相当的人；卡尔·马克思的第二个‘我’，因为早在那个时候，他们两个就融为一体了。恩格斯愈靠近我，身材显得越高大。”[①]李卜克内西的回忆，道出了“这里有我敬仰的一个人”的真谛，那就是思想的光芒、真理的伟力！

是啊！社会主义思想从莫尔时代萌芽，经过了三百多年的前仆后继、勇毅前行，虽然结出了许多思想之树的硕果，但仍然在“空想”二字之间打转。不是这些社会主义思想的先哲努力不够，而是历史的发展没有给他们成为集大成者的机缘。而这一机缘恰恰给了马克思和恩格斯，只是因为相较于同时代的思想家们，他们的思维更加敏锐，他们的脚步更加坚实，他们的眼光更加犀利，他们的胸怀更加博大。说恩格斯是第二个马克思，反映了马克思和恩格斯的个人友情与事业已融为一体，犹如“你是另一个我”；更反映了马克思主义在两

---

① 中共中央马克思恩格斯列宁斯大林著作编译局编：《回忆恩格斯》，人民出版社，2005年版，第31页。

个伟人之间的一脉相承，永不分割。

马克思和恩格斯于1844年相识，由于世界观、价值观、人生观高度一致，开始了一生亲密无间的合作。他们的合作首先是人类思想发展史上的一次伟大飞跃。在这之前，思想家们或许也在把眼光从神转移到人，或许也在探究社会公平正义和谐自由的真谛，但是从来没有哪个思想家把眼光投向最广大的劳动者、投向社会最底层，从来没有哪个思想家找到保证社会公平正义和谐自由的途径和方法。因此，是他们创立了辩证唯物主义和历史唯物主义的科学世界观、方法论，揭示了人类社会发展的基本动因——社会基本矛盾运动，揭示了资本主义必然灭亡和社会主义必然胜利的客观规律；是他们创立了劳动价值学说，创造性地提出了剩余价值理论，揭开了资本及资本家剥削的秘密，从而也彻底撕下了资本主义博爱、自由、民主、公平、正义的虚伪面纱。他们致力于为全人类的幸福而工作，胸怀天下、立足劳苦大众，寻找为最广大人民谋福利的解放之路。他们在资本主义生产方式中找到了最有远见、最有组织纪律、最有战斗力的力量——工人阶级，从《共产党宣言》开始，就一以贯之地喊出了震撼寰宇的誓言——“全世界无产者，联合起来！”

马克思主义虽然是以马克思的名字命名的，但它确实是马克思和恩格斯的二重奏，是第一提琴手与第二提琴手之间的完美配合。而且马克思主义不是单纯个人的理论研究成果，而是广大无产阶级和劳动人民的精神支柱，是无产阶级和劳动人民的思想体系，是平民的哲学、政治经济学和科学社会主义。

马克思和恩格斯的离世，意味着这一伟大的思想旅程行进到一个阶段，意味着一个时代思想高峰的形成。这一思想如同马克思、恩格斯的历史地位一样，必将永远地传承下去并日益显现出真理的光芒和伟力。当20世纪即将结束的时候，英国广播公司（BBC）在全球范围内举行过一次“千年思想家”的网上评选，其结果是，马克思高居榜首。这就是历史的公论！

这是一个伟大时代的悄然落幕。人类历史是由一个个不同的时代、一个个不同的阶段构成的，总是在上演一幕幕反映不同时代、不同阶段特质的感天动地的历史大戏。马克思、恩格斯的英明之处就在于，他们不仅是这一幕幕历史大戏的观赏者，更是出神入化的编剧和导演。时至今日人们还念念不忘，恩格斯是如何精准地预测到第一次世界大战的。1887年恩格斯写了这样的话："最后，对于普鲁士德意志来说，现在除了世界战争以外已经不可能有任何别的战争了。这会是一场具有空前规模和空前剧烈的世界战争。那时会有800万到1000万的士兵彼此残杀，同时把整个欧洲都吃得干干净净，比任何时候的蝗虫群还要吃得厉害。""只有一个结果是绝对没有疑问的，那就是普遍的衰竭和为工人阶级的最后胜利造成条件。"[①]1914年，恩格斯预测的世界大战终于爆发，卷入这场战争的有31个国家，15亿人口，占当时世界人口的3/4，近1300万人死亡。

当然，马克思、恩格斯之所以能做出"先知的预言"，就在于他们始终追随时代的步伐，关注历史的变化，加以正确的归纳和总结，从中发现规律和得出结论。最难能可贵的是，他们创造了辩证唯物主义和历史唯物主义的世界观、方法论，给后人一架洞察未来的望远镜和一架揭示本质的显微镜。在他们的论述中，资本主义从手工工场到大机器生产，从个体生产的有计划性到整个社会生产的盲目性，从股份制经营到托拉斯垄断，生产力还在进一步发展。政治上民主共和制和普选制也在逐步健全和完善，社会阶级矛盾和斗争趋于缓和，资产阶级统治者也采取了一系列普惠的改良政策。然而这一切并没有改变资本主义社会的基本矛盾，也没有改变资本贪婪和血腥的本性，工人阶级的社会地位和民主权利仍然得不到有效保障，阶级斗争依然存在，有时还很严峻激烈，"两个必然"和"两个决不会"的历史规律仍然没有改变。因此，过去时代的悄然落幕，意味着社会经济、政治、文化等各方面的条件已经发生了翻天覆地的变化，需要我们结合新的变化了的实际，继续用马克思、恩格斯创立的科学世界观和方法论，去观察、分析和研究，从中找出新的特点和规律，为今后社会主义发展和工人运动提供科学的指导和有益的借鉴。很显然，下一个时代或下一个阶段的历史使命，就历史地落在了下一代革命者身上。而他（她）

---

① 《马克思恩格斯全集》第21卷，人民出版社，1965年版，第401—402页。

应该是谁呢?

这是对一段辉煌历史的完美诠释。当刚刚二十五六岁的马克思、恩格斯以他们卓越的思想成就介入工人运动时，工人们的组织大多都是零散的、密谋的，就如同正义者同盟那样，以前还有“四季社”、烧炭党等。工人运动也是自发的、盲目的和缺乏科学理论指导的。据有关资料显示，在马克思、恩格斯改造正义者同盟之前，工人的组织主要是零星的若干行业协会，有些激进组织往往是以暗杀、爆破为手段的，在工人当中的影响力十分有限。工人组织中的思想倾向也十分混乱，阶级阵线不清，理论阐释含混，不可避免地充当了资产阶级的尾巴。而当《共产党宣言》树立起共产主义、社会主义的伟大旗帜后，零散的、密谋的工人组织开始走向联合，开始公开走向政治舞台；自发的、盲目的工人运动开始转向自觉和有序，开始汇聚到科学理论的旗帜下。比如第一国际时，参加范围为欧洲、美洲，英、法、德、意、波兰、爱尔兰等八九个国家，几十个工人组织，已经被人们称为“欧洲第七强国”。而到第二国际成立时，参加范围已是欧、美、亚、大四大洲，大约三十个国家的社会主义政党。

马克思、恩格斯组建布鲁塞尔共产主义通讯委员会，致力于宣传科学社会主义思想时，马克思主义只是众多社会主义思潮中的一个小小流派，影响力还很小。马志尼主义、蒲鲁东主义、魏特林主义、拉萨尔主义、巴枯宁主义还十分流行，有的甚至像瘟疫一般广泛传播。从一定意义上说，共产主义者同盟还只是一个很小的国际性政党，其内部对其他社会主义思潮的清算，在社会面上并没有多少影响，也不可能对其他政党、工人组织产生多大的作用。所以，第一国际虽然实现了马克思对纲领、章程起草的主导权，也喊出了《共产党宣言》“全世界无产者，联合起来!”的口号。但是马克思在总委员会和小委员会的工作，总是以委婉的策略进行协调，达成的共识也有很多妥协的成分。而在第二国际成立时，马克思主义成为全世界工人和工人组织公认的指导思想，马克思、恩格斯成为全世界工人和工人组织共同敬仰的伟大导师，马克思的画像成为工人组织和工人运动的基本标识。虽然也有可能派和青年派的干扰，但这种思想斗争与共产主义者同盟时期、第一国际时期相比，已是不可同日而语了。

马克思、恩格斯参加并改组正义者同盟，只是创建无产阶级政党的一个尝试，尚没有在民族国家范围内建立独立的无产阶级政党的设想。对于各国工人运动的指导、推动，也仅仅依靠同盟在各地并不健全的和弱小的分支来进行。在第一国际期间，特别是在与巴枯宁无政府主义进行坚决斗争的过程中，萌生了在每个民族国家范围内建立独立无产阶级政党的思想，巴黎公社革命的经验，更加坚定了马克思恩格斯的这个想法。在他们亲切关怀和亲自指导下，在第一国际期间德国建立了全世界第一个民族国家范围内的独立的无产阶级政党——德国社会民主党。到第二国际时期，在民族国家建立的独立无产阶级政党已达十六个。不仅如此，各民族国家无产阶级政党充分利用资本主义国家代议制民主的优势，积极参与国家事务，千方百计为工人和劳动群众谋福利，取得重大进展。

当然，恩格斯的离世，也使马克思主义的创立者们无法看到未来社会的发展，无法对不断发展变化的现实进行创造性的研究和预判，更无法对各国工人政党具体战略、政策给予天才般的指导。这一切，只能留给后人，让马克思、恩格斯事业的继承者们独立地去思考，独立地去判断，独立地去处置。或许这样的思考、判断和处置，不太符合马克思、恩格斯曾经表达过的愿望，但只要是在科学的世界观和方法论的基础上推导出来的，只要是广大工人和劳动群众热切期盼的，只要是符合历史发展趋势和规律的，就是对马克思、恩格斯事业的继承，就是对马克思、恩格斯思想的忠诚，就是在造就一个新的思想高峰，开创一个新的时代，谱写一段新的历史。

第七章
列宁主义横空出世

01　可怕的伏线

在马克思、恩格斯晚年的理论生涯中，十分看重对青年理论人才的培养，他们在身边聚集和影响了一批善于思考、精于写作的青年才俊。其中伯恩施坦、考茨基是佼佼者，伯恩施坦尤其受到青睐。这里有一个苏黎世三人团的故事。1878年10月，俾斯麦政府颁布《反社会党人非常法》，严厉地把矛头指向社会民主主义、社会主义或共产主义，严禁社会主义者的一切活动，废除集会、言论、出版自由，大肆逮捕社会党人，镇压社会党人的活动，使党遭受巨大损失。在此法实施初期，赫希伯格（德国社会民主党人、社会主义政论家，党的理论刊物《未来》杂志编辑）、施拉姆（德国社会民主党人、改良主义者）和伯恩施坦以三颗星花署名，发表了题为《德国社会运动回顾》的文章，批评党的纲领和全部鼓动工作，宣传改良思想。伯恩施坦不是文稿的主要撰稿人，但参与了该文的部分写作。很显然，在党如此困难之际，发表这样的文章是极不适当的，无异于给俾斯麦政府递上斩杀社会党人的刀子，因此引起党内同志的极大愤慨，也受到马克思、恩格斯的严厉批判，并主张将三人开除出党。

伯恩施坦及时做了检查，1880年12月倍倍尔还带着他到伦敦拜访马克思和恩格斯，并获得谅解和信任。从此，伯恩施坦与恩格斯建立了通信联系，开始密切交往，直至1895年恩格斯逝世。实事求是地说，伯恩施坦在与恩格斯交往期间，在正确领会马克思主义基本原理的基础上，做了大量出色的文字工作，多次受到恩格斯的赞许、欣赏和表扬。比如称赞“很好”，“写得很好，很及时”，“主要点都强调得十分正确”，文章“使我十分开心”，“很欣赏”，等等。在十五年时间内，恩格斯对一个近乎孙辈的小青年给予这么高的评价、这么多的褒奖，是极为罕见和难能可贵的。恩格斯甚至把他与考茨基比较，赞扬“二人都是很正派和有用的人。爱德在理论上思路开阔，而且敏锐机智”[①]，“二人都经得住坦率的批评，正确领会最主要的东西，值得信赖。和那种粘在党身上的糟糕透顶的青年文人相比，这两个人倒是真珠子”。但伯恩施坦要“大大超过了考茨基”。[②]

除此之外，伯恩施坦的组织工作也很抢眼。1881年2月伯恩施坦就任《社会民主党人报》主编，使该报在《非常法》实施期间成为德国无产阶级战斗的报纸，成了“德国党的旗帜”，“无疑是党曾经有过的最好的报纸”。[③]在筹建第二国际期间他成为恩格斯的得力助手，其间起草的文稿，对打破可能派之流篡夺国际工人运动领导权的企图，发挥了巨大作用。恩格斯将之喻为“好像炸弹爆炸”“正中要害”。[④]伯恩施坦还参加了第一次纪念五一节示威游行大会，发表了演说。1890年《非常法》被废除，为适应新的形势，德国党准备制定新党纲，伯恩施坦参与起草的《爱尔福特纲领》获得通过，它成了当时国际工人运动中最好的党纲。

可见，由于伯恩施坦出色的工作，使得恩格斯对他理论上器重、政治上信任、实践上指导，以至病重期间两次遗嘱都提出要倍倍尔和伯恩施坦作为他手稿的继承人。可以说，伯恩施坦是恩格斯一手培养的第二国际社会民主党内最主要的理论家、思想家。然而正是这么一个有特殊光环的人，在恩格斯逝世后

---

① 《马克思恩格斯全集》第36卷，人民出版社，1974年版，第335页。

② 《马克思恩格斯全集》第36卷，人民出版社，1974年版，第414页。

③ 《马克思恩格斯全集》第29卷，人民出版社，2020年版，第88页。

④ 《马克思恩格斯全集》第37卷，人民出版社，1971年版，第171—172页。

的第二年，就系统提出对马克思主义的“修正”，这无疑震惊了全世界，对国际工人运动和社会主义运动造成了不可估量的影响。

实际上，伯恩施坦是在恩格斯眼皮底下滑向修正主义的。他自己承认连载于1890年第15、18、21期上的《礁石》，25期上的《略说策略问题》，以及36期上给一篇丹麦来稿写的后记，还有同期《社会民主党人报》的社论中，都有一些对马克思主义“修正”的表述。包括在与恩格斯交往的过程中，他还发生过几次动摇。一次是1881年担任《社会民主党人报》主编时，因倍倍尔忙于工作，李卜克内西在坐牢，在此艰难时期，他以编辑部人手不够为由而提出辞职。几个月后第二次提出辞职，并推荐了接替者。第三次是在1885年与党内机会主义斗争尖锐的时刻，承受不了压力，对办好报纸信心不足。这几次动摇都根源于他对社会民主党前途的悲观。当然在恩格斯的帮助下，他都挺过来了。而恩格斯在这期间反复告诫他：“不要只看到运动和斗争的现状，而忘记运动的未来。”[①]要依靠群众的力量顶住议会党团多数派的压力等。这一教导恐怕是很有深意的。

爱德华·伯恩施坦出生于柏林一个犹太家庭。二十二岁时加入德国社会民主党。1878年开始担任赫希伯格的私人秘书。1881年担任德国社会民主党机关报《社会民主党人报》主编。1888年在德国俾斯麦政府的要求下，被逐出瑞士，移居英国伦敦继续办报。1901年返回柏林，出版自己主编的《社会主义文献》杂志。1902—1928年，伯恩施坦三次当选为国会议员。伯恩施坦的思想有一个渐变的过程。在青年时期，受反普鲁士君主专制运动的影响，具有了自由主义和民主主义的思想；加入德国社会民主党后，先是倾向于拉萨尔主义，热情地将拉萨尔誉为自己的“导师”，后又受恩格斯的影响，倾向于马克思主义，并批评拉萨尔主义。然而在1888年《社会民主党人报》迁往伦敦后，他的思想再次发生改变。伯恩施坦目睹了英国资本主义的发展与进步，与英国费边社进行了深入接触，“修正”马克思主义的冲动日趋增强。

---

① 《马克思恩格斯全集》第36卷，人民出版社，1974年版，第310页。

恩格斯去世后，伯恩施坦开始有意识地吸收以往一切对马克思主义进行“修正”的思想，如拉萨尔、杜林等人的观点和费边主义、工联主义等派别的思想，进行系统化和个人发挥。在1896年至1898年间，他以《社会主义问题》为总标题，在考茨基主编的《新时代》杂志上发表了系列文章。1899年整理出版《社会主义的前提和社会民主党的任务》一书。

伯恩施坦的主要观点有：第一，民主对于社会主义具有关键的意义。指出“民主这一概念包含着一个法权观念：社会的一切成员权利平等”，“民主是手段，同时又是目的。它是争取社会主义的手段，它又是实现社会主义的形式”，没有民主就没有社会主义。第二，社会主义只是资本主义社会向全面民主发展的一个渐长渐进的运动过程。针对马克思主义将阶级斗争视为社会发展动力的观点，他说“我并不认为对立面的斗争是一切发展的动力，相似的力量的合作也是发展的一个巨大动力”，进一步提出了阶级合作的观点。第三，资本主义社会和以往的一切社会制度不同，自身具有很强的自我更生能力，不需要靠暴力来摧毁才能建成一个新的社会制度；社会民主党人只要通过积极地组织和行动来继续发展它，就可以逐步实现社会主义。第四，社会主义并不是一种具体的社会模式，只是一种社会进程，社会主义也并没有一个最终阶段，它总是在不断进步。第五，国家并非只能成为阶级压迫的工具，而是可以成为超越阶级的全社会的共同事务的委员会等。

伯恩施坦的上述观点在社会民主党内经过多年的激烈辩论，到第一次世界大战以后即得到几乎完全的贯彻。《社会主义的前提和社会民主党的任务》一书的出版和广泛为社会民主党人所接受，标志着欧洲社会主义运动已形成一个独立于科学社会主义的分支——民主社会主义学说，伯恩施坦也因此赢得了民主社会主义鼻祖的称号。

关于伯恩施坦对马克思主义进行“修正”的是与非，学术领域、实践领域的争执依然存在并将长期存在。但这对于科学社会主义的前途与命运，不能不说是一个可怕的伏线。

02　坚决而未能有效的回击

作为恩格斯最信任的弟子，伯恩施坦对马克思主义的“修正”，特别是其《社会主义的前提和社会民主党的任务》一书的出版，在德国社会民主党内掀起了轩然大波。德国社会民主党和第二国际著名的左派理论家卢森堡不无担忧地说：“在我们党内，有一个极其重要的问题即对最终目的和日常斗争的关系的理解已经弄模糊了。”①党的领导人倍倍尔无比痛心地说：“要是恩格斯今天看见，爱德华把他曾经亲自帮助建立起来的一切都葬送掉了，他会说些什么呢?”②

不仅如此，伯恩施坦主义在党外和第二国际也迅速蔓延，而且影响日益深重。比如在法国出现了以米勒兰为首的入阁派；在俄国先是出现了“经济派”，后又出现了“孟什维克主义”；在法国、保加利亚等也出现了“伯恩施坦现象”。特别是一些资产阶级政党、组织和学者，一些仇视社会主义的团体，视之如宝，无不欢欣鼓舞。比如德国反对国家社会主义联盟领袖纳乌曼发表了《马克思主义瓦解》一文，写道：“我感到高兴，因为伯恩施坦继续在党的内部鼓吹：让我们抛弃马克思主义的已经过时的和无效的公式吧！”③奥地利社会学家拉·龚普洛维奇认为：“这部著作确实做了我希望做的事情，这就是：一次解放的行动。”人们“再也不会怀疑：马克思主义的正统学说这一次终于完结了”。④

对于伯恩施坦主义，德国社会民主党多次召开代表大会予以清算。卢森堡、倍倍尔、考茨基、李卜克内西等人，纷纷口诛笔伐，予以批驳。俄国的普

---

① 中共中央马克思恩格斯列宁斯大林著作编译局国际共运史研究室编：《德国社会民主党关于伯恩施坦问题的争论》，生活·读书·新知三联书店，1981年版，第26页。

② 中共中央马克思恩格斯列宁斯大林著作编译局国际共运史研究室编：《德国社会民主党关于伯恩施坦问题的争论》，生活·读书·新知三联书店，1981年版，第3页。

③ 彭树智：《修正主义的鼻祖——伯恩施坦》，陕西人民出版社，1982年版，第303页。

④ 中共中央马克思恩格斯列宁斯大林著作编译局国际共运史研究室编：《德国社会民主党关于伯恩施坦问题的争论》，生活·读书·新知三联书店，1981年版，第26页。

列汉诺夫、法国的拉法格、保加利亚的布拉戈耶夫（保加利亚工人运动领导人）等，也都不遗余力地撰文批判。然而，由于党内思想分歧严重，这些批判也未能触及伯恩施坦主义的本质，所以效果并不明显。刚开始，“修正主义的危险只是在社会地平线上出现的一小朵乌云，但是1908年出二版的时候，这种危险的乌云已经布满了整个天空”[①]。“如果说，19世纪以来，伯恩施坦在‘修正’马克思主义学说时，人们把这种发动只是看作德国党内少数人的事，那么到20世纪初期，伯恩施坦修正主义已经开始从德国蔓延开来，成为一种国际性思潮了。”[②]这确定是值得人们深思的。

对伯恩施坦主义最先展开批评的是普列汉诺夫。1897年，普列汉诺夫在瑞士的一次群众集会上发表了题为“卡尔·马克思的哲学观和社会观”的精彩演说，对伯恩施坦主义进行了初步的反击和批判，捍卫了马克思主义的科学性与完整性。同年普列汉诺夫撰写《伯恩施坦与唯物主义》一文，从哲学理论上对伯恩施坦展开全面批判。当1898年斯图加特代表大会对伯恩施坦妥协后，他又撰文《我们为什么要感谢他?》进行质问。普列汉诺夫对伯恩施坦主义的批判主要集中在如下几个方面。

一是批判伯恩施坦“回到康德那里去”的口号，捍卫了唯物论。普列汉诺夫指出，康德的自在之物不可认识的理论早已被实践粉碎。我们通过我们的知觉能力也知道存在于物体自身之间的那些关系。知道就是预见。一旦我们能预见现象，也就能预见到某些自在之物对我们的作用。二是批判伯恩施坦的庸俗进化论，捍卫了马克思主义辩证法。他说：“如果说伯恩施坦先生抛弃唯物主义是为了不要‘威胁’资产阶级意识形态的利益之一的宗教，那么他抛弃辩证法就是由于不愿意用‘暴力革命的惨象’来吓坏资产阶级。”[③]三是批判伯恩施坦关于现在民主国家内没有必要使用暴力的论调。普列汉诺夫认为，无产阶级

---

① 贾淑品：《列宁、卢森堡、考茨基与伯恩施坦主义》，人民出版社，2013年版，第54页。

② 中共中央马克思恩格斯列宁斯大林著作编译局国际共运史研究室编：《国际共运史研究资料》第13辑，人民出版社，1985年版，第21页。

③ 《普列汉诺夫哲学著作选集》第2卷，生活·读书·新知三联书店，1961年版，第441页。

进行革命斗争时，为了达到其目的，方法的选择不能取决于主观愿望，而要取决于客观环境。在原则上不能放弃行动的暴力手段。四是批判伯恩施坦为资本主义辩护的真面目，捍卫了马克思主义剩余价值学说和经济危机理论。普列汉诺夫用大量确凿的事实证明，资本主义的发展导致社会不平等加深，导致资本主义危机加剧，导致资本主义制度灭亡。

面对伯恩施坦主义引起的思想混乱，在党内一片沉寂的背景下，号称“红色罗莎”“革命之鹰”的著名理论家卢森堡勇敢地站到“最前列”，公开反对伯恩施坦主义，并展开有层次、有逻辑的批判。罗莎·卢森堡出生于俄属波兰一个富裕犹太家庭，从小聪明敏捷、好读善学。中学毕业不久，就成为“第二无产阶级党”成员。1890年就读苏黎世大学社会政治系，最终完成论述波兰工业发展的博士论文。1894年，也就是其二十三岁时，创建波兰王国社会民主党，1898年通过与德国人结婚的方式获得德国国籍。此后，卢森堡积极参加德国社会民主党的竞选活动，展现出杰出的才能。卢森堡最大的功绩，就是扛起了批判伯恩施坦主义的旗帜，写下一系列战斗性文章。第一次世界大战期间，与卡尔·李卜克内西（威廉·李卜克内西之子，德国社会民主党领导人）等人组织斯巴达克派，后参与创建德国共产党，在组织大规模示威时被资产阶级“自卫民团”逮捕，随即遇害。

卢森堡十分敏锐地认识到，与伯恩施坦主义的斗争，“对于社会民主党来说，也是一个生死存亡问题”，“不是这种或那种斗争方式的问题，也不是这种或那种策略的问题，而是社会民主主义运动的存废问题”。[①]从根本上说，是关系到两种世界观、两个阶级和两种社会制度的问题。在代表作《社会改良还是革命》中，卢森堡不仅批判了伯恩施坦主义的理论起点和核心，而且还深入其论证方法、逻辑及实质层面进行剖析，透彻地揭露了伯恩施坦主义的错误实质。卢森堡坦言，伯恩施坦主义并非什么新创造，而只不过是形形色色的批评马克思主义的资产阶级、小资产阶级和社会改良主义思想的结合，“一个大垃

① 《卢森堡文选》，人民出版社，2012年版，第2页。

圾堆，一切思想体系的碎片，一切大小思想家的片段思想，在这里找到了公墓”[①]。她一针见血地指出，社会改良和社会革命是资本主义国家工人运动中的两大要素，它们对于工人运动来说，都是需要的。然而伯恩施坦不但把社会改良和社会革命对立起来，而且要用社会改良代替社会革命，不但把最终目的同运动对立起来，而且要用运动取消最终目的。因此，与伯恩施坦辩论“社会改良还是社会革命”问题，归根到底，是要不要社会主义这一最终目的的问题。卢森堡说：“近年来，运动在广度上有了巨大的增长，斗争的条件复杂化了，斗争的任务也复杂化了，在这种情况下，必然有这样一个时刻到来，这时在运动中对能否达到伟大的最终目的将发生怀疑，对运动的思想因素将产生动摇。”[②]伯恩施坦主义的表现，“不是偶然现象，不是个别人物的罪孽、过错和叛变，而是整个历史时代的社会产物”[③]。

针对伯恩施坦关于资本主义社会是有史以来最好的社会、这个社会的弊端通过社会改良的道路是能够完全克服的谬论，卢森堡用历史和现实中的许多事实来证明，资本主义从根本上说无法克服其弊端，尤其是无政府状态的弊端。正是这种状态使资本主义社会的崩溃不可避免。在伯恩施坦看来，资本主义显示出一种不断增长的“适应性”，即通过信用、通信、垄断组织以及交通工具的发展，生产的无政府状态会逐渐减弱，危机可以逐步消失，阶级矛盾趋于缓和。卢森堡认为，事实恰恰和伯恩施坦的臆造相反，信用、通信、垄断组织和交通工具的发展，不可能消灭危机，而是“加剧它固有的无政府状态，暴露它内含的矛盾，加速它灭亡的一个手段”[④]。

针对伯恩施坦等人攻击马克思主义已经“过时”，是限制独立思想活动的“框框”等谬论，卢森堡义正辞严地强调，马克思主义绝不是停滞不前不再发展的理论，但是发展马克思主义只能在马克思开辟的道路上前进。当然，卢森

① 《卢森堡文选》，人民出版社，2012年版，第67页。
② 《卢森堡文选》，人民出版社，2012年版，第73页。
③ 《列宁全集》第26卷，人民出版社，2017年版，第264页。
④ 《卢森堡文选》，人民出版社，2012年版，第15页。

堡的批判对于当时资本主义出现的一系列新问题，未能给出科学的回答，未能用新的结论丰富和发展马克思主义，这是很遗憾的。

对伯恩施坦主义做出坚决回击的，还有德国党的领袖、元老倍倍尔。倍倍尔认为，伯恩施坦对党纲中的观点进行粗暴的批评，是不能允许的。比如在党的使命上，伯恩施坦认为，马克思关于资本主义社会发展过程的观点是过分乐观的，这一过程的进展要缓慢得多。因此，实现社会主义的前景遥遥无期，甚至根本不能实现。比如在经济方面，伯恩施坦认为，英国股份公司的出现证明财产并没有集中，而是在分散，收入情况也是如此。还比如在阶级斗争方面，伯恩施坦认为，不存在一个具有完全相同利益的工人阶级，工人说不上有共同的阶级意识，等等，从而拒绝社会民主党关于剥削的思想、贫困化理论和阶级斗争观点。倍倍尔有针对性地指出，在经济方面，迄今为止，虽然股份公司大大提振了事业心，提高了劳动生产率，然而同时也造成了财产的集中。倍倍尔通过对萨克森的所得税的统计来说明，“问题不在于货币工资的多少，而在于实际工资的多少，在于工人是否能用增加的工资更好地满足他增加了的需要”①。对于大多数人民来说，总的生活状况与富裕阶级相比没有丝毫的改善。

在阶级斗争方面，倍倍尔认为，虽然今天阶级斗争的形式变得更讲人道了，但阶级矛盾并没有缓和，如果发生工业衰退，阶级矛盾就会尖锐化。推翻资产阶级社会只能是工人阶级的事业，因为所有其他的阶级都是把保存现存社会的基础作为共同目标。他重申社会民主党本质上是一个革命的党，我们并不拒绝改良，但“把目标推向遥遥无期的未来，使党丧失牺牲的勇气、热情、献身精神即斗争所迫切需要的一切品质，并且千方百计制造人为的困难，破坏人们对胜利可能性的信念，这是一种十分荒谬的策略”②。

倍倍尔还分析了伯恩施坦修正主义产生的原因，他在给伯恩施坦的信中

① 中共中央马克思恩格斯列宁斯大林著作编译局国际共运史研究室编：《德国社会民主党关于伯恩施坦问题的争论》，生活·读书·新知三联书店，1981年版，第203页。

② 中共中央马克思恩格斯列宁斯大林著作编译局国际共运史研究室编：《德国社会民主党关于伯恩施坦问题的争论》，生活·读书·新知三联书店，1981年版，第228页。

说："你入党时是一个爱森纳赫派，几年后你在杜林的著作和演讲的影响下变成了狂热的杜林分子……自从恩格斯逝世，你所呼吸的英国空气，你所处的英国环境以及你在那里的交往，使你的观点又来了一个变化。"[①]很显然，这样就事论事的批判，没有抓住论战的本质，也未能回答国际工人运动和社会主义运动面临的一系列新问题，其针对性、说服力、深刻性及洞察力都远远不足。

此外，考茨基、蔡特金（德国社会民主党和第二国际左派领袖、国际社会主义妇女运动领袖）、拉法格、列宁等，都对伯恩施坦主义有过系统精彩的批判。

03　时代造就新的伟人

在恩格斯去世的年代，在伯恩施坦修正马克思主义的年代，在德国社会民主党开展对伯恩施坦主义清算的年代，在伯恩施坦主义从一朵乌云发展到乌云密布的年代，人们急切地期盼着，期盼着一个新的思想幽灵的出现。就如同当年马克思、恩格斯在《共产党宣言》开篇中描述的那样，共产主义幽灵的出现让旧社会瑟瑟发抖。马克思曾引用法国启蒙思想家爱尔维修说过的一段话："每一个社会时代都需要有自己的大人物，如果没有这样的人物，它就要把他们创造出来。"[②]而能够打通时代发展与马克思主义理论的那个伟人，就是弗拉基米尔·伊里奇·列宁。

1870年，列宁出生于俄国伏尔加河畔的辛比尔斯克市，上中学时勤奋好学，成绩优异，毕业时因品学兼优获金质奖章。列宁深受革命民主主义思想影响，由阅读上大学的哥哥带回家的《资本论》开始接触马克思主义。中学即将毕业之际，哥哥因参加民意党刺杀沙皇的行动被捕并被杀害。列宁在喀山加入马克思主义小组，开始系统研究马克思的《资本论》和普列汉诺夫的著作，成

① 中共中央马克思恩格斯列宁斯大林著作编译局国际共运史研究室编：《德国社会民主党关于伯恩施坦问题的争论》，生活·读书·新知三联书店，1981年版，第60页。

② 《马克思恩格斯选集》第一卷，人民出版社，2012年版，第502页。

为马克思主义者。1893年在圣彼得堡组织和领导马克思主义小组活动，1895年将圣彼得堡所有马克思主义小组联合起来，成立圣彼得堡工人解放斗争协会，第一次在俄国实现了马克思主义和工人运动的结合。1900年在德国慕尼黑与马尔托夫等人合作创办了第一份俄国社会民主工党的报纸《火星报》。之后在与机会主义斗争、建党、反战、十月革命、共产国际、苏联建设等路上一路前行，一路凯歌，创造了马克思主义与工人运动、社会主义运动新的辉煌。

有位哲人说“天才具有神奇的魅力”，列宁就是这样一位天才。[①]列宁的著作是当今世界流传最为广泛的著作之一。据联合国教科文组织20世纪70年代末统计，当时占世界出版和翻译量首位的是只有九十年历史的列宁的著作。截至1979年，列宁的著作在各社会主义国家共出版过3000多次，在发达资本主义国家翻译出版甚至超过3500次。而在发展中国家，仅1970年一年翻译出版的列宁著作就多达1114种。[②]

当然，列宁的天才并不是与生俱来的，而是和他善于向马克思的著作请教，善于向实践学习，善于博览群书，用人类知识的精华武装自己分不开的。[③]如果我们阅读列宁早期著述就会发现，在那个严格禁止出版和传播马克思、恩格斯著作的年代，大多数社会主义者连《共产党宣言》都没有读过，但列宁几乎读遍了当时能够搜集到的马克思、恩格斯著作的德文版、法文版和俄文版，具备了丰富的马克思主义学养和方方面面的渊博知识。同时，列宁又善于向实践学习，善于读生活之书，是理论与实践相结合的楷模。他在《论策略书》一文中写道，任何理论“至多只能指出基本的、一般的东西，只能大体上概括实际生活中的复杂情况。我的朋友，理论是灰色的，而生活之树是常青的”[④]。正因为如此，列宁才能成为堪当历史大任的伟人。俄国著名诗人马雅

---

① 参见于奇：《天才与善于学习是同义语——列宁学习的几个故事》，《科学社会主义》，1991年第3期。

② 参见叶卫平：《西方“列宁学”研究》，中国人民大学出版社，1989年版，第26页。

③ 参见于奇：《天才与善于学习是同义语——列宁学习的几个故事》，《科学社会主义》，1991年第3期。

④ 《列宁专题文集·论马克思主义》，人民出版社，2009年版，第301页。

可夫斯基曾写过一首长诗《列宁》，其中写道："在欧洲/徘徊着/共产主义的幽灵，它一会儿走远，一会儿又/重新走近。正因为这一切，所以在偏僻的/辛比尔斯克/才诞生了一个/普通的孩子——列宁。"①无独有偶，著名的西方学者、出版家罗伯特·佩斯曾不禁惊呼："一个幽灵已经缠住了我们这个世界——这个幽灵就是列宁。""他那狂热的意志像杠杆一样企图把地球撬入他指定的轨道之中；由于他撬得如此有力，以至于我们这个世界至今仍然颤抖不止！"②

列宁之所以能成为马克思、恩格斯科学社会主义衣钵的继承者，首先是与他对待马克思主义的科学态度有关。伯恩施坦主义出笼后，"马克思主义过时论"甚嚣尘上，对待马克思主义的态度一度成为甄别真假马克思主义的试金石。列宁从理论对实践的指导作用和实践对理论的决定作用两个维度，深刻阐明了革命理论与革命运动之间的辩证关系。他指出："没有革命的理论，就不会有革命的运动。"③而"革命理论是不能臆造出来的，它是从世界各国的革命经验和革命思想的总和中生长出来的"④。理论正确与否，要接受实践的检验，"理论符合现实是理论的唯一标准"⑤，只有联系实际的理论才不会僵化而永葆生机。因此，马克思主义不是教条，而是行动指南。"理论在变为实践，理论由实践赋予活力，由实践来修正，由实践来检验。"⑥在对待马克思主义的问题上，列宁坚决反对教条主义与修正主义两种错误倾向。他指出，不能脱离实际来对待理论、空谈理论，那些人"都自称马克思主义者，但是对马克思主义的理解却迂腐到无以复加的程度。马克思主义中有决定意义的东西，即马克思主义的革命辩证法，他们一点也不理解"⑦。

同时，列宁反对借口实际变化来歪曲和篡改马克思主义。他深刻地指出，

---

① ［苏］弗拉基米尔·马雅可夫斯基：《列宁》，飞白译，人民文学出版社，1977年版。

② 于奇：《天才与善于学习是同义语——列宁学习的几个故事》，《科学社会主义》，1991年第3期。

③ 《列宁全集》第6卷，人民出版社，2013年版，第23页。

④ 《列宁全集》第27卷，人民出版社，2017年版，第15页。

⑤ 《列宁全集》第1卷，人民出版社，2013年版，第133页。

⑥ 《列宁全集》第33卷，人民出版社，2017年版，第212页。

⑦ 《列宁全集》第43卷，人民出版社，2017年版，第373页。

伯恩施坦主义的实质在于，“为了实际的或假想的一时的利益而牺牲无产阶级的根本利益，——这就是修正主义的政策”[①]。在列宁看来，“所谓反对思想僵化等等的响亮词句，只不过是用来掩饰人们对理论思想发展的冷淡和无能”[②]。

其次，与列宁结合新的实际大胆探索，提出新的理论概括和新的理论成果有关。列宁指出，要十分珍惜“真是饱经苦难才找到了马克思主义这个唯一正确的革命理论”[③]。但每个国家的社会党人，都“需要独立地探讨马克思的理论，因为它所提供的只是总的指导原理，而这些原理的应用具体地说，在英国不同于法国，在法国不同于德国，在德国又不同于俄国”[④]。要结合自身实际特点来运用普遍原则，“把这些原则在某些细节上正确地加以改变，使之正确地适应于民族的和民族国家的差别，针对这些差别正确地加以运用”[⑤]。

最后，与列宁敢于直面现实问题突破马克思主义的个别具体结论有关。列宁特别强调：“马克思和恩格斯多次说过，我们的学说不是教条，而是行动的指南，我想我们应当首先和特别注意这一点。”[⑥]他不同于普列汉诺夫、卢森堡、倍倍尔、考茨基等人对伯恩施坦主义就事论事的批判，而是直面问题，创造新的理论来回答时代之变。比如用建立新型无产阶级政党来回答工人运动下一步“怎么办”，用“一国胜利论”来指引世界革命尤其是相对落后国家革命的前进方向，用新经济政策来解决经济文化相对落后国家走向社会主义的难题，等等。也正是因为如此，列宁在新的时代条件下，将马克思主义整体推进到崭新的列宁主义阶段。

---

① 《列宁全集》第17卷，人民出版社，2017年版，第17页。
② 《列宁全集》第6卷，人民出版社，2013年版，第22页。
③ 《列宁全集》第39卷，人民出版社，2017年版，第6页。
④ 《列宁全集》第4卷，人民出版社，2013年版，第161页。
⑤ 《列宁全集》第39卷，人民出版社，2017年版，第71页。
⑥ 《列宁全集》第35卷，人民出版社，2017年版，第219页。

04 向衰败的民粹开战

民粹主义是马克思主义在俄国广泛传播前的革命学说，“反映着先进的、革命的小资产阶级民主主义”，“是同农奴制旧俄国作最坚决斗争的旗帜”。[①]列宁的哥哥亚历山大就是一个坚定的民粹派分子。哥哥比他大四岁，曾是中学的优等生，在列宁眼里，哥哥一心扑在学习上，生活很封闭，最大的爱好就是观察研究蚯蚓。

但这一切都是假象，在潜心研究科学的背后，哥哥在秘密从事革命活动。当时沙皇政府为了防止革命，对相关人员进行监视。一天他们截获了一封私人信件，顺着这条线索，警方破获了民粹派民意党人试图搞恐怖爆炸的案件。列宁的哥哥因运送爆炸物而牵连其中。哥哥被捕后，坚决反对以悔过书和牺牲战友为条件换取自由，坚持为正义牺牲自我。这对列宁触动很大。普·凯尔任采夫在他的《列宁传》中这样描述道：“弗拉基米尔·伊里奇的哥哥的死加强了他的革命倾向，但是他探索的是一条和他哥哥不同的、跟专制制度做斗争的道路。”[②]列宁后来曾谈到一次被捕后与押送他的警官的对话。警官说：“小伙子，造反有什么好处？你不是向一堵石墙上撞吗？”列宁这样答道：“是的，但这是一堵朽墙，一撞就倒的。”[③]随着马克思主义的传播，列宁愈来愈认识到民粹主义的缺陷和不足。当转变为坚定的马克思主义者后，他深感民粹主义日益成为俄国革命的桎梏和绊脚石，必须与之进行坚决的斗争。

针对民粹派否认社会分工的存在，坚称俄国尚未走向资本主义道路的论断，列宁从分析农民分化这一事实入手，指出“商品经济体系作为我国包括‘村社’‘农民’经济在内的整个经济的主要背景，已经清晰地显示出来”[④]。

---

① 《列宁全集》第16卷，人民出版社，2017年版，第203页。

② ［苏］普·凯尔任采夫：《列宁传》，生活·读书·新知三联书店，1975年版，第5页。

③ ［苏］普·凯尔任采夫：《列宁传》，生活·读书·新知三联书店，1975年版，第6页。

④ 《列宁全集》第1卷，人民出版社，2013年版，第196页。

虽然俄国经济发展还很落后，但俄国机器大工业也“具有和整个资本主义西欧相同的属性”，俄国已经是资本主义国家。[①]

针对民粹派提出“俄国资本主义虽然有了一定发展，但没有前途”的论断，列宁毫不客气地揭露，“人民经济”与资本主义的对立是民粹派臆想出来的，资本主义与人民工业并不矛盾，二者是资本主义发展阶段高低的关系。也正因为如此，民粹派关于国内市场随着资本主义的发展而缩小的理论也是站不住脚的。在列宁看来，市场不过是商品经济中社会分工的表现，“资本主义的发展特别是农场经济的发展不是缩小国内市场而是造成国内市场”[②]，是俄国资本主义发展的条件。

针对民粹派关于资本主义具有无限的破坏性的观点，列宁辩证地提出俄国资本主义的历史进步性：社会劳动生产力的提高和劳动的社会化。“俄国资本主义的发展是这样的迅速，只用数十年就完成了欧洲某些老国家整整几个世纪才完成了的转变”[③]。

针对民粹派关于马克思社会主义学说“并不是侧重于科学方面，而是侧重于未来的远景”等观点，列宁强调，马克思社会主义学说的核心在于其科学性，是在批判和思考现实的基础上提出来的，是对现实的资本主义经济制度分析、批判的产物。对马克思的社会主义学说进行“远景化”解读是极端荒谬和虚伪的。

针对民粹派村社是“未来制度的基石”的观点，列宁的态度是旗帜鲜明的，俄国的村社已经受到商品经济的严重冲击，村社农民存在的根基已不复存在。俄国农业资产阶级“是在我们的‘村社’内而不是在‘村社’外成长着”[④]，资本主义在俄国的发展是历史的必然。

针对民粹派关于俄国村社是完整的，在此基础上可以跨越资本主义直接进

---

① 参见《列宁全集》第1卷，人民出版社，2013年版，第177—178页。

② 《列宁全集》第2卷，人民出版社，2013年版，第110页。

③ 《列宁全集》第20卷，人民出版社，2017年版，第175页。

④ 《列宁全集》第1卷，人民出版社，2013年版，第341页。

入社会主义的观点，列宁非常有耐心地分析道，农民分化为农村无产阶级和农村资产阶级，农民的分化加剧了土地和资本的集中，加速了俄国农村公社的崩溃，同时意味着农民“社会主义天性”赖以生长的土壤不复存在，在这种前提下，“俄国工人是俄国全体被剥削劳动群众唯一的和天然的代表”[①]。当然，这其中也包括从农民中分化出来的农村无产阶级。

至此，年仅二十三四岁的列宁用他对待马克思主义的科学态度，依托雄厚的马克思主义理论基础和直面现实、解决现实问题的巨大勇气，在与民粹派的斗争中大获全胜。在这期间，列宁撰写的代表性著作有《什么是“人民之友”以及他们如何攻击社会民主党人?》《俄国资本主义的发展》等。

05 革命的当务之急

尼古拉·车尔尼雪夫斯基是俄国著名作家和文学评论家，也是列宁十分尊崇的老一辈革命民主主义者。因为宣传进步思想，他被捕入狱，1864年被判处流放西伯利亚服苦役。在囚禁和流放的日子里，他毫不沮丧，激情勃发地写下了名垂千古的长篇小说《怎么办?》。

小说的故事情节是这样的，薇拉是一个深受社会主义思想影响、富有远大抱负的美丽姑娘，但是她的母亲为了谋取钱财，逼迫她嫁给一个纨绔子弟。薇拉坚决反对并以自杀相威胁。深爱她的医学院学生洛普霍夫多方奔走，予以相助，终以假结婚的方式把薇拉救出苦海。为此，洛普霍夫牺牲了自己的学业和当教授的前途，但他毫无怨言，支持并与薇拉共同创办了一家实行社会主义原则的工厂。洛普霍夫性格内向，为人严肃，而薇拉热情奔放，善于交际。性格的冲突和情趣的不同，使她爱上了性情相投的洛普霍夫的好友。为了幸福应该怎么办？薇拉意识到自己的爱情会给洛普霍夫带来痛苦，便竭力倾尽热情去爱洛普霍夫；洛普霍夫的好友主动疏远薇拉，不再拜访洛普霍夫家；而洛普霍夫

---

① 《列宁全集》第1卷，人民出版社，2013年版，第263页。

以假自杀远赴美国参加废奴运动，以成全薇拉的爱情。

凄美的故事、崇高的情操深深地吸引了列宁。《怎么办?》这部小说对列宁的影响是巨大的。列宁强调说："我在接触马克思、恩格斯和普列汉诺夫的著作之前，对我起着主要的、占据压倒优势影响的只是车尔尼雪夫斯基，这种影响就是从《怎么办?》开始的。"[①]他在一次谈话中还这样说："车尔尼雪夫斯基的最大功绩就在于他不仅指出：每一个能正确地进行思考的和品行端正的人都应该成为革命者；而且，他还指出另外的、更为重要的一点：革命家应该成为什么样的人，他的行为的原则应该是些什么，他应该怎样去达到自己的目的，以及用什么方法和手段来使它实现。"[②]"在它的影响下成千成百的人变成了革命家。"[③]我们当然无法揣测列宁为什么要用《怎么办?》这个书名去阐述与俄国经济派的论战，但有一点应该是可以肯定的，这就是要制止党内思想理论方面的混乱和谬误。

俄国经济派是俄国社会民主党内深受伯恩施坦主义影响的一个派别。其代表人物是马尔丁诺夫，他是经济派机关报《工人事业》编辑部的一位编辑。俄国第一个马克思主义政党——工人阶级解放斗争协会成立不久，经济派就初露锋芒，主张把工人运动局限在工会斗争和经济斗争的狭隘范围内。随着斗争协会领导的工人罢工的发展，沙皇政府的镇压也不断加剧，导致列宁在内的近百位协会领导人和工作人员被捕。在这个时候，一批自称"青年人"的活跃分子登上舞台，使协会领导成分发生变化，经济派的影响日益加深。

1898年俄国社会民主工党成立，但没有制定具体的党章和纲领，各地方组织也没有统一的路线，大会选出的三名中央委员会委员中不久就有两名被警察逮捕。加之伯恩施坦主义的传播，经济派思想在各地蔓延并逐步占据优势。经

---

① ［苏］留里科夫：《弗·伊·列宁和文学问题》，见［苏］尼·伊·克鲁奇科娃编：《列宁论文学和艺术》，人民文学出版社，1960年版，第30页。

② ［苏］留里科夫：《弗·伊·列宁和文学问题》，见［苏］尼·伊·克鲁奇科娃编：《列宁论文学和艺术》，人民文学出版社，1960年版，第30—31页。

③ ［苏］留里科夫：《弗·伊·列宁和文学问题》，见［苏］尼·伊·克鲁奇科娃编：《列宁论文学和艺术》，人民文学出版社，1960年版，第30页。

济派的主要观点是："批评自由"能促进社会民主党的思想发展和内部统一，并且打着"批评自由"的幌子，肆意批评和否定马克思主义，传播各种非马克思主义思想；把马克思主义视为教条主义，宣称"固执己见的马克思主义，否定一切的马克思主义，原始的马克思主义（对于社会阶级的划分持过分死板的看法），将让位于民主主义的马克思主义，而党在现代社会中的社会地位也就会发生急剧的变化"[①]；崇拜自发的社会主义意识和工人运动，认为社会民主党不需要向工人运动和工人阶级灌输社会主义意识，"纯粹工人运动本身就能够创造出而且一定会创造出一种独立的意识形态"[②]，纯粹的工人运动既不需要革命理论指导，也不需要社会民主党领导，"社会民主党人不应当走在运动的前面，而应当跟在运动的后面做尾巴"[③]；认为工人开展经济斗争是走阻力最小的路线，要向西欧学习走进资产阶级的民主机关，而不必参加任何革命，他们甚至宣称"每个卢布工资增加一戈比，要比任何社会主义和任何政治都更加实惠和可贵"[④]；推崇党的"手工业方式"的组织形式，把自发组织起来的罢工储金会、互助会等组织当作首要的事情，反对无产阶级革命政党对工人运动的领导，公开煽动工人"从领导者手里夺回自己的命运"，极力反对重建一个具有高度组织性、纪律性，政治上完全独立的革命政党，等等。

面对经济派的进攻，列宁在为《火星报》编辑部起草的声明中指出："我们认为必须公开地全面讨论当前'经济派''伯恩施坦派'和'批评派'提出的原则上和策略上的基本问题。"[⑤]并先后撰写了《俄国社会民主党人抗议书》《我们运动的迫切任务》《我们的纲领（为〈工人报〉写的文章）》《怎么办？我们运动中的迫切问题》《社会民主党人中的倒退倾向》《同经济主义的拥护者商榷》等，从理论和实践方面进行了全面系统的批判。

所谓反对"教条主义"的实质是反对革命理论。列宁认为，经济派把马克

① 《列宁选集》第一卷，人民出版社，2012年版，第264页。
② 《列宁选集》第一卷，人民出版社，2012年版，第325页。
③ 《列宁全集》第5卷，人民出版社，2013年版，第328页。
④ 《列宁选集》第一卷，人民出版社，2012年版，第323页。
⑤ 《列宁全集》第4卷，人民出版社，2013年版，第316页。

思主义说成是僵化的思想，恰恰反映出他们对马克思主义一窍不通。他们打着“批评自由”的口号，目的就是要修正马克思主义，抛弃任何严整的革命理论，为其改良主义路线服务。马克思主义者坚持运用马克思主义基本原理来反驳修正主义，这绝不是“教条主义”的表现。与之相反，真正的马克思主义者始终将理论同实践的有机结合视为恪守不渝的准则。

所谓“批评自由”的实质是篡改马克思主义，自由地宣传机会主义。列宁一针见血地指出：“‘批评自由’就是机会主义派在社会民主党内的自由，就是把社会民主党变为主张改良的民主政党的自由，就是把资产阶级思想和资产阶级因素灌输到社会主义运动中来的自由。”①

所谓崇拜自发的社会主义意识和工人运动，实际上“就在于不了解群众的自发性要求我们社会民主党人表现巨大的自觉性”②。列宁清醒地认识到：“社会主义意识是一种从外面灌输到无产阶级的阶级斗争中去的东西，而不是一个从这种斗争中自发地产生出来的东西。”③自发的工人运动只能产生工联主义并使运动受到资产阶级意识形态的支配。

所谓“一步实际运动比一打纲领更重要”，盗用马克思的这一名言是为了贬低理论的意义。列宁精辟地阐述了理论的极端重要性：“没有革命的理论，就不会有革命的运动”④，“只有以先进理论为指南的党，才能实现先进战士的作用”⑤。

所谓反对党对工人运动的领导作用，甘愿跟在工人运动后面当尾巴的行为，实质上是取消党、取消革命先锋队的作用。列宁从工人运动的实际出发，强调：“我们首要的最迫切的实际任务是要建立一个能使政治斗争具有力量、具有稳定性和继承性的革命家组织。”⑥他还豪迈地说：“给我们一个革命家组

---

① 《列宁选集》第一卷，人民出版社，2012年版，第297页。
② 《列宁选集》第一卷，人民出版社，2012年版，第338页。
③ 《列宁选集》第一卷，人民出版社，2012年版，第326页。
④ 《列宁选集》第一卷，人民出版社，2012年版，第311页。
⑤ 《列宁选集》第一卷，人民出版社，2012年版，第312页。
⑥ 《列宁选集》第一卷，人民出版社，2012年版，第386页。

织，我们就能把俄国翻转过来！”[1]同时，他还对党的组织形式的特点、革命干部和党的领袖对无产阶级政党及其事业的巨大作用等进行了系统阐述。

06 社会革命的前夜

我们似乎需要对帝国主义有一个直观的认识。先来说说美西战争，这个号称帝国主义时代的第一次战争。列宁曾说过：“帝国主义，作为美洲和欧洲然后是亚洲的资本主义的最高阶段，截至1898—1914年这一时期已完全形成。美西战争（1898年）、英布战争（1899—1902年）、日俄战争（1904—1905年），以及欧洲1900年的经济危机，这就是世界历史新时代的主要历史里程碑。”[2]

南北战争后，美国扫除了阻碍工业化发展的最大障碍——奴隶制，从此进入高速发展阶段，到1894年国内工业生产总值超过英国，跃居世界第一。然而，此时的世界早已被列强瓜分完毕，如何在既有的世界利益格局中体现美国的地位？资本扩张和掠夺的本性促使美国把眼光转向已经日落西山的西班牙。与此相呼应，一个著名军事思想家的《论制海权对历史的影响》应运而生。在这部著作中，作者提出两大目标：美国向南控制加勒比海，把拉丁美洲变成自己的后花园；向西进入太平洋，谋求在太平洋和东亚的霸权。这就明白无误地告诉人们，以前由西班牙殖民的古巴和菲律宾，无论如何都要由美国控制，否则怎么称得上是世界第一强国呢？恰好在这个时候，古巴和菲律宾都爆发了反对殖民统治的武装起义，美国见时机已到，利用人民对古巴、菲律宾反殖民斗争的同情心理，大造战争舆论，竭力炒作“缅因号”爆炸案等事件，先是要求西班牙撤军，紧接着开始所谓的“特别军事行动”，很快打败了西班牙，最终通过《巴黎和约》逼迫西班牙割让关岛、波多黎各、菲律宾等地，古巴成为美国的保护国。

① 《列宁选集》第一卷，人民出版社，2012年版，第406页。
② 《列宁选集》第二卷，人民出版社，2012年版，第705页。

令人想不到的是，古巴、菲律宾等国名义上脱离了西班牙的殖民统治，但实际上又处于美国的占领和控制之下，两国人民又经过数十年艰苦卓绝的反殖民斗争才最终得以独立建国。这是时任美国总统麦金莱的自白："我每晚，直到半夜，在白宫里徘徊着……有一天夜里，有下面一些连我自己也不知道的思想涌现在我的脑海中：（1）我们不能把菲律宾群岛归还给西班牙，因为这对我们来说是怯懦的、不名誉的行为；（2）我们不能把菲律宾转交给我们东方的商业竞争者——法国或德国，因为这对我们来说是拙劣的、不利的经济政策；（3）我们不能容许菲律宾人自治，因为他们对自治尚未有准备，而菲律宾的独立将会马上导致比西班牙战争还要坏的无政府无纪律状态；（4）对我们来说，没有其他办法可想，唯有攫取全部菲律宾群岛，教育和提高菲律宾人，使他们文明起来，并对他们灌注基督教的理想，因为从人道上讲他们都是我们的弟兄，耶稣钉死在十字架上也是为了他们。在这以后，我才上床，悠然入睡。"①

掩卷沉思，时至今日帝国主义列强还是当初那副不可一世、贪得无厌的嘴脸，骨子里浸透着"宁可我负天下人，休叫天下人负我"的傲慢，只是表面上、程序上、道义上显得更加道貌岸然些罢了。在对外扩张的同时，美国国内因西方历史上最严重的经济危机而陷入大萧条，移民的增加、垄断企业对市场竞争的威胁以及工会斗争的加强等，使人们对既有的政治经济体系产生了严重的怀疑，这一方面产生了有利于战争和对外扩张的情绪，另一方面又推动了调整国内各种社会关系的政策，社会矛盾开始进一步缓和。这就是19世纪末到20世纪初美帝国主义的状况，也是资本主义发展到垄断阶段的一个缩影。

对于资本主义发展到垄断阶段的认识，马克思、恩格斯提供的是总的原则和科学的方法。而伯恩施坦的着眼点在于资本主义国家内部的变化和社会民主党应该采取的措施。普列汉诺夫、倍倍尔、拉法格等虽然不同意伯恩施坦修正主义的观点，但大多就事论事，只是运用马克思主义基本原理一一予以驳斥，提出新的更具实践性的观点。可见，如何全面系统准确地认识资本主义发展的

---

① 蒋相泽主编：《世界通史资料选辑》（近代部分）下册，商务印书馆，1964年版，第116页。

新阶段，从世界社会主义运动和工人运动的全局出发，制定正确的战略和策略，是社会民主党人盼望和渴求的理论突破，当然也是资产阶级统治者盼望和渴求的理论突破。于是霍布森（英国政治思想家、经济学家）、希法亭（奥地利马克思主义代表人物）、卢森堡、考茨基等对帝国主义的论述应运而生。而列宁关于《帝国主义是资本主义的最高阶段》则以其独特的视角和原创的智慧，把马克思主义关于对资本主义的认识推向一个崭新阶段。

列宁的帝国主义理论吸收借鉴了以往丰厚的思想理论成果。马克思、恩格斯为资本主义垄断问题的探索提供了重要的世界观和方法论，霍布森、希法亭、卢森堡、考茨基等人关于帝国主义的理论提供了丰富的养料和资源。比如列宁高度重视并认真研究了《资本论》的方法，指出："马克思在《资本论》中首先分析资产阶级社会（商品社会）里最简单、最普通、最基本、最常见、最平凡、碰到过亿万次的关系：商品交换。这一分析从这个最简单的现象中（从资产阶级社会的这个'细胞'中）揭示出现代社会的一切矛盾（或一切矛盾的萌芽）。往后的叙述向我们表明这些矛盾和这个社会——在这个社会的各个部分的总和中、从这个社会的开始到终结——的发展（既是生长又是运动）。"①面对19世纪末20世纪初资本主义的新发展，列宁正是沿着《资本论》的这一方法和道路，抽象出"资本集中"这个逻辑起点，抽象出"垄断"这个核心范畴，进而得出帝国主义就是垄断的资本主义这一结论。还比如，列宁对霍布森突出金融资本在帝国主义国家中的重要地位和关键作用给予极高的评价："1902年，在伦敦和纽约出版了英国经济学家约·阿·霍布森的《帝国主义》一书。作者所持的是资产阶级社会改良主义与和平主义的观点……但是，他对帝国主义的基本经济特点和政治特点作了一个很好很详尽的说明。"②而希法亭在1910年出版的《金融资本》一书中，运用马克思主义的思想与方法，深入剖析了工业资本和银行资本的相互关系，研究了20世纪初资本主义的各种新

---

① 《列宁全集》第55卷，人民出版社，2017年版，第307页。

② 《列宁选集》第二卷，人民出版社，2012年版，第583页。

生现象，提出了一系列新颖观点。卢森堡于1913年发表《资本积累论》，揭露了帝国主义列强对外侵略扩张、掠夺殖民地的反动本质，分析了资本主义资本积累的具体实现过程。而对考茨基超帝国主义思想的批判，则集中在所谓“帝国主义只是一种政策”，“只要帝国主义联合起来成立国际垄断联盟，共同和平地剥削全世界，就能消灭帝国主义间的矛盾”，造就一个人类免除战争灾难，出现一个持久和平的新纪元等荒唐理念上。

高度概括帝国主义是资本主义的垄断阶段。相比较其他阶段而言，根本性的差异在于垄断。列宁总结道：“对垄断组织的历史可以做如下的概括：（1）19世纪60年代和70年代是自由竞争发展的顶点即最高阶段。这时垄断组织还只是一种不明显的萌芽。（2）1873年危机之后，卡特尔有一段很长的发展时期，但卡特尔在当时还是一种例外，还不稳固，还是一种暂时现象。（3）19世纪末和1900—1903年的危机。这时卡特尔成了全部经济活动的基础之一。资本主义转化为帝国主义。”①

深刻阐述帝国主义的特征和本质。首先是帝国主义的五大特征：生产和资本的垄断和集中使垄断组织在经济生活中起决定作用；银行资本和工业资本融合为金融资本并在此基础上形成金融寡头的统治；资本输出具有特别重要的意义，形成了对外剥削和压迫的基础；瓜分世界的资本家国际垄断同盟已经形成，帝国主义的寄生性、腐朽性日益发展；最大的资本主义列强把世界上的领土已经瓜分完毕。其次是帝国主义的本质：国家垄断资本主义，是垄断资产阶级的国家同垄断资本相结合的资本主义。

深入挖掘资本主义发展的一般的和基本的规律。列宁认为，面对帝国主义的特征和本质，必须着重从经济基础的角度揭示帝国主义的形成和发展，“自由竞争产生生产集中，而生产集中发展到一定阶段就导致垄断”，这“是现阶段资本主义发展的一般的和基本的规律”。②“帝国主义是作为一般资本主义基

① 《列宁选集》第二卷，人民出版社，2012年版，第589—590页。

② 《列宁全集》第27卷，人民出版社，2017年版，第336页。

本特性的发展和直接继续而生长起来的。”[①]从而得出一个结论：不改变帝国主义的经济基础，而鼓吹和劝说帝国主义改变政策，“那就不过是资产阶级的改良主义与和平主义，不过是一种善良而天真的愿望而已”[②]。

尖锐提出反对帝国主义战争是最为现实的重大思想理论和实践问题。列宁认为，研究帝国主义问题不仅是一般的学术考证，而且要从现实需要出发，制定社会主义革命的战略方针。当时正值第一次世界大战爆发，如何认识和对待这场战争，各国工人阶级政党如何采取正确的战略策略共同反对和抵制这场罪恶的帝国主义争夺战争，进而利用战争带来的危机进行大范围的社会主义革命，变帝国主义列强之间的争夺战争为无产阶级革命的国内阶级战争，这才是最为现实的重大思想理论和实践问题。很可惜的是，正是各政党在这一重大问题上的分歧，导致了第二国际的最终破产。

07 薄弱链条的崩裂

列宁的帝国主义理论发表后，首先经受考验的是俄国社会民主工党。因为第一次世界大战进行到1917年，所有交战国的经济都濒于崩溃，物资极度匮乏，经济落后的俄国情况更为恶劣。谁也说不清楚当时是什么原因，让一句“面包没有了”，酿成改天换地的二月革命。谁也想不到俄国社会民主工党的大多数领袖这时尚在国外，更不知道如何应对这场突如其来的革命。

1917年3月8日（俄历2月23日）上午，彼得格勒维堡区的一家面包店门口突然传出了谣言：“面包没有了！”短短几分钟，刚刚还在排着长队的妇女们突然骚动起来，她们砸开大门和橱窗，蜂拥而入，疯狂地抢夺目所能及的所有食物。以此为发端，在激进社会主义者的组织下，愤怒的女工们高呼着“打倒饥饿！工人要面包！”朝市中心进发。这是一个工人非常集中的聚集区，游行

---

① 《列宁全集》第27卷，人民出版社，2017年版，第400页。

② 《列宁全集》第27卷，人民出版社，2017年版，第405页。

队伍所到之处，大批男工也加入游行队伍。从此一发不可收拾，兵工厂工人及家属也加入了进来，参与罢工与游行的总人数达到三十多万。当游行队伍行进到亚历山大三世纪念碑前，意外发生了，一声枪响，警长克雷洛夫应声倒地，广场上立刻枪声大作，人们惊恐万状，四散逃窜。事后查明，是一位在广场边警戒的哥萨克人无法容忍克雷洛夫的暴虐行径，乘机开枪击毙了他。一时间，街头爆发了哥萨克人与骑警队的枪战。

在随后的沙皇政府一系列镇压活动中，由临时征召的农民和工人组成的彼得格勒卫戍部队发生哗变，将近1/3的兵力约6.7万人倒戈向游行者。在士兵们的带领下，工人们开始抢夺枪械军火，袭击警察局、火车站、印刷所，攻占了被称为“俄国的巴士底狱”的彼得保罗要塞，释放了关押的政治犯和宗教犯。

如此迅速的暴动进展，使得群龙无首的革命者仓促打起1905年革命的苏维埃旗帜，奉那些被解救出来的政治犯为领导人，并宣告成立彼得格勒工兵代表苏维埃。社会民主工党党团领袖尼古拉·齐赫泽被选为主席，社会革命党代表克伦斯基和孟什维克代表斯柯别列夫当选为副主席。

与此同时，国家杜马主席罗坚柯召集临时杜马会议，宣布成立“恢复首都秩序与联系有关机构和人士的杜马临时委员会”，履行恢复国家和社会秩序的责任。后经两个组织协商，最终促成沙皇退位，成立临时政府，结束了长达304年的罗曼诺夫王朝统治和存在了371年的沙皇制度。这就是俄国二月革命。

二月革命胜利后，俄国政坛上是资产阶级临时政府和工兵代表苏维埃两个政权并立。由于孟什维克和社会革命党人认为二月革命是资产阶级革命，政权应该交到资产阶级手中，因而主张工兵代表苏维埃主要起监督作用，为下一步社会主义革命创造条件。但是临时政府代表的是资产阶级的利益，他们根本不想改变沙皇政府的内外政策，因而也根本不可能给俄国各族人民带来和平、面包和自由。

如何面对二月革命后这一不稳定的过渡时期？1917年4月16日回到俄国的列宁，在彼得格勒的芬兰车站发表演说，向群众发出“社会主义革命万岁”的号召。第二天，在布尔什维克会议上做了关于无产阶级在俄国革命中的任务的报告，接着又在布尔什维克和孟什维克的联席会议上再次宣读。这个报告的大纲就是著名的《四月提纲》。在《四月提纲》中，列宁进一步分析了俄国工人阶级与资产阶级的力量对比，明确指出："俄国当前形势的特点是从革命的第一阶段向革命的第二阶段过渡，第一阶段由于无产阶级的觉悟和组织程度不够，政权落到了资产阶级手中，第二阶段则应当使政权转到无产阶级和贫苦农民手中。"[①]在《四月提纲》精神指导下，布尔什维克积极开展各种形式的宣传鼓动工作，使党在工人群众中的影响不断扩大，同时也引起了临时政府的恐惧和不满。1917年7月，七月事变爆发，临时政府调集军队镇压示威群众，大肆搜捕布尔什维克，而由孟什维克和社会革命党控制的工兵苏维埃也站到了临时政府的立场上。七月事变结束了两个政权并存的局面，宣告了革命和平发展时期的终结。

面对急剧变化的俄国局势，列宁及时提出通过暴力革命武装夺取政权的主张，指出武装夺取政权的主客观条件已经成熟，布尔什维克应立即开始准备武装起义，而放弃目前的时机就等于断送革命。经过激烈争论，布尔什维克中央委员会通过了关于武装起义的决议。11月6日武装起义开始，傍晚时分，一队队赤卫队员开始占领资产阶级报刊的印刷厂。深夜，十支士兵和水兵部队占领了电报局、邮政总局、电话局，包围了国家银行。11月7日（俄历10月25日），停泊在涅瓦河上的"阿芙乐尔"号巡洋舰发出了攻打冬宫的炮声。彼得格勒武装起义取得胜利，革命迅速向全国发展。

在攻打冬宫的枪炮声中，全俄苏维埃第二次代表大会第一次会议召开，布尔什维克在会上获得了压倒性多数。大会宣读了列宁起草的《告工人、士兵和农民书》，宣告资产阶级临时政府已经被推翻，全部政权一律转归工兵代表苏维埃。11月8日的第二次会议又通过了《和平法令》《土地法令》，成立了第一届苏维埃政府即人民委员会。从此，世界上第一个社会主义国家诞生。

从1848年《共产党宣言》诞生到1917年俄国十月革命，社会主义从理论

---

① 《列宁专题文集·论社会主义》，人民出版社，2009年版，第19页。

成为现实，历经了七十年。原来马克思、恩格斯认为社会主义革命起码要在西欧几个发达国家同时发生，但事实却是发生在了一个落后的国家。而且历史的演进一再证明，以后产生的社会主义国家大都是落后国家。为什么会这样呢？这就是列宁主义提出来的，在资本主义链条的薄弱环节有可能社会主义革命首先取得成功。列宁的“帝国主义论”和“一国首先胜利论”，标志着科学社会主义已经发展到了新的阶段。这一新的阶段不是对马克思主义的否定，而是在另一种特殊情况下对马克思主义的创新和发展。

十月革命是世界历史上的重大事件，它改变了世界历史的方向，开辟了人类历史新纪元。十月革命将马克思、恩格斯创立的科学社会主义从理论变成现实，是马克思主义关于打碎旧的国家机器、建立无产阶级专政学说的一次伟大实践。它摧毁了俄国帝国主义统治，建立了人类历史上崭新的人民政权，为世界各国无产阶级，特别是为经济落后国家的无产阶级树立了光辉的榜样。十月革命的胜利极大地促进了马克思主义的广泛传播，极大地提高了马克思主义的国际影响力，为各国无产阶级和劳动人民寻求解放指出了一条崭新的道路。在马克思主义与世界各国工人运动的结合中，诞生了包括中国在内的许多民族国家的共产党，世界社会主义运动展现出前所未有的蓬勃发展的新局面。

08　冬宫炮声的余音

十月革命胜利后，在中国广泛流传着一本64开油印的小册子。这本只有29页，大约5800字的小册子——《十月革命给了我们什么?》，据考证是由帮助中国建立共产党的共产国际代表维经斯基翻译、中国人杨明斋译成中文出版的。小册子的主要内容是介绍1917年俄国十月革命后，苏俄如何通过建立劳农委员议会（即人民委员会）的国家政权，实现经济基础的变革走向共产主义的历程。同时也向全世界工人和贫苦农民宣告，只有实现工农联合并在“十月革命的旗帜”指引下，才能彻底摧毁资本主义私有制，建立人类的大同社会。

小册子之所以在中国大受欢迎，是因为文中描绘的景象是那么令人憧憬，那么引人入胜，那么鼓舞人心。比如革命之后，俄国社会中那些“不劳而获得荣华奢侈的贵族”如同霜经太阳，永远消失了；农奴大地主也变成了平民，田地都归了“耕种者之手”；银行家的银行，资本家的“资本生产”，“制造工业各局的私有营业权”，教堂寺院的所有财产，都收归国民共有。[①]随着生产资料私有制转变为公有制，劳动人民获得了对生产管理的自主权和监督权，实行八小时工作制。

文中还描述了十月革命后新制度的目的是“要平等，要贫富不分，无贵无贱”[②]。为此，建立劳农委员议会，以辅助中央劳农委员执行部（即全俄中央执行委员会）工作。这两个机关的宗旨是“保护贫民的利益，使其劳而有高尚的生活，维持劳动者的权利，使其劳而得相当的报酬”[③]。工农权利的行使主要通过在城市选举“劳动和红旗军（即红军）的代表，组织劳兵委员议会”，乡间则选举“勤劳忠诚贫民议事行政”[④]。工农大众获得了普遍平等的受教育权利。

小册子还阐述到，俄国十月革命的成功，劳农大众翻身当家做主，这不仅是俄国历史上开天辟地的大事件，而且也是人类历史的荣光。共产主义运动不仅在俄国取得成功，而且在世界亦极有进步。共产党人要实现“百年来那些革命人的大同社会理想”，“拯救的法子，就是要把生产工具资本土地器械智识等给劳工”，“建立劳动独裁”，劳工和贫苦大众掌握政权。[⑤]也就是“劳而得食，不劳则否，劳动独裁，专以平等的分配经济，创立社会新世界”。

小册子还坦诚地指出，十月革命和苏俄新社会制度的建立引起了四大强国（即英、美、法、日）的恐慌，他们纷纷出兵支持白军，试图将苏俄的共产主义运动扼杀于襁褓之中。劳农委员议会陷入绝境，不得不编制红旗军与外国干涉军和白军作战，将他们从南俄草原、乌拉尔森林等地击溃。与此同时，劳农

① 参见周国长：《〈十月革命给了我们什么〉的翻译与传入》，《湖南社会科学》，2021年第1期。
② 参见周国长：《〈十月革命给了我们什么〉的翻译与传入》，《湖南社会科学》，2021年第1期。
③ 参见周国长：《〈十月革命给了我们什么〉的翻译与传入》，《湖南社会科学》，2021年第1期。
④ 周国长：《〈十月革命给了我们什么〉的翻译与传入》，《湖南社会科学》，2021年第1期。
⑤ 参见周国长：《〈十月革命给了我们什么〉的翻译与传入》，《湖南社会科学》，2021年第1期。

委员议会还要“助各国的劳农贫民，齐起革命，改造新大同社会”[1]。小册子在最后展望了世界革命的图景，指出“红旗将展于天下。第三国际社会劳工军将起于各国，革命的火苗已经遍于全地球了”[2]。

我们尚不去探究小册子的理论观点，光是文中对苏俄革命后新社会制度的描述，以及对未来前景的展望，在当时已经是骇世惊俗、石破天惊，搅动得每一个不安现状的人都心潮澎湃、跃跃欲试。或许是高歌猛进、势如破竹，或许是四处碰壁、头破血流，人们都在前仆后继，勇往直前。最典型的当属德国的十一月革命，那一批让人敬仰的老一辈革命家和血脉偾张的新一代革命者。德国十一月革命，自1918年11月3日基尔港水兵起义至1919年5月3日巴伐利亚苏维埃共和国被推翻，是一场持续半年时间的革命运动。

依前所述，十一月革命前德国工人运动主要开展议会斗争，并且取得了显著的成效。然而随着德国在第一次世界大战中战争政策的破产和军事上的失败，进一步激化了国内矛盾，严重动摇了皇权和政府权威，也严重削弱了政府治理效能，当然也为十一月革命爆发创造了重要条件。以格奥尔格·莱德博尔、埃米尔·巴特、恩斯特·多伊米希为代表的独立社会党左翼和以卡尔·李卜克内西、罗莎·卢森堡为代表的独立的斯巴达克派（属于德国社会民主党左派，成立于1916年1月），开展了卓有成效的宣传鼓动工作，加之俄国十月革命的示范性影响，军队和工人中的革命情绪已大为高涨。1918年11月3日，基尔港水兵因厌战拒绝执行上级的作战指令而发动起义，码头船厂工人以罢工进行响应。11月11日，起义士兵仿照俄国十月革命的模式建立起士兵工人苏维埃。随后几天，“火车把基尔的士兵代表运送到德国每一个城市。每一处兵营的士兵和工厂的工人都响应他们的号召，建立起工人士兵苏维埃”[3]。到11月8日，除柏林外，德国各地都爆发了无产阶级革命，相继建立起工人士兵苏维埃。特别是慕

① 周国长：《〈十月革命给了我们什么〉的翻译与传入》，《湖南社会科学》，2021年第1期。

② 周国长：《〈十月革命给了我们什么〉的翻译与传入》，《湖南社会科学》，2021年第1期。

③ 齐世荣主编：《世界史资料丛刊现代史部分·一九一八年德国十一月革命》，商务印书馆，1990年版，第36页。

尼黑工人士兵农民苏维埃占领了国防部，宣告成立巴伐利亚共和国。

形势已经发展到如此地步，如果顺理成章地把革命进行到底，德国完全可以建立一个真正的社会主义民主共和国。然而，被伯恩施坦主义浸熏多年、对革命毫无思想准备、在革命爆发后又毫无作为的社会民主党多数派，此时却突然发难，一方面要求柏林工人坚守岗位，不要听从那些罢工的人煽动，另一方面一改以往支持君主制的立场，要求皇帝退位，并将权力移交给社会民主党多数派领导人。特别是当他们听说斯巴达派领导人将宣布德国为社会主义共和国的消息后，先发制人，率先宣布成立德意志共和国，并在柏林召开全德第一届工兵苏维埃代表大会，通过了举行“制宪会议”选举的决定，自动取消了工兵苏维埃的权力。1919年2月11日，国民会议选举艾伯特（社会民主党人、多数派领袖）为魏玛共和国首任总统。2月13日，谢德曼（社会民主党人，多数派领袖）正式组阁。魏玛共和国成立后，社会民主党多数派勾结旧政权的军人全力绞杀各地无产阶级政权。5月3日，巴伐利亚苏维埃共和国被推翻。至此，这场主要由德国无产阶级发动的、打破德国工人运动议会斗争道路的、无产阶级暴力革命——十一月革命终于结束了。

除德国之外，十月革命的爆发还直接激发了匈牙利、芬兰、法国、英国等国的革命运动。比如1919年3月成立的匈牙利苏维埃共和国，是继苏俄之后世界上第二个社会主义国家。然而，匈牙利苏维埃共和国仅存133天，在国内外反动势力夹击下最终退出历史舞台。芬兰原为沙皇俄国治下的一个公国，受十月革命鼓舞，1917年12月宣布独立，政权完全掌握在工人阶级手中，列宁领导的布尔什维克政府率先承认，随后德国、法国、丹麦等国也陆续承认。十月革命的胜利还在殖民地和半殖民地国家引起了巨大反响，比如中国、印度、埃及、伊朗等国都掀起了规模宏大、气势磅礴的反帝反封建的民族解放和民主革命运动。

当然对于这么一场突如其来的革命胜利，无论是在十月革命胜利之初，还是在它所开创的社会主义发展进程中；无论是在社会民主党内部，还是在形形色色的政治势力当中，始终存在指责、批判之声，特别是考茨基的“早产论”

影响甚广，至今仍不绝于耳。考茨基认为，在俄国建立社会主义制度的做法，“无非是一种想要超越或者用法令来取消那些自然的发展阶段的大规模的试验而已”，他把十月革命比作“一个怀孕妇女，她疯狂万分地猛跳，为了把她无法忍受的怀孕期缩短并且引起早产”，其结果是“这样生下来的孩子，通常是活不成的”。列宁不仅从理论上对他进行了批判，而且用社会主义革命和建设的实践予以了驳斥。

历史一再证明，十月革命的发生是当时特殊历史条件下的产物，是各种主客观因素综合作用的结果。或许按照马克思、恩格斯所设想的社会主义革命的一般条件，十月革命确实有些“早产”，但是如果等客观条件完全成熟再去进行社会主义革命，不仅会痛失有利的革命时机，而且连民主革命的成果也难以保住。这就是革命理论指导革命实践的唯物论和辩证法。

09　吸取血的教训

马克思、恩格斯在总结巴黎公社革命经验时，曾说过一个重要观点：“革命就是一部分人用枪杆、刺刀、大炮，即用非常权威的手段强迫另一部分人接受自己的意志。”[①]列宁在用武装人民保卫胜利果实方面走得更远，这就不能不涉及争议颇多的《布列斯特和约》。

布尔什维克党取得十月革命胜利、武装夺取政权之际，正值第一次世界大战协约国与同盟国交战处于胶着状态之际。在十月革命胜利的第二天，全俄工兵代表苏维埃第二次代表大会通过《和平法令》，呼吁停止世界大战，就缔结公正的、民主的和约进行谈判，实现不割地不赔款的和平。同日，苏维埃政府（俄国原属协约国）向英法等协约国和美国递交了《和平法令》，但遭拒绝。而德国及其盟国通知苏维埃政府，表示愿意进行和谈。当时的形势是，苏维埃政权的建立引起了四大强国的恐慌，他们纷纷出兵支持白军，试图扼杀新生政

① 《马克思恩格斯文集》第三卷，人民出版社，2009年版，第338页。

权；协约国坚决反对与苏俄单独媾和，使俄国在盟友中日显孤立；德国等同盟国军队长驱直入，新生政权无力抵抗、岌岌可危；布尔什维克党内意见不一，分成拒和派、不战不和派和主和派。

为了给新生政权争得喘息机会，在列宁的主导下，开始与德国进行单独谈判，但德国拒绝了不割地又不赔款的休战和约，提出了把波兰、立陶宛、爱沙尼亚的局部和拉脱维亚、白俄罗斯、乌克兰的全部割让给德国，并赔款三十亿卢布的苛刻条件。随后又附加提出更为苛刻的补充条款《俄德财政协定》。怎么办？经过激烈争论，最终苏俄政府签署了这一和约协定，使俄罗斯损失了一百万平方千米土地和五千万人口。列宁认为，这是一个不幸的和约，为了防止德国背信弃义，不给德国继续扩张侵略的借口，苏维埃政府必须表现出异常的克制和忍让。“有人说我们批准的这个和约是蒂尔西特和约，是空前未有的和约，是比布列斯特和约更屈辱、更具有掠夺性的和约。我回答说：完全正确。”[①]当然，作为国家整体利益上的战略抉择，《布列斯特和约》的作用也是十分明显的。它保证了新生的世界上第一个社会主义国家能够生存下来，为解决国内激烈的阶级矛盾和斗争创造了条件，为更好地应对帝国主义的新一轮进攻提供了准备时间。1918年11月，第一次世界大战以德国及其盟国的失败而结束。11月13日，苏维埃政府根据全俄中央执行委员会的决议，废除了《布列斯特和约》。至此，列宁和布尔什维克党的战略和策略都有了一个完满的结局。

很显然，这里有一个非常现实的理论和实践问题，即当新生无产阶级政权面临多方势力的绞杀而危机重重之时，执政党应该怎么办。列宁领导的布尔什维克党作出的抉择是，审时度势、誓死捍卫。1918年夏，英、法、日等十四个国家会同俄国国内反对势力，对苏维埃政权发动武装入侵。霎时间，苏俄欧洲部分四分之三的国土被吞噬，苏维埃共和国与重要产粮区、工业原料产地的联系被切断，粮食、原料供应紧张，国家陷入危机。苏维埃政府果断提出“一切

---

① 《列宁全集》第34卷，人民出版社，2017年版，第17页。

为了前线，一切为了胜利”的口号，采取一系列非常措施，集中人力、财力、物力以保证战争需要。这些措施具有军事共产主义性质，因而被称为“战时共产主义”政策。其主要包括：实行粮食垄断和余粮收集制，禁止粮食买卖；把全部工矿企业收归国有，实行高度集中的计划管理；实行商业的国家垄断和实物配给制，限制市场和私人贸易；实行普遍的劳动义务制，推行平均共产主义分配制度等。这些举措有力地支持了反抗外敌入侵的战争，使新生的苏维埃政权得以屹立不倒。

在应对国内外敌人武装干涉的同时，列宁和布尔什维克党还同各种错误思潮进行了理论上的斗争。列宁撰写了《无产阶级革命和叛徒考茨基》《无产阶级专政时代的经济和政治》等论著，进一步阐述了马克思主义国家学说、社会主义革命和无产阶级专政理论。列宁指出，是否承认无产阶级专政，是检验真假马克思主义的试金石。无产阶级专政是新型民主和新型专政的结合，而苏维埃政权就是它的一种实现形式。列宁还指出，无产阶级革命取得胜利后，要经历一个向社会主义的过渡时期，这种过渡的起点越落后，它由旧的资本主义关系过渡到新的社会主义关系就越困难。同时，列宁认为国家资本主义是俄国应该采取的过渡形式，只有对小农经济进行社会主义改造，才有可能建立和发展社会主义公有制经济。

有时我们也在想，如果第二国际各政党时时刻刻都有这样的理论清醒和理论自觉，时时刻刻都能立足现实进行理论创新，并由此建立一个新型的无产阶级革命政党，那么世界社会主义运动的历史格局将不仅仅局限于俄国。当然，历史不容假设。

10 “第二个党纲”

经过三年的艰苦奋斗，新生的苏维埃政权就赢得了战争的胜利，也取得了“战时共产主义”的成功。然而，持续的高压和生活的困顿引起了民众的不满，一些地方开始出现示威游行甚至农民暴动、士兵叛乱的情况，最典型的就是喀琅施塔得水兵叛乱。喀琅施塔得是一座军事要塞，从海上防卫彼得格勒。在俄国无产阶级革命期间，这一要塞的官兵们发挥了重大作用。在布尔什维克党领导下，1905年和1906年这支部队爆发了两次武装起义；十月革命期间，遵照党组织指令，部队派遣战舰和水兵队伍开赴彼得格勒，为无产阶级夺取政权立下了不朽功勋；在外国武装干涉和内战时期，这支队伍英勇作战，粉碎了英帝国主义军舰干涉进犯彼得格勒的企图。然而就是这样一个具有光荣革命传统的地区，就是这样一支有着辉煌革命业绩的军队，却爆发了旨在反对布尔什维克的军事叛乱。这确实是值得深思的。

在国内战争期间，喀琅施塔得向前线派出了数万名战士，其中许多人牺牲了，补充进来的大多是刚参军的农民，因为被剥夺的切身体验，很容易响应“反共产主义专制”的口号。在反动势力的策动下，先是两艘主力舰官兵发起暴动，参加叛乱的约有一万人，他们有一百挺机枪和一百五十门大炮。叛乱者要求给各社会党派以活动自由，取消政治委员和政治部制度，重新选举苏维埃，要求贸易自由，尊重农民的所有权，消灭经济破坏等，并提出了“拥护没有共产党员参加的苏维埃”和“拯救和统一俄国”的口号。叛乱虽然在红军的打击下被平定，但其产生的影响却是深远的，对于布尔什维克党认识过渡时期政策和工作上存在的一系列错误，无疑是一剂不可多得的清醒剂。

由此，列宁敏锐地认识到，原打算在“一个小农国家里按共产主义原则调整国家的生产和分配”，显然是力不能及的；原打算用“国家的法令”，强制性地变革经济关系，建立新的经济制度，这是违背客观经济规律的；原打算直接摧毁旧的经济关系，逐渐地将资本主义前的各种经济关系直接过渡到社会主义去，这也是根本不可能的。这就有了下一步的经济政策调整。1921年3月，俄共（布）十大通过了《关于用粮食税代替余粮收集制》的决议，决定废止“战时共产主义”政策，实行新经济政策。其主要内容包括：用粮食税取代余粮收集制，农民只需将自己收成的一部分作为赋税交给国家，其余的粮食归个人所有和支配；开放市场，实行自由贸易，恢复商品货币关系；允许私人小工业企业发展，国家还把已经国有化的小工业企业退还给私人经营；允许资本主义一定程度上的存在和发展，在工商业领域发展租让制、租借制、合作社、代购代销等形式的国家资本主义；改革工业管理体制，加强计划管理，在国有企业内，进行经济核算，计算成本利润，“必须把国民经济的一切大部门建立在同个人利益的结合上面”①，使工人不仅在工资方面，而且在工作量方面都得到满足。

随着新经济政策的实施，遭受战争破坏的国民经济逐步得到恢复。1922年粮食困难得到克服，1925年农业生产水平接近1913年的水平，大工业的发展在1926年已超过战前水平，1924—1925经济年度的国内贸易总额已达到战前的70%，劳动人民的生活得到明显改善，人民群众巩固苏维埃政权、建设社会主义的信心大大增强。1922年12月30日，由俄罗斯联邦、乌克兰、白俄罗斯和外高加索联邦共同组成的苏维埃社会主义共和国联盟（简称苏联）正式成立，列宁当选为苏联人民委员会主席。

值得特别指出的是，新经济政策的实施与号称“第二个党纲”的《全国工农业电气化计划》的推进是相互吻合、一脉相承的。1920年苏俄专门设立了国家电气化委员会，集合全国最优秀的二百位科学家和技术人员，研究制订出这一计划，并提交全俄苏维埃第八次代表大会进行讨论。列宁称它是“第二个党纲”——“一个真正的科学计划”。列宁说，没有电气化计划，苏维埃俄国就不能转入真正的建设。之所以要把这一计划与新经济政策联系在一起，不仅是时间上的巧合，更重要的是布尔什维克党在理论上的清醒和坚定、实践上的积极和主动。

然而，对于通过新经济政策促进苏联经济的复苏和发展，党内外在认识上是存在分歧的。比较典型的观点是，认为新经济政策不符合马克思主义对社会主义经济的论述，是在放弃十月革命的成果，是资本主义在俄国的复辟。为了消除党内的思想分歧，澄清人们的错误认识，列宁撰写了《论粮食税（新政策的意义及其条件）》《新经济政策和政治教育委员会的任务》等一系列著作，

---

① 《列宁专题文集·论社会主义》，人民出版社，2009年版，第259页。

反复阐述新经济政策的实施绝不是要复辟资本主义，绝不是要把社会主义的阵地让给资产阶级，而是用“新的迂回方法”来夺取一些阵地，“我们用‘强攻’的办法即最简单、迅速、直接的办法来实行社会主义的生产和分配原则的尝试已告失败。1921年春天的政治形势向我们表明，在许多经济问题上，必须退到国家资本主义的阵地上去，从‘强攻’转为‘围攻’”[①]，等等。

当然，实践和认识是在反复比较中深化和升华的，时至今日，人们恐怕已经有了更深的体会，那就是在经济基础比较落后的国家进行社会主义建设，承袭列宁的新经济政策或许是最好的选择。

11　第二国际的破产

在第二国际历史上，米勒兰入阁是一个轰动全球的重大事件，也是伯恩施坦主义从理论变为现实的重要标志。这还需要从德雷福斯事件说起。阿尔弗雷德·德雷福斯是法国犹太籍军官，1894年被诬陷为德国间谍而判处无期徒刑。无论是审讯还是流放，他始终拒绝认罪，家属也竭尽全力为其申冤平反。后来情报局局长查明真相与德雷福斯无关，但军方借口维护军队威信，拒绝重审，还撤销了情报局局长的职务。情报局局长将真相告诉了律师朋友，经其在报上公布，引起轩然大波。然而即便是在这种真相大白于天下的情况下，军队乃至内阁总理仍然表示“不存在德雷福斯事件”，还以泄密罪逮捕了情报局局长。一时间，这一案件成为法国街谈巷议的政治丑闻，人们因此分为德雷福斯派和反德雷福斯派。法国著名作家埃米尔·左拉甚至以《我控诉》的通栏标题，在报上发表致共和国总统的公开信。但反动政府颠倒黑白，法庭公然判处左拉一年徒刑和三千法郎罚款。之后，法国政局严重动荡，总统几经更迭后，德雷福斯终于得到赦免，并判无罪复职。

德雷福斯案件使执政的温和共和派威信扫地，无法继续统治下去。组建一

① 《列宁专题文集·论社会主义》，人民出版社，2009年版，第279—280页。

个社会主义者在内的所有共和派力量的新内阁已迫在眉睫。作为独立社会党人的米勒兰表示，“考虑到危机的严重性，我和我的朋友们愿意分担一部分行动的责任和风险”，在未经社会民主党及其议会党团同意的情况下，擅自决定出任新内阁的工商部部长，从而开了将伯恩施坦主义由理论变为现实的先河，使得社会主义运动的一部分滑向改良主义道路。这就是轰动一时的米勒兰入阁事件。

律师出身的米勒兰，先是因为热衷于为工人罢工辩护成为一名激进社会党人，后又因为为工人党领袖拉法格辩护而开始接近议会中的工人党团，参加法国社会主义运动。1896年在庆祝社会主义者在全国市镇选举中取得胜利的盛大宴会上，米勒兰提出了一个改良主义纲领，宣称社会主义是“资本主义的分泌物”，他认为社会主义纲领有三个不可少的要点，即“国家进行干预，使各种形式的生产和交换手段按其成熟到可为社会所占有的程度逐步从资本主义所有转变为国家所有；通过普选获得国家权力；劳动者的国际协调”[①]。由此可以看出，米勒兰入阁实际上是这一纲领合乎逻辑的发展结果。

第二国际作为一个承上启下的国际性社会主义工人组织，在世界社会主义运动史上具有十分重要的地位，对促进工人运动、传播马克思主义、维护世界和平等都做出了突出贡献。正如列宁所指出的：“第二国际具有历史功绩，具有觉悟的工人永远不会抛弃的不朽成果：它创立了群众性的工人组织——合作社的、工会的和政治的组织，利用了资产阶级议会制以及所有一切资产阶级民主机构等等。”[②]但是在第一次世界大战中，它却令人遗憾地解体了。米勒兰事件可以说是一个导火索，但它解体的深刻原因却并非如此简单和直接。

首先，第二国际的破产与其匆忙成立造成的不成熟性有关。“第二国际在1889年的建立并不是当时工人运动瓜熟蒂落的结果”，而是被当时可能派要单独建立国际性工人协会这一客观形势所逼迫的产物，参加国际的社会主义工人

① [法] 亚·米勒兰：《法国的改良社会主义》，史集译，生活·读书·新知三联书店，1978年版，第18页。

② 《列宁全集》第37卷，人民出版社，2017年版，第95页。

组织，派系林立、思想复杂，远没有达到恩格斯所希望的“纯粹共产主义国际”的设想，这就为第二国际的破产埋下了伏笔。

其次，第二国际的破产与不能正确认识和适应资本主义新变化有关。科学技术革命带来社会生产力的极大发展，使得资产阶级榨取的剩余价值大大增加，为其调整统治策略奠定了雄厚的经济基础；普选制、议会民主等民主形式的成熟，使得无产阶级实现政治诉求有了一定的现实途径，缓解了两大阶级的根本对立和阶级斗争；长期和平的生活环境，麻痹了工人阶级的革命斗志，淡化了其革命意识等。社会主义工人政党中，大面积出现了机会主义、改良主义思潮，严重侵蚀了第二国际的肌体。

再次，第二国际的破产与不能正确认识工人运动取得的历史性成就有关。从巴黎公社到第二国际成立，工人运动经历了一个从低潮逐步走向高潮的历史阶段，资产阶级也在利用各种民主制度调整社会关系，致使发达资本主义国家的工人政党、工人组织、工人运动有了迅猛的发展。以德国为例，1890年取消《非常法》之后，党员人数由1903—1906年的38万多人，增加到1913—1914年的100多万人。[①]1890年建立的德国工会委员会，到1891年已拥有27.7万名会员，1899年突破50万人大关，1904年为100万人，1910年达200万人。到一战前，达到250万人。[②]不仅如此，工人运动在帝国议会选举中的表现也十分抢眼，社会民主党的选票比例逐年增加：1893年为23.3%，1898年为27.7%，1903年为31.7%，1912年为34.8%。[③]除德国外，同一时期欧洲其他国家社会主义工人政党、工会组织及工人运动的发展成就也非常显著。在这种情况下，工人阶级和社会民主党的领袖们对客观形势的估计都普遍过于乐观，对在资本主义框架内依靠民主制度实现社会主义信心满满，对暴力革命普遍采取回避和抵

① 参见［德］苏姗·米勒、［德］海因里希·波特霍夫：《德国社会民主党简史（1848—1983）》，刘敬钦等译，求实出版社，1984年版，第54页。

② 参见程玉梅、林建华：《世界社会主义共产主义运动新论》上册，人民出版社，2010年版，第141页。

③ 参见［德］苏姗·米勒、［德］海因里希·波特霍夫：《德国社会民主党简史（1848—1983）》，刘敬钦等译，求实出版社，1984年版，第47页。

制的态度。

最后，第二国际的破产还与所谓国家利益基础上的民族主义心理有关。机会主义、改良主义的泛滥已将第二国际推至岌岌可危的边缘，但真正点燃破产导火索的还是第一次世界大战。在这场帝国主义为争取世界霸权、垄断瓜分世界的战争中，德国社会民主党首先倒向本国资产阶级政府，其他国家的社会民主党也纷纷效仿。当资产阶级政府打着维护民族独立和国家主权的旗号参与到战争之中时，普通民众特别是处于生产一线的工人是很难识别这种民族沙文主义行径的，一旦自己的政治组织——社会民主党也坚持社会沙文主义立场，那么无产阶级的国际主义原则就会付之东流。

12　另起炉灶

第一次世界大战标志着第二国际时代的结束，也意味着新的共产国际时代的开始。共产国际是如何诞生的？俄国工人运动和布尔什维克党早期活动家和领导人、共产国际执行委员会主席格里哥里·叶夫谢也维奇·季诺维也夫曾经写过一篇文章，名为《共产国际的诞生及其头五年的活动——列宁与国际工人运动》，详细回顾了列宁创建共产国际的过程。除去当时特殊背景下的语言表达，他对整个事件过程的描述是准确和真实的。他在文中说，那时第二国际形成了某种三头政治完全统治的局面，这就是倍倍尔、维克多·阿德勒（奥地利社会民主工党领导人）、饶勒斯（法国社会党领导人）。最有权威的是倍倍尔。那时倍倍尔试图干预俄国党内的争论，明显袒护孟什维克。眼看着已经将大多数党员团结起来的布尔什维克，婉转而断然地拒绝了这一调停。

列宁最初对第二国际工作怀有极大的敬意。但是在斗争过程中，他逐渐坚定了这样的想法：必须在第二国际内部建立一个左派组织，并以此为基础，建立第三国际，不建立第三国际就不能进行无产阶级的解放斗争。1907年斯图加特代表大会期间，列宁和卢森堡试图背着第二国际的领袖们召开左派马克思主义者的“非法”会议。在哥本哈根代表大会上，列宁试图召开一次革命马克思主义者的国际会议，但是只召集了大约十个人，其中一半人又害怕公开参加会议。这时，谢德曼之辈的后继者已经接替倍倍尔和阿德勒，开始统治第二国际。曾经站在左派一边的考茨基开始蜕化，转到了右派一边。第二国际的领袖们日甚一日地变坏了。列宁当时是第二国际执行局的委员，他怀着沉重的心情参加了布鲁塞尔的执行局会议，回来时几乎病倒。根据列宁的叙述，他在那里目睹了一些可耻的场面，目睹了一个拥有两千万工人的庞大的国际组织怎样开始腐败。

1913—1914年，第二国际不得不再一次来关照布尔什维克并支持孟什维克，“因为布尔什维克主义的星星又在俄国升起来了，我们已经成为一股强大的力量。那时候，我们实际上已经是第二国际身上的异体”。列宁对第二国际的态度开始是赞许，然后是等待，之后又是怀疑，现在则到了第四个阶段——同第二国际进行坚决斗争并成为未来第三国际的组织者之一。当1917年俄国十月革命爆发的时候，德国斯巴达克派把联盟改名为共产党，并决定成立第三国际。就这样，随着第一次帝国主义战争的结束，第三国际的星星升起了。

从上述阐述中可以看出，十月革命取得胜利，让大家看到社会主义还有另外一种前途。而列宁创建的第三国际即共产国际，就是开辟社会主义新前途的各国共产党的国际联合组织。它的任务是团结工人阶级和劳动群众，推翻资本主义和帝国主义统治，确立世界范围的无产阶级专政，建立世界苏维埃社会主义共和国联盟，彻底消灭阶级，实现社会主义和共产主义。1919年3月2—6日，国际共产主义者代表会议即第三国际第一次代表大会在莫斯科召开，来自21个国家的35个政党和团体的52名代表参加。在会上，列宁做了《关于资产阶级民主和无产阶级专政的提纲和报告》。会议通过列宁的报告作为共产国际的政治纲领，还通过了列宁起草的《共产国际宣言》《共产国际行动纲领》等文件。大会选出八人执行局和由俄、德、奥、瑞士、瑞典及巴尔干联盟党的代表组成执行委员会，季诺维也夫任主席。共产国际是统一的世界共产党，各国共产党都作为它的支部，接受它的领导。1919年11月建立的青年共产国际（少年国际），也成为共产国际的支部。

共产国际的发展可分为前、中、后三个阶段。从1919年3月至1924年1月列宁逝世为前期。1920年7月召开第二次代表大会，列宁在会前发表了《共产主义运动中的“左派”幼稚病》。会上，列宁做了《关于国际形势和共产国际基本任务的报告》以及《民族和殖民地问题委员会的报告》。通过了《加入共产国际的21个条件》，堵塞了当时各国工人政党中的右翼和中派参加共产国际的道路。1921年6月召开第三次代表大会，列宁做了《捍卫共产国际的策略的演说》和《关于俄共的策略报告》，提出在国际阶级力量对比暂时处于均势的情况下，共产党应从直接进攻转而采取迂回的策略，向各国共产党提出争取工人阶级大多数的任务和“到群众中去”的口号。1922年11月召开第四次代表大会，着重讨论工人统一战线的方针，通过关于策略问题的提纲；还讨论东方民族殖民地问题，要求东方各国共产党积极参加并领导民族民主革命。列宁做了在共产国际的最后一次演说《俄国革命五周年与世界革命前途》。

1924年6月第五次代表大会到1934年为中期。第五次代表大会指出，资本主义已进入局部的、相对的、暂时的稳定时期，提出使各国党真正布尔什维克化以及进一步发展和整顿统一战线的号召。这次代表大会第一次使用了“马克思列宁主义”的提法。1928年7月召开第六次代表大会，着重讨论国际形势、战争危险以及殖民地半殖民地国家的革命运动等问题，批准《共产国际纲领》和《共产国际章程》。

1935年召开第七次代表大会到1943年解散为后期。第七次代表大会制定了第三国际和各国党在反法西斯斗争中的策略方针，提出关键是要建立在工人阶级统一战线基础上的广泛的人民阵线，而共产党在统一战线中必须保持无产阶级政党的特色。

随着国际反法西斯统一战线的形成，各国内部情况和国际形势变得更加复杂，原有的组织形式越来越不适应形势的发展。第三国际执委会主席团于1943年5月15日拟定关于解散第三国际的提议书，提交各国支部讨论。在得到各国共产党的同意后，1943年6月10日，第三国际正式宣告解散。共产国际尽管存在过分强调集中统一领导、忽视各国革命斗争的民族特点、将一国经验和国际领导机构的决议教条化等缺点和错误，但对国际共产主义运动的发展壮大起到了重要的、不可替代的推动作用。共产国际成员最多时包括七十多个国家和地区的共产党组织，足见当时列宁主义和苏联社会主义影响之广大。

13　考茨基的尴尬

对于第二国际领袖、著名马克思主义理论家考茨基，列宁一向是尊敬甚至是崇拜的。他不仅孜孜不倦地阅读考茨基的相关著作，而且还将其重要著作译成俄文。像考茨基的“灌输论”就被列宁视若珍宝，在此后的革命实践中广泛运用。但是在十月革命后，列宁却写了一本《无产阶级革命和叛徒考茨基》，个中愤怒、无奈和不解都跃然纸上。然而颇有讽刺意味的是，考茨基在1875年1月11日写过一则日记，也谈到了“叛徒”这个词：“新的一年有了一个很好的开端。在过去的一年中经历了那么多事情，学到那么多东西，希望今年更上一层楼。至少可以说，昨天像我所希望的那样，是我生命的新起点。卢比康河已经渡过，alea esl jacta！我被接纳为社会民主党党员。只有当了叛徒我才会离开它。如果我真当了叛徒，就把我钉在耻辱柱上吧！”[①]关于考茨基思想转变的时间划分，列宁曾经给出过较为清晰的判断：“请读者不要忘记，在1909年之前，即他写过的最好的小册子《取得政权的道路》之前，考茨基是机会主义的敌人，只是在1910—1911年才转向维护机会主义，而完全彻底的转变只是在1914—1916年。”[②]如何去认识列宁、考茨基对“叛徒”一词的定义和理解，不妨还是回到历史中去寻找答案。

卡尔·考茨基是社会民主主义活动家，德国和国际工人运动理论家，第二国际领导人之一，马克思代表作《资本论》第四卷的编者。他出生于奥地利帝国一个艺术家家庭。1871年，巴黎公社革命时期，他感到欢欣鼓舞，开始阅读

① 中共中央马克思恩格斯列宁斯大林著作编译局国际共运史研究室编：《国际共运史研究资料》第13辑，人民出版社，1985年版，第198—199页。

② ［苏］斯·布赖奥维奇：《卡尔·考茨基及其观点的演变》，李兴汉等译，东方出版社，1986年版，第3页。

社会主义书刊和小说，从中“获得了关于社会主义的某些正面知识”[①]。他认为，“社会民主主义是工人运动与社会主义的结合”[②]，其任务就是“使无产阶级的阶级斗争能够成为更自觉和更合目的的斗争”[③]。这一认识对于当时还是十几岁的小青年来讲，是异乎寻常和极为超前的。

在1874年二十岁时，考茨基开始研究德国社会主义者的著作，首先是拉萨尔，然后是《资本论》，同时还热烈地赞成达尔文主义。1875年他的第一本著作《达尔文主义和社会主义》问世，同年加入奥地利社会民主党。1876年结识威廉·李卜克内西，加入德国社会民主党，被约请当了赫希伯格的助手。考茨基回忆说，这个时期他对科学社会主义并不独衷，头脑中的社会主义还是多元的：“当时，我对马克思还抱着淡漠态度，我的经济学观点当时带有强烈的折中主义性质。”[④]

1881年3月，考茨基被派往伦敦，开始经常同恩格斯相处，建立了亲密的友谊，逐步转变为一个马克思主义者。1883年《新时代》杂志创刊，考茨基为主编。在这之后的很长一段时间内，他在恩格斯指导下，陆续翻译、编辑和发表了一系列马克思主义通俗著作，如翻译了马克思的《哲学的贫困》，撰写了《卡尔·马克思的经济学说》《法兰西革命时期的阶级矛盾》等，用清新灵动的文笔，对马克思关于利润和地租的学说做了非常浅显、非常确切、非常天才的叙述。在第二国际斯图加特代表大会期间，为宣传五一节，他发表了《劳工保护，特别是国际劳工保护立法和八小时工作制》的著名演说。1891年，由考茨基、伯恩施坦起草的《爱尔福特纲领》，真正在德国确立了马克思主义的主导地位。恩格斯去世后，考茨基全身心地编辑马克思的代表作《资本论》第四卷，并与儿子一道编辑了《资本论》的普及本。

1896年伯恩施坦在考茨基任主编的《新时代》杂志，以“社会主义问题”

---

① 侯才主编：《社会主义通史》第三卷，人民出版社，2011年版，第205页。

② ［奥］卡尔·考茨基著，王学东编：《考茨基文选》，人民出版社，2008年版，第44页。

③ ［奥］卡尔·考茨基著，王学东编：《考茨基文选》，人民出版社，2008年版，第45页。

④ 马行建主编：《马克思主义史》第二卷，人民出版社，1995年版，第275页。

为总标题，系统修正马克思主义时，普列汉诺夫、倍倍尔都曾致信考茨基，指出伯恩施坦的叛党行为。但此时考茨基尚未认清伯恩施坦主义的实质，因此态度是暧昧的。一直到1898年，经对伯恩施坦主义的考察和了解，经同志们的批评和帮助，考茨基的思想有了重大转变，开始严厉批判伯恩施坦主义。他在给阿德勒的信中说："我将对爱德发动进攻，态度上纵然可以温和，实质上要严厉，无论如何不能放过他。"[①]而且在给伯恩施坦的信中明确指出，两人之间"公务上的合作完结了"，"在理论方面一贯合作是不再可能存在了"，"我不能跟着你，我的信念和你的同样深，同样坚定"。[②]此后，考茨基写了《伯恩施坦和德国社会民主党》《伯恩施坦和唯物史观》《伯恩施坦和辩证法》《疑问的社会主义对抗科学的社会主义》等一系列著作和文章，成为德国社会民主党内对伯恩施坦主义进行系统批判的代表人物。

1899年考茨基写了《土地问题》，列宁曾评价这本书是《资本论》第三卷以后最出色的一本经济学著作。可以说，在1889年至1914年间，考茨基是第二国际最主要的马克思主义思想家，在把马克思主义发展成一门严肃的思想学科方面发挥了关键作用。

在第一次世界大战中，考茨基对战争持中间立场，提议在议会中，在政府军事拨款问题上，社会民主党人不投赞成票，也不投反对票，要投弃权票。认为这种做法是与倍倍尔和李卜克内西在1870年采取的立场相吻合的。1917年4月，社会民主党内反对战争的议员在哥达召开会议，正式从社会民主党中分裂出去，成立了独立社会民主党，考茨基、伯恩施坦都属于这一政党。在第一次世界大战后期，考茨基提倡社会和平主义，希望早日结束战争。1922年，德国独立社会民主党与德国社会党实行合并，成为新的德国社会民主党。

1932年，考茨基出版《战争与民主》一书，预测下一场世界战争不仅会带

---

① 中共中央马克思恩格斯列宁斯大林著作编译局国际共运史研究室编：《德国社会民主党关于伯恩施坦问题的争论》，生活·读书·新知三联书店，1981年版，第109页。

② 中共中央马克思恩格斯列宁斯大林著作编译局国际共运史研究室编：《德国社会民主党关于伯恩施坦问题的争论》，生活·读书·新知三联书店，1981年版，第83页。

来贫困和灾难，而且要彻底摧毁一切文明。在考茨基的晚年，他还积极主张社会主义工人国际（由第二国际和第二半国际所属政党组成）执行局发表宣言，号召全世界工人“停止相互攻击，一致同法西斯主义进行斗争”，建立统一战线。1937年，考茨基出版了《社会主义者和战争》一书，系统阐述了自己在战争与和平问题上的人道主义观点，重提在议会中投弃权票的主张。

考茨基的一生始终处于一种“尴尬”的境地，恩格斯在世时，他和伯恩施坦被并称为“真珠子”，深得欣赏。然而这种赞许也是有差别的，他比起伯恩施坦来还是有相当大的差距。恩格斯去世后，伯恩施坦全面修正马克思主义，无论是出于某些观点上的思想共鸣，还是出于几十年友情的困扰，考茨基一开始在批判伯恩施坦问题上态度是暧昧的。虽然后来对伯恩施坦主义做了最为系统、最为深刻的批判，但仍被许多人视为“不痛不痒”，甚至有姑息纵容之嫌。他潜心编著《资本论》第四卷，研究土地问题，赢得“正统马克思主义理论家”的美誉，但很快由于批评十月革命早产，而被列宁等左派赠予“革命叛徒”的称号。他积极推动世界社会主义运动的联合，但又被所谓人道主义观念束缚，站在了无产阶级革命和共产国际的对立面。然而正是这种“尴尬”，铸就了考茨基在马克思主义思想发展史上承上启下的地位。从这个意义上讲，确立考茨基马克思主义理论家的历史地位，实事求是地评价他在国际工人运动和社会主义运动中的功过是非，而不是简单以特定历史条件下形成的“叛徒”称谓来评判他的一生，是至关重要的。

14　最后的遗嘱

不同于恩格斯，列宁是有政治遗嘱的。1922年5月，列宁突然中风，经过疗养后逐步好转，一度恢复工作。到了12月，列宁再次中风，情况恶化，右肢丧失活动能力。或许是预感到自己时日无多，列宁决定通过口授，将十月革命后五年来对社会主义革命和建设事业的总结和思考记录下来，为苏维埃俄国奉献最后的精力和智慧。这篇被称为“政治遗嘱”的著作，就是列宁的《给代表大会的信》。其中包括列宁在1922年12月23日、24日、25日、26日、29日和1923年1月4日口授的札记。

列宁在信中向即将召开的俄共（布）十二次代表大会提出了自己的意见和建议。这些意见和建议包括：吸收工人共产党员和劳动农民共产党员担任中央委员，把中央委员人数增加至五十人，甚至一百人，以便减少中央委员会作出决定时个人的偶然因素。在一定条件下赋予国家计划委员会的决定以立法的性质；分析了党的不稳定性和分裂问题，指出中央委员会的稳定关键在于斯大林和托洛茨基，对斯大林、托洛茨基、季诺维也夫、加米涅夫、布哈林和皮达可夫的个人特性做了点评，指出斯大林过于粗暴的性格特点不适合担任党的总书记，建议将其撤换；建议新增加的中央委员要以工人为主，对工人中央委员的选拔标准提出要求；建议用高度熟练的专家充实工农检察院，规定工农检察院的人数控制在四百至五百人等。

这一政治遗嘱内容十分具体，而且也极度敏感，因此中央委员会在公布和处理时，是颇有些周折和斗争的。1922年12月23日，斯大林在第一时间通过值班秘书的汇报获知了第一部分内容。12月24日第二次口授结束后，列宁嘱咐要把口授内容当作绝密文件保管，未经其允许不得将口授记录交给任何人。然而当时除了斯大林，布哈林、季诺维也夫、加米涅夫、托洛茨基等也都看过了第一部分，以及1923年1月4日对1922年12月24日口授内容的补充部分。①列宁无奈地感慨："不是医生们给中央委员会指示，而是中央委员会给医生们下指令。"②

1923年5月21日，根据中央全会和第十三次代表大会主席团决定，向各代表团宣读了信的内容。但不知出于什么样的考虑，后来这封信久久未予公布，遗嘱的建议有些被代表大会的代表拒绝，有些在执行中走了样，总之是大多没有执行。比如斯大林当时不仅是书记处总书记，还身兼政治局委员和组织局委

---

① 参见沈志华主编：《苏联历史档案选编》第5卷，社会科学文献出版社，2002年版，第313页。

② 《列宁全集》第43卷，人民出版社，2017年版，第483页。

员，本身就负责党内人事工作，不可能主动落实不利于自身的人事调整建议。列宁建议从工人和农民中选拔一些人担任中央委员，结果斯大林在实际执行中提拔了一批地方上的自己人来扩充实力。当然，列宁此时已病入膏肓、有心无力了。

除《给代表大会的信》之外，在1922年12月至1923年3月间，列宁在病榻上还先后口授了《论合作社》《论我国革命》《我们怎样改组工农检察院》《宁肯少些，但要好些》等信件和文章，这些要件都紧密围绕相对落后国家怎样走向社会主义这一基本问题，积极回应了一些理论家的责难，深刻阐发了关于俄国革命、合作社、文化革命以及国家机关和执政党建设等一系列重大问题。

如果我们把这一政治遗嘱与同一时期其他重要信件和文章结合起来研读，就会发现列宁晚年思考的一系列重大问题是如此关键和重要。

要正视苏俄走向社会主义的起点低这一重大现实问题。列宁实事求是分析道：苏俄是“一个落后的、被反动和不幸的战争严重破坏、又远远早于先进国家开始社会主义革命的国家”[①]，“在文明程度方面，在从物质和生产上‘实施’社会主义的准备程度方面，却比西欧最落后的国家还要落后”[②]。要在这样一个落后国家建设社会主义，显然不同于马克思、恩格斯“同时胜利论”的理论逻辑，国内形势更为复杂，外部环境更为严峻，被颠覆、被征服的危险随时存在。列宁曾经无不忧虑地说：“在我国这种小农和极小农的生产条件下，在我国这种经济破坏的情况下，我们能不能支持到西欧资本主义国家发展到社会主义的那一天呢？”[③]落后且遭受战争严重破坏，又陷入严重危机的苏俄，应该采取什么样的战略策略才能坚持下去、发展起来，并展示社会主义光明前景和巨大力量？这就是摆在俄共（布）面前的重大理论和现实问题。

要坚信十月革命具有历史必然性和合理性。针对普列汉诺夫、考茨基、苏

① 《列宁选集》第三卷，人民出版社，2012年版，第507页。
② 《列宁选集》第四卷，人民出版社，2012年版，第498页。
③ 《马列著作选编》（修订本），中共中央党校出版社，2011年版，第531页。

汉诺夫（俄国经济学家，孟什维克党人）等人关于俄国不具备实现社会主义革命的客观前提的观点，列宁强调：一个基本的历史事实是，十月革命“这是和第一次帝国主义世界大战相联系的革命”[①]，是根据主客观条件的合力及其变化决定的。他批判普列汉诺夫等人——“马克思主义中有决定意义的东西，即马克思主义的革命辩证法，他们一点也不理解。”[②]“世界历史发展的一般规律，不仅丝毫不排斥个别发展阶段在发展的形式或顺序上表现出特殊性，反而是以此为前提的。”列宁承认，“俄国生产力还没有发展到可以实现社会主义的高度”[③]，因此夺取政权后必须集中力量发展现代文明。在这个意义上，俄国革命的特殊性符合世界历史发展的总路线，“我们能够用与西欧其他一切国家不同的方法来创造发展文明的根本前提”，“然后在工农政权和苏维埃制度的基础上赶上别国人民”。[④]

相对落后国家只能迂回地过渡到社会主义。列宁在分析世情、国情和当时面临突出问题的前提下，十分清醒地认识到：“必须懂得，需要经过哪些中间的途径、方法、手段和辅助办法，才能使资本主义以前的各种关系过渡到社会主义。关键就在这里。”[⑤]因此，列宁晚年关于从经济、政治、文化等方面过渡到社会主义的构想，对于未经资本主义充分发展阶段的国家走社会主义道路，具有很强的针对性和指导意义。在经济方面，列宁主张要坚定不移地实施新经济政策，不要害怕资本主义。“同社会主义比较，资本主义是祸害。但同中世纪制度，同小生产、同小生产者涣散性引起的官僚主义相比，资本主义则是幸福。既然我们还不能实现从小生产到社会主义的直接过渡，所以作为小生产和交换的自发产物的资本主义，在一定程度上是不可避免的，所以我们应该利用资本主义（特别是把它纳入国家资本主义的轨道），作为小生产和社会主义之

---

① 《马列著作选编》（修订本），中共中央党校出版社，2011年版，第456页。
② 《马列著作选编》（修订本），中共中央党校出版社，2011年版，第456页。
③ 《马列著作选编》（修订本），中共中央党校出版社，2011年版，第457页。
④ 《马列著作选编》（修订本），中共中央党校出版社，2011年版，第457—458页。
⑤ 《马列著作选编》（修订本），中共中央党校出版社，2011年版，第402—403页。

间的中间环节，作为提高生产力的手段、途径、方法和方式。”[①]在政治方面，列宁强调要注重加强党的建设和国家政权建设。他说，我们在浓厚的旧社会痕迹上搞建设，面临许多意想不到的严重问题。“我们国家机关的情况，即使不令人厌恶，至少也非常可悲。”[②]“共产党员成了官僚主义者。如果说有什么东西会把我们毁掉的话，那就是这个。”[③]因此，俄共（布）要在思维方式和行动方式上、工作作风和工作方法上、精神状态和能力本领上实现全面的转型，以过硬的本领赢得与资本主义、资本家的竞赛。要保证中央委员会的团结和稳定，防止党的上层的分裂。要巩固工农联盟，筑牢党执政的坚实基础。要按照“宁可数量少些，但要质量高些”的原则改组工农检察院，加大监督力度，清除官僚主义和其他弊端，保证人民政权的性质。在文化方面，列宁提出要深入开展文化革命和文化建设。列宁指出，在政治变革和社会变革后，苏俄仍处于“不文明状态”。“我们所缺少的主要的东西是文化，是管理的本领。”[④]“只要实现了这个文化革命，我们的国家就能成为完全社会主义的国家了。”[⑤]因此要增强执政党的文化力量，“为了革新我们的国家机关，我们一定要给自己提出这样的任务：第一是学习，第二是学习，第三还是学习，然后是检查，使我们学到的东西真正深入血肉，真正地完全地成为生活的组成部分”[⑥]。要大力提高农民的文化素质，“这是我们的责任，这是执政的工人阶级的基本任务之一”[⑦]。要发展国民教育，吸收借鉴一切优秀文化成果。“无产阶级文化应当是人类在资本主义社会、地主社会和官僚社会压迫下创造出来的全部知识合乎规律的发展。”[⑧]只有吸收借鉴人类一切优秀文化成果才能建设无产阶级文化。

---

① 《马列著作选编》（修订本），中共中央党校出版社，2011年版，第399页。
② 《列宁选集》第四卷，人民出版社，2012年版，第784页。
③ 《列宁全集》第52卷，人民出版社，2017年版，第288页。
④ 《列宁专题文集·论无产阶级政党》，人民出版社，2009年版，第335页。
⑤ 《列宁选集》第四卷，人民出版社，2012年版，第774页。
⑥ 《列宁选集》第四卷，人民出版社，2012年版，第786页。
⑦ 《列宁选集》第四卷，人民出版社，2012年版，第765页。
⑧ 《列宁选集》第四卷，人民出版社，2012年版，第285页。

第八章

社会主义从一国走向多国

01 捍卫思想旗帜

托洛茨基对于俄国布尔什维克党和苏联红军而言，绝对是难以回避的超重量级人物。列夫·达维多维奇·托洛茨基出生于乌克兰一个富裕犹太人家庭，在德国上学期间就组织“南俄工人同盟”，进行反对沙皇专制制度的宣传。1898年初，南俄工人同盟遭破获，托洛茨基被捕入狱，在狱中读了列宁《俄国资本主义发展》一书，流放期间又读到《火星报》和列宁的《怎么办?》，深受启发和影响，因此决定逃出流放地去参加“火星报”派的革命活动。托洛茨基思维敏捷、激情奔放、精力过人、文笔优美，很快得到列宁和同志们的尊敬和欣赏。列宁写信给普列汉诺夫，建议让托洛茨基加入《火星报》编辑部并担任编委。这一提议因普列汉诺夫的反对没有实现，最后决定让他只参加编辑部的会议，无表决权。

1902年底，托洛茨基按照《火星报》编辑部安排，到巴黎从事争取俄国侨民团体的工作。1903年7月，俄国社会民主工党在布鲁塞尔召开第二次代表大会，并由此分裂为以列宁为首的“多数派”（布尔什维克），和以马尔托夫为首的“少数派”（孟什维克）。托洛茨基最早是孟什维克的一员，后与孟什维克绝交，长期游移于布尔什维克和孟什维克之间。他在俄国1905年革命期间回国，被推举为彼得格勒苏维埃主席。革命失败后被捕入狱，在彼得格勒狱中写了

《总结与展望》，提出他一生活动的理论基础——不断革命论，认为俄国的民主革命必然要由工人阶级通过建立自己的阶级专政来领导和完成，并由此发展成为社会主义革命，还预言欧洲社会主义革命很可能从俄国开始。他于1906年12月被判处终身流放，但他在流放途中逃脱流亡国外。在流亡中，结识了弗兰茨·梅林、卡尔·李卜克内西、罗莎·卢森堡等德国革命家。

1917年3月（俄历二月），俄国爆发二月革命，流亡在外的革命者纷纷回国，其中托洛茨基尤为活跃。回国后，托洛茨基采取了最激进的不断革命的立场，反对资产阶级临时政府，主张把革命推向建立无产阶级专政的政权。他于5月抵达彼得格勒，被推举为彼得格勒苏维埃执委之一。至此，托洛茨基充分发挥出其政治潜能，在革命运动中叱咤风云，“个人品格大放异彩”。有人描述说：“在托洛茨基令人眼花缭乱的成功的影响下，在他的人格魅力的影响下，不少接近托洛茨基的人都有认为他是俄国革命的头号领袖的倾向。”[①]6月，资产阶级政府以“德国间谍”的罪名将其逮捕入狱。7月，在布尔什维克第六次代表大会上，托洛茨基被缺席选为中央委员。9月获释出狱，并被推举为彼得格勒苏维埃主席。10月10日，在列宁主持下举行了具有历史意义的中央会议，托洛茨基是当时少数支持发动十月革命的领导人之一。十月革命前夕，托洛茨基对工人代表议会中的质询做了巧妙答复，既保守了即将起义的军事秘密，又鼓舞了革命者的战斗意志，同时严格遵循现代民主与公开原则，“他是当时的中心人物，是这一非凡的历史篇章中的主要人物”[②]。由于在发动十月革命中的伟大作用，托洛茨基赢得了不朽的历史地位。当时作为领导者之一的斯大林曾这样评价：“起义的一切实际组织工作是在彼得格勒苏维埃主席托洛茨基同志直接指挥之下完成的。我们可以确切地说，卫戍部队之迅速站在苏维埃方面来，革命军事委员会的工作之所以搞得这样好，党认为这

① ［波］伊萨克·多伊彻：《先知三部曲：武装的先知》，王国龙译，中央编译出版社，2013年版，第239页。

② ［波］伊萨克·多伊彻：《先知三部曲：武装的先知》，王国龙译，中央编译出版社，2013年版，第265页。

首先要归功于托洛茨基同志。”[①]托洛茨基在捍卫无产阶级政权、巩固国际共产主义革命方面，同样也做出了卓越贡献，在欧美共产主义运动中享有极高威望。《布列斯特和约》签订后，托洛茨基担任最高军事委员会主席和军事人民委员，具体负责组建红军和指挥作战，是红军的缔造者和领袖。

正是由于托洛茨基的崇高地位，在列宁逝世后，他对列宁主义的看法必定会引起全党、全社会的普遍关注。1924年初，托洛茨基连续撰写了《论列宁》《十月的教训》等颇有影响力的著作。在这些著作中，托洛茨基称列宁为无产阶级革命领袖，具有不屈不挠的毅力等卓越品质，把列宁主义比作“明灯”，指出:“作为革命行动体系的列宁主义，就是由思维和经验养成的革命嗅觉，这种社会领域里的嗅觉，如同体力劳动中肌肉的感觉一样。”[②]他认为，列宁主义是马克思主义这种历史分析和确定政治方向的方法在特定历史时代的应用。十月革命之所以能够取得胜利，就在于列宁抛弃了不适合革命需要的老的布尔什维克主义，而以托洛茨基不断革命的理论重新武装了无产阶级。

托洛茨基关于列宁及其思想的认识，引发了苏共党内的激烈争论。加米涅夫指出，托洛茨基不过是孟什维克主义的代言人，其目的在于用托洛茨基主义来顶替或修正列宁主义。季诺维也夫认为列宁是一个彻底的无产阶级革命家，但他更清楚俄国是一个农民占优势的国家，因此列宁主义是在农民占优势的国家中直接开始的世界革命中帝国主义大战时代的马克思主义。他指出托洛茨基的《十月的教训》不是什么别的，而是十分公开地企图修正，或者甚至是直接地消灭列宁主义基础。

斯大林也加入了论战队伍，撰写了《托洛茨基主义还是列宁主义?》《十月革命和俄国共产党人的策略》《论列宁主义的几个问题》等著作，不仅揭露了托洛茨基试图用托洛茨基主义顶替列宁主义的目的，而且系统总结了列宁对马克思主义的新贡献。比如，“列宁主义是帝国主义和无产阶级革命时代的马克

---

① 斯大林:《十月政变》,《真理报》，1918年11月6日。

② 中共中央马克思恩格斯列宁斯大林著作编译局国际共运史研究室编:《托洛茨基言论》，生活·读书·新知三联书店，1979年版，第456页。

思主义。确切些说，列宁主义一般是无产阶级革命的理论和策略，特别是无产阶级专政的理论和策略”[①]。比如，列宁生活在帝国主义时代，战斗于世界革命中心的俄国。帝国主义不仅使革命成为不可避免的实践问题，而且造成了直接冲击帝国主义堡垒的有利条件。正是在这样的历史条件下，列宁总结各国革命运动的经验教训，概括出关于无产阶级革命和无产阶级专政的一系列原理，把马克思主义推进到列宁主义阶段。比如，在无产阶级革命理论问题上，列宁提出了关于无产阶级革命可以首先在一个国家内取得胜利，关于资产阶级民主革命转变为无产阶级革命，关于无产阶级必须同国内农民群众、同殖民地附属国的民族解放运动结成联盟等观点；在无产阶级专政理论上，列宁论述了关于无产阶级专政国家的性质、关于无产阶级专政国家的实现形式、关于无产阶级专政国家中党的领导地位、关于无产阶级专政国家的职能等观点；在马克思主义政党问题上，列宁阐述了关于无产阶级政党是无产阶级的先进部队、是无产阶级的有组织的部队、是无产阶级组织的最高形式，以及必须坚持无产阶级政党领导等观点。值得一提的是，当时联共（布）内部一直延续着列宁留下来的通过争论统一思想的好传统，虽然观点有所不同，但争论是公开的、平等的，也是毫不留情面的，这样的争论对于帮助各国共产党人领会马克思列宁主义，有着极为重要的意义。

02　“一国建成论”之争

对于中国人来说，比较深入地了解托洛茨基、季诺维也夫联盟（简称“托季联盟”）还是1927年大革命失败后。这里涉及中国共产党历史上的一件公案。1927年，蒋介石发动“四一二”反革命政变，汪精卫开始“七一五”分共后，国民党反动派公然站到人民的对立面，大肆屠杀共产党员和工农群众。面对这种危机，以陈独秀为总书记的中共中央数次提出退出国民党，但莫斯科

---

① 《斯大林全集》第六卷，人民出版社，1956年版，第63—64页。

（共产国际）的答复都是不容许。在当年6月召开的中央政治局会议上，首次总结大革命的教训，指出："季诺维也夫及其在中国的代表只教我们帮助中国资产阶级，武装中国资产阶级，未教我们武装工农，准备与资产阶级决裂。"[①]在随后召开的八七会议上，确定了土地革命和武装反抗国民党反动派的总方针，不点名地批判了陈独秀的右倾机会主义。这次会议没有让陈独秀参加，很显然把大革命失败的责任一股脑推给了共产国际执委会前任主席季诺维也夫和中国的代表陈独秀。

会后已无事可做的陈独秀，只好回到上海深刻反思自己和中国共产党所犯的错误。陈独秀说："自1927年中国革命遭受到悲惨的可耻的失败后，我因亲自负过重要责任，一时实感觉无以自处，故经过一年之久，我差不多完全在个人的反省期间。"[②]在这一反省的过程中，有人从莫斯科捎来托洛茨基的《中国革命问题》《中国革命的总结和前瞻》《共产国际第六次大会后的中国问题》等几篇纲领性文件，陈独秀见此恍然大悟道："当你们（指共产国际）将革命失败单独归咎于中共中央或'陈独秀的机会主义'时，而托洛茨基同志却早已在你们背后指出真正的机会主义和盲动主义。"后来他回顾说，正是由于得到托洛茨基关于中国问题的文件，"从此以后，我们才彻底地系统地了解在中国革命中所犯的机会主义之真实根源之所在"[③]。这也是后来陈独秀组织中国共产党左派反对派（即托洛茨基派）的原因。

而斯大林"一国建成社会主义"争论的主要对象就是托季联盟。1927年上半年，国际形势发生了重大变化，英苏关系急剧恶化，英国拉拢法德，从外交上孤立苏联。在这样的大背景下，已经屡遭打击的托洛茨基和季诺维也夫，感到时机来临，又重新组织起来，借着追究中国革命失败的责任问题，于5月发表了"八十四人声明"，抨击共产国际在领导中国革命上的错误，并

---

① 《共产国际与中国革命资料选辑（一九二五——一九二七）》，人民出版社，第58页。

② 陈独秀：《给国际的信》（1930年2月27日），《无产者》，1930年第2期。

③ 陈独秀：《关于中国革命问题致中共中央的信》（1929年8月5日），见安庆市历史学会、安庆市图书馆编：《陈独秀研究参考资料》第一辑，安庆图书馆，1981年版。

指责斯大林等人的国内政策正在把苏联引向深渊。在十月革命十周年之际，反对派发动了更加猛烈的攻击，他们不仅在莫斯科和列宁格勒举行盛大的示威游行，散发传单、发表演说，喊出“斯大林正在欺骗工人阶级！”等过激口号，而且还抬着托洛茨基和季诺维也夫的画像，把他们称为“世界革命的领袖”。托洛茨基、季诺维也夫走上街头，把正常的党内斗争演变为公开分裂党的活动。

这场争论的核心问题是：“一国能否建成社会主义？”早在十月革命前，列宁在论述社会主义革命“一国胜利论”时就提出，革命胜利成果的巩固有待于世界社会主义革命的胜利。十月革命胜利后，列宁敏锐地意识到俄国拥有建设社会主义所必需而且足够的一切条件，因而描绘了苏联社会主义建设的光辉前景。但是列宁并未提出一国可以建成社会主义的论断。“一国建成社会主义”的理论是由斯大林首先提出，并在与托洛茨基、季诺维也夫等人的论争中逐步完善的。实事求是地讲，在俄国十月革命以前及革命胜利后的一段时间内，苏俄领导人大都信奉马克思主义的“同时胜利论”，斯大林也认为：“为了组织社会主义生产，单靠一个国家的努力，特别是像俄国这样一个农民国家的努力就不够了——为了达到这个目的，就必须有几个先进国家中无产者的共同努力。”①

然而经过新经济政策的实施，苏联国内农业规模已接近战前水平，1925年工业总产值达到1913年的73%，工农联盟更加巩固，人民物质文化生活得到改善。在国际层面，资本主义世界进入相对稳定时期，武装干涉苏维埃政权的失败也迫使他们与苏联建立起正常外交关系。面对国际国内新形势，斯大林逐步改变了传统的观点，开始修正自己过去的说法，1925年在联共（布）第十四次代表大会上提出了苏联能够建成社会主义的论断，同时认为这只是社会主义的一般胜利，即赶走地主和资本家，夺取政权，打退帝国主义的进攻，开始建设社会主义经济，而社会主义的最终胜利，即具有免除复辟企图的完全保障，依

---

① 《斯大林全集》第八卷，人民出版社，1954年版，第60页。

然需要通过国际无产阶级的共同努力。

斯大林“一国建成社会主义”的观点，遭到了托洛茨基、季诺维也夫等人的反对。季诺维也夫在联共（布）第十四次代表大会的报告中提出，社会主义的最终胜利至少可以理解为消灭阶级，从而废除无产阶级专政，但对俄国来说显然是不可能的。他认为，承认一国一定能建成社会主义是“民族狭隘性”的表现，应当区别两种东西，即建设社会主义的有保障的可能性与最终建成和巩固社会主义的可能性。对于前者来讲，在一个国家的范围内自然是可以想象的，但是对于后者来说则是有待解决的。托洛茨基也从自己不断革命的理论出发，对“一国建成社会主义”的问题做出了否定的回答。托洛茨基认为，农民是反对社会主义革命的，因此俄国无产阶级夺取政权后，不但会和资产阶级发生敌对的冲突，而且也会和农民发生敌对的冲突。这样一来，在农民占人口多数的落后国家内，工人政府所处地位的矛盾，只有在国际范围内，即在世界无产阶级革命舞台上才能得到解决。托洛茨基断言，俄国社会主义经济的真正高涨只有无产阶级在欧洲几个最重要的国家内获得胜利以后才是可能的，没有欧洲无产阶级直接的国家援助，俄国工人阶级就不能保持政权，就不能把自己暂时的统治变成长期的社会主义专政。

针对季诺维也夫、托洛茨基等人的观点，斯大林于1926年发表了《论列宁主义的几个问题》等文章，对“一国建成社会主义”进行了系统阐述。

要正确认识苏联社会主义建设的两种矛盾。斯大林认为，无产阶级专政的国家有两种矛盾：一种是内部的矛盾，即无产阶级和农民之间的矛盾；另一种是外部的矛盾，即社会主义国家和其他一切资本主义国家之间的矛盾。由于资本主义道路使绝大多数农民贫困破产，而社会主义道路使劳动农民生活不断提高，无产阶级掌握着国家政权和国民经济命脉，因此能够吸引劳动农民和无产阶级一起走社会主义道路。而在国际范围内，仅靠一个国家的努力，不能完全保障自己免于武装干涉的危险。只有通过若干国家的无产者的共同努力，或者更好是在几个国家的无产者取得胜利以后，才能有免于武装干涉的完全保障。

要科学区分“胜利”“最终胜利”的内涵，斯大林这样阐述道：“一国建成社会主义”的意思，就是用一国内部力量来解决无产阶级和农民间的矛盾，即在其他国家无产者的同情和支援下，但无须其他国家无产阶级革命的预先胜利，无产阶级可能夺取政权并利用这个政权来建成完全的社会主义社会。而“社会主义不可能在一个国家里获得最终胜利”的意思，就是没有至少几个国家革命的胜利，就不可能免于武装干涉，因而不可能免除资产阶级制度复辟的完全保障。斯大林认为：否认社会主义在一国胜利的可能，就是不相信社会主义建设事业，就是离开列宁主义；否认社会主义可以在一个国家里获得最终胜利的观点，就是离开国际主义，就是离开列宁主义。

要深刻领会国际无产阶级和被压迫民族斗争的意义。斯大林认为，那种只把取得革命胜利的无产阶级的“直接的国家援助”看作援助的观点，根本不了解西方工人和东方农民对俄国革命不可估量的意义。欧洲工人、殖民地国家对俄国革命的同情，他们破坏帝国主义武装干涉计划的决心，同样也是很大的帮助，这种帮助是支持俄国建成社会主义的重要力量。

斯大林“一国建成社会主义”理论发展了列宁关于依靠本国人民力量建设社会主义，而且能够建成社会主义的理论，明确回答了苏联社会主义前途问题，增强了苏联人民对社会主义的信心，激发了他们建设社会主义的热情，有力推动了苏联社会主义事业的发展。

03　令人痛心的政治清洗

列宁在其政治遗嘱中反复强调中央委员会内可能存在分裂的风险，并把这种风险聚焦在斯大林、托洛茨基、季诺维也夫、加米涅夫、布哈林和皮达可夫几个人身上，尤其是斯大林和托洛茨基身上。列宁的担忧不幸成为现实。在列宁逝世后的短短几年中，斯大林陆续与托洛茨基主义，与季诺维也夫、加米涅夫“新反对派”，与托季联盟，与布哈林集团等进行了斗争，而这些斗争无一不是以政治清洗甚至肉体消灭为结局，这是令人甚为痛惜的。然而历史毕竟是历史，它的呈现或许有这样那样的偶然性，但终归由诸多偶然编织成必然……有人说如果列宁还活着，尽管俄国党内各种派别不断出现，诸如“军事反对派”“民主集中派”“工人反对派”和“十人纲领派”等，但是凭借列宁崇高的威望和谦逊、宽恕、原则性、不灰心等优秀品质，凭借列宁力主在俄共（布）十大上通过的《关于党的统一》的决议，这些不同的派别总是能在一个共同的目标下团结在一起，总是能在同一个思想旗帜和领导核心的指引下共同前进。有人说，如果托洛茨基等反对派不采取“克里孟梭式实验”①的逼宫手段，而是把党内斗争局限在党组织系统内部，一切清洗或许就能避免，等等。但是历史不容假设，也不可能重新来过，我们只能从它的发展过程中吸取教训，以史鉴今，砥砺前行。

这里有必要回顾一下斯大林在苏联政治舞台上的崛起。约瑟夫·维萨里奥诺维奇·斯大林出生于格鲁吉亚一个农民家庭，父亲是农民出身的皮鞋匠，母亲是农奴的女儿。斯大林原姓朱加什维利，斯大林这个姓氏是他成年后自己改的，意思是钢铁。斯大林曾在一所东正教中学读书，因成绩优秀而获得奖学金。在此期间他接触到一些革命书籍，深受马克思主义影响。1898年十九岁时加入俄国社会民主工党，中学没毕业就离校从事革命活动，1901年当选该党在当地委员会的委员。1903年俄国社会民主工党分裂，斯大林选择加入以列宁为首的布尔什维克党，1905年12月在全俄布尔什维克第一次会议上与列宁首次见面。由于积极从事革命活动，在1902年4月至1913年3月间，斯大林被反动政府逮捕七次、流放六次，从流放地逃出五次。1912年1月，在布尔什维克第六次代表大会上缺席当选中央委员。同年在列宁指示下来到圣彼得堡创办了《真理报》。1913年3月，发表《马克思主义和民族问题》一文，首次使用了斯大林这一笔名。1917年4月党内会议中，列宁主张推翻临时政府，斯大林等人转变立场支持列宁，会上被选为布尔什维克中央委员会成员，10月被选进领导

---

① 克里孟梭是当时法国激进党政府总理，他主张彻底的民主精神，实行地方自治，实行分权管理，废除官僚机构等。为了实现自己的执政理念，他不断抨击温和派政府，在议会质询时，发言咄咄逼人，富有煽动性，导致了数届内阁总理的垮台，从而获得了“倒阁圣手”和“老虎”的绰号。

起义的党总部，参加十月革命的组织和领导工作。十月革命胜利后，他被任命为民族事务人民委员。在反对外国武装干涉和国内战争时期，他任苏维埃共和国革命军事委员会委员，为保卫苏维埃政权建立了功绩。

从《四月提纲》起，斯大林、季诺维也夫、加米涅夫等人同属“十人纲领派”，始终坚定地站在列宁一边，是列宁执政的得力助手。也正是得益于这一段战斗经历，1922年4月3日，在列宁的举荐下，政治局委员斯大林当选为俄共（布）中央总书记。此后斯大林在党内的地位不断得到加强和巩固，并有权决定国家最重要的党的机构里的领导人配置。特别是列宁病重不能正常工作后，党中央决定组成斯大林、季诺维也夫、加米涅夫三人领导小组，负责日常工作，这更扩大了斯大林在人事安排上的权力。比如在《俄共（布）中央委员会的组织报告》中，斯大林提出接班人问题，指出："中央委员会里富有领导经验的核心在逐渐衰老，它需要接班人。弗拉基米尔·伊里奇的健康状况你们是知道的。中央委员会基本核心里的其他委员的年龄也相当大了，你们也是知道的。但新的接班人还没有——不幸就在这里。”①由此形成了苏联最完备的委任制干部制度。列宁在遗嘱中提到六个人，重点讲斯大林和托洛茨基，他说："斯大林同志当了总书记，掌握了无限的权力，他能不能永远十分谨慎地使用这一权力，我没有把握。”②“斯大林太粗暴，这个缺点在我们中间，在我们共产党人相互交往中是完全可以容忍的，但是在总书记的职位上就成为不可容忍的了。因此，我建议同志们仔细想个办法把斯大林从这个职位上调开，任命另一个人担任这个职位，这个人在各方面同斯大林同志一样，只是有一点强过他，这就是较为耐心、较为谦恭、较有礼貌、较能关心同志，而较少任性等等。这一点看来可能是微不足道的小事。但是我想，从防止分裂来看，从我前面所说的斯大林和托洛茨基的相互关系来看，这不是小事，或者说，这是一种可能具有决定意义的小事。”③列宁可能没有想到，他对斯大林的这一评价一语

---

① 《斯大林全集》第五卷，人民出版社，1957年版，第178页。

② 《列宁选集》第四卷，人民出版社，2012年版，第745页。

③ 《列宁选集》第四卷，人民出版社，2012年版，第746页。

成谶。

斯大林与党内反对派的斗争主要有四次。

首先是与托洛茨基主义的斗争。斯大林与托洛茨基矛盾的公开化，肇始于1923年9月召开的中央全会，全会决定改组托洛茨基领导的革命军事委员会，此时列宁病重，已完全脱离工作，中央工作由斯大林主持，这次会议的目的显然是要削弱托洛茨基的权力。会后托洛茨基致信中央委员会，对改组表示强烈不满，并纠集皮达可夫等四十六名党的高级干部联名向中央政治局递交了一份声明，对党的机关的官僚主义提出尖锐批评。在俄共（布）第十三次代表会议上，斯大林做了《关于党的建设的当前任务》的主题报告，通过了《关于争论的总结和党内小资产阶级倾向》的决议，严厉批评托洛茨基等人的派别活动。十三大后，托洛茨基将自己早年的文章和讲话汇编成《1917年》出版，并撰写了序言《十月的教训》，点名批评季诺维也夫、加米涅夫在十月革命期间的错误，不适当地夸大自己在十月革命中的地位和作用，在党内引起强烈争论和普遍反感。斯大林号召"党的任务就是要埋葬托洛茨基主义这一思潮"，各地党组织迅速掀起谴责托洛茨基主义的浪潮。在与托洛茨基主义做斗争时，斯大林与季诺维也夫、加米涅夫密切合作，形成了与托洛茨基反对派相对立的集团。

其次是与季诺维也夫、加米涅夫"新反对派"的斗争。托洛茨基被解除革命军事委员会主席职务不久，季诺维也夫、加米涅夫与斯大林的矛盾开始凸显。1925年4月联共（布）第十四次代表会议召开，决定继续执行新经济政策。会后，季诺维也夫、加米涅夫表达了不同看法，认为中央存在忽视富农危险的倾向，并导致党的蜕化。在10月召开的中央全会上，他们与列宁夫人克鲁普斯卡娅等人联名发出《四人信件》，要求重新讨论党的方针政策，标志着新反对派正式形成。争论的焦点集中在三个问题上：一是关于"一国建成社会主义"的理论；二是关于新经济政策和农村政策；三是关于党内民主。新反对派还提议遵照列宁遗嘱改组书记处。在12月召开的党的十四大上，新反对派的意见和建议遭到大部分代表的抵制。

再次是与托季联盟的斗争。在十四大以后，由于托洛茨基和新反对派在观点和地位上有某些相似之处，他们逐步接近，并最终形成政治联盟——托季联盟。1926年7月在联共（布）中央联席会议上，托洛茨基、季诺维也夫等十三名反对派成员联合发表声明，对党内外重大问题均表达了自己的政治主张。托季联盟形成后，以斯大林为首的党中央及时发出警告，不要挑起全国规模的公开争论和制造分裂。但反对派成员全然不顾中央警告和党的纪律，仍四处活动，奔走于莫斯科、列宁格勒和一些大城市的工人基层党组织之间，从一个支部到另一个支部，散发传单，发表演说，宣传他们的纲领。原在《十三人声明》上签字的列宁夫人克鲁普斯卡娅认为，"反对派走得太远了……同志式的批评变成了派别活动"[①]，宣布同反对派脱离关系。但托洛茨基、季诺维也夫等人不仅声明坚持自己的观点和主张，而且要以"克里孟梭式实验"迫使斯大林倒台。

最后是与布哈林集团的斗争。列宁逝世后，布哈林是苏联新经济政策理论的主要阐述者和实际贯彻者，是斯大林反对托洛茨基主义和托季联盟斗争的最重要的支持者。然而未曾想到的是，斯大林与布哈林竟然因苏联发生的严重的粮食收购危机而产生分歧，分歧进而扩展到在苏联如何建设社会主义的全局性问题上。如关于国家工业化的问题、关于农业社会主义改造问题、关于社会主义发展动力问题等。分歧的实质在于：斯大林认为，随着经济社会的发展，应该停止新经济政策，主张"贡税论"，即由农民为实现工业化缴纳"贡税"；而布哈林坚持继续实施新经济政策，按照新经济政策建设社会主义。在1928年4月联共（布）中央委员会和中央监察委员会举行的联席会上，二人的分歧公开化。争论的结果，多数中央委员实际上接受了斯大林的"贡税论"。在这种情况下，布哈林开始拜访前反对派首领，希望在昔日的反对派中寻求支持。他还在《真理报》上发表《一个经济学家的札记》，激烈批评斯大林的"贡税论"，在全党和全国引起很大震动。在矛盾难以化解的情况下，中央委员会和中央监

① 《真理报》，1927年5月20日。

委召开联席会，布哈林指责斯大林的路线“已经使国家陷入恶性循环之中”，而斯大林做《论联共（布）党内的右倾》的报告对其予以批驳，得到与会多数人的拥护和支持。

斯大林与党内反对派的上述四次斗争，很大程度上是由理论之争、路线之争、政策之争引起的，如果仅仅是思想观念上的统一，那么这些斗争都应该采取列宁所倡导的说服教育的办法，而不是清洗的办法。但是如果这些斗争由于个性和职位的不匹配，抑或是有“篡党夺权”的动机，那么列宁所担心的核心层的分裂就不可避免了。我们注意到，列宁在遗嘱中提到过六个人，分别是斯大林、托洛茨基、季诺维也夫、加米涅夫、布哈林、皮达可夫。其中，托洛茨基是苏联和苏联红军的主要缔造者，其影响力甚至要高于斯大林；季诺维也夫是俄国工人运动和布尔什维克早期著名的活动家，第三国际第一任主席；加米涅夫是早期布尔什维克领导人，十月革命后的第一任全俄苏维埃代表大会执行委员会主席；布哈林是苏联头号思想家，还是著名的经济学家，对苏联成立和建设做出过突出贡献；皮达可夫是最年轻的工人运动组织家，是内战结束后国家重要的经济领导人。托洛茨基先是被斯大林逐出政治局，流放西伯利亚，进而被逐出国和取消苏联国籍，最终被杀手暗杀。而其余四人均被借着基洛夫［联共（布）中央政治局委员、列宁格勒州委第一书记］被暗杀事件，“理直气壮”地在莫斯科大审判中被执行枪决。从此，斯大林的政治地位日益巩固、无可撼动。在这里还需要说明的是，对于反对派以列宁遗嘱为武器，反复要求斯大林离开总书记职位一事，档案记载斯大林曾先后九次提出辞去总书记职务，时间分别是1923年8月、1924年5月21日、1924年5月31日、1924年6月2日、1924年6月下旬（17日之后）、1925年12月党的十四大上、1926年12月27日、1927年12月19日、1952年10月16日。第一次辞职起因是季诺维也夫和布哈林建议，为进一步加强中央工作，打算让季诺维也夫、斯大林、托洛茨基进入书记处。而征求意见时，为了阻止托洛茨基进入书记处，斯大林和加米涅夫持反对意见。其他八次辞职都是斯大林主动提出的，但他的辞职请求均未被党中央和与会多数同志接受。

04 回归战时共产主义

苏联作家安德烈·普拉东诺夫写过一本描写苏联社会主义建设初期生活的长篇小说，名叫《切文古尔镇》。小说早在1929年就已经完成，但是直到1988年才得以出版。据说普拉东诺夫曾为小说的发表求助过苏联文坛领袖高尔基，但高尔基认为小说有讽刺现实之嫌，无法获得苏联书刊检查机关的通过。

小说有两个主人公，一个是全身心投入社会主义革命和建设的萨沙·德瓦诺夫，一个是农民出身的激进革命斗士斯捷潘·科片金。故事情节大概是这样的，德瓦诺夫抱着“革命就是世界尽头”的美好理想，毅然参加革命，树立了坚定的社会主义信念。从国内革命战争前线到战后建设和探索新型社会形态的工作，德瓦诺夫都坚定不移、积极向前，甚至为此放弃了爱情，义无反顾地漂泊游荡、四处奔波。在这个过程中，他遇见了志同道合的科片金，两人一起工作，相互扶持、共同奋斗，到切文古尔镇指挥社会主义建设。德瓦诺夫把一切都献给了革命，认为革命对人民来说就是知识和智慧的象征。革命——就是人民的识字课本；革命后人民迎来的新型社会形态——社会主义，就是历史的终结、时代的终结。德瓦诺夫还是一个清醒的革命者，认识到革命的过程漫长而痛苦，看到革命中的许多事物有“瑕疵”，也产生过这样那样的疑虑，比如人的情感：“在革命中这些强烈的情感同样在起作用——人们活动时不光靠钢铁般的信念，同时也带着战战兢兢的疑心。”但是革命的“瑕疵”并没有动摇他对革命的信心，坚信新经济政策的实施能够很快消除“瑕疵”，并展示美好的前景。当然，他的疑虑还在产生，新经济政策给切文古尔公社的社员带来了实惠，但是完成粮食收购任务还是那么艰难。他坚信这种一贫如洗、除了阶级友爱别无他物的切文古尔公社就是美好的社会形态，但是这种美好社会还会永久存在下去吗？

相较德瓦诺夫而言，科片金革命信念更坚定，革命行动更果敢。他坚信，任何敌人都是软弱的，只要坚决而果断地与一切阻碍革命前进、破坏革命的消极现象做斗争，甚至通过暴力来消灭他们，就没有克服不了的困难。他不仅要消灭资产阶级刽子手，而且要镇压那些藏匿粮食、反对革命的富农阶级，以达到社会主义就要由纯粹的贫农当家作主的目的。

两人的结局是悲剧性的。德瓦诺夫犹如幼年时目睹父亲投湖身亡一样，为了追寻理想只身走向湖底。科片金则自诩为“以罗莎·卢森堡命名的上莫特林区布尔什维克野战部队司令”，最终像堂吉诃德那样战死在虚幻的敌人中。

普拉东诺夫在给高尔基的信中说，他真心诚意地试图在小说中描写社会主义社会的开端。我们无须怀疑作者的初衷，当然也无须把小说当成现实。但是有一点还是值得认真研究和深思的，那就是小说中对两个主人公的描写，像极了斯大林与布哈林对战时共产主义与新经济政策的争论。同时也告知人们一个事实：在新经济政策实行五年并取得重大成就的时候，粮食收购出现了重重困难，城市居民包括工人的生活遇到了巨大危机。这就是斯大林选择回归战时共产主义的直接原因。

斯大林在联共（布）第十五次代表大会上击败了托季联盟，但在继续实施新经济政策方面做了让步，至少在通过的文件中是这样的。尽管如此，后来的实践证明，斯大林在中止新经济政策、回归战时共产主义战略上是深思熟虑并坚定不移的。据有关资料显示，1927年7—9月的粮食收购还高于前一年同期水平，但10—12月粮食收购的水平急剧下降，只达到前一年的一半。1927年底，粮食收购量为3亿普特[①]，比1926年减少了1.28亿普特[②]。在这种情况下，中央政治局成立了以斯大林为首的负责粮食收购的特别委员会，发布了《联共（布）中央就粮食收购给各地方党组织的指令》，明确提出用纯粹行政性命令收购粮食，从此中断了业已实施的新经济政策。由此可以看出，导致联共（布）中央放弃新经济政策的原因有三点：

第一，粮食收购危机。商品匮乏，农村工业品不足，掌握在富裕农户手中的商品粮越来越多，而国家获取供应城市和保证进出口的商品粮变得越来越困

---

① 普特，苏联当时的重量单位，1普特约合16.38千克。

② 参见［俄］A.H.雅科夫列夫主编：《新经济政策是怎样被断送的》，李方仲等译，人民出版社，2007年版，第6页。

难。不少人认为，这足以证明1925—1927年联共（布）在农村推行的方针是无效的。

第二，经济持续困难。随着战后工农业的恢复，随着工业化战略的深入实施，原有的国家积累被逐步消耗，新经济政策的某些机制也开始变得僵化，工业、农业之间的矛盾日益显露并不断激化，经济发展陷入困境。

第三，斯大林提出的“一国建成社会主义”的建设方式有较为广泛的社会基础。实施新经济政策在取得显著社会成效的同时，也出现了一些工作层面上的不足。但是这些看似微不足道的不足，在党内派别斗争的情况下，就形同洪水猛兽，到了不得不改变新经济政策的地步。况且，政策的回归，不仅解决了眼前急迫的困难，而且为构建完整的工业、机械制造、交通运输、信息、技术等产业部门展现出前所未有的广阔空间，从而激发起苏联人民勇于牺牲的热情，获得了民众广泛的拥护和支持。

05　国之重器优先

在斯大林全面废止新经济政策，选择加快实现工业化、在最短时间内赶超西方工业化国家战略时，一场以劳动英雄斯达汉诺夫命名的社会主义劳动竞赛——斯达汉诺夫运动，恰逢其时地在全苏联轰轰烈烈地展开。阿历克塞·斯达汉诺夫是顿巴斯中央伊尔敏诺矿的一名煤矿工人。中央伊尔敏诺矿是个破旧煤矿，设备简陋，生产条件差，因经常完不成上级下达的定额指标，矿党委书记多次受到批评和指责。为了改变煤矿生产的落后状况，矿党委决定用打破采煤纪录的实际行动来纪念9月1日国际青年日这个日子。因此，在矿党委书记的策划和安排下，由两名青年矿工协助，斯达汉诺夫在六小时一班的工作时间内，采煤一百零二吨，超过了一名采煤工普通定额的十三倍，一举打破了采煤世界纪录。

继1935年9月1日在尾版刊登了斯达汉诺夫事迹后，《真理报》于9月6日头版刊登了题为《社会主义大力神：顿巴斯采煤工人斯达汉诺夫和迪卡诺夫》的详细报道，斯达汉诺夫的名字一时间传遍全国，家喻户晓。苏联重工业人民委员奥尔忠尼启则看到这篇报道后，马上报告给斯大林。斯大林当机立断，在全国开展斯达汉诺夫运动。斯大林在全苏斯达汉诺夫劳动者大会的讲话中说："如果我们切实执行这些任务，那末斯达汉诺夫运动就会非常猛烈地开展起来，就会普及到我国各州各区去，而向我们显示出新成就的奇迹来。"[①]

联共（布）中央为斯达汉诺夫事迹召开中央全会，号召全国开展斯达汉诺夫运动，并认为这一运动能够提高工人阶级的文化技术水平，打破旧的技术定额，提高劳动生产率，赶超先进资本主义国家，把苏联变成最富裕的国家，在全社会范围内巩固社会主义地位。[②]斯达汉诺夫还被特批为苏共党员，并当选为苏共中央委员。在当时，斯达汉诺夫是苏联劳动竞赛的典型，是苏联工业化成就的化身，他所获得的荣誉和名望，鼓舞和激励了千百万劳动者投身到热火朝天的社会主义劳动竞赛中来。

诚然，在国民经济恢复工作基本完成后，联共（布）和斯大林就已经把实现国家工业化作为重要奋斗目标。在联共（布）第十四次代表大会上，斯大林明确指出："把我国从农业国变成能自力生产必需的装备的工业国，这就是我们总路线的实质和基础。"[③]像苏联这样"处于资本主义包围中的无产阶级专政的国家，如果自己国内不能出产生产工具和生产资料，如果停留在这样一个发展阶段，即不得不使国民经济受制于那些出产并输出生产工具和生产资料的资本主义发达的国家阶段，就不可能保持经济上的独立"[④]。由此可以看出，苏联工业化道路具有如下鲜明特点：

优先发展重工业。重工业是国之重器。斯大林认为，苏联"拒绝了'通常的'工业化道路，而从发展重工业开始实行国家工业化"[⑤]。这是由苏联当时所处环境决定的。资本主义国家的工业化通常从轻工业开始，但以这种方式实现工业化往往需要几十年甚至上百年的时间。苏联作为当时世界上唯一的社会

---

① 《斯大林文选（1934—1952）》上册，人民出版社，1962年版，第59页。
② 参见《斯大林文选（1934—1952）》上册，人民出版社，1962年版，第47页。
③ 《斯大林全集》第七卷，人民出版社，1958年版，第294页。
④ 《斯大林全集》第八卷，人民出版社，1954年版，第113页。
⑤ 《斯大林文选（1934—1952）》下册，人民出版社，1962年版，第449页。

主义国家，处在资本主义世界的包围之中。“西方许多领导人做出的反应自然是企图在这些马克思主义煽动者点燃遍及全世界的革命的导火线之前把他们消灭掉。”[①]在资本主义国家的包围和干涉下，为了不被资本主义封锁和吞噬，必须优先发展重工业，以尽快增强经济实力和国防实力，巩固社会主义政权。

以高速度为灵魂。斯大林认为，由于苏联比先进国家落后了五十年甚至一百年时间，因此只有竭力加快速度，才能在十年内跑完这一距离。“或者我们做到这一点，或者我们被人打倒。”[②]

注重科学技术的进步。由于历史原因，苏联工业化进程始终面临着工人和管理者的文化、技术素质普遍偏低的问题，造就大批具有高水平文化知识的建设者成为当务之急。为此，斯大林提出“向科学大进军”的号召，鼓励青年知识分子去攻克科学堡垒。紧接着，斯大林又提出“技术决定一切”的口号，号召布尔什维克学习掌握技术，培养布尔什维克自己的专家。后来，斯大林又提出“干部决定一切”的口号，作为对“技术决定一切”口号的补充。

千方百计加大投入。优先发展重工业，需要有巨额资金投入。为了解决这一问题，联共（布）中央作出决议：“剥夺不生产的阶级（资产阶级和贵族），废除外债，把工业、国营商业（对内和对外的）和整个信用系统的收入集中在国家手中，等等——这一切使我们有可能进行国内积累，以保证社会主义建设所必须的工业发展速度。”[③]决议还提出了完成上述任务的两个条件，即在全国实行最严格的节约制度和吸引更多的游资。多重非常手段下的资金积累必然影响日用品的生产，会压缩人民的消费空间。对此，斯大林的解释是：“日用品的确生产得不够用，因而造成了相当的困难。但是必须知道而且必须考虑到这种把工业化任务放在末位的政策会使我们得到什么结果。……那时我们就不可能用拖拉机和各种农业机器供给农业，因而就会挨饿。那时我们就不可能战胜

---

① ［美］斯塔夫里阿诺斯：《全球通史——1500年以后的世界》，吴象婴等译，上海社会科学院出版社，1992年版，第654页。

② 《斯大林全集》第十三卷，人民出版社，1956年版，第38页。

③ 《苏联共产党代表大会、代表会议和中央全会决议汇编》第三分册，中共中央马克思恩格斯列宁斯大林著作编译局译，人民出版社，1956年版，第156页。

国内资本主义分子，因而就会大大增加资本主义复辟的机会。那时我们就不会有一切现代化国防武器；而没有这些武器就不能保持国家的独立，国家就会变成外敌用武的对象。……很明显，自重的政府、自重的党是不能采取这种会招致灭亡的观点的。”①

加强计划的作用。斯大林提出：“我们的计划不是臆测的计划，不是想当然的计划，而是指令性的计划，这种计划各领导机关必须执行，这种计划能决定我国经济在全国范围内将来发展的方向。”②在苏联发展国民经济五年计划中，优先发展重工业是其最重要的方向。比如1928—1933年国民经济基本投资额为646亿卢布，而工业建设的基本投资为159亿卢布，约占25%。第一个五年计划完成后，苏联工业品产量已经提高到欧洲第一位，世界第二位。1928年整个机器制造业产品的进口量占全部进口需求量的30.4%，而到1937年只占进口量的0.9%。“从第一个五年计划开始到1940年，短短的12年内，苏联整个工业增长了5.5倍，年平均增长率高达16.9%，其中重工业增长了9倍，年平均增长率为21.2%。这是世界工业发展史上所没有的。”③

06　红莓花儿开

在人们的记忆中，苏联集体农庄是一个红莓花儿盛开的地方。不仅有许多影视作品表现集体农庄青年男女的生活，还有许多采访报道解密集体农庄的“高大上”。这里不妨摘录两篇报道：

一篇是参观苏联集体农庄的见闻。文中概述道：笨重的劳动被机器代替，集体农庄的耕、称、锄、收割都已经百分之百地机械化了。在苏联有成千上万个农业机器站为集体农庄服务，大型农机有拖拉机、联合收割机、垄间耕作机，此外还有各种农业机器，如马铃薯收掘机、割草机、植树机、摘棉机，等

① 《斯大林全集》第十三卷，人民出版社，1956年版，第166—167页。

② 《斯大林全集》第十卷，人民出版社，1954年版，第280页。

③ 金挥、陆南泉、张康琴：《苏联经济概论》，中国财政经济出版社，1985年版，第128页。

等。农业科学化，在苏联，用科学技术来指导农业生产，用科学方法种庄稼已经是很普遍的事情。他们的庄稼有四不怕：一不怕天旱，二不怕地薄，三不怕虫咬，四不怕地多。天旱有人工降雨器，遇有虫害时常用飞机撒药，不论是山地、旱地、泥炭地和沙漠地，都能让它长出好庄稼来；党和政府还设立了许多农业科学研究机关，不断研究改进农业技术，为集体农庄培养大量的科学技术人才。集体农庄的畜牧业也采用先进的科学方法，鸡住的是木头房子，室内有保暖设备，所有的鸡都有编号，每只鸡下多少蛋都有登记，他们还根据巴甫洛夫条件反射原理，把鸡、鸭训练得像一支支有组织的小队伍一样，用钟声来指挥，养猪、养牛也都机械化、电气化了，等等。文章最后说，农业集体化、机械化给苏联农民带来了幸福的生活。集体农庄里有商店、澡堂、俱乐部、托儿所、学校和医院，真是应有尽有。大家都说："过去什么都没有，现在什么都有了，这一切都是社会主义给带来的。"

另一篇是关于集体农庄配套公园的报道。文章说，苏联集体农庄公园的作用很大。它不仅能提供优美的休息环境，而且还在公园内开展文化教育工作，组织游园晚会、运动会、座谈会、舞会、演电影、演剧等。阅览室、图书馆、儿童游戏场、俱乐部也常常设在公园中。可以说，在苏联集体农庄里，公园是一个文化活动的中心。

我们暂且不论苏联集体农庄决策正确与否，也暂且不论实施这一决策过程之艰难甚至痛苦，仅就上述两篇报道展示的场景而言，至今仍然是激动人心、令人神往的。

苏联推进农业集体化是与促进国家工业化同时开始的。如前所述，在苏俄成立后国民经济恢复时期，苏联农业生产也迅速增长，但到1925年之后却出现了增速放缓的情况。加之气候、政策多变等原因，农业生产越来越不能满足城市居民对粮食的需求，也越来越不能满足工业对原料日益增长的需要。斯大林认为，造成农业发展速度放慢的根本，在于小农生产占优势、农业技术过分落后、农村文化水平太低，以及农业生产零星、分散，没有国有化工业所具有的那种计划经营的优越性等原因。因此，彻底改造小农经济、实行农业集体化的任务就被提上了议事日程。

1927年12月联共（布）第十五次代表大会着重讨论了农业问题，提出了农业集体化的方针，要求把个体小农经济联合并改组为大规模集体经济作为党在农村中的基本任务。要把国营农场建设成为“模范的社会主义类型的大经济”，并不断加强对农民的帮助。在劳动农民同意的前提下，对小农经济采取向集体化逐步过渡的政策，并以各种实际办法来鼓励农村中现有的正在显著增长起来的大规模的集体经济成分。值得注意的是，斯大林在联共（布）十五大的政治报告中并没有使用“集体化”这个词，而是提出农业的集体耕作制和“大农庄”：“出路就在于把分散的小农户转变为以公共耕种制为基础的联合起来的大农庄，就在于转变到以高度的新技术为基础的集体耕种制。出路就在于逐步地然而一往直前地不用强迫手段而用示范和说服的方法把小的以至最小的农户联合为以公共的互助的集体的耕种制为基础、利用农业机器和拖拉机、采用集约耕作的科学方法的大农庄。别的出路是没有的。”[①]这显然与当时的党内思想尚不完全统一有关，但是坚持“农业集体化”的方向和方针是确定无疑的，表达也是明白无误的。

斯大林农业集体化的决策，在实践中呈现加速发展的态势，特别是农业合作社、国营农场和集体农场的数量和规模，在短时间内迅速增加和扩大，致使在各个层面贫农和中农的力量进一步加强，富裕上层分子的力量逐步减少，客观上为农业集体化创造了越来越有利的条件。

1929年11月，斯大林发表文章《大转变的一年》，指出：“目前集体农庄运动中具有决定意义的新现象，就是农民已经不像从前那样一批一批地加入集体农庄，而是整村、整乡、整区、甚至整个专区地加入了。这是什么意思呢？这就是说，中农加入集体农庄了。这是农业发展中的根本转变的基础。”[②]为了支持农业集体化运动的发展，国家还出台了一系列促进措施，如扩大拖拉机、

---

① 《斯大林全集》第十卷，人民出版社，1954年版，第261页。

② 《斯大林全集》第十二卷，人民出版社，1955年版，第118页。

联合收割机和其他农业机器生产，改变集体农庄干部培训制度，巩固集体农庄的公有经济等。到1933年，全国已建立22.45万个集体农庄，有1520万农户加入农庄，占全部农户的65%，到1937年底，苏联全国共有24.37万个集体农庄，联合了1850万农户，占全部农户的93%，集体化耕地占全国耕地面积的99.1%，农业集体化运动宣告基本完成。

苏联全盘农业集体化运动所取得的成就是巨大的，集体农庄和国营农场的壮大使它们能够代替富农提供粮食，基本保证了粮食供应和工业化建设对原料的需求，为工业化积累了大量资金。基本完成了对农业的社会主义改造，使苏联农业从个体经济变为集体经济。基本消灭了最后一个剥削阶级——富农阶级，为巩固苏维埃政权消除了一大隐患。当然，作为一个大规模的社会关系调整，全盘农业集体化运动也出现了许多失误和错误的做法。比如一些地方出现了没有遵循自愿互利的原则，强迫农户加入集体农庄的现象；对富农阶级的政策由限制和排挤迅速转变为消灭富农，出现了没收富农财产，强制迁移富农甚至从肉体上消灭富农的残暴行为；一些地方为完成国家粮食征收任务，用强制手段征收农民的所有粮食，致使一些地方发生饥荒，许多农民饿死，等等。这些历史教训值得认真吸取。

07　世界第二大经济体

《读书》杂志2010年第1期刊登了一篇文章《苏联秘密出售世界名画始末》。文中介绍道，20世纪20年代末，苏联苏维埃政府在执行第一个五年计划的过程中，遇到巨大的财政压力。为了提供庞大的建设资金，苏维埃当局决定秘密出售国家博物馆的藏品。为此，在人民委员会的领导下，成立了专门的苏维埃博物馆藏品管理委员会，设立了专门的仓库存放待出售的藏品。1928年2月，冬宫博物馆和俄罗斯国立博物馆列出了出售藏品的清单。其中冬宫博物馆列出250件油画以待出售，同时还有版画和斯基泰时期的金器，预售款约200万卢布（当时卢布兑美元的比例是1∶1）。1929年1—6月，苏维埃博物馆藏品管理委员会陆续从冬宫博物馆取走1221件藏品，分别在柏林和伦敦拍卖。苏联博物馆藏品的拍卖，造就了美国历史上最为伟大的收藏家——安德鲁·威廉·梅隆。梅隆是美国银行家，曾担任三届美国财政部部长，还曾任美国驻英国大使。其藏品都是冬宫博物馆的精华。截至1931年，梅隆共花费665.4万美元来购买冬宫藏品，这些构成了当今华盛顿国家画廊的核心收藏。

当然，在冬宫博物馆工作人员的竭力保护下，许多珍贵的藏品未被出售。当时博物馆的工作人员两次写信给斯大林，由于斯大林的干预，拯救了不少藏品。真正改变藏品命运的事情发生在1933年1月中旬，苏维埃中央委员会全体会议和中央监察委员会宣布，第一个五年计划提前完成，加之1933年德国纳粹关闭了柏林的拍卖行，苏维埃博物馆藏品管理委员会的工作也因此受到影响，从此逐步完成历史使命，再不能出售藏品以换取外币了。

文章中披露了几层信息：一是苏联社会主义建设实施第一个五年计划之初，财政压力巨大；二是秘密出售世界名画是不得已而为之，而且顶着巨大的压力和风险；三是苏联党和政府对保护珍贵文物有比较清醒的认识；四是第一个五年计划提前完成，奠定了苏联社会主义建设的物质基础，巨大的财政压力得以缓解。

事实上，社会主义工业化和农业集体化为苏联社会主义制度的确立奠定了坚实基础。正是在这一基础上，斯大林宣布苏联已建成社会主义。1936年11月在苏维埃第八次非常代表大会上，斯大林作关于《苏联宪法草案》的报告。报告回顾了1924—1936年间苏联社会生活发生的巨大变化，阐述了苏联新宪法草案的基本特征，比较了苏联宪法与资本主义宪法的不同，提出了新宪法实施的重要意义。新宪法宣布苏联是工农社会主义国家；政治基础是劳动人民代表苏维埃，全部政权属于城乡劳动者；经济基础是社会主义经济体制和生产资料的社会主义所有制，实行各尽所能、按劳分配的原则；苏联最高权力机关是苏联最高苏维埃，由联盟院和民族院组成；共产党是劳动群众一切社会团体和国家机关的领导核心；凡苏联公民，不论民族和性别一律平等，享有言论、出版、集会、结社、劳动、休息等自由。以此为标志，苏联社会主义制度建立。

这是人类历史上伟大的创造性活动，对推动世界发展和人类文明进步做出了巨大贡献。它在人类历史上第一次消灭了人剥削人的社会制度，宣告了一种崭新的社会制度的诞生，推动人类进入探索社会主义发展道路的新时期。

在资本主义的包围之中，斯大林宣布苏联社会主义制度建立，是有一定底气的。从1925年起，联共（布）中央和苏维埃政府就开始编制发展国民经济的“五年计划”，第一个五年计划从1928年10月起开始执行，1933年2月提前九个月完成。1933年2月起开始执行第二个五年计划，又是以四年零三个月的时间提前完成。第三个五年计划为1938年至1942年，实行三年半后，由于德国入侵被迫中止。苏联实现了社会主义工业化和农业集体化，经济实力有了迅速和显著的提升。有关资料显示：“到1937年苏联的工业总产值已经超过德、英、法三国，跃居欧洲第一位，世界第二位；在工农业比重中，工业已占到77.4%。”[①]在第二次世界大战的最后三年，苏联每年平均制造4万架飞机、3万多辆坦克、12万门火炮、45万挺机枪、300多万支步枪和200多万支冲锋枪、10万门迫击炮和数亿发炮弹。[②]可见，第二次世界大战前三个五年计划的实施，使苏联的整体实力和发展潜力远远超过欧洲资本主义国家，为赢得反法西斯战争胜利打下了坚实的基础。

08　帝国主义就是战争

有必要探讨一下第一次世界大战和第二次世界大战的起因。

先看第一次世界大战。1914年6月28日塞尔维亚国庆日，奥匈帝国皇储斐迪南大公夫妇在视察萨拉热窝时，被一塞尔维亚青年枪杀。一个月后，奥匈帝国在德国的支持下，以萨拉热窝事件为借口向塞尔维亚宣战。接着德国、俄国、

---

① 全国干部培训教材编审指导委员会组织编写：《世界历史十五讲》，人民出版社、党建读物出版社，2006年版，第249页。

② 参见全国干部培训教材编审指导委员会组织编写：《世界历史十五讲》，人民出版社、党建读物出版社，2006年版，第249—250页。

法国、英国等国相继投入战争。交战双方一方为德国、奥匈帝国同盟国，以及支持他们的奥斯曼帝国、保加利亚；另一方为英国、法国、俄国等协约国，以及支持他们的塞尔维亚、比利时、意大利、美国等。第一次世界大战由此爆发。

第二次世界大战的起因有些复杂，但与第一次世界大战善后处理的“不公”有关，颇有些像德、意、日三国“卧薪尝胆”的“励志”故事。在战胜国协约国主导的巴黎和会上，美国、英国、法国和意大利、日本等列强从分赃和瓜分战败国领土和殖民地的愿望出发，签订了《凡尔赛和约》。和约规定，德国在海外的殖民地全部被英、法、日、比、南非联邦等国瓜分。德国与邻国的边界也发生了很大变动，一些土地归还或划归法国、波兰、比利时和丹麦等国家，还确定要“抢空德国人的腰包”，赔款总额为1320亿金马克。于是德国人在怒火中烧的耻辱中，迎来了军国主义的领袖希特勒，并由此铸成钢铁意志，一致呼喊：我们要再一次拥有武装！而原本想在巴黎和会上分得一杯羹的意大利，受到美、英、法等列强的轻视，没有获得想要的特权，一怒之下拂袖而去，之后就顺理成章地有了又一个法西斯头目墨索里尼的诞生。而日本加入协约国阵营后，在巴黎和会上“继承”了德国在中国山东的一切权益。它原想在华盛顿会议上全盘接手德国在太平洋上的岛屿殖民地、重新划分远东政治格局，但也没有完全如愿，于是就有了其国内军国主义的蠢蠢欲动。因此有历史学家称：德、意、日法西斯国家的产生，就是第一次世界大战后帝国主义重新瓜分世界时分赃不均的产物。正如第一次世界大战协约国总司令斐迪南·福煦所说：“这不是和平，这是二十年的休战！”

第一次世界大战、第二次世界大战为什么都发生在欧洲，为什么都与帝国主义国家密切相关？时至今日，人们看到的仍然是这样，世界各地的热点和战事，背后都有帝国主义列强的影子。不管是用民主的旗号，还是用自由的幌子，不管是为了反对极权、独裁，还是为了维护人权和其价值观，即所谓“良知”和“正义”，都是建立在这些过去、现在乃至将来还会持续下去的客观现实基础之上的。为什么会这样？

列宁在《帝国主义是资本主义的最高阶段》中鲜明地提出了“帝国主义就

是战争”的观点，如今读来仍然是醍醐灌顶、振聋发聩。

首先，帝国主义和战争都是经济学概念，前者是本质，后者是本质的表现。正如列宁所阐述的：“统治关系和由此产生的强制，正是‘资本主义发展的最新阶段’的典型现象。”[①]帝国主义最深厚的经济基础就是垄断，垄断没有消除竞争，但是垄断消除了自由竞争，而满足垄断持续存在下去的唯一途径就是瓜分世界。“资本家瓜分世界，并不是因为他们的心肠特别狠毒，而是因为集中已经达到这样的阶段，使他们不得不走上这条获取利润的道路；而且他们是‘按资本’‘按实力’来瓜分世界的，在商品生产和资本主义制度下也不可能有其他的瓜分方法。”[②]

其次，转移国内矛盾仍然是帝国主义策划战争的动机之一。列宁肯定了这么一种判断：“一种危及社会安定的急躁、愤怒和憎恨的情绪；应当为脱离一定阶级常轨的力量找到应用的场所，应当给它在国外找到出路，以免在国内发生爆炸。”[③]像二战中德国汇集了庞大的兵力，利用飞机、坦克，在波兰毫不知情的情况下，对其发动了突然袭击；像小布什执政时期发生了“9·11”事件，为了缓解国家安全面临的危机，就悍然发动了“伊拉克自由行动”的战争，国务卿鲍威尔拿着一小瓶可能是洗衣粉的东西谎称伊拉克拥有大规模杀伤武器的情景还历历在目。即使是今天，这样的局部拱火和局部战争仍然不断。

最后，和平对话只是两次战争之间的暂时休战。列宁在说到“列强分割世界”时非常形象：“世界已第一次被瓜分完毕，所以以后只能是重新瓜分，也就是从一个‘主人’转归另一个‘主人’，而不是从无主的变为‘有主的’。”[④]列宁批驳了考茨基的“超帝国主义论”，严肃地指出：“不管是一个帝国主义联盟去反对另一个帝国主义联盟，还是所有帝国主义大国结成一个总联盟，都不可避免地只会是两次战争之间的‘喘息’。和平的联盟准备着战争，同时它又是从

① 《列宁选集》第二卷，人民出版社，2012年版，第594—595页。
② 《列宁选集》第二卷，人民出版社，2012年版，第638页。
③ 《列宁选集》第二卷，人民出版社，2012年版，第647页。
④ 《列宁选集》第二卷，人民出版社，2012年版，第640页。

战争中生长出来的，两者互相制约，在世界经济和世界政治的帝国主义联系和相互关系这个同一基础上，形成和平斗争形式与非和平斗争形式的彼此交替。”[①]美国前总统尼克松说得很直白：“我国历史上最伟大的总统大多是战争时期的总统。我们生产力的急剧提高和具有重大意义的发展也都发生在战争时期。”[②]“无论国外还是国内，斗争成了普遍规律，和谐只是个别例外。”[③]事实上，苏联解体、东欧剧变后，北约不断地东扩，南联盟被轰炸，乃至俄罗斯乌克兰冲突的爆发等，都是帝国主义本性使然。也正是在帝国主义就是战争的规律下，第二次世界大战爆发。以纳粹德国、意大利王国、大日本帝国三个法西斯轴心国及仆从国匈牙利王国、保加利亚王国、罗马尼亚王国等，与以美国、苏联、英国、中国、法国为代表的同盟国阵营五十多个国家，展开了全球性大规模的战争。战争范围从欧洲到亚洲，从大西洋到太平洋，先后有六十个国家和地区、二十亿以上人口被卷入战争，虽然战争最后以世界反法西斯同盟战胜法西斯而告终，但直接、间接死于战争的人数约为七千万，其中苏联为两千六百六十万人，中国为一千八百万人，给人民生活和社会发展带来了深重的灾难。

09　祸水流向何方

有一首二战时期流传甚广，之后亦流传甚久的经典歌曲，那就是苏联民歌《喀秋莎》。五段四句的歌词简短有力，深情铿锵的旋律传递着姑娘对离开家乡去保卫边疆的情人的思念，抒发了美好的爱情和深沉的爱国主义情怀。尤其是每段最后两句的重复，将思念的炽烈推向高潮。我们不妨轻轻地吟唱这首经久不衰的传奇歌曲。

---

① 《列宁选集》第二卷，人民出版社，2012年版，第680页。

② ［美］理查德·M.尼克松：《超越和平》，范建民、郑志国、文棣译，世界知识出版社，1995年版，第5页。

③ ［美］理查德·M.尼克松：《超越和平》，范建民、郑志国、文棣译，世界知识出版社，1995年版，第5页。

> 正当梨花开遍了天涯，河上飘着柔曼的轻纱；喀秋莎站在那峻峭的岸上，歌声好像明媚的春光。姑娘唱着美妙的歌曲，她在歌唱草原的雄鹰；她在歌唱心爱的人儿，她还藏着爱人的书信。啊这歌声姑娘的歌声，跟着光明的太阳飞去吧；去向远方边疆的战士，把喀秋莎的问候传达。驻守边疆年轻的战士，心中怀念遥远的姑娘；勇敢战斗保卫祖国，喀秋莎爱情永远属于他。正当梨花开遍了天涯，河上飘着柔曼的轻纱；喀秋莎站在峻峭的岸上，歌声好像明媚的春光。

苏联最初在第二次世界大战中是持中立立场的。这是因为第一次世界大战后，由于意识形态的对立和苏联对世界各国人民革命的指导、援助，欧美国家有意在欧洲事务中边缘化苏联，特别是在联合绞杀未能取得成功后，还利用苏联周边国家构建所谓反苏的“防疫地带”。最典型的就是将苏联排除在巴黎和会之外:《凡尔赛条约》有意模糊波苏边界概念，美、英、法极力支持波兰实行扩张政策，因而导致波苏战争的爆发。而苏联出于自身安全利益的考虑，在尊重周边国家主权的前提下，通过签订中立和互不侵犯条约来消除“防疫地带”的威胁。特别是针对法西斯主义崛起、世界战争策源地形成、世界局势正在发生根本性变化的新形势，积极提出新的建设性主张——集体安全主张。然而以英、法为首的“现状维持派”并没有理会苏联主张，只是出于对日益嚣张的纳粹德国的防备，主张把苏联拉到自己这边。于是在1934年9月英、法联合其余二十八个国家正式邀请苏联加入国际联盟。不仅如此，英、法等国还采取绥靖政策，尽最大可能满足德国扩张的要求：已分离出去的萨尔州举行全民投票，以压倒性多数要求重新并入德国；希特勒以极冒险的军事行动，强迫奥地利成为德国的一个省；煽动苏台德的日耳曼人回到祖国怀抱，肢解进而吞并捷克斯洛伐克，等等。臭名昭著的“慕尼黑阴谋”（即英、法、德、意四国在慕尼黑召开会议“肢解”捷克，而将当事国捷克和苏联排除在外），把英国首相张伯伦等钉上了历史的耻辱柱。英、法等国的绥靖政策，目的是把祸水东引，让苏、德鹬蚌相争，英、法等西方大国好坐收渔翁之利。

在这一大的背景之下，斯大林为了保护苏联的安全和利益，决定放弃与英、法共同对抗纳粹德国，反而与德国签署《苏德互不侵犯条约》，包括《附加议定书》，保持表面上的友好关系，同时争取时间做好日后与德国进行军事对抗的准备。

这就出现了苏联所谓应对德国军事扩张而建设的防御工程“东方战线”。

第一，1939年9月1日德国闪击波兰，波兰政府流亡，9月17日苏联借口波兰政府不复存在，进攻波兰。9月18日苏德两军会师，波兰再一次被瓜分。

第二，向波罗的海三国和芬兰扩张。1939年九十月间，苏联分别与波罗的海沿岸的爱沙尼亚、拉脱维亚和立陶宛三国签订互助条约，规定苏联可以在三国驻军，拥有建筑军港和空军基地的权利。1940年6月，苏联提出三国改组政府并让苏军自由通行的要求，三国政府被迫接受苏联全部要求。8月初，面积总共17.4万平方千米、586万人口的三个小国被接纳成为苏联的加盟共和国。

第三，调整工业布局和加大军工投入。根据国际形势的变化，苏联在提前完成两个五年计划的基础上，在第三个五年计划中增加了国防工业的投资并加快了发展速度。国防工业投资在1939年占国家预算的25.6%，1940年占32.6%，1941年占43.40%。如果说整个工业年产量平均增加13%的话，那么国防工业年产量则增加了39%。①与此同时，苏联还调整了工业布局，加速了东部地区的工业建设，战争期间这些企业成为抵抗敌人的重要工业基地，从而为卫国战争的最终胜利奠定了坚实的物质基础。

第四，面对德军的突袭，动员和领导人民投入反法西斯的卫国战争。1941年6月22日，德国撕毁《苏德互不侵犯条约》，在苏联西部国境线上发动大规模闪电突袭，分北、中、南三路突破“东方战线”，迅速向苏联腹地推进。一时间苏军节节败退、损失惨重，丧失了战场上的主动权。苏联党和政府紧急动员，号召各族人民“立即按照战时的方式改造全部工作，使一切都服从于前线

① 参见《共产党人》，1968年第12期。

利益，都服从于组织粉碎敌人的任务”。前方浴血奋战，后方加紧生产，许多群众自动延长工作时间，以冲天的革命干劲忘我劳动，以自我牺牲的精神投入各项工作，有力支援和保证了前线的供应。

第五，非常重视和充分发挥科学家和知识分子的作用。广大知识分子向全国人民、党和政府保证，把“自己的全部知识、全部力量、精力和生命奉献给我们伟大的人民事业，贡献给为战胜敌人和彻底粉碎侵犯我们伟大社会主义祖国神圣边疆的法西斯匪徒而进行的斗争”。物理学家们废寝忘食地研制新式武器和弹药；化学家们发现制取炸药的新配方；医学家们研究新的伤员救护法和新的药剂；社会学家们围绕战争中亟待解决的问题展开研究；作家和文艺工作者紧密配合战争展开创作和文艺活动，创作出一大批优秀作品，在卫国战争中起到了强大的鼓舞作用。

第六，把各族人民紧密团结在党的周围，调动一切积极因素为战争服务。党联合一切可以联合的力量，团结各阶层人士，并与他们打成一片。共产党员发挥先锋模范作用，处处带头，勇挑重担，忘我工作，和人民群众结成了兄弟姐妹。到了1941年底，苏联国民经济开始回升，到1943年夏，苏军武器装备在数量上已经超过了敌人，1944年初苏联武器力量在人员方面超过敌人30%，火炮超过70%，飞机超过2.3倍，从而保证了粉碎敌人的侵略和进攻的能力。

第七，在自力更生的基础上，积极争取外援。苏德战争爆发后，苏联立即调整对外政策，积极争取同英、美和一切反法西斯国家建立和加强友好合作关系。斯大林指出：“我们为了保卫我们祖国的自由而进行的战争，将同欧洲和美洲各国人民为争取他们的独立、民主自由的斗争汇合在一起。这将是各国人民争取自由、反对希特勒法西斯军队的奴役和威胁而结成的统一战线。”①1942年1月1日，苏、美、英、中等二十六个国家的代表在华盛顿签署了《联合国家宣言》，标志着国际反法西斯同盟的正式形成。第二次世界大

① 《斯大林文选（1934—1952）》上册，人民出版社，1962年版，第267页。

战期间，盟国对苏联的援助是按租借法案的方式提供的。据统计，这些援助有重型武器包括各种型号飞机1.4万架，装甲车2.2万辆，运输车50万辆，各种口径高射炮近8000门，舰艇670艘等。仅1941年10月1日至1945年，美国为苏联提供的租借援助总价值达到109亿美元，大约占美国租借法案下对外援助总额23%。[①]

第八，以斯大林为首的苏联最高统帅部的正确领导和指挥。尽管在卫国战争初期，斯大林和最高统帅部犯了一系列错误，但是他们在战争中学习了战争，不断总结经验教训，变得更加成熟和坚定。在斯大林和最高统帅部的领导下，苏联不仅扭转了被动挨打的局面，而且动员全体军民发动了一系列战役，从而保证了卫国战争的伟大胜利。比如斯大林直接领导和指挥的莫斯科保卫战，粉碎了德军不可战胜的神话，德军闪击战开始破产。而斯大林和最高统帅部策划的斯大林格勒战役，成为苏德战场的转折点和第二次世界大战的转折点。朱可夫在回忆中指出："我军的防御当然不是被迫的，而是确切预定的。最高统帅部对转入进攻的时机，也是根据情况来选定的。既不失之过早，也不失之过迟。"[②]他还不止一次地提及："最高统帅以从未有过的认真态度听取了我们的设想。"[③]"斯大林死后，出现一种说法，说他作出军事战略决定时是独裁的。决不能同意这种说法。"[④]此后，苏军在1944年进行了十次连续不断对德军的打击，不仅解放了苏联全部国土，而且进入东欧各国，逼近德国领土，直捣希特勒老巢。1945年5月2日，德军停止了抵抗。5月8日，德军在柏林签署了无条件投降书，至此，欧洲战争和苏联卫国战争胜利结束。

---

① 参见任东来：《争吵不休的伙伴——美援与中美抗日同盟》，广西师范大学出版社，1995年版，第253页。

② ［苏］朱可夫：《回忆与思考》，中国人民解放军军事科学院外国军事研究部译，中国对外翻译出版公司，1984年版，第575页。

③ ［苏］朱可夫：《回忆与思考》，中国人民解放军军事科学院外国军事研究部译，中国对外翻译出版公司，1984年版，第574页。

④ ［苏］朱可夫：《回忆与思考》，中国人民解放军军事科学院外国军事研究部译，中国对外翻译出版公司，1984年版，第605—606页。

10　社会主义的助产婆

在苏联流传着一个古老的寓言故事，说的是一对老夫妇有三个儿子，最小的名叫伊凡鲁什卡。他们一年四季播种、收获，过着平静而幸福的生活。可是有一天，不知从哪儿来了一只面目狰狞的怪物，它所到之处，城镇和村庄被夷为废墟，所有的人都被宰杀殆尽。大哥、二哥要去和这个怪物决一死战，伊凡也吵着要去，大家没办法，只好同意了。兄弟三人身挂宝剑，骑上马出发了。他们走了一程又一程，最后来到怪物的必经之路斯莫罗迪娜河，整个岸边都是被怪物杀死的人的骸骨。他们在岸边找到一座空木屋，决定住在里面，晚上轮流去巡逻，不让怪物过河上唯一的一座桥。第一天晚上大哥去巡逻，一切都静悄悄的，后来他躺在柳丛底下睡着了。伊凡久久不能入睡，下半夜起身走了出来，看到大哥睡觉就没有叫醒他，而是躲在桥底下守护通道。忽然间，河水猛涨，六头怪物出现了。伊凡从桥下冲出，与怪物搏斗了起来，不久伊凡的宝剑就削掉了怪物的六个头，把它杀死了。第二天晚上，轮到二哥去巡逻。他走来走去，向各个方向看了看，没有发现什么，就放心地钻入灌木丛睡觉了。伊凡仍然不放心，到了半夜，立即穿戴起来，拿起宝剑躲藏在桥下守候。这一回来了一只九头怪物。伊凡挥舞着宝剑冲杀出来，不一会就砍掉了怪物六个脑袋，而怪物也把伊凡的膝盖打入泥土中。伊凡急中生智，抓了一把土扔进怪物的大眼睛里，趁着怪物擦眼睛时，砍下了它剩下的头。第三天晚上，伊凡自己去巡逻。临走前，他对两个哥哥说："今天晚上，我要进行可怕的战斗，你们整夜都不要睡，留心听，一听到我的哨声，就把我的马放出来帮忙。"伊凡依旧来到桥下等候，这一回，来的是一个十二头的怪物。伊凡冲上来宝剑一挥，砍掉了怪物的三个头。怪物抓起这三个头，用自己的火红手指一画，这些头立即又长上了。伊凡积蓄了力量猛地砍去，又砍下怪物的六个头。怪物抓起这些头，用火红手指一画，又都长上了。然后它扑向伊凡，把伊凡打入土中，泥土埋没了伊凡整个下半身。伊凡感到事情不妙，脱下手套扔向小木屋，手套击穿屋顶，而两位哥哥却在睡觉，什么也没有听到。伊凡鼓足勇气，以更大的力量挥舞宝剑，一下子砍掉怪物的九个头，但怪物又一次用火红手指把所有的头恢复原位，奔向伊凡，把他打入土中，泥土埋到了他的肩膀。最后，伊凡摘下帽子扔向小木屋，帽子把小木屋撞得摇来晃去，两位哥哥终于醒了，赶紧奔向马房，把马放出来，然后跟着马跑过去帮助伊凡。伊凡的马用马蹄踢怪物，伊凡趁机从土里爬出来，先把怪物的火红手指砍掉，然后把它的头一个不剩地砍光。后来兄弟三人还经受了饥渴、贪欲、享乐等几大考验，处置了有关怪物的其他一些不太打紧的后续事情，生活又重归平静了。

第二次世界大战中交战的双方，就如同这一寓言故事中的三兄弟和怪物。六头怪物可算是墨索里尼治下的意大利，力量最弱，也最容易被打败。九头怪物可算是军国主义的日本，美国、苏联、中国共同给了它最后一击。十二头怪就是纳粹德国，在苏联做出巨大牺牲后，在美、英、法等盟国的大力支持和援助下，开辟了第二战场，终于打败了它，《联合国宪章》原则指导下的世界和平重新建立起来。

值得人们关注的是，在新的和平框架中，增加了重要而新颖的元素，那就是东欧和亚洲一些新兴社会主义国家的诞生，以及各国民族解放运动的兴起。这再一次印证了列宁在《帝国主义是资本主义最高阶段》中提出的帝国主义是无产阶级社会革命的前夜的观点。列宁指出："在战争造成的全世界的经济破坏的基础上，世界革命危机日益发展，这个危机不管会经过多么长久而艰苦的周折，最后必将以无产阶级革命和这一革命的胜利而告终。"①从而也继承并论证了马克思"暴力是每一个孕育着新社会的旧社会的助产婆"②的思想。换句话讲，东欧和亚洲一些国家的社会主义革命，是俄国十月革命的继续，也是苏联社会主义国家示范的结果。

众所周知，两次世界大战之间，除捷克斯洛伐克和后来的民主德国外，东

① 《列宁专题文集·论资本主义》，人民出版社，2009年版，第102页。

② 《马克思恩格斯全集》第20卷，人民出版社，1971年版，第200页。

欧各国的政治、经济和文化水平远远低于西欧国家。亚洲如中国、越南、朝鲜等更要落后些，经济上都是落后的农业国或农业-工业国，民主制度尚未建立或并不成熟。按照长期流行的观点，这些不发达国家没有条件取得社会主义革命的胜利。唯一的办法，就是要等待欧洲先进国家获得社会主义革命成功之后，才有希望进行社会主义革命。而十月革命的胜利正好打破了这一惯性思维，加速了各国社会民主党左翼的分离。各国先后成立的共产党，像匈牙利共产党、波兰共产党、保加利亚共产党、南斯拉夫共产党、罗马尼亚共产党、捷克斯洛伐克共产党乃至中国共产党等，都是在这一背景下诞生的。然而在资产阶级政党执政的前提下，这些国家进行社会主义革命十分艰难，许多武装起义和革命都被残酷地镇压下去了。第二次世界大战爆发后，一些资产阶级政党卖国求荣、分崩离析，而共产党都坚定地肩负起组织和领导反法西斯斗争的重任，成功地建立了广泛的反法西斯民族统一战线。也正是在这一前提下，共产党人利用第二次世界大战的特殊条件，把革命的可能性变成了现实，把社会主义在一国的胜利扩展到了在多国的胜利，用自己的实际行动践行了马克思列宁主义关于战争是革命的助产婆、催化剂的理论。

先是东欧八国走上社会主义道路。1939年，捷克斯洛伐克被德国占领。1945年，在苏联红军的帮助下，建立了捷克斯洛伐克社会主义共和国。1944年，匈牙利被纳粹德国占领。1945年在苏联红军帮助下建立匈牙利共和国，1949年改称匈牙利人民共和国。1941年，南斯拉夫王国被以德国为首的轴心国入侵，被德国、意大利、匈牙利和保加利亚军队分别占领。1945年，南斯拉夫在共产党领导下，建立南斯拉夫社会主义联邦共和国。第二次世界大战时，阿尔巴尼亚先后被意大利和德国占领。1946年，在阿尔巴尼亚共产党领导下，建立阿尔巴尼亚人民共和国。二战时，罗马尼亚是希特勒的帮凶。1947年，在苏联红军帮助下，建立罗马尼亚人民共和国。1944年，在苏联红军帮助下，建立了保加利亚人民共和国。二战时，波兰是最先被德国灭亡的。1944年，在苏联红军帮助下，建立了波兰人民共和国。二战后，德国分别被美、苏等国占领。1949年，苏联占领的部分成立了德意志民主共和国。可见，东欧国家走上社会主义道路，大体上可以分为三类：一是本国社会主义政党有雄厚的群众基础，在国内各种政治势力中占据主要地位，建立社会主义国家水到渠成、势在必行，如南斯拉夫和阿尔巴尼亚；二是本国社会主义政党有一定的发展，在本国人民群众中有一定的基础，而在国内各种政治势力中并不占优势，但是在外力的推动下，建立了社会主义政权，如罗马尼亚、匈牙利、捷克斯洛伐克、波兰和保加利亚等；三是本国社会主义政党已经失去原有的战斗性，或已日渐式微，完全在苏联的扶植下建立社会主义国家，如民主德国。

再就是亚洲六国走上社会主义道路。蒙古人民共和国是东亚第一个社会主义国家，也是世界上第二个社会主义国家。1948年，在朝鲜劳动党领导下，在朝鲜半岛北部举行最高人民会议议员选举，召开最高人民会议第一次会议，讨论通过《朝鲜民主主义人民共和国宪法》，建立了朝鲜民主主义人民共和国。越南在1885年沦为法国殖民地，1945年宣布独立，成立越南民主共和国。后因法国、美国入侵分裂，1976年全国统一，定国名为越南社会主义共和国。1975年12月，老挝全国人民代表大会宣布废除君主制，在老挝人民革命党领导下，建立老挝人民民主共和国。1976年红色高棉建立民主柬埔寨，1982年成立民主柬埔寨联合政府。1949年，在中国共产党领导下，建立了中华人民共和国。

还有北美洲的古巴人民共和国。1959年以菲德尔·卡斯特罗为首的游击战士推翻巴蒂斯塔独裁政府，建立革命政权。1961年击败美国组织的雇佣军入侵后，宣布开始社会主义革命。

二战后，国际关系格局发生重大变化，社会主义已成为一种世界性的制度和体系，对资本主义世界形成强大的冲击。

11　共产国际解散

1943年6月共产国际宣告解散，这一决定立即在国际上引起巨大反响和极度关注。而令人意想不到的是，在中国，这一重大决定演变成了蓄意“取消、解散”共产党的一场闹剧。在这之前的5月15日，共产国际执委会主席团作了《关于提议解散共产国际的决定》，并向各国共产党征求意见。得知共产国际即将解散的消息，中国国民党的一些要人不禁喜上眉梢，决定借机“分化中共一部分力量”。在蒋介石的亲自部署下，一个整体策划的宣传攻势开始了。

先是《商务日报》《益世报》等发表社论，提出“共产国际之解散，由于共学说理论，不能适合世界之情况及历史发展之道路，确为一根本原因”，共产党应“在民族利益的大前提下，服从一个领袖，一个政府”，共产党“一党私有之武力，亟应交出其军权，贡献为国家所用；一党割据之地盘，亟应交出其政权，贡献为国家所治”①。凑巧的是，在共产国际解散的前夕，1943年3月蒋介石出版了《中国之命运》一书，其主调是“没有中国国民党，那就是没有了中国”。蒋介石借该书出版发行之机，指示宣传机器开足马力，大力渲染“一个主义”“一个党”“一个领袖”，并以此来攻击共产主义和中国共产党。国民党直接或间接控制的出版社，密集发行二十二本有关“共产国际解散”的书籍、七十余篇文章，声称既然共产国际已经解散，中共作为共产国际的一个支部，所谓“皮之不存，毛将焉附”，也逃不出消亡的历史定律。以反共著称的理论家叶青在《从共产国际的解散展望世界各国共产党的前途》一文中认为：“共产国际的解散指出了世界各国共产党的前途，从此以后，世界各国共产党不是解散，就是合并或变化成衰弱，绝没有发展可言。”他提出：“共产国际已经给予一个模范，或造成先例了。共产国际可解散，各国共产党又怎么不可解散？”②7月6日，新华社重庆电讯披露了这样一则消息：此间，国民党中央通讯社于“七七”纪念前夕，发表了一则破坏团结的新闻称：“西安各文化团体曾于第三国际解散后举行座谈会，讨论国际形势，并经决议联名电报延安毛泽东先生，促其自觉，及时解散共产党组织，放弃边区割据。”同日，新华社西

---

① 《商务日报》，1943年5月26日。

② 《中央周刊》第5卷，1943年第51—52合刊。

安电讯详述了这一新闻：确息，6月12日，西安劳动营训导处长、复兴社特务头子张涤非召集西安各文艺团体召开座谈会，张涤非宣布利用共产国际解散事件打击中国共产党之必要，并提议打电报给毛泽东。张涤非当即从衣袋内取出其预制之电文，内容首述第一次欧战第二国际解散，第二次欧战第三国际解散，证明马列主义破产，次述第三国际解散为加强盟国团结，中国共产党应解散以加强中国的团结。

蒋介石、国民党的猖狂进攻，中国共产党仅仅用几招就将其轻易化解了。一是沉着冷静，正面发声，明确表示完全同意解散共产国际提议，中国共产党人必将继续根据自己的国情，灵活地运用和发挥马克思列宁主义，以服务于我民族的抗战建国事业。二是针锋相对，有理有节开展斗争。中共中央发动宣传反攻，同时准备军事力量粉碎其可能的进攻。三是深刻揭露国民党破坏抗战的种种行径。四是集中火力，深刻批驳《中国之命运》一书等。

声名赫赫的共产国际为什么会解散？毛泽东在1943年5月26日中央书记处召集的延安干部大会上做了《关于共产国际解散问题的报告》，在报告中毛泽东指出："共产国际的解散，正如外国通讯社所报道的，是一件划时代的大事。从四天以来全世界各国，不论是反法西斯阵营中的还是法西斯侵略者阵营中的，不论何党何派，对此问题都加以极度关注，就可以证明这一点。"毛泽东认为，共产国际解散的理由有三："第一，因为各国内部以及各国之间的情况，都比过去更为复杂，其变化也更为迅速，统一的国际组织已无法适应这种非常复杂而且变化迅速的情况。正确的领导需要从仔细研究本国情况出发，这就更加要由各国共产党自己来做。""第二，法西斯强盗在法西斯阵营和反法西斯阵营各民族之间划分了深刻的鸿沟，反法西斯国家中有社会主义的、资本主义的、殖民地的、半殖民地的各种类型的国家，法西斯国家及其附庸国中也有很大的差别，此外还有各种情况的中立国。为了迅速地和有效地组织一切国家的反法西斯斗争，国际性的集中组织早已感到不大适宜。""第三，各国共产党的领导干部已经成长起来，他们在政治上已经成熟。……自一九三五年共产国际第七次代表大会以来，共产国际既没有干涉过中国共产党的内部问题，而中国共产党在整个抗日民族解放战争中的工作，是做得很好的。”[①]

共产国际执委会主席团的解释是：“早在战前，就可以日益清楚地看到：既然各个国家的内部情况和国际形势已经变得更其复杂，那么，要由某个国际中心来解决每个个别国家的工人运动的各种问题是会遇到不可克服的障碍的。”[②]季米特洛夫曾说过，解散共产国际“这件事是苏联与波罗的海国家合并的时候发生的，就在那时已经可以明显地看到，传播共产主义的主力是苏联，所以一切力量应该直接在苏联的周围团结起来。然而，由于当时的国际形势，解散之事被搁置下来了，主要是担心别人会怀疑：这一定是在德国人的压力下做出的，因为当时苏联和德国人的关系并不坏”[③]。1943年5月初，共产国际在给南斯拉夫的电报中指出：“此项决议，是以下述事实为理由的：这一国际组织的集权形式不再符合各国共产党或工人党的进一步发展，并且甚至已成为这一发展的障碍。”[④]1943年5月13日，共产国际执委会主席团举行会议，讨论解散共产国际的建议，以及相应的决议草案，主席团成员一致认为，解散共产国际所选择的时机是好的，这一步骤将有助于扩大世界反希特勒民族阵线。5月28日，斯大林就共产国际解散问题答英国路透社记者问，指出共产国际的解散是恰当和适合时宜的，“这便于一切爱好自由的国家组织共同进攻去反对共同的敌人——希特勒主义”[⑤]。由此可见，毛泽东对共产国际解散原因的分析是准确的。

从实际效果看，共产国际的解散顺应了世界历史发展的潮流，合乎各国共产党革命发展的需要，是一个极有意义的重大决策。

它极大地推动了全世界反法西斯国家的国际、国内的团结，加速了欧洲第

---

① 《解放日报》，1943年5月28日。

② 《中共中央文件选编》（内部本）第12册，中共中央党校出版社，1986年版，第195页。

③ 转引自［南斯拉夫］密洛凡·德热拉斯：《同斯大林的谈话》，赵洵、林英译，吉林人民出版社，1983年版，第23页。

④ 转引自［英］斯蒂芬·克利索德：《南苏关系（1939—1973）》，人民出版社，1980年版，第303、74页。

⑤ 《斯大林文选（1934—1952）》下册，人民出版社，1962年版，第347页。

二战场的开辟和反法西斯战争的胜利。从外部条件看，随着世界反法西斯斗争的深入发展，亟须加强苏联同英、美等同盟国的联盟，推动第二战场的开辟，缓解苏联战场的压力，促进反法西斯统一战线的巩固。斯大林在对路透社记者提问的书面答复中说得十分明确："解散共产国际所以正确，因为：（一）揭穿了希特勒分子的谎话，说什么'莫斯科'企图干预别国的生活，并使他们'布尔什维克化'。从此以后，这种谎话就彻底破产了。（二）揭穿了工人运动中的共产主义敌人的诬蔑，说什么各国共产党似乎不是为了本国人民的利益，而是遵照外来的命令行事。从此以后，这种诬蔑也彻底破产了。（三）便于爱好自由国家的爱国者，把本国的一切进步势力，不分党派和宗教信仰，联合成统一的民族解放阵营，以展开反法西斯主义的斗争。（四）便于各国爱国者把一切爱好自由的民族，联合成统一的国际阵营，去同希特勒主义统治世界的威胁作斗争，从而为各民族将来在平等的基础上进行合作扫清道路。"[①]对于共产国际的解散，盟国方面一致表示同情、拥护，认为这是加强团结之基础。美、英两国的政界人士表示："此举预示联合国间在进行作战时，将有更为密切的合作。其用意在祛解若干美国人对共产国际战后政策之疑虑。""足以扫除美国及其他国家对苏联战后目标之误解开辟途径。"[②]此后不久，苏、美、英三国首脑会晤于德黑兰，签署了《德黑兰宣言》和《德黑兰总协定》，达成了英、美在欧洲西部开辟第二战场的协议。1944年6月，英美联军在法国诺曼底登陆，第二战场开辟，在东西两面夹击下，德军节节败退，苏联卫国战争和反法西斯战争取得胜利。各国内部反法西斯统一战线日益扩大，共产党人的影响和作用不断加强，都足以证明共产国际解散的适时性和正确性。

它极大地推动了各国共产党独立自主发展的历史进程，为各国共产党把马克思列宁主义普遍原理同本国革命具体实践相结合，开创符合本国实际的、具有本国特色的革命道路，开辟了广阔的前景。包括中国在内的许多国家的共产

---

① 《斯大林文选（1934—1952）》下册，人民出版社，1962年版，第347—348页。

② 《新华日报》，1943年5月24日。

党表示，解散共产国际符合历史的需要，也是对亲身经受的痛苦经历的科学总结，丝毫不影响各国共产党的地位。中国共产党的决议指出："共产国际的解散，将使中国共产党人的自信心与创造性更加加强，将使党与中国人民的联系更加巩固，将使党的战斗力量更加提高。"①毛泽东认为："共产国际的解散，不是为了减弱各国共产党，而是为了加强各国共产党，使各国共产党更加民族化，更加适应于反法西斯斗争的需要。"②

由于共产国际的解散，一些国家的共产党在一定程度上摆脱了世界革命指挥中心的约束，可以结合本国实际决定路线、方针与政策，比过去更加能独立自主地从事无产阶级的解放事业。很显然，共产国际的解散是内因与外因综合作用的必然结果，"它是一个历史时期的终结，同时又是一个新时期的开始"③。

12　走向冷战

20世纪60年代，一幅漫画流传甚广。漫画的主角是时任美国总统肯尼迪和苏联部长会议主席赫鲁晓夫，两人都坐在核弹上，右手在互掰手腕，左手食指指向核按钮，赫鲁晓夫可能年纪大些，已大汗淋漓，年轻力壮的肯尼迪也不轻松，汗水顺着鬓角流下。这幅漫画反映的是美苏冷战时期影响全球安全最严重的事件——古巴导弹危机。

事件的起因是这样的。1959年1月，古巴人民革命取得胜利，推翻巴蒂斯塔独裁政府，成立了古巴共和国。宣告这一胜利成果的，是年仅三十二岁的古巴人民革命传奇领袖菲德尔·卡斯特罗。此时的卡斯特罗对马列主义、共产主义学说尚无深刻认识，也与苏联等社会主义国家毫无联系。然而，彻底的人民革命必然要反映到国家政策上来。6月，古巴政府领导成员发生重大变化，主

① 《解放日报》，1943年5月27日。
② 《解放日报》，1943年5月28日。
③ 《陶里亚蒂言论集》第3卷，世界知识出版社，1963年版，第151页。

张实行激进政策的人掌握了实权。美国担心共产主义在其后院蔓延，遂对古巴新政权产生不满。随着矛盾加深，1961年1月美国突然宣布与古巴断绝外交关系，从经济上对古巴进行封锁和制裁。4月，美国策划古巴流亡分子驾机对古巴进行了两天的轰炸，组织一千多名雇佣军登上古巴猪湾，企图以暴力推翻卡斯特罗政府。这就彻底把卡斯特罗推向苏联一边。而苏联出于在拉丁美洲的战略思考，也迫不及待地接受了卡斯特罗的援助请求。卡斯特罗曾回忆过这一段峥嵘岁月："开始的时候，共产党人不信任我和我们这些起义者。……我们都还充满了小资产阶级的成见和缺点，尽管也读一些马克思主义的书……后来我们走到一起了，我们彼此了解，开始合作。"[①]因而，一开始"古巴革命既不是资本主义，也不是共产主义，而是橄榄绿色的人道主义"[②]。但是随着民主革命的深入，美国的利益被深深触动了。在政治上颠覆，外交上孤立，经济上制裁，严峻的现实使古巴人民认识到，只有走社会主义道路，别无选择。正如卡斯特罗所说："当生活教给我们的经验愈多，当我们不是从口头上，而是从我们人民血肉所付的代价中对帝国主义的本性了解得愈透彻……更促使我们在感情上成为一个马克思主义者，使我们更加认清和发现马克思主义理论所包含的真理。"[③]

在这之前的1959年，美国在意大利和土耳其部署了导弹，而现在古巴倒向社会主义阵营，为了自身安全，也希望苏联部署导弹。1962年苏联政府批准赫鲁晓夫关于在古巴部署导弹的计划，并在极端保密的情况下实施。直到当年9月，部署工作接近尾声时，才对外正式公布。美国总统肯尼迪感到苏联导弹的部署对美国造成了严重威胁，必须猛烈回击。1962年10月22日，美国宣布武装封锁古巴，要求苏联在联合国的监督下撤走已经部署在古巴的进攻性武器。23日，苏联政府发表声明，表示仍将按协议援助古巴，坚决拒绝美国的拦截，对美国的威胁将进行最激烈的回击。当然，这一事件最终通过谈判得以解决。

---

① 肖枫、王志先：《古巴社会主义》，人民出版社，2004年版，第33页。

② 肖枫、王志先：《古巴社会主义》，人民出版社，2004年版，第32页。

③ 肖枫、王志先：《古巴社会主义》，人民出版社，2004年版，第38页。

1962年11月11日，苏联部署在古巴的四十二枚导弹被全部撤走，20日肯尼迪宣布取消对古巴的海上封锁。至此，一场冷战变热战的危机终于解除。

以美、苏为代表的两个阵营的冷战是有一个演变和发展过程的。1945年2月，美、英、苏三个大国在世界反法西斯战争即将胜利之际，举行了一次关于制定战后世界新秩序和列强利益分配问题的关键性秘密首脑会议，签订了具有重要历史意义的《雅尔塔协定》（全称为《苏美英三国关于日本的协定》）。这一协议促成了苏联对日作战，协调了苏、美、英关系，共同确定了"大国一致"原则，基本解决了战后和平与秩序安排问题。最主要的共识是，希望战后世界格局由大国合作来共治，由美国负责北美秩序，苏联负责东欧秩序，中国负责亚洲秩序，英、法负责西欧秩序。这就是联合国五大常任理事国的由来。斯大林出于国家利益考虑，为了确保苏联安全，要求周边国家必须是能够控制且对苏联友好的国家。罗斯福、丘吉尔答应了苏联要求，但同时提出苏联势力范围内的一些国家不能搞苏联式的一党专政，而应该是联合政府和多党制。斯大林答应了这一要求，这也是东欧国家走上社会主义道路，大多采用联合政府的原因。而在此前，为了释放善意，斯大林和共产国际执委会主席团经与各国共产党协商，解散了号称世界革命大本营的共产国际。

然而如此努力得来的成果，在经历短暂蜜月期后，两大阵营还是因为意识形态的分歧，从最初的相互不信任，逐步形成对立并最终走向冷战。其具体表现为：

沟通上缺乏基本信任。消弭意识形态分歧，最好的办法莫过于沟通，而沟通又必须建立在起码的信任基础上。但从历史发展的事实看，双方的沟通显然缺乏基本的信任。比如苏联作为第一个社会主义国家，国内宣传和对外政策有时并不一致，具有很大的灵活性。然而美西方国家并不区分苏联的内外政策，因而对苏联的世界战略产生怀疑。同样地，美西方谋求建立的是政治上自决、经济上门户开放的自由主义国际秩序，其本质在于由美西方安排和支配世界政治经济，这也是苏联所不能接受的。

地缘政治上存在重大分歧。波兰是通向苏联的重要走廊，历史上也是德、奥、俄瓜分和争夺的战略要地。德国作为战败国被一分为二，由苏、美、英、法分区实施占领管理，但在管理模式和利益上仍有诸多纷争。而在此时，英、法又发生了饥荒，导致其国内出现了零星革命，英、法怀疑背后有苏联在策划。加上英、法整体实力较弱，担心一旦闹革命，西欧就会变成苏联势力范围，因此强烈希望美国重返欧洲。这就使得双方渐行渐远，不信任感进一步加重。

信息情报工作出现严重误导。1946年9月苏联驻美大使诺维克夫呈给斯大林一份报告，分析美国对苏联的政策，称政治上美国正在集中力量包围苏联，经济上美国的资本已渗透欧洲许多国家。无独有偶，1946年2月时任美国驻苏临时代办的凯南向美国国务院发了一份长达八千字的电报，对战后苏联的“理论、意图、政策和做法”及美国应采取的对策，提出了全面的分析和建议，认为苏联为了发展始终会向外扩张，“苏联听不进理智的逻辑，但对武力的逻辑却十分敏感”，因此主张美国拥有足够的武力来威慑。

丘吉尔“铁幕”演说拉开了冷战的序幕。1946年1月，丘吉尔应邀访问美国。3月5日，他在美国总统杜鲁门陪同下抵达密苏里州富尔顿，在杜鲁门的母校发表题为《和平砥柱》的演说，他在演说中公开抨击苏联扩张，宣称“从波罗的海的什切青到亚得里亚海边的里雅斯特，一幅横贯欧洲大陆的铁幕已经降落下来”，苏联对“铁幕”以东的中欧、东欧国家进行日益增强的高压控制，声称对苏联的扩张不能采取“绥靖政策”。显然，此次演说是杜鲁门借他人之口发表冷战宣言，是美国发动冷战的前奏曲。

杜鲁门主义标志着冷战的正式开启。1947年3月12日，时任美国总统杜鲁门在致国会的关于援助希腊和土耳其的咨文中，提出以“遏制共产主义”作为国家政治意识形态和对外政策的指导思想，指出不论在什么地方，不论直接或间接侵略，威胁了世界和平，都与美国安全有关。这就是杜鲁门主义。6月，美国国会发起马歇尔计划，拿出大笔资金，援助包括捷克斯洛伐克和波兰等东欧国家在内的欧洲，但是不包括苏联。更不可思议的是，苏联要求捷克斯洛伐克和波兰拒绝参加马歇尔计划，而捷克斯洛伐克和波兰政府属于联合形式，控制不了外交部部长，导致两国仍参加了马歇尔计划。苏联此时已意识到西方国家要破坏《雅尔塔协定》，所以决定反击，遂于9月成立了共产党和工人党情报局。

斯大林提出“两个阵营理论”和“两个平行市场理论”。1947年10月，在杜鲁门主义提出七个月后，斯大林提出了“两个阵营理论”，即资本主义阵营和社会主义阵营。同时为了避免加入布雷顿森林体系（指二战后以美元为中心的国际货币体系，国际货币基金组织、世界银行、关贸总协定三位一体），斯大林提出了“两个平行市场”的口号，即社会主义阵营可以打造一个自循环的、封闭的、自给自足的经济体系。

至此，世界上出现了两个不同意识形态的对立集团，冷战格局也因此形成。当然，社会主义阵营和资本主义阵营由世界反法西斯战争中的密切合作，到战后短短两年时间后的分道扬镳，是由纷繁复杂的各种因素促成的。除了上述六点具体因素外，美国国内右翼势力的崛起，无疑是一个不可忽略的重要因素。本来在罗斯福执政时期试图调节资本主义与社会主义的关系、能够坦诚沟通的问题，在杜鲁门上台后就变得无法收拾了。

第九章

苏联模式的兴盛与衰败

01　从古拉格国家历史博物馆说开去

在俄罗斯首都莫斯科彼得罗夫卡大街16号，有一座博物馆——古拉格国家历史博物馆，展示的是古拉格这一特殊国家机构的历史。古拉格是苏联国家政治保卫局、内务人民委员部的一个分支机构，执行对一部分罪错人员的劳动改造、扣留等任务，全称为“劳动改造管理总局”。古拉格国家历史博物馆的创始人叫安东·安东诺夫-奥夫谢延科，其父亲是十月革命的组织者之一，他本人则曾在古拉格劳动改造过。他创办这座博物馆的初衷，就是让那些没有到过古拉格的人有机会走进这里，让到过这里的人永远都不会忘记这一段历史。俄罗斯政府21世纪初解密的文件显示，苏联最多曾存在过476座独立的劳改营，每一个都由最多上千个更小的惩戒营构成，分布全国各地。据这家博物馆统计，从1930年到1953年间，苏联共有1000多万人曾先后在古拉格劳动改造过，其中160多万人死亡。1953年斯大林去世后，赫鲁晓夫关闭了大多数劳改营，但仍有约172万人参加劳动改造。根据官方档案，直至苏联解体，古拉格劳改营依旧存在。

将古拉格公之于世的，是苏联作家、诺贝尔文学奖获得者亚历山大·索尔仁尼琴，这位古拉格曾经的“囚徒”，写下了旷世之作《古拉格群岛》，在世界上引起轩然大波。古拉格国家历史博物馆入口处的陈设，是多个古拉格劳改营入口处的翻版，馆内“还陈列了记录苏联高层决定设立劳改营以清洗转化敌人”，为大型基础设施建设提供免费劳动力等决策细节的文件。展品有劳改犯使用过的各种物品、劳改营管理方的用具、古拉格三十一种刑讯的方法、被处决犯人的名单、用来消灭国家的敌人的子弹等。博物馆复原了斑驳的立柱、未经粉饰的砖墙、木质的望塔。一组黑白照片排成一行，十二张凹陷的面颊和十二双无精打采的眼睛，穿过带刺的铁丝网，注视着罕至的行人，也回望着那一段不堪的历史……

古拉格是苏联模式的一个极为细小的侧面，无论是谴责或者贬低它，都丝毫不影响对苏联模式的历史评价。因为任何一种社会制度的选择，都是一种翻天覆地的社会革命，实现这一社会革命不可能是一蹴而就、一成不变的，而是一个极其艰难和错综复杂的探索过程。有探索就会有失误，甚至会有种种错误乃至犯罪。回望这一段历史，人们可能会留恋美好欢乐的片段，也可能会记住心悸惶恐的伤疤。但无论一个个体如何认识，都不能改变或粉饰这一段历史，因为它是滚滚向前的历史长河中的一朵浪花，虽然绚丽，但并不能阻挡历史的洪流。就如同苏联著名的持不同政见者、诺贝尔文学奖获得者索尔仁尼琴，因专事揭露社会丑恶被驱逐出国，而被西方国家奉为反苏联铁幕统治的斗士，却在到了美国之后毫不留情地批判所谓自由民主的普世价值，而让美国人感到尴尬和羞耻。这就是一个自相矛盾的真实存在。

在苏联社会主义建设的过程中，逐步形成了一整套高度集中的经济政治体制，人们通常称之为“苏联模式”，其主要特征是：

实行单一的生产资料公有制。十月革命胜利后，苏联通过土地国有化、国家工业化、农业集体化等措施，建立起生产资料社会主义公有制，包括全民所有制和集体所有制。其中，全民所有制被看作是社会主义公有制的主体和高级形式，占绝对统治地位。集体所有制被看作是低级形式，并要尽快向高级形式过渡。个体小私有经济被认为是通向社会主义的障碍，只作为特殊情况而被允许暂时存在。

实行自上而下的指令性计划体制。十月革命胜利后，苏维埃政府开始运用计划管理经济，并设立了苏联国家计划委员会。斯大林执政后，指令性计划体制迅速发展起来。中央紧紧掌握编制计划全过程的决策权，经过批准的计划是指令性的，具有法律效力。计划涉及经济社会生活的方方面面，几乎无所不包。

采取行政命令的管理方式。经济决策权，人力、物力、财力的支配权全部集中在中央，国家通过作出决策、下达计划、发布命令的办法管理和组织经济生活。

实施以重工业优先的经济发展战略。认为苏联经济发展落后于西方国家，又处于资本主义国家的包围之中，面临战争威胁，加速建设社会主义大工业，把重工业、军事工业置于优先地位，有其必然性和必要性。

党总揽国家的一切事务。国家权力集中于党，党的权力又集中于中央政治局和书记处，党的少数主要领导乃至总书记拥有最高和无限的权力。

强调阶级斗争和无产阶级专政。在夺取政权、消灭剥削阶级之后，仍强调阶级斗争的尖锐性，运用处理敌我矛盾的方法和手段，处理和平时期党内矛盾和人民内部矛盾。

对文化领域实行严格的管理和控制。通过严格的意识形态管理，使各学术领域都成为贯彻党的思想理论的重要阵地。坚持舆论高度一致准则，运用行政手段管理思想文化工作，文化生活整齐划一。

各加盟共和国缺乏自主权。虽然苏联宪法规定，苏联是享有平等权利的各加盟共和国的自愿联盟，各加盟共和国都独立行使国家权力，每一个加盟共和国都有退出苏联的权利。但在不断加强的中央集权体制下，各加盟共和国的实际权力都收归中央，名为联邦制，实为单一制。

在国际关系上奉行大国、大党主义。一方面强调推行无产阶级国际主义，另一方面又把苏联和苏共自身的利益置于兄弟党和国家的利益、主权之上，试图把各国革命运动纳入捍卫苏联的框架内，追求确立苏共和苏联的“盟主”和“领袖”地位。

以上特征的苏联模式的形成，既与马克思主义的理论指导有直接关系，又与苏联是在一个经济相对落后的国家进行社会主义建设的特殊情况有很大关系，使其不可避免地要打上生产力水平低下，各种经济成分并存，封建专制文化盛行等深刻的烙印。从苏联社会主义建设的实践看，苏联模式具有强大的组织和动员优势，能在特定的历史发展阶段极大地推动社会主义事业的发展。但随着社会条件的变化和国际国内形势的日趋稳定，其计划经济缺乏市场灵活性、权力过分集中缺乏创新动力等弊端日益暴露出来，并成为经济、社会发展的障碍。

许多理论研究表明，苏联社会主义制度和苏联模式是两个不同的范畴，既有联系又有区别。苏联社会主义制度是科学社会主义的具体体现，主要表现为：确立并坚持共产党的领导地位，建立以工人阶级为领导、以工农联盟为基础的苏维埃政权；全部权力属于城乡劳动者，由各级劳动者代表苏维埃行使；建立全民所有制和集体所有制两种公有制形式，实行各尽所能、按劳分配原则；规定公民享有劳动、休息和物质保障的权利，实行普遍、平等、直接和秘密投票的选举制度；坚持马克思列宁主义的指导地位，鼓励理论的发展创新等。这些都是把马克思主义基本原理与苏联实际相结合的产物，体现着社会主义的本质和基本原则。苏联模式则是苏联建设社会主义的一种具体的体制和实践方式，它既要体现社会主义制度的一些原则要求，在制度设计上体现社会主义优越性，又要结合社会主义建设的具体实践和本国国情，制定不同发展阶段的路线方针政策。因此在实际操作中，制度是原则的、本质的和稳定不变的，而模式可能会受制于思想认识的局限、国际国内形势的变化，乃至领导人自身性格特征的影响，有时可能会造成社会主义的变形和扭曲。

02　最好的先生

马雅可夫斯基和郭小川是苏联和新中国历史上两位非常重要的政治抒情诗人。马雅可夫斯基作为苏联社会主义时期诗歌的集大成者，创造了“楼梯体”的诗歌表达模式，以十分鲜明的时代特色，表达对十月革命的爱，对新生的苏维埃国家的爱，对虚伪的资产阶级民主的恨，对丑恶的资产阶级生活方式的恨。郭小川步入诗坛之初就借鉴了马雅可夫斯基的“楼梯体”，他自己也曾说到选择这种形式的原因：“我之所以采取这种所谓‘楼梯式’的排列方法，私心倒不是想搬运马雅可夫斯基的现成格式，恐怕主要是因为我不善于使用中国语言。为了表现稍许充沛一些的感情，我写的句子总是老长老长的（短句子总觉得不够劲），而如果把二十个字排成一行，那读者（尤其是朗诵者）一定会感到难念。所以，我大体上按照念这些句子时自然而然的间歇，按照音韵的变化做了这样一种排列，多少也想暗示读者：哪里顿一下，哪里加强一些，哪里用一种什么调子。”[①]

我们不妨抄录两段他们的代表诗作。先看马雅可夫斯基的《人民演员先生》片段：

歌/和诗——/是炸弹和旗帜，/歌手的声音/能够使阶级振奋，/今天，/谁不跟我们/一起歌唱，/谁就是——/反对我们。/谁要是敢于/阻挠进攻的阶级，/工人就会/一脚把他/从我们的路上踢翻。[②]

再看看郭小川的《闪耀吧，青春的火光》片段：

我几乎不能辨认/这季节/到底是夏天还是春天/因为/我的目光所及的地方/到处都浮跃着新生的喜欢/我几乎计算不出/我自己/究竟是中年还是青年/因为/从我面前流过的每一点时光/都是这样新鲜/我呀——好动/而且兴趣过于广泛/只是对/这样的生活/发生了永世不渝的爱恋/我呀——渺小而平凡/可是我把自己看作巨人/辽阔的国土就是我的家园/亲爱的朋友啊/不是我这人/有什么奇异的

---

① 郭小川：《谈诗》，上海文艺出版社，1978年版，第79页。

② 《马雅可夫斯基选集》第三卷，人民文学出版社，1984年版，第511页。

性格/而是由于/我们生活在/一个最奇异的中国……[1]

两位诗人用近乎相同的艺术表达形式，讴歌伟大的社会主义时代，讴歌新型的社会主义政权，讴歌建设新世界的英雄人民，用他们不同的语言，写出了时代与人民的声音，传达着诗人炽热的时代使命感和厚重的历史责任感。

由这一小小的切入点我们可以看出，社会主义是人类思想史上的一座高峰，而社会主义制度和国家建设则是人类制度、国家史上的一大创造。苏联作为世界上第一个社会主义国家，作为历史上第一个从理论变为现实的新型国家，无论其多么的不成熟和不完善，仍然是世界上向往社会主义的人们和建立社会主义制度的国家学习的楷模、借鉴的榜样，而且这种学习和借鉴是方方面面的，包括政治、经济、文化、体制、机构、方法，等等。从这个意义上说，苏联是各社会主义国家和各国共产党最好的先生。

苏联模式的影响是极其广泛和深入持久的。在社会主义由一国向多国的发展过程中，其他社会主义国家理所应当地仿照苏联模式架构国家的经济、政治、文化体制，建立起高度集中的权力运行体系。但同时，由于国家性质不同、历史沿革不同、周边环境不同、政治文化和民族习俗不同等，苏联模式在本国的推广、影响方式与程度也各不相同。在东欧社会主义国家，除南斯拉夫、阿尔巴尼亚是间接借鉴外，其他国家苏联模式的推广具有明显的“输入”色彩。但是不管是间接借鉴还是直接输入，苏联因素在其中的作用都是至关重要的。

东欧各国大多受到马克思列宁主义的影响，很早就建立了无产阶级政党。第一次世界大战爆发后，不少国家的社会民主党左翼分离出来，组建了独立的共产党。十月革命胜利后，又开展了无产阶级革命运动，并为实现苏联式的社会主义进行了不屈不挠的斗争。根据雅尔塔协议精神，1945—1949年，波兰、南斯拉夫、阿尔巴尼亚、匈牙利、捷克斯洛伐克、罗马尼亚、保加利亚和民主

---

① 王晓编选：《郭小川诗选》，人民文学出版社，2018年版。

德国相继建立起人民民主国家，走上社会主义道路。这时这些国家的政权体系大多还是联合政府。但是随着西方国家冷战的叫嚣，东欧各国相继建立起共产党一党领导的国家政权，采取与苏联完全相同的经济、政治模式。

中国和亚洲一些社会主义国家也效仿苏联，先后建立起高度集中的经济、政治体制，但与东欧国家的浓厚“输入”色彩相比，自主学习和接受要多一些。中国共产党的领袖毛泽东曾指出，我们要进行伟大的国家建设，我们面前的工作是艰苦的，我们的经验是不够的。因此，要认真学习苏联的先进经验，“他们已经建设起来了一个伟大的光辉灿烂的社会主义国家。苏联共产党就是我们的最好的先生，我们必须向他们学习”①。

但是随着时间的推移，模仿苏联模式所带来的问题也日益凸显。比如东欧各国在其后的发展中出现了一次又一次的经济社会危机，体现出对苏联模式的水土不服，引发“机体排斥现象”。亚洲各国也经历了类似的过程，比如轻工业发展缓慢、经济效益差、企业缺乏活力、人民日常生活用品短缺等。

面对这样的危机和问题，东欧、亚洲一些社会主义国家开始根据自身国情，独立探索社会主义建设道路。比如南斯拉夫在党的领袖铁托等的领导下，提出劳动者自治观和不结盟战略思想，形成系统的自治民主政治理论、经济理论和民族理论，积极探索自治社会主义模式，取得辉煌成就。而南斯拉夫作为世界不结盟运动的创始国，令世人刮目相看，铁托也被誉为“小国里的大政治家”。比如在中国，毛泽东主张“以苏为鉴”，提出一些符合中国实际的措施，建立了一些具有中国特色的制度。比如以重工业为重心、“农轻重”并举的发展方针，共产党领导下的多党合作和政治协商制度，不同于苏联苏维埃政权构成形式的人民代表大会制度，等等。

总之，苏联模式的推广，帮助了那些新兴社会主义国家建立起社会主义制度，推动了这些国家的社会主义建设，加强了社会主义国家之间的团结合作，极大改变了世界政治格局。但苏联模式推广中也出现了照抄照搬、机械套用等

---

① 《毛泽东选集》第四卷，人民出版社，1991年版，第1481页。

做法，特别是苏联的大党主义、大国主义导致了社会主义阵营内部的分歧频发，损害了各国社会主义事业的健康发展。因此，每个国家的社会主义革命、建设和改革，都必须既坚持科学社会主义基本原则，又必须从各国实际出发，把马克思主义基本原理同本国实际有机地结合起来，探索具有本国特色的社会主义发展道路。这就是我们总结长期历史经验得出的基本结论！

03 被斩断的思想翅膀

读到一篇由斯米尔诺夫撰写的小文章——《〈狱中札记〉在苏联》。文中说：在意大利文化和思想的主要著作中，大概再没有比《狱中札记》更能引起苏联人的兴趣与关注。刚刚从法西斯魔爪下拯救出来的葛兰西手稿，差点在苏联被化为灰烬。事情的经过是这样的：韦琴佐·比昂科1937年在莫斯科工作。一天，他突然接到从地方海关打来的电话。一个生疏的声音通知他有一包寄往共产国际总部的法西斯宣传品，马上就要销毁。为了慎重起见，比昂科先将此事通报给在共产国际工作的意大利同志，然后立即跑到海关，在那儿发现一大包用法西斯报纸包裹的笔记本。他只用了几分钟就辨认出葛兰西的笔迹，就这样，葛兰西的《狱中札记》才得以传世。后来，这些珍贵的手稿由苏联同志正式转交给意大利共产党人。战后，由于意大利共产党，尤其是陶里亚蒂的贡献，《狱中札记》在意大利得到传播并引起公众的注意。

意大利国内的社会舆论当然不能忽视苏联对葛兰西的关注。20世纪50年代，苏联在与陶里亚蒂的直接合作下，加紧了对葛兰西著作的翻译工作，1957年至1959年先后出版了三卷本俄文版《葛兰西选集》，其中第三卷就是根据《狱中札记》选编的。文中还介绍了《狱中札记》俄文全译本在苏联出版遇到的许多障碍，例如其中说道“我们仍处于马克思列宁主义被作为僵化教条加以介绍的时代，因此，葛兰西强烈的反教条主义精神受到怀疑”。

安东尼奥·葛兰西是意大利共产党的创始人之一，20世纪马克思主义著名理论家。出生于意大利一个小职员家庭，家境贫寒，靠勤工俭学和奖学金读完大学。二十二岁时加入意大利社会党，并为社会主义报刊撰稿。在担任都灵社会周报《人民呼声报》主编时，正值第一次世界大战爆发，葛兰西积极响应列宁“变帝国主义战争为国内战争”的口号，发动都灵工人举行反战武装起义，在工人中赢得威望，被选为社会党都灵支部书记。第一次世界大战结束后，意大利革命运动空前高涨，工人和农民决心要走“俄国人的道路”。葛兰西欢呼十月革命的成功，支持当时正在迅速发展的工厂委员会运动，主张通过建立新秩序，去摧毁旧社会和维持工人阶级权力。1922年10月，以墨索里尼为首的法西斯分子夺取了国家政权，葛兰西受共产国际委派回国领导意大利共产党开展反法西斯斗争。1924年被选入意大利议会。1926年11月，葛兰西被法西斯当局逮捕，判处二十多年徒刑。他在法庭上义正辞严地说：“你们把意大利引向毁灭，我们共产党人一定要挽救它。”①在监狱中，他写下三十二本《狱中札记》，这是意大利现代思想史上最重要的著作。葛兰西的思想内容十分庞杂，涉及领域也十分广泛，主要包括以下七点：

第一，关于无产阶级的领导权。他指出，工人阶级不仅要取得政治上的领导权，更重要的是取得意识形态的领导权。

第二，关于知识分子及其作用。他说，知识分子应包括一切“在广义上具有组织功能”的人。知识分子组织着信仰的网络，组织着制度和社会关系，因而具有领导权。

第三，关于国家、社会政治组织和市民社会。他认为国家=政治社会+市民社会，也就是说国家是用强制武装起来的领导权，其中政治社会组织武力，市民社会提供同意。

第四，关于民主的集中制。他强调无产阶级的领导权要建立在民主基础上。不仅要在党内上下级之间实行民主，而且要对其他被领导阶级、阶层和社会集团实行民主。

第五，关于革命政党。他指出党的组织基础是群众，工人阶级的政治运动

---

①［意］葛兰西：《狱中书简》，田时纲译，人民出版社，2008年版，第649页。

只能是工人自己的群众政治运动，而不是职业革命家的运动。革命政党是能够促使工人阶级创造一个新社会的有机组织，其办法是帮助该阶级去发展它的有组织的知识分子和另一种领导权。

第六，关于哲学。他认为哲学正在成为一种“物质力量”，它对一个时代的“常情”起影响作用。马克思主义作为一种“实践的哲学”，能够帮助群众成为历史的主人公。

第七，关于工人阶级。他指出工人阶级必须具有宽广的胸怀，摆脱自己的集团利益，加强工农联盟。葛兰西生前曾讲过一段名言：“无产阶级的解放是一个艰苦的事业，只有坚贞不屈的人才能胜任，只有那些在人们普遍感到悲观失望的时候能够保持不屈不挠精神的人，只有那些意志锻炼得坚如刀剑的人，才配称为工人阶级的战士，才配称为革命者。”葛兰西正是这样的战士和革命者。

在这一时期共产国际内部影响最大、争议最多的理论家当属卢卡奇。卢卡奇·格奥尔格是匈牙利著名的哲学家和文学批评家，匈牙利共产党的理论家，在20世纪马克思主义的演进中占据十分重要的地位。他出生于一个富有的犹太人家庭，二十五岁时因撰写哲学著作《心灵与形式》而名扬天下。有评论认为：“这一论著是一部完整的哲学概论。其意义之深远，观察之敏锐，远远超出了一般的评论。”此后又写出美学和文学批评的相关论著。1919开始，卢卡奇转向马克思主义研究，十月革命胜利后加入匈牙利共产党。1919年3月匈牙利苏维埃共和国成立，卢卡奇出任主管文化和教育的人民委员。同年8月，匈牙利苏维埃共和国被推翻，革命宣告失败。卢卡奇同许多政治流亡者一样，移居维也纳。1923年，卢卡奇将过去几年的经历写成的八篇文章结集，以《历史与阶级意识》为题发表，在理论界产生了轰动效应。1928年起草匈牙利共产党新纲领《勃鲁姆纲领》。1930—1945年，卢卡奇在苏联莫斯科马克思恩格斯研究院潜心研究马克思主义理论。第二次世界大战结束后回到匈牙利，任布达佩斯大学哲学和美学教授，并当选匈牙利科学院院士。此后，他的理论生涯又同政治活动密切相关，热情投身于匈牙利的社会改革运动和民主运动，还培育了

20世纪60年代东欧新马克思主义的重要流派——布达佩斯学派。

卢卡奇一生著述颇丰，主要有《青年黑格尔》《存在主义还是马克思主义》《理性的毁灭》《审美特征》《民主化的进程》《社会存在本体论》等。纵观卢卡奇的理论生涯，他是在坚持马克思主义基本原理的基础上，试图以社会存在本体论等新的理论范式来阐释自己的观点。卢卡奇认为，马克思主义是人类解放的理论，而人类解放的标志是人的完整性得到恢复，人的才能得到全面和谐的发展；民主化是社会主义的必然要求，要尽力把握社会主义制度下真正实现民主化的机会；马克思主义本体论中的唯物主义，是以自然本体论为前提的、通过发现经济在社会存在中的优先地位而造成的，具有不可分割的统一性；劳动是马克思的社会存在本体论的出发点，从自然存在本体论向社会存在本体论转变的关键是劳动；异化不是人类的永恒属性，而是一个发展阶段必然伴随的现象，等等。卢卡奇终身抱有对马克思主义的坚定信念，在晚年还提出“复兴马克思主义”的口号。

德国共产党的柯尔施也是这一时期有影响的马克思主义理论家。卡尔·柯尔施出生于德国一个银行官员家中，大学主修法学、经济学和哲学，后在英国伦敦从事博士后研究。1914年一战爆发，柯尔施回到德国。应征入伍后，因反对战争，从预备队军官降职到下士。1919年，任耶拿大学讲师。同年，他的专著《什么是社会化?》出版，主张用社会主义公社取代资本主义私人经济，其思想已经接近马克思主义。1920年，柯尔施加入德国共产党。1922年，撰写了三本阐发马克思主义基本思想的宣传性小册子，即《唯物史观原理》《马克思主义的精华》《〈哥达纲领批判〉导言》。1923年，发表《马克思主义和哲学》。1923年汉堡起义失败后，德国共产党遭到取缔，柯尔施临危受命，成为德国共产党的主要发言人之一，并担任党的理论杂志《国际》编辑和驻德议会共产党代表。1925年7月，台尔曼被选为德国共产党的领导人，进一步加速了“布尔什维克化”的进程。柯尔施激烈地反对台尔曼的政策。1926年3月，在《共产主义政治》杂志周围，形成了德国共产党内部一个以“坚定的左派”著称的宗派组织，即柯尔施-卡茨集团。随着党内斗争的激烈化，1926年4月，柯尔施被开除出党。此后，柯尔施退出政治活动，专注于马克思主义理论的研究工作。1929年，柯尔施发表长篇论文《唯物主义历史观》，系统批判了考茨基的《唯物主义历史观》一书中的基本观点。1930年，柯尔施重新出版了《马克思主义与哲学》一书，并在书后增加了《〈马克思主义和哲学〉问题的现状——一个反批评》一文，对列宁的哲学思想提出了公开的批评。

柯尔施的主要理论观点有：第二国际未能处理好国家和无产阶级革命的关系问题，一个根本的原因就是他们背弃了马克思主义的革命精神，丧失了对国家问题的判断力；马克思主义与哲学的关系是一个非常重要的理论和实践的问题，针对当时党内特别缺乏马克思主义哲学修养的问题，强调要认识到恢复马克思主义理论传统的急迫性；社会由经济、法和国家、纯粹的意识形态三方面构成，马克思对资本主义社会的批判从来都是对资本主义社会整体的批判，因而要把马克思主义“应被看作并理解为一个活的总体的社会发展的理论，或者说得更确切一些，应被理解并实践为一个活的总体的社会革命理论”；马克思主义的发展分为三个阶段。第一阶段（1843—1848）以马克思的《黑格尔法哲学批判》为起点，以《共产党宣言》发表作为结束的标志，在这一阶段中，马克思主义学说完全表现为一个活的总体的社会革命理论；第二阶段（1848—1900）始于巴黎无产阶级1848年6月的流血斗争，终于19世纪末，在这一阶段中，工人运动处于低潮，马克思主义创始人更注重理论研究，见解也更趋成熟；在第三阶段（1900——个不确定的将来）中，出现了回到马克思主义真正的学说上去的口号。以上这些观点都是很有见地并值得借鉴的。

很可惜的是，上述三位代表人物的理论创新，都遭到了共产国际理论家布哈林和时任共产国际执委会主席季诺维也夫的批判。除葛兰西《狱中札记》全俄文版出版遇到障碍外，卢卡奇发表《历史与阶级意识》，提出物化总体性、阶级意识、主客体的统一等范畴，表述对马克思主义的新理解，也遭到共产国际领导人的严厉批判。1928年卢卡奇又因起草“勃鲁姆纲领”，提出要建立以资产阶级民主为基础的“无产阶级和农民的民主专政”而遭到进一步批判，该纲领被斥责为社会民主党的“取消主义纲领”。柯尔施的《马克思主义和哲学》

由于对马克思主义的实质及其发展提出了与列宁不同的见解，遭到德国社会民主党、德国共产党和共产国际三个方面的批判和敌视。1926年还因形成宗派组织被开除出党，致使其逐步脱离无产阶级革命实践，并以一个批判者的姿态走向马克思主义的反面。于是当时各国共产党理论创新的翅膀也被折断。

04　秘密报告风暴

1956年2月24日夜11时至25日晨，苏共二十大召开只有苏联代表参加的秘密会议，苏共中央第一书记赫鲁晓夫做《关于个人崇拜及其后果》的报告。虽然是经过苏共中央周密策划和安排的会议，但由于参加会议的各国共产党事先并不知晓苏共二十大会做这样一个报告，即便是参加秘密会议的苏共二十大代表及广大普通党员，得知消息后都有一种震惊的感受。原因很简单：赫鲁晓夫所做的秘密报告出乎他们的意料。有与会代表回忆道："在2月25日秘密会议上赫鲁晓夫做报告的时候，几名代表晕倒过去了……我不想隐瞒：当我听报告的时候，我被惊呆了——要知道讲这些话的不是朋友圈子里某一个获得平反的人，而是中央委员会第一书记在党的代表大会上讲话。1956年2月25日对于我来说，就如同对于我的所有同胞们那样，是一个重要的日子。"另一位与会者也回忆了当时的感受："大厅里鸦雀无声。没有座椅的嘎吱声，没有咳嗽声，更没有窃窃私语。大家谁也不看谁，谁也不吭声——或许是因为意外，或许是出于惊慌与恐惧。所有人都深感震惊。"①

那么这个秘密报告讲了些什么内容呢？在报告中，赫鲁晓夫批判了斯大林的七大错误：第一，个人迷信。同时公布了列宁晚年写给俄共（布）十三大的信及1923年3月5日给斯大林的信，也就是上一章介绍过的列宁遗嘱和列宁给斯大林的绝交信。第二，破坏法治，发动大清洗。揭露大清洗实际上首先从镇压党内反对派开始，利用"人民公敌"的罪名，将思想斗争转变成对反对派肉

① 徐元宫：《赫鲁晓夫"秘密报告"若干问题考证》，《当代世界社会主义问题》，2011年第1期。

体的消灭。暗示“基洛夫案件”的幕后黑手就是斯大林，甚至说斯大林晚年“有一个消灭政治局内老同志的计划”。第三，在卫国战争中的错误。把战争初期遭受的惨败归咎于斯大林，甚至说斯大林“按照地球仪制定作战计划”，造成几十万士兵的折损。第四，在民族问题上的错误。认为在卫国战争初期，斯大林强行将车臣等几个民族集体迁徙到远方，同时取消了这些民族的自治共和国，这种做法造成了严重的民族对立。第五，在和南斯拉夫关系上的错误。第六，在经济政策方面的错误，特别是一系列错误政策导致了苏联的农业落后。第七，实行个人独裁。

据说，召开这样一次秘密会议，做这样一场秘密报告，赫鲁晓夫表达的初衷是：斯大林去世之后，一系列冤假错案被揭露出来，为了今后不再犯类似的错误，我们应当向全党报告，同时应当主动承担某种责任。然而后续历史发展的进程表明，更重要的原因恐怕还是赫鲁晓夫等继承者们，要为下一步的理论创新和政策调整做准备，甚至要全盘否定斯大林执政时的各种理论，改变斯大林时期的体制和模式。

苏共二十大是一次在苏联历史乃至国际共产主义运动史上绝无仅有的重大事件，也是一个重要的历史转折点。这次会议于1956年2月14—25日在莫斯科大克里姆林宫召开，大会听取讨论了赫鲁晓夫做的中央委员会的总结报告及其他报告，并就这些报告通过了相应的决议。赫鲁晓夫在报告中全面系统地阐述了苏联共产党的对外政策：

关于和平共处原则。赫鲁晓夫认为：“由于世界舞台上出现了一些宣布以不参加集团和联盟作为外交政策原则的欧洲和亚洲国家，和平力量就大大地增强了。”因此，“在国际舞台上出现了一个包括欧洲爱好和平的社会主义和非社会主义国家的广大和平地区。这个地区包括的范围非常广阔，居民人口将近15亿，占全球人口的多数”[①]。

关于防止战争的可能性。赫鲁晓夫强调：“有这样一个马克思列宁主义原

① 《苏联共产党第二十次代表大会文件汇编》，人民出版社，1956年版，第4页。

理：只要帝国主义存在，战争是不可避免的。这个原理是在这样一个时期制定的：对战争不感兴趣的社会和政治力量弱软，组织得不好，因而不能迫使帝国主义放弃战争。……然而，在目前，情况已经根本改变。国际社会主义阵营出现了，并且已经成为强大的力量，在这个阵营中，和平力量不仅具备了防止侵略的精神手段，而且具备了防止侵略的物质手段。此外，还有一大批拥有数亿人口的其他国家正在积极地反对战争。资本主义国家的工人运动，今天成为一支巨大的力量。拥护和平的运动已经产生，并且成为一个强有力的因素。”①

关于向社会主义过渡的形式。赫鲁晓夫指出向社会主义过渡可能需要采取若干形式之后，引用了列宁的一句话：“一切民族都将走到社会主义，但是走法并不完全一样。”他说：“完全可以设想，向社会主义过渡的形式将会越来越多样化。”“向社会主义过渡时，斗争的激烈程度，使用或不使用暴力，这与其说是取决于无产阶级，不如说取决于剥削阶级的抵抗程度，取决于剥削阶级自己是否使用暴力。”②

这就是著名的“三和路线”，即和平过渡、和平竞赛、和平共处。其基本构想是：与西方国家和平共处，在和平竞赛中超过美国；强调发达资本主义国家的工人阶级可以通过议会道路和平取得政权；对社会主义国家强调一致性并谋求美国的认可；对亚非拉地区加紧渗透扩张，主张通过和平过渡走非资本主义道路。

苏共二十大的召开及做秘密报告的“突然袭击”做法，无疑造成了苏联社会和社会主义阵营极大的思想混乱，也给后续的改革和非斯大林化方针的实施带来诸多障碍。首先受到巨大冲击的是苏联社会。在广泛的讨论中，人们提出了各种各样的疑问和意见，有些意见还十分尖锐和激烈，对斯大林和共产党的评价也严重两极分化。甚至在斯大林的故乡格鲁吉亚等地发生了大规模的冲突流血事件。社会主义阵营的反应同样也十分强烈。除了在南斯拉

① 《赫鲁晓夫言论》第五册，世界知识出版社，1965年版，第40页。
② 《赫鲁晓夫言论》第五册，世界知识出版社，1965年版，第41页。

夫听到一片赞扬声外，西欧和美国共产党都出现了严重分裂的局面。东欧各国的情况更为复杂，有赞成、颂扬的，也有不满、否定的，更多的则是茫然无措、压抑和沉重。

新华社驻莫斯科记者当时的观察和分析是：苏共在没有充分做好思想和组织准备的情况下，贸然抛出斯大林问题，而且传达的范围太广，速度太快，事后又缺乏解释和教育工作。[①]这才是造成混乱局面的主要根源。

毛泽东对苏共二十大特别是赫鲁晓夫"秘密报告"的评价是："一是揭了盖子，二是捅了娄子。"[②]所谓揭了盖子，就是破除了对苏联模式和斯大林的迷信，各国可以根据自己的实际情况思考和办事了。所谓捅了娄子，就是指苏共对斯大林这样一个"重要的国际人物"进行批判，事先没有同其他各国共产党通报和商量，而是搞"突然袭击"，大家都没有任何思想准备，难免会造成极大的思想混乱。可谓一语中的。

05 "程咬金的三板斧"

程咬金是中国唐朝开国名将，是《隋唐演义》等小说中的知名人物，是个性格直爽、粗中有细的福将，常使的兵器为一柄斧头。三板斧定瓦岗的故事被广为流传，"程咬金三板斧"意为做事起初声势大、效果好，也暗含虎头蛇尾的结局。如果用"程咬金的三板斧"来形容赫鲁晓夫的改革，无论是性格、谋略还是成效，倒有些相似之处。

1962年12月1日，俄罗斯美术家协会组织了美协成立三十周年展会，邀请赫鲁晓夫等领导人参观。赫鲁晓夫对那里展出的抽象派美术作品一窍不通。当他看到雕塑家恩斯特·涅伊兹韦斯内伊的一幅作品时，就脱口而出说，作品像一堆"臭大粪"，"驴尾巴甩两个弄出来的东西也比这强"。身边人提醒今晚展

---

① 《内部参考》，1956年4月8日，第1861期，第385—390页。

② 沈志华：《处在十字路口的选择——1956—1957年的中国》，广东人民出版社，2013年版，第95页。

览会的主题就是涅伊兹韦斯内伊时，赫鲁晓夫更生气了，他看了一眼涅伊兹韦斯内伊说，这是一个不正常的男人。涅伊兹韦斯内伊是一个很有个性的艺术家，赫鲁晓夫的粗鲁辱骂引起他极大的不满，他当场反唇相讥，称赫鲁晓夫是一个“最没有教养的人”。当然，在当时的背景和体制下，“胳膊拧不过大腿”，这位身怀傲骨、才华横溢的艺术家在苏联的艺术生命也就完结了。然而当赫鲁晓夫晚年体弱力衰、即将离世时，又想起了这位雕塑家，于是让他的儿子请求涅伊兹韦斯内伊为他制作墓碑。在涅伊兹韦斯内伊的精心设计下，赫鲁晓夫的墓碑终于完成。墓碑用黑白两种颜色的花岗岩制作而成，黑白两块花岗岩立体式交叉，中间是赫鲁晓夫头部铜像，只见赫鲁晓夫眼睛望着前方，沉默不语。墓碑的基座也是用四块花岗岩拼接而成，上面刻着赫鲁晓夫的名字及生卒年，别无其他记载。对于墓碑独特的样式，涅伊兹韦斯内伊曾这样解释：赫鲁晓夫的墓碑没有含义，只是体现一种哲学，比如生与死、黑与白、善与恶等交织在一起，但这些却又是一个整体。虽然雕塑家没有明确说明墓碑的含义，但参观者都知道这是对赫鲁晓夫一生的评价——毁誉参半。

1894年，尼基塔·谢尔盖耶维奇·赫鲁晓夫出生于俄罗斯一个贫苦农民家庭，在农村上过四年学，十四岁成为一名钳工，二十四岁加入布尔什维克。第一次世界大战期间，参加并领导当地的罢工和反战示威活动。二月革命中被选进鲁钦科夫矿的工人代表苏维埃，是主要领导人之一。十月革命后被选为采矿工业五金工人联合会主席。后奔赴刚刚爆发的国内战争前线，任营政委。国内战争胜利后重新回到鲁钦科夫矿任矿长。在进入矿工技术学校学习后，不久就当上了校党委书记。在这时遇到斯大林的妻子娜杰日达·阿利卢耶娃和斯大林亲信卡冈诺维奇，得到他们的信任和帮助。从此，赫鲁晓夫作为从基层提拔上来的杰出工人代表，从政之路十分顺畅。1931年当上莫斯科红色普列斯尼亚区区委书记、乌克兰党中央组织部副部长、莫斯科市委第二书记、莫斯科省委第二书记。1934年赫鲁晓夫成为党中央委员、莫斯科市委第一书记，不久又改为莫斯科州委兼市委第一书记等。1938年赫鲁晓夫又被提名为联共（布）中央政治局候补委员、苏联最高苏维埃主席团成员，成为当时苏联党和国家十位最有权势的人物之一。斯大林逝世后，富有基层从政经验的赫鲁晓夫，从容地解决了贝利亚和马林科夫这两个从政路上的拦路虎，顺利成为苏共中央第一书记。特别是通过苏共二十大批判了斯大林的个人崇拜，调整了内外政策，扭转了苏联社会主义发展的方向，推动苏联走上改革的征程。

赫鲁晓夫的改革首先是从农业入手，主要举措有：改革农业集中计划管理制度，进一步扩大自主权，发挥集体农庄和国营农场的主动性；注重农民利益，强调价值规律的调节作用，取消义务交售制，国家对农产品实行统一收购，集体农庄按国家规定的统一价格把产品卖给国家；改组拖拉机站等农机场站，把拖拉机站和其他农业机器卖给集体农庄，结束一块土地上有“两个主人”的现象。此外，国家还提出和实施增加农业投资、大面积垦荒等措施。这些改革举措，提高了农民的生产积极性，促进了农业生产力的发展。

苏共二十大后，赫鲁晓夫决定对工业和建筑业的管理体制进行一次“全面改组”，提出要改变过去那种通过各专业部门和主管部门进行管理的组织形式，采取新的分区管理的形式，使州、边疆区、共和国的国民经济委员会成为管理的基本环节。具体举措包括：撤销中央和各加盟共和国绝大多数的工业部，在全国成立经济行政区，把原来的管理权移交给经济行政区；把中央管理的工业和建筑业企业几乎全部下放到各加盟共和国，各加盟共和国的许多企业下放到经济区国民经济委员会和地方苏维埃；撤销负责短期计划的国家经委，把国家国民经济长期规划委员会改组为国家计划委员会，等等。

在政治领域，赫鲁晓夫提议将党政最高领导职务分开，定期召开党代会和中央会议，主张实行集体领导原则。他还力推干部更新制度，指出在选举党的机关成员的时候，应遵守经常更换其成员同时又保持领导的继承性原则。在每次例行选举的时候，苏共中央委员会及其主席团成员至少更换四分之一，主席团委员一般最多只能连续当选三届。干部更新制度的提出，冲击了苏联长期实行的领导职务终身制，是政治建设方面的巨大进步。

针对长期以来苏维埃作用弱化的问题，赫鲁晓夫提出扩大苏维埃权限，建议各加盟共和国党和苏维埃机关采取实际措施扩大地方苏维埃权力。在推进社会主义民主和法制建设中，赫鲁晓夫提出吸收公民参加管理的一些办法，如完善人民代表制的形式和苏维埃选举制度的民主原则，实行全民讨论建设中的最重大问题和苏维埃国家法案，扩大人民监督政权机关和管理机关的形式，提高监督效力等。颁布了一系列法律、法令、条例，标志着社会主义法制建设的不断发展。

赫鲁晓夫的改革还涉及思想文化领域，思想领域的禁锢减少，在一些重要理论问题上提出了新的认识，“一切为了人，为了人的幸福”的口号还写入苏共二十二大纲领。有意思的是，1962年9月，《真理报》刊登了一篇探讨用利润、奖金等经济手段推动企业发展的文章，引起全社会的讨论，这场讨论深化了对苏联计划经济下利润和奖金的作用等方面的认识，为进行全面的经济体制改革做了比较充分的舆论和理论准备。

综观赫鲁晓夫的改革，它一方面突破了斯大林模式的框框，帮助苏联党和人民挣脱了教条的束缚，把苏联社会主义建设推进到一个新阶段，具有解放思想、与时俱进的伟大历史作用。另一方面缺乏总体的改革战略和目标，缺乏深入的理论研究与思考，在实际推动中指导思想忽“左”忽“右”，不能一以贯之，导致许多有效的改革措施半途而废。

06　进退维谷的波匈事件

1956年10月23日，这是匈牙利开始进入冬季的日子，白天还是阳光普照、和煦温暖，到了晚上气温骤降、雨雪交加。如果说白天人们还是群情激奋、挥汗如雨，那么到了晚上便是裹着大衣瑟瑟发抖。也正是这样一个寒风料峭的日子，匈牙利首都布达佩斯的大街上，挤满了示威游行的大学生，最多时人数达二十万。这本来是一场群众性的和平示威游行，口号颇为讲究：“我们要纳吉！”用意也很直截了当，就是反对匈牙利劳动人民党主要领导人拉科西不顾本国历史传统与现实，一味照搬苏联模式，大搞个人崇拜和集权政治。希望坚持走匈牙利社会主义道路的前部长会议主席纳吉担纲，带领人民摆脱苏联模式的束缚，“走符合我们民族特点的建设社会主义的匈牙利道路”。然而谁也没有想到，新任匈牙利劳动人民党第一书记格罗在电台发表了措辞严厉的讲话，指责示威群众为“匈牙利人民的敌人”，将人们对匈苏不平等关系的不满斥为“卑鄙的谎言，怀有敌意的杜撰”。这番讲话引起示威群众的愤怒，人们推翻斯大林铜像，冲进电台，流血冲突开始了。

为了缓和矛盾和稳定局势，匈牙利劳动人民党中央连夜召开紧急会议，对党和国家最高领导机构的人事做出了调整：纳吉重新出任部长会议主席。10月24日中午，纳吉通过电台发表《告匈牙利人民书》，承诺政府将全力实现国家在党的生活、国家生活、政治生活、经济生活等各个方面的彻底民主化，走社会主义的匈牙利道路。局势迅速得到缓解，事态的发展正在向好的方向迈进。然而24日下午，在没有获得匈牙利政府正式邀请的情况下，苏联发动了代号为“行动波”的第一次干预行动。苏军于2时15分越过国境线进入匈牙利境内。与此同时，由苏共领导成员米高扬、苏斯洛夫、谢洛夫组成的三人代表团赶赴匈牙利首都布达佩斯，发现局势并未到“灾难性”的地步，这就使得事件变得敏感复杂、进退两难。苏军进入得唐突，退又退不得，结果激发相当部分群众、匈牙利军队参加到抵抗苏军干预的行列中，于是流血事件进一步升级，游行示威演变成骚乱。当日，经苏共同意，匈牙利劳动人民党中央罢免了格罗的职务，由卡达尔·亚诺什继任第一书记。10月27日，又吸收五至六名拥护人民民主的著名民主人士加入政府，宣布了改组后新政府的成员名单。次日，纳吉公布了新政府宣言，认为这是一场民族民主运动，是“不久以前的严重罪行引发了这次声势浩大的运动”。他还公布了新政府的施政纲要：一是制止流血事件，立即实行全面停火；二是匈苏两国政府就苏军尽早撤离达成协议。

然而此时的群众示威已不可控制，提出的要求更为激进，匈共党员纷纷退党，党员人数由87.1万骤降至不到3.8万。在这种情况下，赫鲁晓夫不得不在苏共中央主席团会议上宣布，苏联必须立即采取措施“在匈牙利整顿秩序”。11月4日凌晨，以卡达尔为首的匈牙利工农革命政府成立，苏联军队开始进驻布达佩斯，并迅速控制匈牙利全境，历时十三天，震惊世界的匈牙利事件结束。

从某种意义上说，匈牙利事件是受波兰波兹南事件的鼓舞而发起的。受苏共二十大的影响，1956年6月8日，波兹南采盖尔斯基机车车辆制造厂1.6万名工人提出增加工资和减税的要求，并派代表赴华沙向机械工业部陈述意见，但谈判无果，于是工人决定罢工。工会中央理事会、机械工业部与工人谈判后很快食言，导致矛盾激化，罢工工人开始上街游行，并喊出“俄国佬滚回去”“释放囚犯”和“打倒秘密警察”等口号。当波兹南工人走上街头的消息传到华沙后，波兰党政治局开会研究决定派出军队进行镇压，约1万多人的部队和波兰国家安全部队奉命进入波兹南，造成74人死亡，800人受伤，658人被拘捕。事后，波兰总理西伦凯维兹于1956年6月29日发表广播讲话，强调波兹南事件是“帝国主义代理人”和“国内地下分子”精心策划的挑衅活动。同年10月，波兰统一工人党召开二届八中全会，被批评为“有右倾民族主义倾向”的哥穆尔卡当选为波兰中央第一书记，新改组的党中央为波兹南事件平反，释放被捕者。波兰统一工人党二届八中全会的召开引起了苏联的强烈不满，为此赫鲁晓夫突然飞抵华沙。波兰统一工人党对苏联的干涉极为愤慨，双方发生激烈争论。在波兰强烈要求下，苏联最终将包围华沙的驻波部队全部撤回基地，并将担任波兰国防部部长的苏联元帅罗科索夫斯基调回苏联。这就是波兰逐步摆脱苏联政治控制的里程碑事件——波兹南事件。

波兹南事件与匈牙利事件的发生并非偶然，而是有深刻的社会历史背景，是内因和外因共同作用的结果。第一，波匈两国党和国家领导集团照抄照搬苏联模式，在党和国家生活中采取宗派主义、教条主义、官僚主义的领导方法和命令主义的行政手段，严重破坏和削弱了党的威信，极大伤害了人民的民族感情和爱国主义感情。这是事物的内因，也是起决定作用的因素。第二，反对苏联的控制成为波匈事件爆发的主导因素。冷战时期东欧各国成为苏联的卫星国，斯大林在世时苏联以解放者的姿态对东欧国家进行控制。苏共二十大后，东欧一些国家试图对苏联模式进行改革，但仍不断受到苏联的阻挠和干涉。苏联的大国沙文主义、苏共的大党作风，已经与各国对改革的向往和期待形成尖锐的矛盾。第三，波匈两国改革者的不成熟，也为事态的悲剧性转变负有不可推卸的责任。第四，国内外敌对势力借机联合，起到了推波助澜的作用。大量事实表明，在这期间，两国旧制度的残余和西方帝国主义的颠覆、破坏和诽谤活动一刻也没有停止过。波匈事件对世界共产党人的教训和启示是深刻的：无产阶级政党必须独立自主地探索符合本国国情的社会主义道路；执政的共产党必须密切联系群众，做人民利益的忠实代表；在处理群体性事件时，必须严格区分和正确处理两类不同性质的矛盾；对敌对势力的“西化”“分化”图谋必须保持高度警惕并进行坚决斗争。

07 稳健和迟滞的改革

从苏共二十大秘密报告开始，赫鲁晓夫的执政总是以令人意想不到的方式推进着。时至今日，人们仍然忘不掉他在联合国用皮鞋敲打桌面的场景。1960年10月，第十五届联合国大会在美国纽约召开。在大会发言中，菲律宾代表抨击苏联大搞殖民主义，参加会议的赫鲁晓夫怒火中烧，当场就想插话打断菲律宾代表的发言，但是大会的主持人并没有给赫鲁晓夫发言的机会。气急败坏的赫鲁晓夫先是用拳头敲击桌面，不小心把手表掉在地上，在他弯腰捡手表的时候，发现地上有一只皮鞋，于是顺手拿了起来猛烈地敲打桌面。还别说，赫鲁晓夫的办法真管用，大会主持人就这样给了他发言的时间。会议结束后，赫鲁晓夫的发言并没有引起多大的关注，但“皮鞋敲桌”事件却成了人们口口相传的笑料。在赫鲁晓夫被世界各国领导人嘲笑的同时，也有人对他手里的那只鞋子产生了浓厚兴趣。原来，和赫鲁晓夫坐得很近的一位阿拉伯代表在大会上迷迷糊糊睡着了，鞋子也不知不觉脱掉了，正好为赫鲁晓夫敲打桌子提供了方便。据说赫鲁晓夫因此给这位阿拉伯代表送了一辆小轿车，直到去世每年都要寄给他一双乌兹别克皮鞋。

也正是1960年，勃列日涅夫当上苏联最高苏维埃主席团主席，成了苏联第四任国家元首。但是在苏联还仅仅是二把手。恰好在这个时候，赫鲁晓夫的率性而为，决策行事的无从预料，给党和国家事业带来损失，引起人们的不满。比如货币改革失败，导致物价上涨；打破原有的管理体系，减裁军官队伍，引起机关、军队和克格勃的反对；对其他中央领导呼来喝去，使大家不赞成他的行事作风，等等。于是在党内其他领导人、年轻干部、克格勃负责人的密谋下，赫鲁晓夫被强迫退休，结束了他长达十年在国内外政治舞台上的呼风唤雨。勃列日涅夫也因此顺理成章地当上了党和国家的最高领导人。

列昂尼德·伊里奇·勃列日涅夫出生于乌克兰一个冶金工人家庭，中学毕业后在冶金厂做工，中等技校毕业后在基层任农业部门负责人。二十五岁加入苏联共产党，三十三岁担任州党委书记，后入伍，历任旅政委、集团军政治部主任、方面军政治部主任。在多个州委任第一书记，四十四岁时任最高苏维埃代表、摩尔达维亚党中央第一书记。后任海军政治部主任、苏共中央书记、哈萨克党中央第一书记等，深得斯大林赏识。1956年2月，在苏共二十大上选举为主席团候补委员、中央书记处书记。1960年5月，任命为最高苏维埃主席团主席，即国家元首。1964年10月，任苏共中央第一书记，从此开始了长达十八年的执政生涯。勃列日涅夫沉默寡言、不善言辞，但包容大度、沉稳持重。相比随性多变、狡诈粗鲁的赫鲁晓夫，人们显然更喜欢勃列日涅夫。

勃列日涅夫执政伊始，并没有急于大刀阔斧地改革，而是采取一些应急措施，修补赫鲁晓夫改革造成的偏差和失误，总体上还是坚持了赫鲁晓夫时期改革的基本方向。勃列日涅夫的改革也是从农业开始的，具体措施有：改善农产品采购制度，实行为期若干年的固定的农产品采购计划，把全国利益同集体农庄、国营农场的利益协调起来，既能保证国家得到足够的农产品，又能对超计划交售农产品的单位实行奖励；稳定收购价格，国家用稳定的收购价格来保护和刺激农产品的自由收购，对在固定计划之外出售的农产品支付更高的价格，以大力促进商品关系的发展；完善劳动报酬制度，按照国营农场职工的工资标准，对集体农庄的庄员实行有保障的劳动报酬，对完成额定工作量外的超额部分再给相应报酬；提高技术装备水平，加强集体农庄和国营农场生产的物质技术装备，迅速增加农业技术设备的生产，提高它们的质量、坚固和耐用程度；

国营农场推行完全经济核算制。此外还提出增加农业投资、实行农业集约化、试行和推广小组包工奖励制等措施。

在农业改革的同时，勃列日涅夫提出工业改革新思路，决定从1966年起，在所有国民经济部门的工业企业中分期分批实行“计划工作和经济刺激新体制”，即“新经济体制”：撤销按地区原则建立的国民经济委员会，恢复原来撤销的各联盟工业部并设立若干新部，以加强中央的集中领导；注重协调国家、企业、职工三者利益；坚持集体领导原则，取消了干部更新制度，恢复连任制，提高了干部队伍的稳定性；在党政关系上，实行党政分开，加强党的领导和指导作用，同时强化苏维埃的职能和权力。

在思想意识形态建设上，勃列日涅夫与赫鲁晓夫的最大不同，就是加强了对国内意识形态的控制，坚决取缔所谓的“解冻”。

在苏联社会主义发展阶段问题上，勃列日涅夫提出了“发达社会主义”的概念，认为苏联的国民经济、社会主义的社会关系，以及广大人民群众的文化和觉悟，都达到了不可估量的更高的水平。这一概念的提出，纠正了赫鲁晓夫的错误，明确了苏联当时的任务并不是直接向共产主义过渡，而是为过渡创造条件。

在对外战略上，勃列日涅夫在执政初期基本上奉行赫鲁晓夫的“和平共处”总路线。进入20世纪70年代后，苏美间的力量对比出现了有利于苏联的巨大变化，这促使勃列日涅夫修正了外交战略，走上了同美国公开争夺世界霸权的道路。在处理与社会主义国家的关系上，勃列日涅夫采取了比赫鲁晓夫时期更强硬的政策。苏联还提出了“有限主权论”“国际专政论”“利益有关论”等理论，对试图抛弃苏联模式的社会主义国家加以干涉。

实事求是地说，在勃列日涅夫执政的十八年中，苏联的综合国力有了大幅度提升，成为能够与美国抗衡的世界第二强国。但是，勃列日涅夫的改革大多停留在旧的体制框架内，没有根本性的架构和实质性的突破。特别是在世界经济日益全球化、信息技术日益普及的新形势下，苏联领导人和理论界长期缺乏对社会主义改革创新的研究，当面临所有制、分配、资本、计划与市场等现实问题时，应对得苍白和无力。这就为未来危机的产生埋下了很深的祸根。

08 情报局的悲哀

南斯拉夫有一部经典电影《桥》，反映的是二战接近尾声时，一小队南斯拉夫游击队员经过一系列周密的安排和惊险曲折的斗争，终于将德军撤退途中一座必经桥梁炸毁的故事。据说，《桥》就是根据当年游击队炸桥的史实改编并在原地拍摄的。影片中有一首插曲《啊，朋友再见》原为意大利游击队歌曲，在中国流传甚广。其中文歌词是这样的：

那一天早晨，从梦中醒来，啊朋友再见吧，再见吧，再见吧！一天早晨，从梦中醒来，侵略者闯进我家乡。

啊游击队呀，快带我走吧，啊朋友再见吧，再见吧，再见吧！游击队呀，快带我走吧，我实在不能再忍受。

啊如果我在，战斗中牺牲，啊朋友再见吧，再见吧，再见吧！如果我在，战斗中牺牲，你一定把我来埋葬。

请把我埋在，高高的山岗，啊朋友再见吧，再见吧，再见吧！把我埋在，高高的山岗，再插上一朵美丽的花。

啊每当人们，从这里走过，啊朋友再见吧，再见吧，再见吧！每当人们，从这里走过，都说啊多么美丽的花。

这花属于，游击队战士，啊朋友再见吧，再见吧，再见吧！这花属于，游击队战士，他为自由献出生命。

《桥》是一部民族英雄主义的影片，面对纳粹法西斯的入侵，灾难深重的南斯拉夫人民没有被困难所吓倒，他们在共产党和铁托的领导下开展了全民族的游击战争，与侵略者浴血战斗，最终取得胜利，建立政权，走上社会主义道路。电影《桥》中的这首意大利民歌，节奏欢快有力、深沉奔放，充分展示出一个战斗的民族、一个无畏的游击队战士那种从骨子里透出的洒脱、乐观、自信和坚毅。这是一种别样的精气神，是一种依靠自身力量取得革命胜利的民族在血脉中铸成的精气神，与其他国家主要依靠苏联帮助取得革命胜利，在内心深处形成的底气是绝对不一样的。而这种质的差别，在以后社会主义建设中，在国与国、党与党关系的处理中，都会十分鲜明地体现出来。共产党情报局诞生仅仅几个月后，南斯拉夫就被开除出情报局，被社会主义阵营拒之门外，被迫走上独立自主的社会主义道路，这与他们的民族性格密切相关。换句话讲，作为建立共产党情报局的动议者、积极推动者的南斯拉夫，其独立自主精神与苏联大国、大党主义的冲突是不可避免的。

1947年9月22—28日，在波兰西南部一个偏僻的小镇——什克利亚尔斯卡波伦巴，一场秘密的会晤正在举行。直到会议结束后的一个星期，也就是1947年10月5日，参加会晤的苏联、波兰、南斯拉夫、保加利亚、罗马尼亚、捷克斯洛伐克、匈牙利、法国、意大利等九国共产党的中央机关报同时发表会议公报，以及在会上通过的宣言和决议。世人这才知道共产党举行了会晤，建立了共产党情报局。有关九党会晤的详细情况，特别是如何秘密策划建立共产党情报局的情况，多年来一直是个谜。神秘的帷幕六年后首次被拉开，而披露秘密的竟然是被斯大林开除出“社会主义阵营”和共产主义运动的南斯拉夫。在同莫斯科的尖锐对抗中，南斯拉夫公布了有关1947年什克利亚尔斯卡波伦巴会议的若干重要信息。

事情的经过大致是这样的：1945年4月，铁托访问莫斯科时向斯大林提出一个想法：1943年共产国际解散后，没有国际组织的共产党，有必要建立一个交流经验的协商机构，并为此创办一份国际共产主义杂志。斯大林举双手赞成这一建议。1946年5月，斯大林在会晤铁托和保加利亚共产党领导人季米特洛夫时，谈了建立共产党情报局的想法，并强调指出，所谈的绝不是恢复共产国际，情报局偶尔集会可以交流经验，作出决议，但决议对有不同意见的党没有约束力。会晤还谈了由谁发起建立情报局的问题，季米特洛夫的建议是南斯拉夫，铁托的建议是法国，没有定论。与此同时，匈牙利共产党领导也提出过召开多瑙河流域国家共产党代表会议的建议。至少在1947年夏季前，斯大林还和波兰党领导人哥穆尔卡谈到召开一些共产党代表会议、办一份杂志的必要性，并希望波共领导人承担会议发起人的责任，哥穆尔卡欣然从命。在哥穆尔卡代表波共中央发出的邀请信中，明确了“这次会议的目的是交换关于某些国家局势的情报和意见”，除了筹办一份“说明某些国家工人运动问题的杂志外，我们不追求建立任何国际工人运动机构的目的”[①]。而苏共中央书记日丹诺夫在呈送斯大林的报告中增加了两条建议，一是举行国际形势的报告，二是把协调共产党的活动纳入会议日程。在会议举行期间，参会各国共产党用三天时间详尽介绍了本党的活动和政策，日丹诺夫都详尽地报告给斯大林，并附上各种不同的评价。

在日丹诺夫所做的国际形势报告中，首次提出世界上形成了两个对立“阵营”的观点，即报告第二部分的标题“战后政治力量新格局，帝国主义反民主阵营和反帝民主阵营的形成”。会议对法共、意共的错误进行了批判性的详尽分析，而且批评很尖锐。当会议提出要建立情报局机构时，因与会议发起方波兰党的邀请信宗旨相违背，哥穆尔卡公开拒绝了日丹诺夫的建议。当然，后来在波共中央政治局关于“反对莫斯科是不能容许和不可能的”压力下，哥穆尔卡被迫同意支持苏联建议，而南斯拉夫积极主张把情报局机构设在贝尔格莱德，至此，共产党情报局的建立尘埃落定。

而出乎意料的是，情报局成立后最大的事件竟然是1948年6月20—28日，在罗马尼亚布加勒斯特召开的第三次会议，通过了《情报局关于南斯拉夫共产党情况》的决议，指责南共“在内政、外交的基本问题上，推行了一种脱离马克思列宁主义的路线”，“对苏联和苏联共产党（布）推行着一种不友好的政策”，“采取民族主义立场”，并号召南共党内的“健康力量”起来“撤换”党的领导。[②]南共拒绝参加会议，并发表声明，对该决议予以驳斥。会后，情报

---

① ［俄］Л.Я.吉比扬斯基：《共产党情报局是怎样产生的》，《政党与当代世界》，1994年第4期。

② 参见《共产党情报局会议文件集》，人民出版社，1954年版，第40—49页。

局机构迁至布加勒斯特。1949年11月，情报局在匈牙利举行第四次会议，通过《关于南斯拉夫共产党在杀人犯和间谍掌握中》的决议，对铁托等南共领导人再次进行攻击。[①]很显然，情报局指控南共的两次会议和通过的两个决议，无论就其内容还是处理方法来说，都是错误的。由于受联共（布）领导大党主义的影响，情报局错误地干涉各国共产党的内部事务，阻碍它们独立自主地行动，给国际共产主义运动造成严重不良后果。1956年4月17日，情报局机关报公布《关于结束共产党和工人党情报局活动的公报》，该报亦停止出版。那么为什么会出现这样尴尬的局面呢？

首先，建立共产党情报局是加强各国共产党之间协商和联系的迫切需要。按照《雅尔塔协定》，苏联势力范围内的各国必须建立共产党参加的联合政府。这一点苏联做到了，并送出了解散共产国际这一大礼。但是随后的形势发展表明，冷战局面已经在逐步形成，西欧国家对共产党的排挤打压渐成风气，连法国共产党、意大利共产党这两个影响最大的共产党也被排斥出政府，这对苏联战后奉行的共产党参加联合政府的政策是一个沉重的打击。作为各国共产党的领头人和共产主义运动的中心，苏联竟然失去与西欧大党的联系，并因此处于被动和尴尬地位，显然是不能被允许的。因此，建立某种机构以加强各国共产党之间的协商，便被刻不容缓地提上了议事日程。

其次，南斯拉夫、保加利亚等国积极推动成立巴尔干-多瑙河联邦，触动了苏联的权威。南斯拉夫一直倾向于组建一个巴尔干联邦，首先是同保加利亚的联邦，这一设想几经周折，终于在1947年夏天有了初步结果。但当南、保两国领导人分别向莫斯科报告，并发表联合声明时，斯大林大为震怒，认为这是“草率行事”，给“英美反动分子提供多余的借口”。还特别强调，南共和保共这样做“没有同苏联政府商量”。这就为共产党情报局的分裂埋下了祸根。

最后，苏联对南斯拉夫独立自主进行社会主义建设进行无端指责和打压。巴尔干联邦是导火索，之后斯大林指示南斯拉夫和保加利亚，以南保联邦的名

① 参见《山东政报》，1949年第5期。

义发表了一个宣言，宣布阿尔巴尼亚也属于这个联邦，遭到南斯拉夫坚决拒绝。这下彻底触怒了苏联，它一方面对南斯拉夫施加经济压力，拖延签订贸易协定，另一方面指责南斯拉夫在政治上没有坚持共产党的领导，在农村没有搞土地国有化，对苏联态度蛮横，听不进兄弟国家的批评意见等。1948年3月18日，苏联政府宣布立即从南斯拉夫撤走所有军事顾问、教官及文职专家。苏南双方还就分歧先后交换七封信件，归根结底，是南共"把苏维埃制度作为一个榜样来学习，不过在我国，我们正以略有不同的形式发展社会主义"，而苏联则着重指出，南共"在处理社会主义有关问题上低估苏联经验是一个严重的政治危险"，并要求将苏南分歧提交共产党情报局讨论。

1948年6月20—28日，共产党情报局在罗马尼亚首都布加勒斯特召开第三次会议，专门讨论南共问题，南共拒绝参会。会议最后通过了《情报局关于南斯拉夫共产党情况的决议》，指责南共在内外政策上都脱离了马克思列宁主义路线，已蜕化为"富农党"，南共领导人已走上了叛卖劳动人民国际团结事业的道路。决议宣布将南共开除出共产党情报局。如此结局暴露了苏联共产党严重的大党主义、大国沙文主义倾向，犯了严重的民族利己主义错误，对国际共产主义运动造成了极为不良的影响。

09　布拉格之春

1968年7月23日，苏联国防部发布公告：苏联武装力量将在从波罗的海到黑海，从苏联西部领土至包括波兰、民主德国在内的广大区域举行大规模军事演习。8月20日23时，司令部向各部发出无线电暗号，部队指挥员开始拆封各自的"作战密函"。8月21日凌晨1时，华约第一批机械化军队越过捷克斯洛伐克边境，迅速冲向预定目标日利纳（捷克西北部城市）；苏联驻东德部队集群和东德人民军从东德南部进入捷克斯洛伐克，直指其首都布拉格；另一支由苏联、匈牙利和保加利亚部队组成的集群从匈牙利北部进入，目标是当时其第二大城市布拉迪斯拉发（现为斯洛伐克首都）等中心城市。命令要求，所有坦克装甲车辆保持中立，无须伪装，最好是不要开火，只有在遭遇主动攻击且任何警告均无效的情况下（或上级指挥部另有命令时）才允许开火。然而所有的担心都是多余的。捷克斯洛伐克总统兼国防部长斯沃博达得知苏联出兵后，向全军下达不抵抗命令，直到华约行动结束，二十万捷军都待在兵营里保持中立。捷共第一书记杜布切克也号召民众保持冷静，不要受人挑拨。这就是震惊世界的华约军队出兵捷克斯洛伐克的“多瑙河行动计划”。为什么会出现这么一次大规模“同室操戈”的军事行动呢？起因就是新任捷克斯洛伐克共产党第一书记亚历山大·杜布切克，发起了一场旨在与以往决裂的重大改革，也就是后来被人们反复提及的“布拉格之春”。

第二次世界大战后，按照《雅尔塔协定》，捷克斯洛伐克属于东方阵营，走上了社会主义道路。当时的捷克斯洛伐克共产党就明确提出，必须探索捷克斯洛伐克自己“独特的社会主义道路”。然而在冷战时期，在两大阵营对峙的格局中，捷克斯洛伐克“独特的社会主义道路”面临来自两个方面的压力：一方面，西方国家千方百计想在东方复辟资本主义，他们挑唆捷克斯洛伐克民族阵线联合政府中资产阶级代表人物制造政府危机，企图将捷共排挤出内阁；另一方面，苏联也改变了战后初期允许东欧社会主义国家探索自己发展道路的宽容政策，迫使这些国家按照苏联的模式建设社会主义。1947年捷克政府想参加美国马歇尔计划受阻后，1948年，政府中出身资产阶级政党的部长们，企图逼迫捷共出身的总理哥特瓦尔德辞职，并举行新的选举，从而夺取国家政权。可是他们没想到，共产党的拥护者们走上街头，并开始建立工人警察队，哥特瓦尔德决定组织清一色的共产党人政府。这场革命实现了政权转移，捷克斯洛伐克共产党开始执政。正是这一事件，使西方深受刺激，他们紧急磋商通过了《布鲁塞尔条约》，宗旨是“抵抗各种推翻民主政府的图谋”，1949年北大西洋公约组织成立。

1953年赫鲁晓夫上台后，提出修正斯大林时代与东欧各国之间的关系，苏联与东欧各国国家关系呈现相对良好的变化。1964年勃列日涅夫执政后，这种变化还在延续。但捷克斯洛伐克党内的状况不容乐观。面对已经发生的很大变化，捷克斯洛伐克党的领导人继续坚持和深化苏联模式，经济上片面发展重工业，政治上大搞个人迷信，外交上亲苏仿苏，经济畸形发展，社会矛盾加剧，引起人民群众的不满，要求改革的呼声日益高涨。在这一背景下，捷克斯洛伐克共产党中央全会选举杜布切克为中央第一书记，开始了捷克斯洛伐克的改革探索。

“布拉格之春”改革构想的主要内容有：改革党的领导体制，强调党的领导地位和作用不能动摇，但要改善党的领导，充分发扬党内民主，在党内广泛民主的基础上实现党的团结；改革国家的政治体制，强调在保证全社会共同的基本利益的前提下，尊重各阶级、阶层和集团的不同利益，并允许他们通过合法的途径表达和维护自己的不同利益；民族阵线是社会各方面利益的政治体现，参加民族阵线的各政党和社会组织都参与制定国家政策，遵守民族阵线的共同纲领；彻底改革旧的经济体制，强调实行有计划的市场经济，实行多层次的社会所有制，更有效地参加国际分工，逐步向世界市场开放；执行独立自主的外交政策，强调在“互相尊重、主权平等、国际主义团结”的基础上，进一步加强同苏联和社会主义大家庭各国的关系，对发达的资本主义国家“将积极实行和平共处的政策”等。这一纲领，就其广度和深度而言，是当时所有社会主义国家中最全面和最彻底的。但是这些主张大多停留在口头上，在群众最关心也是最重要的经济改革方面没有提出任何一项明确的计划，因此导致国内论战升级，最终引发内讧和分裂。

经过一段时间的观察和沟通，苏联领导人无奈地得出一个结论：如果不对“布拉格之春”进行干预，捷克斯洛伐克将不可避免地发生反苏政变。在最后时刻，为了防止用武力手段解决问题，华约成员国进行了史无前例的密集会谈，但是杜布切克及其战友们拒绝参加在华沙举行的会晤。华沙会谈流产后，苏联下定决心用武力手段解决捷克斯洛伐克问题。这就是“多瑙河行动计划”的起因。华约军队包围捷共中央大楼后，软禁了杜布切克和捷共中央的大部分成员，并将杜布切克和另外四名捷共中央成员送往莫斯科进行谈判。1969年4月经捷共第一次代表大会决定，古斯塔夫·胡萨克任捷共中央第一书记，斯沃博达依然担任总统，杜布切克任捷驻土耳其大使，后任农业部部长，直到十五年后退休。

这就是“布拉格之春”的前前后后。

10　军事对抗与平行市场

北约和华约都是冷战的产物。冷战结束后，按理说它们都已完成历史使命，应当解散。但是华约组织解散之后，北约为什么不解散反而要不断东扩呢？先来看看北约东扩的时间进程：

1994年1月，北约召开苏联解体后的第一次首脑会议，签署了与东欧和独联体国家建立“和平伙伴关系”的计划，正式提出北约东扩战略。

1995年9月，北约常设理事会通过扩大北约的《可行性研究报告》，阐述北约如何扩大的问题，强调东扩将是渐进的、透明的。

1996年12月，北约外长会议召开，确定北约东扩的时间表，即1999年北约成立五十周年时吸收第一批前华约国家加入北约，并授权北约秘书长在1997年马德里首脑会议前，争取与俄罗斯达成全面规范双方安全合作关系的“宪章”。

1997年，经过六轮艰难谈判，终于就北约与俄罗斯相互关系合作和安全基本文本达成一致。当年5月27日，北约十六国领导人、北约秘书长、俄罗斯总统叶利钦正式签署了这一文件。7月8—9日，北约首脑会议邀请捷克、匈牙利和波兰会谈，并发表了《北约东扩宣言文本》，实现北约东扩第一步。

2004年，保加利亚、拉脱维亚、立陶宛、罗马尼亚、斯洛伐克、斯洛文尼亚、爱沙尼亚七国宣布加入北约。

2009年，阿尔巴尼亚、克罗地亚加入北约。

2017年，黑山加入北约。

2020年，马其顿加入北约。

2022年，俄乌冲突爆发。

当时美欧国家给出的北约东扩的理由是，苏联解体、华约解散后，在东欧地区留下了不平衡的军事力量和武器数量，在该地区造成了不稳定的气氛。[①]同时从现实地缘政治出发，北约东扩的另一个重要目标是打压苏联遗产的主要继承者——俄罗斯的实力空间，从而尽可能减少俄罗斯对中东欧地区的安全威胁。美国前国家安全事务助理布热津斯基说：俄罗斯的帝国主义影响依然很强大，并且有加强的趋势。美国前政府官员彼得·罗德曼指出："俄罗斯天生就喜欢用武力解决问题，俄罗斯的帝国主义是不可避免的。"俄罗斯在中东欧地区影响力的增加，被西方视为对中东欧地区安全的威胁。美国学者马丁·史密斯在《北约在冷战后的十年》一书中也认为，只有向中东欧地区进行扩张，北约才能真正证明与其冷战后的欧洲安全有相关之处。如同前述兰德公司高级分析员的报告认为："最简单的事实是，如果北约不强调今天所面临的主要安全挑战，它就可能越来越与该地区无关。"[②]

由此可见，以往人们所阐述的冷战的根源，并不仅仅是意识形态的对立，更重要的是不能对西方现有的利益格局产生任何风险，不能有潜在的重新瓜分世界的对手。哪怕这个威胁不是现实的威胁，而是潜在的威胁，甚至是美西方自认为的可能威胁。可惜的是苏联和后来的俄罗斯一直没有弄明白这一点！哪怕是自愿放弃原有的意识形态，而且解体为十五个主权独立的国家；哪怕是自行解散华约组织，甚至表示认同美西方价值观；哪怕是一门心思想融入美欧，甚至为能够加入北约而努力，等等，仍然得不到美西方的认可。小国、弱国可以，但俄罗斯不行，因为俄罗斯还是太大太强了。这就是北约东扩的逻辑，一个冠冕堂皇的、振振有词的强盗逻辑。

在这里有必要澄清一个说法，就是无论名词解释或观点陈述，我们经常能看到一个貌似权威的说法，即北大西洋公约组织是对抗华沙条约组织的军事同

---

① 参见美国兰德公司高级分析员罗纳德·D.阿斯莫斯、理查德·L.卡格勒、F.斯蒂芬·莱若比的研究报告。

② 美国兰德公司高级分析员罗纳德·D.阿斯莫斯、理查德·L.卡格勒、F.斯蒂芬·莱若比的研究报告。

盟。这是一个被偷换了事实的说辞。事实上，北约是在1948年捷克斯洛伐克政局发生变化之后组建的，比华约整整早了六年之多，其建立并不是为了和华约对抗，而是为了对苏联及东欧各国进行威慑和封锁。因此它的存在并不是因为华约，而是为了维护美西方利益格局不受侵犯。而只要消除了这样的威胁，它一定会找各种借口长驱直入，进一步扩大美西方的利益。这就是北约的本质，也是帝国主义的本质。

正确的说法应该是，华沙条约组织是为对抗北大西洋公约组织而成立的政治军事同盟。1949年4月，美国、加拿大、英国、法国、意大利、荷兰、比利时、卢森堡、丹麦、挪威、冰岛、葡萄牙在华盛顿签署了《北大西洋公约》，并于同年8月24日生效。1954年10月23日，美、英、法等西方国家签订了《巴黎协定》，吸收西德加入西欧联盟和北大西洋公约组织。苏联政府曾照会二十三个欧洲国家和美国政府，要求他们不要批准《巴黎协定》，并建议召开欧洲集体安全会议，讨论"防止德国军国主义再起"等问题，并缔结《欧洲集体安全条约》，但遭到西方国家的拒绝。在这种情况下，同年11月29日—12月2日，苏联同民主德国、波兰、捷克斯洛伐克、匈牙利、罗马尼亚、保加利亚、阿尔巴尼亚，在莫斯科举行欧洲国家保障欧洲和平和安全会议，会议通过宣言声称：如西方国家批准《巴黎协定》，苏联和东欧国家将在组织武装力量和联合司令部方面采取共同措施。1955年3月，上述八国又就缔结集体友好互助条约的原则、组建联合武装力量及其统帅部等问题进行了协商，并取得一致意见。5月5日，《巴黎协定》被批准。5月14日，苏联和东欧七国（南斯拉夫除外）在华沙签署了《阿尔巴尼亚人民共和国、保加利亚人民共和国、匈牙利人民共和国、德意志民主共和国、波兰人民共和国、罗马尼亚人民共和国、苏维埃社会主义共和国联盟、捷克斯洛伐克共和国友好合作互助条约》，简称《华沙条约》。条约有效期为二十年（到期可顺延十年），总部设在莫斯科。观察国有越南、老挝、蒙古等国。《华沙条约》规定华沙条约组织的宗旨为："如果在欧洲发生了任何国家或国家集团对一个或几个缔约国的进攻，每一缔约国应根据联合国宪章第五十一条行使单独或集体自卫的权利，个别地或通过同其他缔约国的协议，以一切它认为必要的方式，包括使用武装部队，立即对遭受这种进攻的某一个国家或几个国家给予援助。”[①]值得注意的是，1991年3月6日，美、英、法、德四国外长曾就北约扩张问题举行会议，其记录显示，各方达成共识，一致认为东欧国家加入北约是“不可接受的”。当然，这只是一段历史记录而已。

按斯大林世界平行市场思想组建的经济互助委员会，也有一个从提出到发展的过程。第二次世界大战结束以后，美国凭借其雄厚实力提出马歇尔计划（当时马歇尔为美国国务卿），旨在帮助其欧洲盟国恢复因第二次世界大战而濒临崩溃的经济体系，同时抗衡苏联和共产主义势力在欧洲的进一步渗透和扩张。时任苏联领导人斯大林敏锐地认识到，该计划的实施会严重威胁苏联及东欧各社会主义国家的利益，严重威胁苏联对于东欧的控制。于是如法炮制，出炉了莫洛托夫计划，莫洛托夫为当时苏联外交部部长。该计划主要包括了苏联对东欧社会主义国家的经济援助以及发展东欧国家对苏联的贸易，旨在抗衡欧美对社会主义阵营的颠覆和渗透。

1949年1月，苏联、保加利亚、匈牙利、波兰、罗马尼亚、捷克斯洛伐克等六国经磋商，宣布成立经济互助委员会。之后，阿尔巴尼亚、民主德国加入。历次会议明确了如下事项：规定经互会的宗旨是在东欧人民民主国家和苏联之间“建立密切的经济联系”；建立经济合作和协调国民经济计划；成员国实行生产专业化和协作等。1959年5月，经济互助委员会第15届会议通过《经济互助委员会章程》，把经互会的宗旨、原则和职能以法律形式确定下来，规定经互会的主要目的是在“国际分工”的原则基础上发展“全面的经济合作”。1962年6月，经济互助委员会各成员国共产党和工人党代表会议通过了《社会主义国际分工的基本原则（草案）》，确立经互会的宗旨是：“通过联合和协调各成员国的力量，促进各成员国国民经济有计划地发展，加速经济技术进步，提高工业不发达国家的工业化水平，不断提高成员国的劳动生产率和人民福

① 刘金质：《冷战史》，世界知识出版社，2003年版。

利。”1969年4月，第23次特别会议提出了“社会主义经济一体化”方针。1971年第25届会议通过《进一步加强和完善经互会成员国合作和发展社会主义经济一体化综合纲要》，经互会成员国将“加强和完善经济和科技合作与发展社会主义一体化”，规定在十五至二十年内分阶段实现。1988年6月，经互会与欧洲共同体签署联合声明，双方互相承认，并正式建立关系。1991年1月，第134届会议认为经互会使命已结束。经互会最多时有十一个成员国和十多个观察员国。经互会从成立到其解散之前，是世界上贸易额仅次于欧共体的区域性经济组织。

11　春天的故事

1992年3月26日，一篇题为《东方风来满眼春——邓小平同志在深圳纪实》的万字通讯在《深圳特区报》头版发表，立即在中国、在全世界引起巨大反响。3月30日新华社向海内外全文播发了此长篇报道，世界各国主要媒体纷纷转载和刊发，神州大地又响起改革开放的隆隆潮声。随着苏联解体、东欧剧变，社会主义在世界范围内的实践陷入低潮，国内外政治形势错综复杂。由于受姓“社”姓“资”问题的困扰，中国每出台一项改革新举措都显得举步维艰，不少人对社会主义的前途缺乏信心，对改革开放的前途深感担忧。在这样的大背景下，中国改革开放的总设计师邓小平，不顾八十八岁高龄，先后到武昌、深圳、珠海、上海等地考察，他一路走，一路看，发表了一系列重要讲话，解决了一个又一个困扰人们思想的理论问题。看到深圳从一个大工地，变成了繁华的都市，他说，深圳的建设成就明确回答了那些有这样担心那样担心的人。特区姓“社”不姓“资”。不要惊慌失措，不要认为马克思主义就消失了，没用了，失败了。哪有这回事！邓小平乘电梯登上一百六十米高、五十三层的国贸大厦旋转餐厅，俯瞰深圳全貌，他深有感触地说：要把是否有利于发展社会主义社会的生产力，是否有利于增强社会主义国家的综合国力，是否有利于提高人民的生活水平，作为判断一切工作是非得失的标准。基本路线要管一百年，动摇不得。要继续发展下去，要使人民生活继续提高，人民才会相信你，才会拥护你。

也正是在这里，邓小平说了一段振聋发聩的话："中国只要不搞社会主义，不搞改革开放、发展经济，不逐步地改善人民的生活，走任何一条路，都是死路。"在深圳这一社会主义市场经济的前哨阵地，邓小平还精辟阐述了计划和市场的关系。他指出：计划多一点还是市场多一点，不是社会主义与资本主义的本质区别。计划和市场都是经济手段。社会主义的本质，是解放生产力，发展生产力，消灭剥削，消除两极分化，最终达到共同富裕。

南方谈话，使邓小平一生的光辉业绩达到新的高度。它犹如一股强劲的东风，从理论上深刻回答了长期困扰和束缚人们思想的许多重大问题，驱散了人们思想上的迷雾。它是推动中国改革开放和社会主义现代化建设的又一个解放思想、实事求是的宣言书，引领中国改革开放迎来了又一个明媚的春天。

实际上，中国走上社会主义道路，确立社会主义基本制度，进行社会主义建设，确有共产国际的指导和苏联社会主义建设经验的借鉴，但更可贵的是以毛泽东同志为主要代表的中国共产党人，把马克思列宁主义的普遍真理与中国革命、建设的实际相结合，创立了毛泽东思想，并在这一思想指导下，成功开辟了农村包围城市、武装夺取政权的中国革命道路，取得新民主主义革命的胜利，建立了人民当家作主的中华人民共和国，实现了民族独立、人民解放。从1949年10月新中国成立到1956年基本完成社会主义改造，是完成新民主主义革命任务并成功过渡到社会主义的时期。在这一时期，中国共产党主要干了如下几件事：

一是废除封建土地制度，推进全面社会改革。比如废除封建土地所有制，实现"耕者有其田"；彻底荡涤旧社会遗留下来的赌博吸毒、卖淫嫖娼等污泥浊水，树立社会新风尚。

二是恢复国民经济，开展各项建设。比如没收官僚资本，建立国营经济；统一全国财政，稳定市场物价；完成恢复国民经济的任务，实现农业、水利、工业、交通运输业全面发展。

三是开展大规模工业建设，完成社会主义改造。提出过渡时期的总路线："在一个相当长的时间内，逐步实现国家的社会主义工业化，并逐步实现国家对农业、对手工业和对资本主义工商业的社会主义改造。"编制第一个五年计划，作出优先发展重工业的战略决策，确定综合平衡和按比例发展的指导思想。安排一大批建设项目，其中包括苏联援建的一百五十六项，民主德国、捷克斯洛伐克、波兰、匈牙利、罗马尼亚、保加利亚六国援建的六十八项。

四是确立社会主义政治制度。比如建立人民代表大会制度，完善中国共产党领导的多党合作和政治协商制度，实行民族区域自治制度等。

1956—1978年，是新中国在艰辛探索中曲折发展的时期。中共八大前后，在毛泽东和党中央领导下，社会主义建设取得了重要成果。其后由于急于求成，导致了"大跃进"时期的挫折。经过国民经济调整，党和人民克服了严重经济困难，继续前进。"文化大革命"时期，党、国家、人民遭受了新中国成立以来最严重的损失，但是党和人民最终结束了内乱。在这二十三年里，新中国初步建立起独立的、比较完整的工业体系和国民经济体系，取得"两弹一星"等世界瞩目的科技成果；顶住霸权主义压力，打开外交工作新局面；人民迸发出艰苦奋斗、不屈不挠的伟大精神。社会主义建设的探索和成就，为此后开创中国特色社会主义道路提供了宝贵经验、理论准备和物质基础。

1978年12月召开的中共十一届三中全会，开启了改革开放和社会主义现代化建设新时期。

以邓小平同志为主要代表的中国共产党人，团结带领全党全国各族人民，深刻总结我国社会主义建设正反两方面经验，借鉴世界社会主义历史经验，创立了邓小平理论，深刻揭示社会主义本质，确立社会主义初级阶段基本路线，明确提出走自己的路，建设中国特色社会主义，科学回答了建设有中国特色社会主义的一系列基本问题，制定了到21世纪中叶分三步走、基本实现社会主义现代化的发展战略，成功开创了中国特色社会主义。其成就主要有以下几点：

一是开展真理标准问题大讨论，确定解放思想、实事求是的思想路线。

二是召开中共十一届三中全会，作出把党和国家工作中心转移到经济建设上来、实行改革开放的历史性决策。

三是改革开放迈出坚定步伐。经济体制改革起步，并率先在农村取得突破。联产承包责任制在农村得到推广，围绕扩大国营企业经营管理自主权、实行工业生产经济责任制、发展多种经济形式等展开探索。政治体制改革迈出新步伐，开始改革党和国家领导制度，解决官僚主义、权力过分集中、家长制、干部领导职务终身制和形形色色的特权现象等，出现了生机勃勃的新局面。

四是启动对外开放，创办经济特区。中共中央基于世界和平力量的增长超过战争力量的增长，以及世界新科技革命蓬勃发展的形势变化，做出一系列符合实际的判断，对外政策进行了重要调整，努力争取世界和平，为国内经济建设创造了一个良好的环境。中共中央、国务院批转中共广东省委、福建省委关于对外经济活动实行特殊政策和灵活措施的报告，同意在深圳、珠海、汕头、厦门设立经济特区，鼓励敢闯敢试、敢为人先、埋头苦干，杀出一条血路来，使特区成为中国对外开放的窗口、经济体制改革的试验区和经济发展的示范区。

五是改革开放全面展开，各项事业迅速发展。以城市为重点的经济体制改革全面展开，对外开放新格局初步形成，科教文卫体制改革有序推进，社会主义精神文明建设逐步开展，国防、外交等领域进行战略性转变并形成新的格局。

六是创造性提出“一国两制”科学构想并推进香港、澳门回归祖国的进程，为改革开放和社会主义现代化建设创造了良好的发展环境。

七是阐明社会主义初级阶段理论和中共在社会主义初级阶段的基本路线，提出“建设有中国特色的社会主义理论”概念，确定“三步走”发展战略。

八是沉着应对国际风云变幻，在严峻考验中推进改革开放。依靠广大人民群众，果断平息1989年政治风波，在国际上站稳脚跟；继续改革开放，完成治理整顿任务。中国的社会主义制度经受住了严峻考验，显示出强大的生命力。

本节开头所描述的邓小平南方谈话，极大地鼓舞了全党全国各族人民进一步发展中国特色社会主义的信心。有一首歌曲《春天的故事》，深情地

唱道:

一九七九年，那是一个春天。有一位老人在中国的南海边画了一个圈。神话般地崛起座座城，奇迹般地聚起座座金山。春雷啊唤醒了长城内外，春晖啊暖透了大江两岸。啊中国啊中国，你迈开了气壮山河的新步伐，走进万象更新的春天。

一九九二年，又是一个春天。有一位老人在中国的南海边写下诗篇。天地间荡起滚滚春潮，征途上扬起浩浩风帆。春风啊吹绿了东方神州，春雨啊滋润了华夏故园。啊中国啊中国，你展开了一幅百年的新画卷，捧出万紫千红的春天。

12　一个时代的悲剧

《改革与新思维》是曾任苏联共产党中央委员会总书记的米哈伊尔·谢尔盖耶维奇·戈尔巴乔夫的一部著作，分为上、下两篇，共七章。上篇题作《改革》，下篇题作《新思维与世界》。正文之前有《致读者》作为序言，最后有简短的《结束语》。作者声称该书不是学术著作，也不是宣传性论著，而是对改革、苏联面临的问题、变革的规模、现时代的复杂性、责任和独特性进行评述和思索。这样的评述和思索，大体上可分为国内改革新思维和国际关系新思维。

国内改革新思维主要内容是:

其一，改革的迫切性。认为苏联社会主义没有搞好，处在危机前的状态；存在着盲目追求总产量的做法；科技和生产发展水平同西方发达国家的差距越来越大；社会生活中出现了“停滞现象”；在意识形态方面，过分宣扬成绩的做法占了上风，理论研究烦琐成风；政治上阿谀奉承、粉饰太平、官僚主义、官官相护相当严重。究其原因，过错不在于社会主义制度本身，而是由于执政党的失误，经济机制、管理模式存在着严重弊端。

其二，改革的内容、目的、实质及后果。归纳了六个方面的改革内容：坚决克服停滞现象和打破障碍机制，建立加快社会经济发展的可靠而有效的机制；更全面地发扬民主和社会主义自治，扩大公开性；使经济全面集约化，运用经济管理方法，放弃行政命令的方法；实现向科学化转变，使科技革命的成就同计划经济结合起来；优先发展社会经济，越来越充分地满足人民物质文化生活的需要；始终不渝地坚持社会主义公有制，克服分配上的平均主义，等等。改革的目的在于“深刻革新国家生活的各个方面，使社会主义具有最现代化的社会组织形式”。关于改革的实质，戈尔巴乔夫认为：改革就是革命。通过改革，苏联在经济、社会、科技和社会主义道德水平等方面才能达到新的高度。

其三，公开性原则，以及建立社会主义民主、加快社会主义法制建设的必要性。强调党和国家的工作都要公开化，增加透明度。戈尔巴乔夫提出，公开性是社会主义的特征，我们需要公开性就像需要空气一样。“没有公开性，就没有也不可能有民主，而没有民主，就没有也不可能有现代社会主义。”“没有民主就不可能有法制，同样，不依靠法制，民主就不可能存在和发展。”

其四，反对理论上的僵化，突破旧的传统观念。

国际关系新思维主要有如下观点：

第一，全人类的价值高于一切，人类的生存高于一切。认为当代世界格局包括一大批社会主义国家、一大批发达资本主义国家和一大片第三世界三部分。尽管这三部分政治制度和意识形态不同，而且矛盾重重，但不能把它们看作互相对立的体系。人类免遭毁灭等共同任务和共同利益超过了工人阶级一个阶级的任务和利益。人类是同舟共济的，大家都要对世界的命运负责。

第二，关于战争与和平、战争与革命的观点。戈尔巴乔夫把现时代称作核宇宙时代，是资本主义与社会主义和平竞赛、和平竞争的时代，是经济上和政治上相互依赖日益增长的时代。核战争没有胜利者和失败者，达不到任何政治目的，战争与革命之间不再存在因果关系。

第三，关于整体世界和东西方关系的观点。戈尔巴乔夫认为当代世界是一个整体，各国之间相互联系、相互依赖。因此，资本主义和社会主义两大社会体系之间应长期共处、相互依赖、不可分割、同等安全。

第四，关于资本主义的观点。认为资本主义没有绝对停滞，还具有经济增长和掌握技术方向的可能性，而且有可能不经过军国主义化的道路而继续发展。社会主义与资本主义可以进行广泛的互利的合作，从怀疑、敌视转向信任。

第五，关于社会主义的观点。认为社会主义不应拘泥于一种模式，不要求照搬苏联的经验，各国改革的形式和方法也应是多种多样的。社会主义体系没有任何中心，相互之间应该是独立自主、互相尊重、互助互利、互不干涉内政、绝对的安全与平等。

第六，关于发展中国家的观点。认为第三世界各国人民有权选择自己发展的道路，有权自行处理事务，应当尊重发展中国家在国际事务中所起的日益增大的作用。大国可以任意摆布世界的时代已经过去，把国际关系建立在强制、暴力和发号施令基础上的做法已经行不通了。

戈尔巴乔夫的这本书在当时影响很大，凡是关心改革开放的中国人，大都读过或听过这本书的相关内容，有的甚至将其奉为改革开放顶层设计之圭臬。但是，当人们追寻戈尔巴乔夫的改革之路，才发现很多改革举措只是一些口号，并不能真正落地，如狗熊掰苞米，掰一个扔一个。就是这些大而不当的夸夸其谈，催生了20世纪最重大的事件——苏联解体。

苏联解体，即20世纪90年代初苏联共产党失去执政地位，以及由十五个加盟共和国组成的苏维埃社会主义共和国联盟解体的事件。

斯大林执政时期，形成了以政治统领、高度集权、计划经济为特征的苏联模式。这一模式既具有强大的社会组织动员力等优势，也存在权力过分集中等弊端。

斯大林逝世后，赫鲁晓夫试图改革斯大林模式的体制，但缺乏系统谋划和深层次的理论思考，虽然有一些浅层次的改革和实际成效，但没有取得成功。

勃列日涅夫上台后循序渐进持续改革，国家实力和国际影响力都达到了鼎盛期，但改革没有触动高度集权的政治体制和高度集中的计划经济体制，经济发展逐步陷入“停滞期”和“僵化期”。

1985年戈尔巴乔夫上台，试图扭转这种停滞僵化的局面，为此进行了非常激烈的改革。但这些改革措施缺少宏观决策和相应的配套措施，加上戈尔巴乔夫仍没有放弃苏联的传统做法，继续优先发展重工业，致使经济不断滑坡，人民生活水平继续下降，因而引发了人们的强烈不满和社会动荡。1988年起，戈尔巴乔夫把改革的重点转向政治领域，实行政治多元化和多党制，削弱和放弃了苏共的领导地位，反对派乘势崛起，致使社会动荡日益加剧。

苏联解体的直接原因是戈尔巴乔夫的政治改革，而根本原因则是苏联共产党在建设苏维埃社会主义实践中严重背离了马克思主义和社会主义。苏联在政治领域中长期实行高度集中的政治体制，忽视社会主义民主法制建设，官僚主义盛行、严重脱离群众；在思想理论上，马克思主义教条化、思想僵化，照抄照搬，脱离本国国情，知识分子没有表达意见的自由；在经济上，计划经济体制一统天下，经济结构严重失衡，片面发展重工业特别是国防工业，收入分配长期搞平均主义，不承认私有财产，也不尊重和保护一切私有财产与公民权利，违背世界文明的发展潮流，人民生活改善十分缓慢；在外交上搞大国主义、霸权主义，干涉其他社会主义国家内政，全面扩军备战，与美国争霸，消耗和削弱自身实力，加剧了国内动荡。还应该看到，西方国家极力对苏联搞“和平演变”，是苏联解体的重要外部因素。实事求是地说，苏联解体是民族的灾难，许多地区被抛入自然经济条件下，社会分化的加剧破坏了社会的整体性。但同时，苏联解体使得东欧各国实现了独立自决，促使德国再次实现了统一，也推动了世界历史的进程。1991年9月6日，波罗的海三国宣布独立；12月8日，俄罗斯联邦、白俄罗斯、乌克兰三国领导人签署《独立国家联合体协议》宣布组成“独立国家联合体”。12月25日，戈尔巴乔夫宣布辞去苏联总统职务。12月26日，苏联最高苏维埃共和国院举行最后一次会议，宣布苏联停止存在，苏联正式解体，苏联解体分裂成十五个国家。

苏联解体后，俄罗斯联邦连同乌克兰和白俄罗斯于1991年12月27日分别继承联合国、联合国安理会和其下属国际组织中的原苏联、原乌克兰苏维埃社会主义共和国和原白俄罗斯苏维埃社会主义共和国的席位。其他十二个原苏联加盟共和国以新国家身份加入联合国。独联体首脑的阿拉木图峰会上，与会首脑一致同意俄罗斯联邦成为苏联的唯一继承国。苏联在海外的一切财产、存款、外交机构、使领馆等一概由俄罗斯联邦接收。

13　一地鸡毛

在姜戎所著的小说《狼图腾》中有一个桥段：草原狼在狼王的带领下围攻黄羊。几十只狼的狼群在静静地等待，几千只黄羊的羊群在拼命抢草吃。一边在等待，一边在抢草吃。狼在等什么？在等黄羊吃撑了打盹。狼真有那么聪明？它还能明白要等黄羊撑得跑不动了才下手？狼可比人精啊！在一个狂风暴雪之夜，狼王组织起一场围攻黄羊的行动。黄羊吃不动了，狼群就要下手啦。果然，狼群已经开始悄悄收紧半月形的包围圈，黄羊群的东、北、西三面是狼，而南面则是一道大山梁。想想就可以猜到，有一部分狼已经绕到山梁后面，当黄羊被狼群赶过山梁，山后的狼群就该以逸待劳，迎头捕杀黄羊，并与其他三面的狼群共同围歼黄羊群。突然，狼群开始总攻。最西边的两条大狼，在一条白脖白胸狼王的率领下，闪电般地冲向靠近黄羊群的一个突出山包，显然这是三面包围线的最后一个缺口。抢占了这个山包，包围圈就形成了。这一组狼的突然行动，就像发出三枚全线出击的信号弹。憋足劲的狼群从草丛中一跃而起，从东、西、北三面向黄羊群猛冲。狼群冲锋悄然无声，没有一声呐喊，没有一声号叫。此时在天地之间，人与动物眼里、心里和胆里，却都充满了世上最原始、最残忍、最负恶名的恐怖——狼来了！撑得已经跑不动的黄羊，惊吓得东倒西歪。速度是黄羊抗击狼群的主要武器，一旦丧失了速度，黄羊群几乎就是一群绵羊或一堆羊肉。

引用小说中的这一桥段，无非是想说明狼的那种最原始的本性——诡异、睿智、稳重、凶猛。以美国为首的西方势力，正是以群狼政策颠覆了东欧。这就是20世纪80年代末的重大事件东欧剧变，即1989年前后东欧一些社会主义国家的共产党和工人党在短时间内纷纷丧失政权，社会制度随之发生根本性变化的事件。

1985年，戈尔巴乔夫入主克里姆林宫，在处理与东欧各国的关系上，力图建立自由、平等、互利合作的关系。特别是其毫无原则底线的改革和毫无战略策略的改革，恰似以“黄羊拼命抢草吃”为目标导向，严重影响了东欧各国。1988年12月7日，戈尔巴乔夫在联合国发表讲话，表示苏联将在1990年底单方面从东欧撤出二十四万军队、一万辆坦克、八千五百门火炮，以及八百二十架战斗机，而不管北约采取何种相应的措施。这就使东欧国家的安全保障彻底丧失，客观上促进了东欧各国最终倒向西方资本主义。

当然，东欧剧变的因素比较复杂。首先，冷战时期社会主义阵营各国效仿斯大林模式，导致国民经济比例严重失调，人民生活得不到提高，引起人民极大不满。其次，在处理苏联同东欧各国党和国家的关系问题上，苏联存在大国沙文主义、霸权主义的倾向。特别是与苏联利益发生矛盾时，采用高压甚至武装干涉手段，引起人民反感。再次，在与西方资本主义国家的冷战对峙中，以“一体化”为目标，造成东欧国家经济结构失调，走向封闭，脱离世界。到80年代，经互会国家的产品已无法与西方竞争，双方差距拉大，造成国际上全盘否定社会主义经济模式的思潮。就东欧国家自身而言，到20世纪80年代，东欧各国经济停滞和下降接踵而至，工业生产下降了25%—50%，而同期西方国家发展速度几乎是东欧各国的三倍。80年代中后期，东欧国家在历史上第一次在人均国内生产总值指标上落后于拉美国家，以往对非洲国家经济的优势地位也迅速减弱。加之东欧各国官僚主义、个人崇拜等政治腐败行为盛行，犯罪率均呈上升趋势，党群关系日益恶化，一旦时机成熟，倒向西方资本主义势成必然。最后，西方对东欧国家长期采取“和平演变”战略也是东欧剧变的重要原因。在1989年之前，西方特别是美国千方百计给“团结工会”这类反对派组织以道义和物质上的支持。匈牙利由于开始改革较早，美国和联邦德国给予其最惠国待遇，美国对东欧国家实行“区别对待”政策，以确定其对实施改革和抵制改革国家的立场。

美西方的引导，以及美西方本身明显优于东欧各国的社会经济发展，也给东欧国家的改革起了“示范”效应。以波兰为例。由莱赫·瓦文萨领导的团结工会于1980年创立于格但斯克的造船厂。该工会组织了波兰国内从天主教徒至反共左翼人士，结合为一股强大的反共主义社会运动，并主张非暴力的反抗模式。团结工联的出现及持续存在，不只是在长期由波兰统一工人党一党专政的波兰前所未见的，也是在东欧其他那些遵循苏联模式的社会主义国家前所未见的。正因为如此，在波兰，统治基础被不断削弱的共产党政府最终开始和团结工联所领导的反对势力进行谈判，于1989年进行了半自由的选举，在这些有限的选举中共产党候选人被彻底击败，形成了团结工联所领导的联合政府，随后瓦文萨当选总统，很快波兰人民共和国便被废除，取而代之的是非共产主义的民主波兰共和国。匈牙利、民主德国、罗马尼亚、保加利亚、捷克、斯洛伐克、南斯拉夫、阿尔巴尼亚也发生制度变革，共产党均失去政权或演变为社会党。

14 历史并未由此终结

苏联解体、东欧剧变，以及中国发生在1989年春夏之交的政治风波，眼花缭乱的改旗易帜和街头运动，犹如突然而至的巨大幸福，将一些资产阶级政客和学者“撞得”心花怒放。一时间唱衰、抹黑、揶揄社会主义和共产党的著作铺天盖地而来，其中最有影响和代表性的是美国前总统尼克松的《1999：不战而胜》，以及美国著名政治学家弗朗西斯·福山的《历史的终结及最后之人》。

尼克松在书中回顾了冷战开始后，美西方实施“和平演变”战略，又不断进行战略调整的过程，逐一评述了“和平演变”战略调整的几个主要阶段。首先是从冷战开始直到1969年，美国奉行的是遏制政策。但“这一政策在短期内是成功的，但从长期来看都是失败的”。其次是“从1969年开始，美国转而奉行一种冷静而讲求实际的缓和政策”，通过“谈判给了美国一个向苏联施加影响的方法”，产生了某些效果。但是缓和政策后来也失灵了。再次就是“不战而胜”战略应运而生了。尼克松指出：“当我们展望未来的时候，过去的那些失败的政策，没有一个足以应付本世纪余下的这几个年头。遏制已经过时了，缓和失去了它的意义……我们需要一个切实看透苏联人的新型政策，这一政策旨在以一种有效的方式同他们打交道”，从而推动“我们希望在苏联看到的变化”。可见，“不战而胜”战略同以往的“和平演变”战略是一脉相承的，它力图建立一种与冲突共处的“真正的和平”，促使“苏联集团内部发生和平的变化”，与“和平演变”相比，只不过是期望它更切实、更有效罢了。

福山在书中全面论述了20世纪下半叶人类在科技迅猛发展的条件下，社会意识形态、道德伦理观念，以及文明演进模式等发生的相应变化。全书分为五个部分：第一部分“一个重新提出的老问题”，重点分析强权国家的致命弱点；第二部分“人类的古老时代，重点讲科学技术在人类发展中的作用”；第三部分“为获得认可而斗争”，阐述人类由为纯粹名誉而战，到建立人人相同、人人平等的国家的历程；第四部分“跳过罗德斯岛上的巨型雕像”，阐述民主政体及其发展的规律；第五部分“最后之人”，认为人类终极目标是实现自由王国。该书正是从上述叙事中，就历史已经终结到历史如何终结、历史因何终结等问题，详尽论述了历史终结论。他指出，对黑格尔和马克思来说，人类社会显然经历了一个从部族社会到封建社会、再到资本主义社会的发展过程，虽然人类社会的发展不会最终终结，但当人类达到一种能满足自己最深层、最基本需求的社会形式时，社会的演进也就终结了。福山认为，引用黑格尔、马克思或他们在当代的追随者的权威来确立某种历史定向发展的证明是不充分的。认为20世纪最后四分之一世纪中最突出的发展，使世界上貌似强大的独裁统治的致命缺点暴露无遗，而自由民主仍是全球唯一跨地区、跨文化的组织良好的政治理想。他由此得出一个重要结论，20世纪社会主义制度实践的大规模失败，标志着西方自由民主制度是“人类最后一种政治形式”和“人类意识形态发展的终点”，并因此标志着“历史的终结”。[①]然而，人类社会发展的进程，是绝不会像资产阶级政客和学者臆想的那样，终结于一个民主自由的“人剥削人”的制度——资本主义，当然也不可能终结于一个真正民主自由的人人平等的制度——社会主义，但一定会经历社会主义社会而抵达共产主义的理想彼岸。

在尼克松和福山的论著发表后的二十多年，社会主义社会经历了苏联解体、东欧剧变的痛苦和艰辛，经过与西方国家渗透与反渗透、演变与反演变的较量，在追寻人类共同价值的务实合作中，迎来了以和平发展为主题的伟大的全球化时代。在这一时代中，社会主义摈弃了以往权力过分集中、高度集中的计划经济、行政命令的管理方式、忽视民主法制建设等弊端，紧密结合国内外形势的变化，坚定不移地走适合本国国情的社会主义道路，展现出勃勃生机和活力。

比如中国，在邓小平南方谈话指引下，现代化建设进入一个新的历史阶段。中共十四大第一次明确提出“建立社会主义市场经济体制”的概念，中共十五大确立邓小平理论为党的指导思想，中国改革开放步入快车道，综合国力大幅度跃升，经济实现了持续、快速、健康发展，社会长期保持安定团结，出现了政通人和、繁荣发展的良好局面，圆满地实现了“三步走”发展战略的第二步目标。

中共十六大以后，以科学发展观为指导，以转变经济发展方式为主线，发扬求真务实、开拓进取的精神，在全面建设小康社会实践中坚定不移地把改革开放伟大事业推向前进。我国的经济总量从世界第六位跃升到第二位，社会生产力、经济实力、科技实力迈上一个大台阶，人民生活水平、居民收入水平、社会保障水平迈上一个大台阶，综合国力、国际竞争力、国际影响力迈上一个大台阶，国家面貌发生新的历史性变化。

中共十八大以来，以习近平同志为核心的党中央，把坚持和发展中国特色

---

① ［美］弗朗西斯·福山：《历史的终结及最后之人》，黄胜强、许铭原译，中国社会科学出版社，2003年版，代序第1页。

社会主义作为聚焦点、着力点、落脚点，形成一系列治国理政新理念、新思想、新战略，创立习近平新时代中国特色社会主义思想，进一步推进马克思主义中国化时代化的历史进程，丰富和发展了中国特色社会主义理论体系，谱写了坚持和发展中国特色社会主义的新篇章。中国共产党开启实现中华民族伟大复兴中国梦的新征程，统筹推进经济建设、政治建设、文化建设、社会建设、生态文明建设“五位一体”总体布局，协调推进全面建设社会主义现代化国家、全面深化改革、全面依法治国、全面从严治党“四个全面”战略布局，推进中国特色大国外交和推动构建人类命运共同体。党和国家事业取得历史性成就，发生历史性变革，为实现中华民族伟大复兴提供了更为完善的制度保证、更为坚实的物质基础、更为主动的精神力量。

越南社会主义共和国是1975年越南南方解放，实现了南北统一后建立的由越南共产党领导的社会主义国家。在一个时期内，由于照抄照搬苏联模式，国内外出现了一系列危机与变动。越南共产党深感不能再沿袭传统的苏联模式和旧有办法，必须对过去推行的路线、方针、政策和方法进行反思、调整和改革。经历多次反复曲折和斗争，最终确立了社会主义定向的市场经济体制。

越南的革新起始于1979年8月越共四届六中全会。这一时期的主要任务是加深对社会主义的正确认识，通过革新逐步克服经济社会危机。越共中央提出，必须正确利用个人经济和私人资本经济，以推动经济发展；必须改革计划经济工作，把计划与市场结合起来，把国家、集体和劳动者三者利益结合起来；必须在制定经济、财政政策中，反对不思进取的保守思想和行为，鼓励发展生产、发展经济等。

越南全面革新的起点和社会主义建设的转折点是越共六大。越共六大明确指出革新要从思维更新做起，尊重客观规律，正确运用客观规律；要重新正确认识马克思列宁主义的基本理论以及胡志明关于社会主义的思想；要扬弃社会主义的旧模式，创新社会主义的新模式；把革新概念纳入党的路线，将革新视为越南革命事业的迫切需要和生死攸关的问题；实现全面革新路线，从以经济革新为主，走向政治、文化和社会革新；从思维、认识和思想革新走向党、国家和人民各阶层的实践活动革新。

越共六大后革新工作全面展开。面对苏联解体、东欧剧变，越共中央及时提出在革新过程中需要十分注意“四个危机”，即经济落后的危机，偏离社会主义方向的危机，贪污、腐败和官僚主义的危机，敌对势力“和平演变”的危机。在经过过渡时期的初始阶段后，又提出国家工业化、现代化的目标，提出要发展社会主义定向市场经济。

目前，一个民富国强、社会公平、民主文明的社会，人民当家作主的社会，建立在现代化生产力与生产关系相适应基础上的经济高度发达的社会，全面发展的社会，各族人民平等、团结、相互帮助、共同进步的社会，在越共的领导下为民所有、由人民监督、为人民服务的社会主义法治国家的社会，同世界各国发展友好合作关系的社会，正在越南逐步推进和逐步实现。

在苏联解体、东欧剧变的大背景下，一向固守社会主义计划经济又长年遭受美国经济封锁的古巴，也开始逐步推行改革开放政策，引起了国际社会的广泛注目和积极评价。几十年的苏古同盟瓦解，使整个古巴国民经济遭受严重冲击。在这样的情形下，古巴党和政府仍镇定自若，十分坚强，做出改革开放的历史抉择，并于1993年正式启动。改革的具体目标有三个：一是改变单一经济结构，推进经济多元化，逐步消除经互会国际分工所形成的弊端；二是调整国际经济贸易关系，从苏联东欧市场，转向西欧、拉美、加拿大等国际市场；三是慎重细致地改造国内旧的经济体制，以解决企业经济效益不高的问题。这些改革举措很快取得可喜成绩。古巴根据自身旅游资源十分丰富、旅游文化有相当基础的优势，把发展旅游业作为改革开放的突破口，出台了相关扶持政策和引进外资开发旅游的政策，促进了旅游业的迅速发展。在陆续推出诸如旅游法、新投资法，引进外资，放宽对个体经营的限制，建立税收制度，改革金融体制和价格体系，开放农贸市场和手工业产品自由市场等改革举措，并取得成效的基础上，古巴党和政府还特别强调要注意负面影响，也就是古巴改革要尽量减少社会阵痛和社会代价，经济发展和社会进步必须同步进行等。从总体上看，古巴的改革开放是一个谨慎探索的缓慢过程。但是人们相信，这一改革探索必将使古巴社会主义更加繁荣昌盛，更加充满生机和活力。

此外，朝鲜集中一切力量进行社会主义经济建设，老挝实施革新开放战略，柬埔寨实行对外开放和自由市场经济政策等，都给现实中的社会主义国家带来了发展的动力，成为社会主义制度生命力的重要体现。

社会主义制度并没有因为冷战结束而终结，而正在以旺盛的生命力、崭新的奋斗姿态，迎来更加光明的前景和未来。

第十章
在改良道路上踯躅前行的民主社会主义

01　“同宗”“同源”又“同义”的困惑

在美国“解放学校”网站上挂着一篇夺人眼球的文章，题目叫《对社会主义的八个误解及其澄清》。文中写道：在过去的几年里，社会主义这个词变得越来越普遍。但是，说出这个词的政治家或评论家，要么不知道它的含义，要么故意误导听众。为了澄清事实，文中列举并澄清了八个误解。

误解1：社会主义者想拿走你的财产。这个误区混淆了私有财产和个人财产。当社会主义者谈论废除私有财产时，指的是生产资料的社会化。社会主义者没有兴趣拿走个人的房屋、汽车和私人使用的个人物品。

误解2：社会主义者反对民主，支持独裁。在资本主义制度下，资本家拥有所有的经济权力，并用这种权力来控制政治。资本主义制度下的“两党”民主制度，实际上是富人的独裁。在社会主义制度下，巨大的社会资源不能被积聚在私人手中，只能根据计划来使用和分配。这就为真正的民主——人民统治奠定了基础。

误解3：在社会主义制度下，劳动没有积极性。社会主义奖励努力工作的人，而在资本主义制度下，最富有的人却根本不工作。在社会主义制度下，每个人的报酬与他们的劳动相匹配。而在资本主义制度下，最不具备生产性的社会成员——银行家和首席执行官们——变得极度富有。

误解4：社会主义违背人的本性。马克思指出，一个社会占统治地位的思想和行为，是这个社会的统治阶级的思想和行为。因此，人的本性随着你所生活的社会类型的变化而变化。

误解5：社会主义者不尊重宗教自由。马克思从未要求废除宗教，但是反对宗教对劳苦大众的麻痹。虽然许多社会主义者是无神论者，但是争取社会主义与解放的社会主义政党，热忱地欢迎有各种宗教信仰背景的人来参与。

误解6：社会主义者只关心阶级压迫，不关心其他形式的压迫。争取社会主义与解放的政党，是反对一切形式压迫的不屈不挠的战士。

误解7：社会主义随着苏联解体而崩溃。社会主义作为一个概念不依赖于任何一个国家。只要资本主义的剥削制度存在，社会主义就会存在。

误解8：社会主义在美国没有历史根源。社会主义者一直是美国工人阶级所有重大斗争的坚定不移的参与者。一些主要的社会主义节日——国际劳动节和国际妇女节都起源于美国。

这篇文章虽然很短，但很有意思。同样地，人们对民主社会主义、社会民主主义与科学社会主义的认识，也有需要澄清的地方。

长期以来，国内外学术界流传着一种“同宗”“同源”又“同义”的观点，认为民主社会主义、社会民主主义与科学社会主义同出一源，都是1848年欧洲革命的产物。马克思、恩格斯曾自称是社会民主主义者，对民主社会主义或社会民主主义做过革命性的解释。第一国际、第二国际时期，民主社会主义、社会民主主义和科学社会主义是同义语，第二国际破产后，它才成为改良主义、机会主义的同义语。如此理解是否正确呢?

众所周知，人类思想史上的社会主义，脱胎于原始共产主义的大同社会和理想国，而直接面对的是崭露头角、欣欣向荣但又贫富悬殊、极不公平的资本主义社会。有那么一些道德高尚的人，不甘忍受资本给劳动人民带来的剥削和不公，试图克服、改变其弊端，或是建立一个更加公平、更加自由的新型社会制度而形成的一种思想体系。对于如何实现人类社会发展的这一伟大理想，社会主义的先驱们，有的赞成密谋组织的暴动，有的崇尚民主公开的选举，但更多的是高谈阔论、畅想未来。因此，才有了空想社会主义与科学社会主义之分。从这个意义上讲，很难笼统地拿民主社会主义或社会民主主义与科学社会主义做比较。

很显然，民主社会主义、社会民主主义概念的提出，是马克思、恩格斯的社会主义思想（后来被称为科学社会主义）在与各种各样的空想社会主义进行交流、融合乃至斗争的过程中，逐步提升并不断完善的。事实也正是这样。1847年恩格斯在改造正义者同盟时撰写过一个问答式的小册子《共产主义原理》，在第二十四个问题中，把“社会主义者”分为五类，其中就有“民主主义的社会主义者”。说他们希望实现部分措施，但不是把这些措施当作引向共产主义的过渡办法。这就把“民主主义的社会主义者”同共产主义者之间的异同讲清楚了。[①]在第二十五个问题中，分析了各“民主主义政党”，指出像英国宪章派这样的“民主主义者在他们现在到处坚持的社会主义措施中越接近共产主义者的目的”，和共产主义者之间共同的利益也就越多。[②]1848年1月，马克思、恩格斯在《共产党宣言》中指出：“在瑞士，共产党人支持激进派……其中一部分是法国式的民主社会主义者，一部分是激进的资产者。”“在法国，共产党人同社会主义民主党联合起来反对保守的和激进的资产阶级，但是并不因此放弃对那些从革命的传统中承袭下来的空谈和幻想采取批判态度的权利。”[③]

由此不难看出，在1848年欧洲革命之前，已经存在着民主主义、民主社会主义、共产主义等各种思潮和流派，而带有民主主义色彩的社会主义者，或带有社会主义色彩的民主主义者已经出现。1848年的欧洲革命，是科学社会主义思想与其他社会主义思潮，包括民主社会主义或社会民主主义思潮，在激烈的社会革命中大显身手并得到检验的时候。伯恩施坦曾这样说过：“在1848年革命年代，社会主义概念进入政治，点缀了一些政党的名称。在法国，激进共和国的带有社会主义色彩的拥护者自称为democrat socialites——社会主义的民主

---

① 参见《马克思恩格斯选集》第一卷，人民出版社，2012年版，第310页。

② 参见《马克思恩格斯选集》第一卷，人民出版社，2012年版，第311页。

③ 《马克思恩格斯选集》第一卷，人民出版社，2012年版，第434页。

主义者。而在德国，民主主义诗人哥特弗里德·金克尔（今天大多数人仅仅知道他的名字了）据此创造了‘社会民主主义者’这一说法。”[①]我们尚且不论伯恩施坦的说法是否准确，但正是在这场检验中，由于对欧洲革命采取的共同策略，马克思也自称是社会民主主义者。当然，这也绝不是民主社会主义或社会民主主义概念产生的源头。

至于在第一国际、第二国际期间，民主社会主义、社会民主主义和科学社会主义三者之间的异同，从国际工人运动的发展中就可以看得非常清楚。第一，由于马克思、恩格斯对正义者同盟的改造，由于共产主义者同盟的骨干回国参加大革命的实践，科学社会主义日益在工人运动中得到实践检验，并逐步得到广大工人组织的认可，马克思、恩格斯也因此成为最著名的工人运动理论家，享有很高的声誉。第二，第一国际虽然有众多社会主义流派，科学社会主义只是其中一个。但是由于国际工人协会的核心和灵魂人物是马克思，国际工人协会章程及总委员会的所有文件，几乎都出自马克思之手的时候，无论是出于实际斗争的需要，还是出于斗争策略的需要，科学社会主义与民主社会主义或社会民主主义都是同义语。第三，第二国际是在恩格斯的直接指导下建立的，无论是指导思想、口号、议题以及后来的章程等，都是以科学社会主义为指导，其他各种社会主义思想都处于服从和补充的地位。客观地说，在这一阶段的国际工人运动和社会主义运动中，对科学社会主义的质疑或挑战很少，科学社会主义连同恩格斯在国际工人运动和社会主义运动中的主导地位比较巩固，因此此时科学社会主义又与民主社会主义、社会民主主义属于同义语。

由此可见，科学社会主义是相对于空想社会主义而提出的，而此时的民主社会主义或社会民主主义，是作为五花八门的“非科学”的社会主义而存在的，既与科学社会主义有联系，但又不同于科学社会主义。同样地，科学社会主义是汲取了空想社会主义的丰富营养，以及民主社会主义、社会民主主义的

---

①［德］爱德华·伯恩施坦：《什么是社会主义》，史集译，生活·读书·新知三联书店，1963年版，第4页。

丰富营养而形成的，它是对各种社会主义流派的总结和超越。因此我们看到，在马克思、恩格斯推动国际工人运动和社会主义运动的过程中，包括李卜克内西、倍倍尔在内的工人领袖们，都在经常使用“民主社会主义”或“社会民主主义”这样的概念，都在用民主社会主义或社会民主主义来组织、动员群众，并且发挥了不可或缺的重要作用。比如李卜克内西在《论社会民主党的政治立场，特别是对国会的政治立场》的演说中指出：“没有民主的社会主义是臆想的社会主义，正如没有社会主义的民主是虚假的民主一样。”①“未来将属于以民主为基础的社会主义和以社会主义为基础的民主。”②

第二国际是由恩格斯指导建立的，全称为“各国社会民主党和社会主义工人团体的国际联合组织”。从名称就可以看出，此时恩格斯把社会民主党、社会党、工人党、工人社会党或社会主义工人党都看作是以社会主义为目标进行奋斗的工人政党，民主社会主义、社会民主主义与科学社会主义在概念上未做明确区分。而真正导致民主社会主义、社会民主主义和科学社会主义产生思想分歧，并走上对立和对抗之路，是从恩格斯逝世后伯恩施坦全面修正马克思主义开始的。

这就充分说明，一个正在发展、逐步成熟的思想体系、理论体系，必须根据周边环境和社会条件的变化，不断更新一些固有的观点和元素；而一个已经败北或沉寂的思想体系、理论体系，也可能会随着周边环境和社会条件的变化，又死灰复燃、重新崛起。马克思、恩格斯的科学社会主义，在与各种社会主义流派的交流、融合和斗争中，逐步确立了主导地位。各社会主义流派的革命者，大多都转变立场，开始信奉和追随科学社会主义，乃至在第二国际初期形成一个空前的高峰。但是这并不意味着这些社会主义流派的消亡，更不意味着这些社会主义思想的绝迹。一旦遇到适当的内外部条件，它还会借尸还魂、

---

① ［德］威廉·李卜克内西：《不要任何妥协！》，姜其煌等译，生活·读书·新知三联书店，1964年版，第7页。

② ［德］威廉·李卜克内西：《不要任何妥协！》，姜其煌等译，生活·读书·新知三联书店，1964年版，第21页。

大行其道。这就是人类思想发展史上的唯物论和辩证法。从这个意义上讲，说科学社会主义与民主社会主义或社会民主主义同宗同源也好，不同宗同源也罢，都不能否定一个事实：科学社会主义正是在与民主社会主义或社会民主主义的协同奋斗中，推动了国际工人运动和社会主义运动的发展，也正是在与民主社会主义或社会民主主义的协同奋斗中，科学社会主义扩大了影响，巩固了自己在国际工人运动和社会主义运动中的主导地位。

综上所述，我们可以得出如下结论：第一，民主社会主义、社会民主主义、科学社会主义都是在工人运动和社会主义实践中产生的社会主义流派；第二，民主社会主义、社会民主主义、科学社会主义从概念提出、丰富、交融乃至斗争，经历了一个漫长的过程；第三，马克思、恩格斯在指导国际工人运动和社会主义运动的实践中，无论出于战略或者策略的考量，在很多时候都把民主社会主义、社会民主主义、科学社会主义视为同义语，但同时始终坚称自己是共产主义者；第四，民主社会主义、社会民主主义形成思想体系，是从伯恩施坦修正马克思主义开始的。

02　令人伤心的分手

毫无疑问，马克思、恩格斯在生前历经千辛万苦，才把零乱、分散的工人运动、社会主义运动整合并团结在科学社会主义思想旗帜下，用全部精力去推动社会主义事业发展，创立了马克思主义这一科学的思想理论，为指导国际工人运动和社会主义运动、促进人类解放和社会进步做出了划时代的卓越贡献。然而谁也没有想到，他们为之奋斗终生的伟大事业，竟然因为伯恩施坦的修正而四分五裂，好不容易聚集在一起的社会主义力量，因为立场和理念的不同逐步走向分裂和对立，而这个伯恩施坦又曾经被恩格斯视为自己最好的学生，这不能不说是一件令世人无语的伤心事。

2005年，俄罗斯科学院元老级院士T.И.奥伊泽尔曼出版了一本书，叫《为修正主义辩护》，提出要“还伯恩施坦以历史公正”，在马克思主义哲学界引起了巨大反响和激烈争论。奥伊泽尔曼主张在科学研究领域彻底废除和停止“修正主义”这一概念的使用。具体原因有三：一是修正主义并不是科学研究中的普遍现象。“不仅在自然科学中，我们并不思考像‘修正主义’这样的现象，仿佛是内部的敌人，将自身的敌对本质掩藏在科学的面具之下，并且，在大多数人文社会科学当中也不存在这种吓唬人的东西。”[①]二是修正主义加速了马克思主义的教条化进程。三是在马克思主义之外的学术界，修正主义其实是一个并不被人们接受的概念，而以往人们使用“修正主义”一词，无非是一种“科学社会主义意识形态”在思想上的孤立主义。因此，主张修正的合法性和正当性，积极肯定修正的作用和价值，“修正是一种被人们普遍接受的研究方法”[②]。

有了这样的铺垫，奥伊泽尔曼指出：第一，对马克思主义的修正自马克思主义诞生之日就已开始，而且许多都是马克思、恩格斯本人进行修正的。伯恩施坦区别于自己前辈的地方，就是对马克思主义的修正多多少少有点系统化而已。第二，伯恩施坦修正主义的产生具有现实的历史条件和背景。其中，最为主要的理由是，这个时期资本主义生产力的迅速发展证明，资本主义的生产关系并没有成为生产力进步的桎梏和阻碍，资本主义尚未达到完全腐朽的程度。而由于经济的快速增长和繁荣，德国工人阶级及其政党已经在相当程度上失去了革命的传统。而且无论是在英国还是德国，改良主义都有很好的实践基础。第三，除哲学基础外，伯恩施坦在经济论题、政治论题上对马克思主义的修正，基本上是能够成立的。奥伊泽尔曼指出，伯恩施坦“从来没有严肃地研究过哲学，他对唯物主义、唯物史观和辩证法的批判具有肤浅的性质”[③]。但就经济论题而言，伯恩施坦关于生产资料社会化、社会两极分化、工人阶级的绝对贫困和相对贫困等问题的阐述，关于大生产并不吞并小生产和中等生产、能够共同繁荣的观点，关于资本主义发展并没有导致工人阶级状况不断恶化的观

① 林艳梅：《奥伊泽尔曼〈为修正主义辩护〉一书观点述评》，《国外理论动态》，2009年第4期。
② 林艳梅：《奥伊泽尔曼〈为修正主义辩护〉一书观点述评》，《国外理论动态》，2009年第4期。
③ 林艳梅：《奥伊泽尔曼〈为修正主义辩护〉一书观点述评》，《国外理论动态》，2009年第4期。

点，都是值得借鉴和深入研究的。对于政治论题而言，伯恩施坦关于阶级专政属于“较为低级的文化”，进而主张以普选权理论加以代替的观点；关于在民主法制社会当中，全部社会改造的进行都应当以改革的方式，在议会通过的法律基础上来实施，反对暴力革命的观点等，与马克思主义奠基人的观点并不矛盾。由此，奥伊泽尔曼得出结论：在经过一百多年的历史检验后，人们对伯恩施坦主义，终于给出了正确并十分详尽的评价，“历史公正性，终于到处取得了胜利”[①]。

在此引述这么一本带有明显辩护倾向的著作，并不是想为伯恩施坦“正名”，因为我们并不认为目前世界社会主义发展状况是马克思主义的失败或者伯恩施坦主义的胜利。我们只是想从人类思想史的角度，对社会主义思潮这一重大历史分歧引发的国际工人运动和社会主义运动的分裂，表示深深的遗憾。我们不能假设历史，但是国际工人运动和社会主义运动内部的这种创伤，总是让人心痛不已。

首先，对伯恩施坦主义深表担忧但又做出解释的，是像倍倍尔这样的革命前辈。倍倍尔在给伯恩施坦的信中，一方面不无忧虑地讲，如果恩格斯在世，看到他如此信任的弟子，把他们共同搭建的事业糟蹋得一塌糊涂，将做何感想？另一方面又对伯恩施坦的突然修正，想方设法做这样那样的解释。李卜克内西曾指出：“像马克思这样一位天才，他必须待在经济上走在其他一切国家前面的典型发展的英国，为的是在那里研究资本主义社会的本质，并从事写作他的《资本论》。而伯恩施坦却陶醉于英国资产阶级巨大的、同时也是民主主义的发展。”[②]言外之意是，环境对人的影响至关重要，如果一个人无法认清现实，极易被外在环境变化的多样性所牵引，进而导致思想观念的偏失。伯恩施坦显然不是马克思这样的天才，他在英国的逗留，使他在英国环境的巨大影响下，对英国资产阶级的发展表现出崇敬和佩服，这种影响直接造成他对马克思

① 林艳梅：《奥伊泽尔曼〈为修正主义辩护〉一书观点述评》，《国外理论动态》，2009年第4期。

② 中共中央马克思恩格斯列宁斯大林著作编译局国际共运史研究室编：《德国社会民主党关于伯恩施坦问题的争论》，生活·读书·新知三联书店，1981年版，第51页。

主义信念的动摇，使他已经形成的思想逐步发生变化。倍倍尔在致伯恩施坦的一封信中，以了解过往历史的长者身份对伯恩施坦说，你“又一次在脱毛”[①]，并强调这次“脱毛”是伯恩施坦历次“脱毛”中“最危险的一次”，而唯一能挽救他的办法就是变换一个环境。“脱毛”一词，原指某些动物定期脱去旧毛发代之以新生毛发的过程。恩格斯在《反杜林论》中，曾用这个词形容自己对自然科学的探索。伯恩施坦也曾用这个词来形容自己观点上的变化。倍倍尔认为，伯恩施坦在英国环境下所开展的交往生活，促使他原有的思想不断发生改变，他将暂时居住的环境当成普遍适应的标准。

然而伯恩施坦对此并不领情，他认为倍倍尔从一开始就错误地对他的“改变”进行责怪。同时强调他的思想发展并不像倍倍尔等人想象的那样，只能奴隶般地顺从外在的环境。倘若如此，他肯定就成为可怜巴巴、毫无主见的应声虫了。他还十分明确地承认：“我不管在形式上怎样迁就，思想上是一贯反抗环境的压力的。”[②]“脱毛”是“很长时期发展的结果”[③]。言外之意也非常明白，对马克思主义进行全面修正是伯恩施坦深思熟虑的结果。这就是当时德国社会民主党内的实际状况：一方面党的领导人认为伯恩施坦不应该，但又惜才，找了“环境影响论”“脱毛论”给他解脱；另一方面伯恩施坦并不这样认为，也不想就坡下驴。从中我们能够体会出，老一辈革命家对伯恩施坦主义在理论上的反驳是那样苍白。

其次，对伯恩施坦做出规劝和反击的，是德国党内另一位分量相当的理论家考茨基。考茨基与伯恩施坦共事多年，又都以理论见长，同是深受恩格斯喜爱的“真珠子”，两人之间的交情也很深。也正因为如此，他在反击伯恩施坦的节奏上要慢半拍，方式上也较之其他人温和些。他甚至发了一个声明，在声

① 中共中央马克思恩格斯列宁斯大林著作编译局国际共运史研究室编：《德国社会民主党关于伯恩施坦问题的争论》，生活·读书·新知三联书店，1981年版，第51页。

② 中共中央马克思恩格斯列宁斯大林著作编译局国际共运史研究室编：《德国社会民主党关于伯恩施坦问题的争论》，生活·读书·新知三联书店，1981年版，第66页。

③ 中共中央马克思恩格斯列宁斯大林著作编译局国际共运史研究室编：《德国社会民主党关于伯恩施坦问题的争论》，生活·读书·新知三联书店，1981年版，第64页。

明中建议伯恩施坦写一本小册子来详细阐述他的观点，并在这本小册子问世之前避免一切论战，伯恩施坦接受了这个建议。考茨基在声明的最后说："这些著作一发表，我就会出来战斗。在这之前，如果没有必要，我不会参加讨论。我希望大家不要误解我的沉默。"[①]但当他以与伯恩施坦在工作合作上"断交"的极端方式进行反击时，其反击的力度和系统性是其他人所不能及的。

然而，伯恩施坦对好友的批判仍然不以为然，反而认为自己不管写什么东西，都会被误解。当然对于其他人的批判，他也是这样认为的（比如普列汉诺夫的批判）。于是就诞生了伯恩施坦主义的代表作《社会主义的前提和社会民主党的任务》。

再次，对伯恩施坦主义的危害看得最透彻的是卢森堡和普列汉诺夫。卢森堡深刻地指出，同伯恩施坦主义的这场大论战，"对于社会民主党来说，也是一个生死存亡的问题"。她认为："同伯恩施坦及其门徒辩论的问题，最终说来，不是这种斗争方式还是那种斗争方式的问题，也不是这种策略还是那种策略的问题，而是社会民主主义运动的存废问题。"[②]普列汉诺夫在给《萨克森工人报》的公开信中，十分尖锐地向考茨基（当时为党中央机关报《新时代》主编）提出这样的问题："是伯恩施坦埋葬社会民主党，还是社会民主党埋葬伯恩施坦？"[③]但是，这些激烈的抗争也未能在党的代表大会上罢免并开除伯恩施坦。

最后，列宁对伯恩施坦主义的批判，终于使正统马克思主义与伯恩施坦主义阵营分明。列宁仔细研读了伯恩施坦的著作后，在给母亲的回信中写道："书的内容愈来愈使我们吃惊。理论上太差了；尽重复别人的思想。都是些空洞的批评，连认真地进行独立的批评的尝试都没有。实践上是机会主义（确切

---

① 中共中央马克思恩格斯列宁斯大林著作编译局国际共运史研究室编：《德国社会民主党关于伯恩施坦问题的争论》，生活·读书·新知三联书店，1981年版，第100页。

② 中共中央马克思恩格斯列宁斯大林著作编译局国际共运史研究室编：《德国社会民主党关于伯恩施坦问题的争论》，生活·读书·新知三联书店，1981年版，第115页。

③ 中共中央马克思恩格斯列宁斯大林著作编译局国际共运史研究室编：《德国社会民主党关于伯恩施坦问题的争论》，生活·读书·新知三联书店，1981年版，第98页。

些说是费边主义，伯恩施坦的许多论点和见解都是从韦伯夫妇的一些近著里抄袭来的），是登峰造极的机会主义和可能主义，而且还是胆小的机会主义，因为伯恩施坦对纲领简直连碰也不愿碰一下。”①列宁在系统分析伯恩施坦修正主义的基本观点和理论实质的基础上，坚持运用马克思主义革命辩证法，不断探究和解决无产阶级革命斗争中的实际问题。十月革命的胜利及世界上第一个社会主义国家的诞生，不仅成为马克思主义革命理论与具体实践相结合最有力的佐证，而且也重创了资本主义，重创了伯恩施坦主义，开辟了实现社会主义的新道路。从此，以列宁为代表的马克思主义阵营与以伯恩施坦为代表的修正主义阵营泾渭分明、分道扬镳，国际工人运动和社会主义运动也开始了史无前例的“很不好受的”（伯恩施坦语）分手。这也是民主社会主义思想体系诞生的源头。

03 偷食禁果引起的风波

《圣经》之《创世纪》记载，上帝始造天地耗时七日。起初，上帝创造天地。紧接着上帝在前六天创造了组成万物的各种要素，特别是在第六日里按自己的形状用地上的尘土造出他的子民亚当，让他管理天地间的万物，并把亚当放置在伊甸园中。第七天上帝安息了。后来，上帝看到亚当很孤单无趣，就想给他一个伙伴。于是上帝取了亚当的一根肋骨造了夏娃。伊甸园的中央种了两棵树，一棵为生命树，一棵为智慧树。上帝对他的子民说，园子里各种各样的果子都可以吃，但是唯独生命树和智慧树上的果子不可以吃。如若吃了，必定死亡。园子里有一条蛇，据说是魔鬼撒旦的化身。它告诉夏娃：吃了智慧树上的果实，就可以聪明如上帝；吃了生命树上的果实，就可以长生如上帝。夏娃没有经受住诱惑，偷偷摘取智慧树上的果实吃了，还拿了一个给亚当吃。上帝知道后大为震怒，把他们赶出伊甸园，惩罚他们及他们的子孙世世代代在尘世

① 《列宁全集》第53卷，人民出版社，2017年版，第207页。

间承受各种苦难。

在国际工人运动和社会主义运动的历史上，一直强调无产阶级与资产阶级的对立，把无产阶级对资产阶级的阶级斗争作为推动社会进步的动力，因而只是把议会斗争作为直接影响国家政策、实现工人阶级利益的重要方式和途径，但从来没有设想过能参加资产阶级政府。这就如同在伊甸园（比如政府）中不能偷吃的禁果（比如不能在政府中任职）一样。然而1899年6月，法国社会党人米勒兰打破了这一禁忌，参加了瓦尔德-卢梭内阁，当了工商部部长，成为第一个在资产阶级政府中担任部长职务的社会党人。这一事件在法国社会主义运动内部引起激烈争论，导致盖德派和饶勒斯派的决裂，并在法国形成了两个对立的社会党。不仅如此，这场斗争还超越了一国之范围，成为第二国际中革命派和机会主义派斗争的一个焦点。试想，一个致力于推翻资产阶级统治的政党，甘愿主动地参加资产阶级政府，这无疑是一件史无前例的大事。

米勒兰入阁事件的影响是极其深远的。第一，法国各社会主义政党对此事件立场迥异。首先是以饶勒斯为代表的独立社会党人，作出了支持米勒兰入阁的决定。饶勒斯在《小共和国报》上发表文章指出："共和国处于危机之中！如果一个部长为了拯救共和国敢于打击带军官肩章的叛乱分子，那么，他使用什么手段，对我们来说是无关紧要的……从我这方面来说，并且由我负责，我支持米勒兰参加这个战斗内阁。"[①]而法国工人党领袖盖得和瓦扬得知这一消息后，感到十分惊讶，并表示坚决反对。为了表示抗议，盖得派和布朗基派议员退出了社会主义联合党团，并组成单独的革命社会主义党团。此后，法国工人党全国委员会、革命社会主义党执行委员会和革命共产主义同盟联合发表宣言，谴责米勒兰等人长期以来用"实行妥协和背离的所谓社会主义政策"来代替战斗的无产阶级政策，指出："社会党，作为一个阶级的政党，不可能是一个内阁的党，也不可能变成一个内阁党，否则就是自取灭亡。它不应该和资产阶级分享政权。"

---

① 徐觉哉：《社会主义流派史》，上海人民出版社，1999年版，第255页。

第二，法国社会主义组织全体代表大会作出妥协决议。1899年法国社会主义工人联合会（可能派）向其他社会主义组织发出一封信，倡议召开法国各社会主义组织的全体代表大会，讨论一切有争议的问题，得到了各社会主义组织的积极响应。会上以工人党领袖盖得、拉法格和瓦扬为代表的反入阁派严厉谴责了米勒兰的行径，认为如果把米勒兰入阁看作是一种新的行动方法的起点，那就意味着放弃阶级斗争，意味着把社会主义者变成“资产阶级和他们利益的同谋者”，甚至充当资产阶级镇压工人运动的工具。而以独立社会党领袖饶勒斯为首的入阁派积极支持米勒兰入阁并为之辩护，认为社会党人参加资产阶级政府是一个纯策略问题，并不违背阶级斗争原则。社会主义者参加资产阶级政府，不仅可以从内部改变资产阶级政权的性质，而且为和平过渡到社会主义创造了条件。为此饶勒斯提出了一个决议案，一方面提醒工人阶级“警惕由于一个社会党人参加资产阶级政府而可能产生的幻想”，另一方面又肯定在有些情况下，例如政治自由遭受到严重威胁的时候，或者社会党的宣传和行动使重要的改革成熟的时候，社会党人参加资产阶级政府可能是有利的。决议案还要求，社会党人入阁必须经过党的正式批准。无论两派如何争论，最终的结果是，大会表决通过了这一决议，总体上反对社会党人加入资产阶级内阁，但在特殊条件下又允许社会党人加入资产阶级内阁。

第三，米勒兰事件导致革命派和机会主义派决裂。米勒兰入阁及在内阁中出卖工人阶级利益的行为，引起了法国工人的强烈不满。法国工人党诺尔省联合会通过一项决议，指出：“在瓦尔德克-卢梭-米勒兰内阁执政期间，雇主和工人之间的冲突空前频繁；工人遭到前所未有的欺骗、监禁和杀戮，他们从来没有像今天这样血洒街头……”法国工人党作出关于实行革命社会主义者统一的决议。1901年6月，革命社会主义党、法国工人党、革命共产主义同盟和一些自治联合会组成了革命社会主义统一体。1902年2月建立法兰西社会党。与此同时，社会主义工人联合会（可能派）、革命社会主义工人党（阿列曼派）、独立社会党人联盟（饶勒斯派），以及一些自治联合会组成了法国社会党。这样，法国就形成了两个社会党对垒的局面。

第四，在国际上掀起轩然大波。以德国倍倍尔、李卜克内西、卢森堡，俄国普列汉诺夫等为代表的老资格的革命家，都明确表示反对米勒兰入阁。倍倍尔指出："我认为米勒兰入阁是一个严重的错误……米勒兰将为政府的整个暧昧态度和愚蠢行为承担责任。"李卜克内西在致法国工人党的信中指出："社会主义者要加入资产阶级政府，不是倒向敌人方面，就是使自己屈从于敌人。至少，一个成了资产阶级政府成员的社会主义者，就同我们战斗的社会主义者分离了。"[①]而德国的伯恩施坦、福尔马尔，英国的海德门等则积极支持米勒兰入阁，认为他是为了拯救共和国而履行社会党人的义务。饶勒斯还在《小共和国报》上进行了一次国际性征询。征询结果表明，二十多名社会主义活动家中，有十二人赞成米勒兰入阁，十七人反对。

第五，第二国际通过了一个"橡皮性"决议。在第二国际第五次代表大会上，讨论"夺取社会权力和同资产阶级政府联盟"议程时，大家围绕米勒兰事件展开激烈讨论，提出了两个议案：一个是盖得等人提出的"必须禁止任何社会党人参加资产阶级政府，社会党人对资产阶级政府应当始终保持不屈不挠的反对立场"[②]；另一个是考茨基议案。经过激烈争论，大会表决通过了考茨基起草，经饶勒斯等人修正的《考茨基决议》，决议指出，在现代民主国家里，无产阶级夺取政权不可能是某种袭击的结果，而只可能是为了在经济上或政治上把无产阶级组织起来而从事长期、艰巨工作的结果，是工人阶级在体质上和精神上得到复兴及逐步夺取市政机构和立法会议的结果，也就是从原则上承认了无产阶级夺取政权道路的多样化。同时，决议认为无产阶级夺取政权的方式问题是一个策略问题，而不是一个原则问题。正是在上述认识的基础上，《考茨基决议》在原则上反对未经党组织批准就加入资产阶级内阁的做法，但认为在能给无产阶级带来好处时可以作为一个策略来考虑，同时重申国际是无领导核心、无权力机构的交流和联络组织，不应该对各国社会主义政党的具体策略

---

① ［德］威廉·李卜克内西：《不要任何妥协！》，姜其煌等译，生活·读书·新知三联书店，1964年版，第73页。

② 徐觉哉：《社会主义流派史》，上海人民出版社，1999年版，第258页。

发表意见。总之，这个决议的实质也是为加入资产阶级内阁开出了策略上的通行证。因而列宁批评道，考茨基提出的决议“对机会主义者的态度是暧昧的，躲躲闪闪的，调和的”[①]。

第六，实践中的伯恩施坦主义给社会主义事业设下最危险的陷阱。米勒兰入阁担任工商和邮电部部长，分管劳工问题。上任伊始就大谈劳资合作，虽然采取了一些给工人带来好处的改良措施，但很快受到内阁的限制和议会的监督，逐步沦为“资本家的傀儡、玩物和挡箭牌，成为欺骗工人的工具”[②]。1900年2月和7月，瓦尔德克-卢梭政府动用军队两次残酷镇压工人罢工，打死打伤数十名工人，米勒兰都参与其中。因此，在第二国际第六次代表大会上，盖得再次提出议案，要求最坚决地谴责修正主义的企图。大会表决通过了这一议案，给实践中的伯恩施坦主义-米勒兰主义以沉重打击。然而，陷阱已经挖好，所谓的策略在一些人眼里已经变成唯一的战略，不仅一些社会主义政党的领导人逐渐走上放弃无产阶级革命和无产阶级专政的改良主义道路，而且社会民主党人的入阁仍在持续，并且更加肆无忌惮。

04　感激涕零的文明社会

魏玛共和国是指1918年至1933年间采用共和宪政政体的德国，这是民主社会主义与资本主义制度融合的起点，这种融合也是马克思笔下的现代文明社会得以持续发展的一大助因。众所周知，在欧洲历史上，德国的崛起主要是通过自上而下的改革实现了经济现代化，通过军事手段统一了几百个城邦，由此建立了第二帝国。也就是说，德国统一民族国家的建立，并没有实现资本主义制度对民主宪政的诉求，留给人们的还是一个威权的政体。第一次世界大战后，谁也没有想到，帮助资产阶级实现民主宪政愿望的，却是号称无产阶级的

① 《列宁全集》第31卷，人民出版社，2017年版，第101页。

② 《列宁选集》第三卷，人民出版社，2012年版，第102页。

政治代表——德国社会民主党。

事情的经过大体是这样的：德国在一战战败后，大批身心受创的德国士兵重返祖国，国家陷入近乎混乱的状况，军事领导层企图用武力镇压，结果导致兵变叛乱，各地工人和士兵纷纷起义，仿照俄国十月革命建立了工人和士兵苏维埃，夺取军政权力，史称“十一月革命”。在德国向何处去的这一紧要关头，其国内最有影响的无产阶级政党，即德国社会民主党、独立社会民主党、斯巴达克派开始行动了起来。以艾伯特、谢尔曼为领袖的社会民主党，主张以改良主义的方式完成政治现代化的变革，在帝国国会中与自由民主党、天主教中央党等结成跨政党联盟，进行了“立宪主义革命”，重申致力于议会型国家。斯巴达克派是一个人数不多却影响巨大的革命左派，坚持以直接选举产生的委员会为基础建立政府，以期建立无产阶级专政的社会主义国家。独立社会民主党以考茨基和伯恩施坦为代表，既反对社会民主党议会制，亦反对斯巴达克派的无产阶级专政，但最终也倒向了社会民主党。这场由工人和军人自发的革命就这样迅速演变成不流血的政变，皇帝被推翻，胜利果实被社会民主党和独立社会民主党所领导的“立宪运动”摘取。而斯巴达克派的苏维埃运动惨遭镇压。向昔日的战友李卜克内西、卢森堡等挥起屠刀，成为德国社会民主党和独立社会民主党永远抹不掉的污点。1919年1月19日在国民议会选举中，社会民主党获得近38%的选票，自由民主党获得18.5%的选票，天主教中央党获得19.7%的选票，三者共同组建了魏玛联合政府。随后，艾伯特当选为总统，谢尔曼出任总理，组建社会民主党同资产阶级政党的联合政府，魏玛共和国就此建立。

放弃了阶级斗争和无产阶级专政，社会民主党就迅速脱颖而出。是文明社会自己做出了改变，还是社会民主党改变了文明社会？我们从德国社会民主党遵从伯恩施坦主义，对资本主义社会推行改良主义的实际成效，就能够得出结论。

德国社会民主党反对暴力摧毁资产阶级国家机器。1921年在格尔利茨通过的纲领中明确指出，“民主共和制是历史发展所赋予政府的不可取代的形式”。

巩固这种政治革命成果，需要做的就是：“将整个资本主义经济进一步地转变成一种为了共同利益而运作的社会主义经济。”[①]也就是和从前一样，以取得议会中多数的办法来夺取国家政权，但不是破坏国家政权。

德国社会民主党反对强制剥夺大有产者。以社会民主党为骨干的魏玛政府一成立，就明确了作为政策基础的三项条件：毫无保留地承认共和制；在财政政策上大力扶持财产和企业；奉行一条彻底的社会政策，并对工业部门实行社会化。[②]也就是说，它的主要任务是保护现有国家机器的正常运转，阻止剥夺容克战犯的财产，保障生产资料的个人占有和个人自由，等等。

德国社会民主党反对树立社会主义的最终目的。赞成伯恩施坦提出的著名公式：“目的是微不足道的，运动就是一切。”只是在“劳动协定”中明确了八小时工作制和自由结社的权利，但同时要求工人放弃企业中的“普遍与直接干涉”等权力。

德国社会民主党致力于拯救旧有的国家机器。艾伯特政府以法庭超党派、法庭独立地位不容侵犯等为理由，颁行了一系列措施，保留了旧有的全套司法和法律，原官员全部留任，保留旧有军队，恢复各级军官的指挥权，解散工兵苏维埃，交出工人拥有的武器等。

德国社会民主党采取建立委员会的方式来消除革命隐患。比如工会通过同企业主共同成立一个人数对等的总的工作委员会，决定首先着手振兴经济和消灭饥饿与失业。比如建立“农民代表会”，以期控制农村革命运动，削弱农村革命势力等。

德国社会民主党以“选举国民议会”来反对“一切权力归苏维埃”。他们鼓吹全民普选国民议会是“最民主的”“唯一合法的”政权组织，使工人士兵代表会自行解除职权，把政权拱手还给垄断资产阶级，等等。

---

① ［英］唐纳德·萨松：《欧洲社会主义百年史——二十世纪的西欧左翼》上册，姜辉等译，社会科学文献出版社、重庆出版社，2017年版，第78页。

② 参见［德］苏珊·米勒、［德］海因里希·波特霍夫：《德国社会民主党简史（1848—1983）》，刘敬钦等译，求实出版社，1984年版，第90页。

由此可见，伯恩施坦对马克思主义的全面修正，使社会民主党改变了原有的性质，民主社会主义变成了社会改良主义。而蜕去革命之皮的民主社会主义在事实上延长了资本主义的寿命，对战后资本主义的繁荣发挥了巨大作用。1929年世界经济危机爆发后，面对德国日益加深的政治经济危机，德国社会民主党召开莱比锡代表大会，提出要拯救资本主义，做资本主义的“床前医生”的议案，后来被人们概括为“在临床医生和遗产继承人之间的替代选择”，用以比喻社会改良与社会革命之间的二选一。奥地利历史学家尤利乌斯·布劳恩塔尔在《国际史》一书中，对这个在历史关键时期掌握政权的德国社会民主党做了如下批评：

> 他们在帝国崩溃后手中掌握着全部国家权力。从1918年11月10日召开工兵代表苏维埃代表大会任命社会主义政府，直到1月19日选出国民议会，德国处在他们不容争议的控制之下。人民代表制政府——多数派社会党人和独立社会党人的联合政府（斯巴达克拒绝参加）——在全国具有无可置辩的法律效力。人民代表制政府发表庄严宣言（1918年11月12日），承认负责执行社会主义纲领。这正是人民的希望所在。谁也不怀疑德国从此要实行社会主义。任何人也没有想到反抗。……工人群众迫切要求实行新的社会制度，其势有如暴风骤雨。在所有居民阶层看来，新社会制度是非有不可的。这就是在革命最初几个月时德国人民的心情。人们期待着进行大规模彻底变革。出乎大家意料的是，大规模的彻底变革没有到来，威廉时代的国家机器和资本主义制度结构原封不动地保存着。一场历史性灾难使德国工人阶级有了大好时机，但这个大好时机被白白地放过了。……为什么在这方面没有做任何事情呢？归根结底是因为，德国社会民主党不是作为革命的政党进行革命的，它的绝大多数领袖和群众早已不再用革命思想考虑问题，以致对革命的任务精神上毫无准备。……因

此，革命的幻想变得愈来愈远，变得渺茫，已经被领袖和群众的意识所遗忘。他们没有再亲身经历过革命，越来越倾向于注重现实，革命变成至多只是一种含糊不明的希望。早在战争爆发前很久，传统的思想财富已被排斥在工人阶级为争取眼前利益的斗争之外，而为争取改革资本主义社会的日常斗争实践所取代。德国社会民主党发生动摇转向改良主义，并非始于1914年8月，在此以前，它早已在本质上变为改良主义党，像英国工党，说到底像所有欧洲各社会主义政党一样的改良主义，尽管他们都标榜马克思主义的意识形态。①

这是一段多么酣畅淋漓的阐述，把民主社会主义的本质揭露得如此透彻。显而易见，资本主义之所以能够在两次世界大战和20世纪30年代大危机中逃脱劫难，包括伯恩施坦主义在内的社会改良主义立下了汗马功劳，资本主义文明社会应该对他们感激涕零。

05　难以弥合的裂痕

对于国际工人运动和社会主义运动的分裂，很多人内心深处是难过和痛苦的，总想找一个契机，用一种新的模式促成和解和联合。其中最积极的当属考茨基。1922年1月，由考茨基主导的维也纳国际（即社会党国际工人联合会，亦被列宁讥讽为第二半国际）独自采取行动，发表《致各国工人党信》，致函第二国际、共产国际执委会，建议召开国际工人代表大会，迅速同意并回应维也纳国际的要求，就参加会议的策略和战略的基本问题进行认真准备。而第二国际并不积极，它本来想建立排除共产党和共产国际的工人国际组织。而维也纳国际想把共产党和共产国际纳入进来，于是设置了前提条件，即要求讨论有

① ［奥］尤利乌斯·布劳恩塔尔：《国际史》第2卷，上海译文出版社，1986年版，第251—254页。

关格鲁吉亚和民族自决权问题、关于苏俄对社会民主党人的审判问题、关于在社会党各级组织和所属工会内设立共产党支部的问题等。在维也纳国际的百般斡旋下，1922年4月2日，共产国际、第二国际、维也纳国际在柏林国会大厦召开三个国际组织执行委员会联席会议，并就反对资本进攻的“共同行动”，主张为尽快召开国际工人代表会议，创建统一战线等达成共识。这是第一次世界大战后，国际工人运动和社会主义运动已分裂为三个国际组织的代表第一次聚首一堂，进行商谈。

共产国际认为，这是1914年7月后，“统一的国际组织的国际工人运动各派代表第一次坐在一张桌子上会谈”。维也纳国际认为：“召开这样一次会议在不久以前似乎还是不可能的，而现在竟然召开了，这一事实本身就已经是某种程度上的成功。”忧虑重重的第二国际执行局主席王德威尔得也表示：“从1914年以来，我们是第一次坐在这里聚会……这在某种程度上是一个令人振奋的景象，我们今天终于能在这里开会了。”[①]三个国际都极为重视这次会议，并把这次会议的成果称为“刚刚开始形成的统一战线”[②]。然而，这次会议的成果在会后的具体磋商中不仅未得到巩固与发展，反而迅速夭折，并且促使维也纳国际最终倒向第二国际，二者合并为社会主义工人国际，从而形成了国际工人运动和社会主义运动中两大国际组织尖锐对立、水火不容的局面。

有必要简要回顾一下第二国际最后一次统一会议，即布鲁塞尔社会党国际执行局会议以后的情景。1914年7月29日，社会党国际执行局举行全体会议，研究决定原定于1914年8月在维也纳召开的社会党国际代表大会，由于当地处于战争状态，提前到8月9日在巴黎举行。会议还一致通过一项决议，号召各国工人再接再厉，广泛举行示威游行，反对一触即发的世界大战。还不到一个星期，世界大战果真爆发。由于各国社会党对待第一次世界大战的立场不同，加之伯恩施坦主义的影响，第二国际实际已经“破产和死亡”。1920年在日内

① 《第二国际、第三国际和维也纳国际联合会柏林会议记录》，生活·读书·新知三联书店，1966年版，第21—22页。

② ［英］珍妮·德格拉斯选编：《共产国际文件》第1卷，世界知识出版社，1963年版，第424页。

瓦召开的各国社会党代表大会，宣布重建的第二国际，实际上只是原第二国际右翼组成的国际，“日内瓦代表大会只不过代表着一个残缺不全的第二国际”①。

1919年3月在莫斯科召开共产国际第一次代表大会，明确新的国际是“真正革命”的国际，是各国共产党的国际联合组织。各国共产党主要由原社会民主党的左派分裂出来组建而成。而原属第二国际的中派，以及其他左派组织，有一大部分愿意加入共产国际。但是由于共产国际号召各国革命派要立即实行两个决裂——同右翼社会民主党人决裂、同中派决裂，共产国际第二次代表大会还提出了“二十一条入会门槛”，使得再次分化的这批社会党，走上了独立建立共产国际的道路。

1921年2月召开维也纳代表大会，成立了社会党国际工人联合会，亦称维也纳国际。维也纳国际在考茨基的指导下，既在一些原则问题上独立发表意见，又表示不反对革命的选择，坚决拒绝第二国际关于建立排除共产党和共产国际参加的国际组织的要求，争取各国在外交上承认苏俄，号召国际无产阶级力量团结起来以反击资本的进攻等，为促成三个国际的合作与联合做了大量的工作和不懈的努力。

柏林会议承认三个国际组织的性质都属于无产阶级政党，在资本进攻的形势下有必要在一定范围内采取共同行动。但是由于三个国际，特别是第二国际与共产国际在思想理论上的严重分歧，最终没能实现。这些分歧主要表现在：

关于实现社会主义的途径。共产国际主张通过阶级斗争、无产阶级革命推翻剥削阶级的统治，无产阶级利用政权作为改造社会和消灭阶级的手段。而第二国际主张利用资产阶级议会民主制实现两种制度的趋同，和平过渡至社会主义。维也纳国际则主张“力求通过革命的阶级斗争，夺取政治和经济权力来实现社会主义”。

关于所有制问题。共产国际坚持马克思提出的“生产资料归社会占有”，

① ［奥］尤利乌斯·布劳恩塔尔：《国际史》第2卷，上海译文出版社，1986年版，第272页。

并以国家掌握生产工具作为完善社会占有制的过渡阶段。第二国际则主张在基本保存生产资料私有制条件下，实行多元化的混合经济。维也纳国际主张政府采取行动，把资金用到最需要的地方，主观上是为了拯救经济，而不是拯救资本主义。

关于奋斗目标和过渡问题。共产国际坚持共产党人的最终目标是实现共产主义的社会制度，并通过无产阶级的革命专政，向共产主义社会过渡。而第二国际主张对资本主义进行渐进性的改良，争取实现“福利国家”和“福利社会”。维也纳国际则认为，要通过政治民主，进而达到社会民主，建立一个团结友爱的社会。

关于党的性质、指导思想和组织原则。共产国际认为，共产党是工人阶级的先锋队组织，是领导无产阶级革命事业的核心力量，以马克思主义作为指导思想和理论基础，以民主集中制作为自己的组织原则。而第二国际认为，社会民主党放弃了在世界观或理论的历史渊源方面的任何规定，信奉可用不同的宗教或哲学观念加以解释的“基本价值”和“基本要求”，如基督教伦理学、人道主义和古典哲学，力求实现成为一个可由各个阶层选举的“人民的党”的目标。[①]维也纳国际强调，在坚持工人政党是议会党的同时，要加强科学启蒙和团结友爱教育，建设一个群众性的党。

正因为有如此原则上的分歧，当遇到第二国际设置的三个具体问题时，就难免会产生激烈的争论，并使脆弱的联合处于僵局和破裂的边缘。第一个问题是关于建立支部的策略。共产国际是统一的世界共产党，各国共产党是它的支部，直接接受它的领导。共产国际之所以采取这样一种组织体制，与当时对世界革命形势的估计过于乐观、实施完全进攻的策略有关。而第二国际与维也纳国际认为，这有违于民主原则，主张共产国际放弃这一策略。第二个问题是关于苏联对格鲁吉亚的占领。1920年，随着阿塞拜疆、亚美尼亚苏维埃社会主义

① 参见［德］苏珊·米勒、［德］海因里希·波特霍夫：《德国社会民主党简史（1848—1983）》，刘敬钦等译，求实出版社，1984年版，第233—234页。

政府的建立和内战的结束，在协约国特别是英国的支持下，格鲁吉亚政府进一步强化了对苏俄的敌对政策。出于自身安全的考虑，苏俄在外交努力失败后，支持格鲁吉亚占领的与亚美尼亚有争议地区的武装起义，并以“应起义者要求”的名义，出兵格鲁吉亚，进而建立格鲁吉亚苏维埃社会主义共和国。苏俄红军占领主权国家的这一事实，引起第二国际的极大不满。第三个问题是关于对社会革命党人的审判。俄国社会革命党是参加二月革命的主要政党之一。十月革命后，社会革命党人转入地下，不断抨击和反对布尔什维克的政策。内战期间的农民暴动，特别是喀琅施塔得水兵暴动，都与社会革命党人的策划和组织有关。为此，十月革命后，社会革命党的许多领导人被关进监狱。作为同一条思想战线上的战友，第二国际强烈要求释放或公开依法审判。这三个具体问题的协商，从很大程度上掩盖了三个国际在思想理论上的根本分歧，以及第二国际对《凡尔赛条约》（即第一次世界大战后战胜国对战败国签订的和约，其主要目的是削弱德国的势力）的真实态度，因而最后无果而终。

这一重大事件留给人们的思考是，社会历史条件在不断地发生变化，人们对国际工人运动和社会主义运动的认识也在深化，在未来的发展中，共产党和社会民主党在维护工人阶级利益、反对资本进攻的共同点上，不仅可以商谈，而且也应该能够谈出合作、取得成果。前事不忘，后事之师。这些年来，世界各国共产党、社会民主党，以及其他形形色色政党之间的联系和交往不断加强，商谈和交流的问题十分广泛，在重大国际问题和重大发展问题上的立场日趋接近，这就为国际工人政党之间的联合和协调行动，打下了坚实的基础。

06 丢掉利剑的战士

第一次世界大战后，德国产生了一个政党——国家社会主义工人党，简称“纳粹党”。它的党首是阿道夫·希特勒，一个臭名昭著的法西斯专政独裁者，发动第二次世界大战的罪魁祸首。如此不堪的政党被冠以“社会主义”的雅号，如此不堪的人物被推上法西斯独裁政权的顶峰，这是为什么？人们需要知道的是，这一结局与号称德国工人阶级的政治代表、德国第一大党——德国社会民主党的懦弱与不作为大有关系。

阿道夫·希特勒出生于奥匈帝国一个海关职员家庭，年幼随父亲加入天主教成为信徒。中学时因喜欢画画，与父亲发生冲突，导致成绩下降，未能毕业。十六岁时开始热衷于政治，并对奥匈帝国境内所有非日耳曼民族产生了强烈的憎恨。希特勒特别喜欢阅读，在他的藏书中，数量最多的是军事类图书，如《征服天空：航空运输及飞行技术手册》《世界各国海军及其战力》等。其次为艺术和神秘主义图书，如《莎士比亚全集》《遗物之本：对来世、大自然真理、灵魂的实质及其影响的相关研究》等，还有社会科学类图书。父母双亡后，他生活日益窘迫，甚至在街头行乞，靠卖画为生。第一次世界大战爆发后，希特勒志愿参军，赴西线与英法联军作战，作战还算勇敢，混了一个下士，大战结束后，便在部队当政治教官。一个偶然的机会，上级命令他去调查一个叫“德国工人党”的小政治团体，由此希特勒加入该党并成为主席团七名委员之一。由于希特勒作为政治教官的演讲才华很快吸引了大批追随者，被该党的主席任命为宣传部部长。为了吸引群众，充分利用好德国当时盛行的民族主义和社会主义两股思潮，在他的建议和推动下，德国工人党正式改名为“国家社会主义工人党”，这便是人们熟知的纳粹党。

1920年希特勒退伍，全身心投入纳粹党的工作中。他组织设计了党旗和党徽，创办了党的机关报，修改了党章和党内制度，以惊人的学识、胆量、才华和组织动员能力令各方人士折服，不久成为纳粹党的党首。在希特勒的领导下，纳粹党发展迅猛，1928年发展到十万人，1931年超过八十万。1930年，纳粹党在国会选举中，获得选票从原来的八十万九千张增加到六百四十万张，议席从十二个增加到一百零七个。1932年7月，议席又从一百零七个增加到二百三十个，由国会中最小的党一跃成为第一大党，为希特勒掌握国家大权奠定了基础。

那么这个时候的德国社会民主党又是什么状况呢?

第一次世界大战之后，德国社会民主党的实际成就就是创建了魏玛共和国。新的民主宪法确立了共和制，并扩大了社会权利（如普选权、基本自由、全民教育权等），但对旧有的经济和社会结构没有进行根本性的改造，甚至因为害怕引起混乱而完全没有触及。除了宪法和议会斗争外，德国社会民主党最关心的当属调整劳资关系和推行有利于工人阶级的政策，如八小时工作制、失业补贴、工资调节和仲裁制度化等。然而随着社会民主党离开政府，资本家的腰杆又硬了起来，雇主停工胜过了罢工，八小时工作制也被废除了。

这期间，虽然社会民主党认识到剥削者与被剥削者之间的对立日益明显，阶级斗争前所未有地激化，需要响应民众呼声建立一个反垄断同盟。但是德国社会民主党基尔代表大会却提出社会民主主义的任务是确立“有组织的资本主义”。“有组织的资本主义实际上意味着，资本主义自由竞争的原则被社会主义计划生产的原则所代替。”[①]这种“集体化”和“有组织”的经济仍然由资本家来领导，社会民主主义的任务就是利用国家来指导经济的发展，企图以和解战略化解危机。但当1928年社会民主党重新执政时，发现已无法实现对经济的控制，财政危机一触即发，魏玛政府已经走进死胡同，社会民主党的和解战略已告失败。更令人不解的是，为了顶住希特勒的纳粹运动攻击和推翻魏玛共和国的图谋，保住已经千疮百孔、危机四伏的魏玛共和国，社会民主党不惜卑躬屈膝与保守右翼政党进行妥协，完全丧失了代表工人阶级反对资本主义的政治立场，以致短短几年内纳粹党乘势做大，希特勒法西斯主义夺取了政权，魏玛共和国以悲剧结局。

布劳恩塔尔的《国际史》披露，这时的德国社会民主党并不是没有力量，它有一支战斗组织：“这个庞大的战斗组织的主要支柱是1924年5月建立的国旗队。1932年7月法西斯政变时，社会民主党的国旗队有三百万队员。国旗队的核心是保卫团，它是一支有战斗力的、经过军事训练的精锐队伍，自称有四十万人。”[②]英国工党领袖拉斯基在1943年出版的《论当代革命》一书中这样

---

① ［英］唐纳德·萨松：《欧洲社会主义百年史——二十世纪的西欧左翼》上册，姜辉等译，社会科学文献出版社、重庆出版社，2017年版，第80页。

② ［奥］尤利乌斯·布劳恩塔尔：《国际史》第2卷，上海译文出版社，1986年版，第442页。

剖析道："德国社会党人把他们时间的一半用来斗共产党……一半用来维护顽强的合法性，结果却被他们的法西斯对手充分利用了去。"①

而希特勒恰恰迎合了民众的求变心理，尖锐抨击资本主义制度的弊病，宣扬推翻资本主义制度后建立人民理想中的社会主义的美好前景，让人们相信纳粹党才是资本主义制度的真正掘墓人。试想，民众中广泛存在着一战战败的民族压抑心理，对本国执政党（包括社会民主党）政策的不满，对社会革命、社会变革的强烈期待，对资本主义社会制度的绝望等，得不到最大的、联系群众最广泛的政党——德国社会民主党的正确引导，民众自然而然就要转到希特勒法西斯主义一边。但是法西斯一旦掌权，就立刻撕下了伪善的面具，毫不留情地把屠刀挥向共产党和社会主义者。希特勒1933年1月31日上台，2月1日就召开内阁会议商讨对付共产党，2日就宣布"禁止共产党的示威运动"。更有甚者，纳粹冲锋队员悄悄潜入国会，放火焚烧国会大厦，然后把纵火罪名强加到共产党身上，诬蔑这是共产党发动武装暴动的信号，并借机大肆逮捕、屠杀共产党员和进步人士。

当世界大战的阴云密布，战事一触即发之际，第二国际的成员党都一致承诺要竭尽全力阻止战争的爆发，如果战争不可避免地发生了，就利用战争造成的危机进行社会革命。然而，当第一次世界大战真正爆发时，德国社会民主党在议会中毫无异议地投票支持德国皇帝及其战争表决案。奥地利、捷克、匈牙利、比利时、法国等国的社会民主党，也都毫无例外地站在了政府一边。战争将社会主义者分成三个阵营：支持本国政府战争政策的所谓爱国的社会主义者，追求和平所谓中间派的社会主义者，坚定的反战的革命社会主义者。而只有第三个阵营，后来大多改称共产党，在战争中发挥了中流砥柱的作用。

这一时期的社会民主党，除了在北欧国家（如瑞典、丹麦）取得一定成功之外，其他国家均没有可以历数的建树。比如由于法国是第一次世界大战的战胜国，资产阶级的基础没有受到什么损害，支持布尔什维克的多数派分裂出去

---

①［英］拉斯基：《论当代革命》，朱曾汶译，商务印书馆，2018年版，第104页。

组成了法国共产党，法国社会党日益被边缘化。为了改变这种状况，法国社会党领导人布鲁姆提出走社会主义的民族道路，这种理论以“夺取权力”“演习权力”和“占领权力”为区分，对“最终目标”和现实任务、革命时刻和当前任务做了适当的修正，实际上是伯恩施坦主义在法国的翻版。又如英国工党，在1923年的选举中得以入主政府，但它的统治依赖于自由党在议会中的支持，这一点使它不可能考虑工党宣言中那些鲜明的措施。

另外，伯恩施坦、考茨基等人对俄国十月革命和布尔什维克主义的妖魔化，也严重阻碍了世界反法西斯统一战线的建立。社会革命是一场伟大的实践运动，仅仅从书本出发，坐而论道，而不是从革命实践的具体情况出发，是很难参透革命进程中的是是非非的。而伯恩施坦、考茨基等人恰恰犯了这样的致命错误，他们对俄国十月革命和布尔什维克主义的非难，几乎和希特勒利用反犹太人的种族主义和民族复仇主义、反对马克思主义和共产主义的宣传遥相呼应，营造“每一个犹太人都是布尔什维克”的浓厚氛围，给国际工人运动和社会主义运动造成非常大的消极影响，堵塞了广大革命群众向左转的革命道路。在德国是这样，在其他欧洲国家也是这样。这不能不说是一大历史遗憾。当然，在资本主义包围之中顽强奋战的布尔什维克和共产国际，也犯过一些极左的错误，这也是应该认真吸取教训的。

07　怪诞的传播

在国际共产主义运动史和德国社会民主党历史上，弗兰茨·梅林是一位容易被忽略但又不应忽略的代表人物。他是一位学者，四卷本的《德国社会民主党史》是他留给国际共产主义运动及德国社会民主党的宝贵财富；他撰写的五十一万字的巨著《马克思传》是第一本关于马克思的传记；他著述的《莱辛传奇》，从历史唯物主义的视角出发，生动诠释了著名文学家莱辛的作品意义、艺术风格和道德力量；他还写过《林达乌怪事》等时事评论文章，展示了作为一位编辑记者的敏锐和功底。而这些，同时代的马克思主义者都难以同时做到。然而，梅林留给历史最珍贵的记忆，是他始终如一的信仰追求和永不倦怠的斗争精神，正是这种追求和精神，奠定了他作为第一批马克思主义的史学家、马克思主义的第二代构建者的地位。他是德国工人运动著名的活动家，德国共产党的创建人之一，也是德国社会民主党内与修正主义斗争的灵魂。梅林著作等身，且严谨细致，他曾十分自信地回击机会主义者对他的人身攻击，他说："豺狼们可以吃掉我这个人，但是它们在我的著作上将折断牙。这些著作留在德国工人运动史上，在那里，仇恨、偏见、诽谤是起不了作用的。"列宁因此评价道："梅林不仅是一个愿意当马克思主义者的人，而且是一个善于当马克思主义者的人。"[①]

弗兰茨·梅林出生在德国一个中产阶级家庭，大学主攻哲学，成绩优异，获得哲学博士学位。大学毕业后，以一个民主主义者的面目从事新闻工作，1875年写了第一本著作《歼灭社会主义者的冯·特赖奇克先生和自由主义的最终目的，社会主义者的反驳》，对德国反动历史学家特赖奇克的观点进行驳斥。在经历一小段的徘徊后，他开始转向马克思主义。1885年到1889年担任《柏林人民日报》总编辑，在报上撰文抨击《反社会党人法》和俾斯麦政府。1891年梅林加入德国社会民主党，并成为党的理论刊物《新时代》的积极撰稿者和编辑。自此，梅林在党的历史、文学评论、反对修正主义、捍卫马克思主义的道路上一路前行，成果颇丰。但是令人不解的是，如此一个开德国社会民主党历史、马克思生平研究之先河的理论家，后世对他的关注并不多，研究也很不充分。

与此形成鲜明对照的是，尽管人们都认为伯恩施坦主义没有多少创新的东西，而是对各种思想流派观点的一种堆积（包括伯恩施坦本人也这样认为），但是后世对伯恩施坦主义的研究成果仍然是浩瀚如海，有批判的，有赞扬的，有翻案的，也有控诉的，尤其是以它为代表的民主社会主义思想的传播，画出了一道道怪异的弧线，看似死寂之声，乍又重新崛起，貌似穷途末路，却又峰

---

① 《列宁全集》第18卷，人民出版社，2017年版，第372页。

回路转，直看得人眼花缭乱、瞠目结舌。

事实一再证明，一种思想体系、一个理论观点的传播，不在于是否完美和深沉，而在于是否满足需求和欲望。如果我们对民主社会主义思想的传播，尤其是其在两次世界大战前后的发展态势加以描述的话，可以发现如下鲜明特点：

其一，新分析屡遭破产却能一意孤行。民主社会主义的源头在伯恩施坦，而伯恩施坦修正马克思主义的重要依据在于，认为资本主义的繁荣发展具备了自我修复功能，可以克服社会化大生产和生产资料个人占有之间的矛盾，从而避免经济危机的发生，也就是消除了“危机论”。认为托拉斯等垄断资本的产生，资源跨国配置，股份制企业的涌现，防止了资本的过度相对集中和工人阶级的迅速绝对贫困，消除了战争产生的根源，暴力革命失去了依据，也就是消除了“突变论”。然而，伯恩施坦主义刚刚提出几年，第一次世界大战爆发，1929年爆发了欧洲经济大危机，所谓“危机论”“突变论”的消除相继破产。但是令人不解的是，无论是德国社会民主党还是法国工人党，乃至英国工党，虽然在不断检讨对形势的判断失误，但是仍然坚持资本主义的繁荣发展是社会主义建立的前提条件，工人群众的福利正是在资本主义生产充分发展的基础上实现的。相反地，倒是像俄国这样经济比较落后的国家，坚信马克思的“危机论”和“突变论”，并且成功地利用“危机”和“突变”，走上了社会主义道路。

其二，屡屡错失革命时机却宣称反对革命。民主社会主义认为，社会主义的实现不仅需要经济和社会生产力的高度发达，还必须以议会制民主共和国为前提条件。而资产阶级民主共和国客观上已经为无产阶级提供了最好的民主形式，民主社会主义者的任务就是利用资产阶级议会民主制，更多地参与政权，更好地为工人阶级谋福利。因此我们看到，当革命机遇来到时，民主社会主义的大多数领导人都对此熟视无睹，或根本就不去深究，以至于广大群众的革命潜力得不到激发，向左转的群众大多数都被迫向右转，甚至转向法西斯主义。害怕革命，害怕无产阶级专政，是民主社会主义的一大通病。正是由于社会民主党人已经失去了革命和牺牲的勇气，当广大人民群众要求革命时，他们唯恐激怒资产阶级，不敢上前领导革命；当资产阶级疯狂镇压革命时，他们又惊慌失措，一味退却，甚至随声附和，充当帮凶。正是在这一意义上，有学者称民主社会主义是资产阶级专政的重要社会支柱。

其三，不惜内部分裂也要追求与资产阶级的和谐。民主社会主义的另一大特点就是，虽然在党内思想争论中伯恩施坦主义受到全面批判，然而在行动上却逐渐接近伯恩施坦的观点。比如瑞典社会民主党在1897年制定其第一个独立纲领时，虽然忠实地复制了《爱尔福特纲领》，但有意识地没有把贫困化理论写入条款中。法国社会党的领袖饶勒斯，声称既没有站在考茨基一边，也没有站在伯恩施坦一边，但在实际行动上与后者更接近。这样一来就形成了一个很奇怪的现象，面对资产阶级的专政或攻击，社会民主党的左派选择坚决抗争，不惜走上暴力革命的道路；中间派试图调和，时而转向左派，时而转向右派，在左右摇摆中获取最大利益；而右派则是坚定不移的和谐派，为了与资产阶级的和谐，不惜与左派和中间派决裂，一旦能进入资产阶级政府谋得一席之地，就更是露骨地与资产阶级一道，镇压打击党内的左派。

其四，高举反共大旗，搭上西方集团战车。民主社会主义在早期修正马克思主义时，还能羞答答地对待改良与革命的辩证关系，认为暴力革命取决于特定的形势，特别是取决于是否已失去以合法的、和平的手段获取政治权力的可能性。但在实际操作中，几乎没有一位社会民主主义领导人把武装斗争作为其系统的战略主张。因此，对于列宁领导的十月革命，对于苏联等社会主义国家实行的无产阶级专政，他们都是不遗余力地进行抨击、批判。更有甚者，在第二次世界大战期间，民主社会主义政党公开喊出既反对共产主义又反对法西斯的口号，把共产主义与法西斯相提并论，而且在策略上提出社会党人在反对共产主义的斗争中不可能是中立的，他们的义务就是支持大西洋联盟，支持美国和西欧各国政府的现行政策。

其五，摆脱马克思主义的束缚，终于和资本主义融为一体。社会民主党自称是马克思和恩格斯的继承人和遗愿执行人，但在对待马克思主义的最基本问题上，均采取了肢解和否定的做法。比如，马克思指出，现存的资本主义制度是不公正的，资本家通过占有生产资料，压榨工人的剩余价值，从而获得了对财富的占有和对社会的统治。而伯恩施坦则认为，资本主义制度已经发展出一种自我约束的能力，本身能够避免危机。同时，银行系统的建立、企业的垄断、通信的巨大发展、信用体系的建立等，使得中小企业同样地得到发展，因而避免了社会的两极分化。又比如，马克思指出，历史是阶段性地向前发展的，资本主义阶段只是一个暂时的历史现象，必将由更为新型的社会制度——社会主义所取代。而伯恩施坦认为，社会主义不是一个目标，而是一个永不间断的过程。还比如，马克思指出，工人必须建立起自己独立的政党或组织，才能作为一个阶级来行动。而伯恩施坦认为，社会民主党对工人运动的煽动，只会导致无法控制运动，而国家政府将会采取严厉措施把总罢工镇压下去。因此只主张举行政治罢工，只要罢工有一个具体的短期目标，而且得到资产阶级内部一些团体的支持，就算是成功。如此反复地蚕食，马克思主义的大厦几被蛀空，也就从根本上脱离了马克思主义的思想轨道。

1951年6月社会党国际成立，通过纲领性宣言《民主社会主义的目标与任务》，正式宣布世界观多元主义，最终完成了社会党的“非马克思主义化”，把伦理社会主义观点（即人道的社会主义）作为社会主义的论据，把民主制推崇为社会主义的最高原则，逐步放弃对生产资料公有制的追求，不再明确划分资本主义与社会主义两种制度之间的界限，强调社会主义是一个现有制度下长期持久的任务。至此，民主社会主义已完成由革命党到改良党的转型，正式融入资本主义社会大家庭。

08　战后的复苏

俄罗斯著名作家谢尔盖·卢基扬年科写了一本科幻小说《守夜人》，以此拍成的同名电影让他蜚声海外。故事讲的是数百年前，一场混乱战争后，善恶双方签署千年合约，声明彼此互不侵犯，归于和平。善的一方派出夜巡队，查缉对方是否违反规则。而恶的一方则在白天做同样的工作。守夜人或守日人，他们的使命都是维持善与恶之间的平衡。一旦善恶比例失衡，就会引发战争、革命、毁灭，甚至全世界的灾难。日子一天天平静地过着，但危险却随着千年合约的逐渐失效而渐渐显露。一个拥有无限潜能的小男孩出现了。他拥有打破光明黑暗两派平衡的力量，谁得到他，谁就能取得最后胜利。

《守夜人》描述的情景，像极了第二次世界大战后东西方对峙的冷战局面。而经济学中的“守夜人”是指经济学家亚当·斯密，他在其名著《国富论》中，详细讨论了理想国家中的政府如何以守夜为天职。他认为政府的职能主要有三项：保护本国社会安全，使之不受任何其他独立社会的暴行和侵略；保护人民，使其在社会生活中不受任何人的欺负或压迫；建立并维护某些公共机关和公共工程，确保人民的社会公共权利。政府忠实履行“守夜人”的职责，是社会公平、稳定和安全的重要保证。但是，两次世界大战的爆发，各国政府所面临的经济萧条与复苏的抉择，都对传统“守夜人”理论提出严峻挑战。而六十多年后凯恩斯主义则改变了这一局面，成为罗斯福政府施政的重要理论基础。

第二次世界大战后经济的复苏，与凯恩斯主义及时任总统罗斯福运用这一理论对美国经济的改造，乃至对世界经济的重塑密切相关。第一次世界大战后，人们期待自由资本主义还会有一波快速稳定的发展。然而1929年美国股市暴跌，引发全球经济大萧条，马克思预言的“经济危机周期”还是不期而遇地到来了。大萧条最严重时，美国工业产出下降46.8%，国内生产总值下降28%，失业率为25%。面对这种灾难性下降，人们开始质疑传统经济理论的自由放任原则，并思考市场的局限性及政府的积极作用。资本主义国家也被迫放弃了其“守夜人”的传统角色，开始超越国家在维护法律和秩序、巩固国防、规范竞争等方面的界限。政府不得不面对这样一个事实：经济越来越受到少数几个垄断企业的支配，而社会民众的公共需求也越来越强烈。于是马克思和社会主义者关于计划经济的思想开始复苏，越来越多的人对计划经济产生了浓厚兴趣。

在英国，工党人士热衷于公共工程规划，并试图将马克思主义融入所谓的西方文化传统之中。在法国，新费边研究社对经济政策进行了详细研究，强调把对工业进行社会控制作为社会主义的一个鲜明特征，甚至提出把中央计划作为社会主义的基本要素。在比利时，社会主义者德·曼著有《工作计划》一书，提出“国有化的实质与其说是所有权的转移，不如说是统治权的转移……管理问题先于占有问题”，强调经济控制和经济权力远比生产资料所有权更为重要。如此等等。

也正是在这理论急需革新的关键时刻，凯恩斯宏观经济理论应运而生。1936年，在深入调研和大量考证的基础上，凯恩斯出版了经济学巨著《就业、利息和货币通论》，书中将宏观经济变量的行为、表现及结构特征整合在一起，试图从总量层面系统阐述经济短期大幅波动的潜在原因及应对举措。他指出，大萧条时期经济频繁的剧烈波动严重恶化了经济体系的健康运行，以相对价格运行为核心的市场自发调节机制并不能有效熨平经济剧烈波动。面对市场失灵，政府在投资层面应该发挥更多重要作用。

我们不能肯定凯恩斯到底受过多少社会主义思想的影响，也不能给凯恩斯主义打上社会主义的标签。但是他直面现实总结和阐述的思想，与社会主义者的计划经济思想确有异曲同工之妙。凯恩斯主义主要包括三种理论。第一，有效需求理论。凯恩斯认为，受边际消费倾向递减、资本边际效率递减及灵活偏好规律等三大规律影响，消费者常常会将收入更多地用于储蓄，消费占比会系统性偏低，有效需求自然会出现不足倾向，社会各类商品滞销，存货增加，产能过剩迫使生产缩减，企业解雇工人，失业率提高。第二，非自愿失业理论。凯恩斯将失业分为摩擦性失业和非自愿失业。非自愿失业属于市场失灵后剧烈波动所引发的畸形反常情况。非自愿失业状态下，即使求职人员要求的工资低于市场工资水平，仍难以找到工作。第三，政府干预理论。凯恩斯认为，市场自发调节在短期内并不能一直使资源得到优化配置，为了弥补这种缺陷，政府这只“看得见的手”也应该积极发挥作用。政府可以采用扩张性政策来增加公共支出，填补有效需求不足的缺口，从而促使宏观经济实现平稳持续增长。

为了有效应对经济危机，美国罗斯福政府制定了多项法律法规，直面危机，大胆改革，整顿金融，复兴产业，救济失业者。罗斯福采取的一系列措施，就是以凯恩斯主义为指导的新政，他强调："新政要在我们社会的富人和穷人之间、体力劳动和脑力劳动之间结成一种自由人的自愿的兄弟情谊，大家站在一起，为共同的利益而奋斗。"新政有效改善了国家的经济状况，提高了整个国民的福利。

二战后民主社会主义的复苏，是与经济的复苏相伴相随的。当战争结束时，社会党和社会民主党参与了几乎所有西欧国家的民主政府，在英国、瑞典、挪威还掌握着对政府的控制权，在其他国家则与非社会主义政党分享权力。是什么原因让民主社会主义时来运转和复兴的呢?

首先，严酷的经济环境引发了人们对传统资本主义治理模式的反思。第二次世界大战结束后，德国被瓜分，英、法、意等老牌资本主义国家实力被严重削弱，其他卷入这场战争的国家也都是千疮百孔、百废待举。总结两次世界大战都是资本主义国家挑起的事实与教训，人们非常清醒地认识到，如果不对传统资本主义治理模式进行改革，西方资本主义世界将走向终结。①一些思想家、理论家也在进行思考，认为纯粹的资本主义方式已无法解决重症痼疾，只有依靠模式的部分转型，才能有效避免危机的重现。而这个时候，以社会主义制度部分代替资本主义制度的中间化方案，开始为多数人和多数党派所接受。很显然，社会民主党是推进用社会主义方式解决资本主义问题的最佳政治力量。

其次，抵抗运动中表现突出的左翼力量不断壮大，成为国家治理不可忽视的一支主要力量。各国共产党的作用自不待言，法共、意共、英共等都在人民群众中树立了崇高威信，拥有广泛基础。而这些国家的社会民主党，也凭借在抵抗运动中的出色表现，获得了大批选民的支持，大多与共产党组成联合政

① 参见［德］奥斯瓦尔德·斯宾格勒:《西方的没落》下册，吴琼译，四川人民出版社，2020年版，第546—547页。

府。而英国工党因为全身心投入战争内阁之中，成为一个爱国主义政党，以绝对优势赢得1945年大选。工党的胜利在英国历史上具有划时代的意义：在此前从来没有一个社会主义政党能够在不受自由党或联盟政府约束的条件下进行统治。

最后，两极政治格局的形成，引发了国际政治环境的变化。根据《雅尔塔协定》，世界实际上划分为以美国为首的西方资本主义阵营和以苏联为首的东方社会主义阵营，以及大量介于二者之间的民族国家。丘吉尔的铁幕演说揭开了冷战序幕。美西方采取和苏联公开对抗的策略，极力阻止共产主义在世界范围内的扩张，以极端手段排斥和打击西欧各国共产党势力。从1947年开始，西欧先后有八个国家的共产党被驱逐出政府。在这种情况下，西欧各国社会民主党积极调整政策，以超过其他政党的较大优势上台执政。比如，英国工党在1945年大选中奇迹般挫败了丘吉尔领导的保守党，组成了以克·艾德礼为首的一党政府。法国社会党从1944年起就开始参加联合政府，在1945年选举中获得了23%的选票。比利时社会党在1946年全国议会选举中获得31.5%的选票，并参加了联合政府。这些党通过调整政策，积极影响选民，推动西欧政治改革进程，逐渐发展成为左翼政治的一支主导力量。

09 重建国际

社会党国际的建立，从提出动议到召开第一次代表大会，整整用了五年时间，说明其面临问题的复杂和处理问题的艰难。那么到底是什么原因造成了这么漫长的等待？这就需要从摩根索计划和范西塔特主义说起。

随着第二次世界大战接近尾声，美、英、苏、法等国开始考虑战后重建和对德计划。在珍珠港事件爆发后的两个月，时任美国总统罗斯福授权国务院制定战后对德国的计划。国务院拿出了一个以防止战争再度爆发为首要目的的报告，提出要防止战争，保持繁荣和民主，就要实行广泛的合作和交流，实现经济一体化，并形成了应当遵循的原则：在国际监督下重建德国经济，反对严厉的赔偿政策，反对强行肢解德国，创建保障民主的集中的新政府。这一温和的方案，遭到时任财政部部长亨利·摩根索的强烈反对。他认为这种政策将导致德国人偿付赔款并在十年后发动第三次世界大战。[①]在得到罗斯福总统的鼓励后，他开始插手德国问题，起草了《对德国问题的分析》，提出著名的"摩根索计划"。这一计划的中心原则是：把德国的工业全部拆除，把德国人变成"拥有小块土地的农业居民"。在摩根索看来，"法西斯主义就是德意志人的本质特点。由于大部分德意志人都参加了纳粹暴政，因此，应该无情地惩罚所有的德意志人"[②]。他认为对德国实行严格控制、毁掉现有军备、使军火工厂转入和平、用实物而不是用货币进行赔偿都是行不通的，都无法堵塞通向第三次世界大战的道路。他也反对对德国进行再教育，认为外来的教育不可能成功地强加于德国人民。因此，应剥夺其工业，田园化德国。他认为："在它的政治和经济潜力丧失之后，德国，作为一个由大国集体保证的国际秩序中的和平破坏者，应被抹掉，因为根除德国法西斯主义的最好办法，就是消灭德国。"[③]后来这一计划吸收了英国及其他方面的意见，形成了"参谋长联席会议1607号指令"，用来在战争结束后到盟国管委会做出长远占领政策之前使用。

范西塔特主义是英国对德的战后政策，相对于美国的政策较为适度温和，比较讲求实际。范西塔特爵士认为，德国的威胁来自根深蒂固的德国民族性格的缺陷，也就是德国多年以来形成的天生好战、渴望征服和主宰的贪欲，是一种种族主义倾向。因此，英国对德国问题最根本的考虑就是安全问题，其首要目的是要防止战后的德国再次成为动乱的根源，确保其永远不再具有发动反对英国及其盟国的战争的能力。与美国不同，英国认为削弱德国的经济政治能力，甚至肢解德国，都不是根本的办法。消除隐患唯一的道路是对德国实行改造，改变其民族性，在德国建立起深刻的民主化的社会。正因为如此，据说丘

---

① 参见［美］罗伯特·达莱克：《罗斯福与美国对外政策（1932—1945）》下册，商务印书馆，1984年版，第670页。

② ［英］迈克尔·鲍尔弗、［英］约翰·梅尔：《第二次世界大战史大全：四国对德国和奥地利的管制1945—1946年》，上海译文出版社，1995年版，第27—28页。

③ 李工真：《德意志道路——现代化进程研究》，武汉大学出版社，2005年版，第415页。

吉尔在看到摩根索计划时大吃一惊，拒绝将其作为英美两国共同的对德政策。英国颁布的《英国德国手册》的原则是：摧毁纳粹主义和军国主义，消除行政、司法和经济领域中纳粹主义的影响；保持法律和秩序；禁止英国军队和德国民众之间的友好行为；在英国控制下，通过德国自治政府解决必要的战后问题；管制无线电和新闻；控制经济和金融，在较低水平上恢复基础结构与和平经济。

苏联的政策大体与美国一致，并提出向德国索取两百亿美元的赔偿。法国的政策除了肢解德国外，还要求在占领区的经济利益，坚决阻止在德国出现中央集权政府等。至于战后重建，美国提出了马歇尔计划，苏联提出了莫洛托夫计划。这就是社会党国际成立所面临的大背景。

第二次世界大战期间，除同盟国和中立国外，西欧其他国家的社会党都受到法西斯镇压，组织解散，领导人和成员遭到监禁或被迫流亡。有合法组织和行动自由的英国和瑞典就成了西欧社会党领导人的流亡目的地，伦敦和斯德哥尔摩成为社会党的两个活动中心。由于战时英国的特殊地位和英国工党是西欧最大的社会党，伦敦就成了各国社会党的主要活动中心。与此同时，斯德哥尔摩成立了国际社会民主党人小组，通常称为斯德哥尔摩小国际。

1944年下半年，希特勒法西斯崩溃在即。英国工党全国执行委员会开始着手研究社会党国际的重建问题，并在工党第四十三次年会期间邀请其他国家的社会党人就重建国际问题交换意见，会议根据工人国际法国支部的建议决定筹备举行一次国际社会党人的会议。但在邀请哪些国家的社会党参加筹备的问题上，伦敦和斯德哥尔摩产生了分歧，伦敦只准备邀请盟国社会党，而斯德哥尔摩则主张尽可能广泛，打破欧洲局限。

1945年3月，由英国工党主持，在伦敦举行了大战开始后各国社会党的第一次正式会议，决定成立一个常设筹备小组，拟订重建国际的计划。1946年5月，在英国举行了第一次国际社会党代表会议，中心议题是讨论重建社会党国际的问题。但是对于建成什么样的国际，各党之间有很大分歧。少数社会党主张立即按原社会主义工人国际的模式进行重建，另一部分社会党人主张按照世界工联的模式组建有共产党参加的国际，但是多数西欧社会党人不同意这样的提法。可见，当时的国际大背景和东西欧国家社会主义与资本主义分治的情形，对社会党国际重建影响很大。这次会议的一大成果是，决定在伦敦设立社会党通讯和联络局，负责下届会议的筹备和交流各党的情况。

1946年11月，举行了第二次国际社会党代表会议，再次讨论重建社会党国际的问题。会议一致认为，这时建立新组织是不实际的。东欧各国社会党明确表示，由于它们都在本国政府中同共产党合作，因此成立只有社会党参加的国际组织，它们就不得不退出。英国工党认为保持同东欧社会党的关系有利于同东欧政府打交道，同时也可间接影响同苏联的关系。为了避免同东欧社会党关系的破裂，社会党国际重建问题就搁置了下来。

1947年6月，在苏黎世召开第三次国际社会党代表会议，中心议题是研究德国社会民主党的资格问题，未能达成一致意见。1947年11月召开的第四次国际社会党代表会议，通过了接纳德国社会民主党的决定。正当社会党国际重建工作顺利推进之时，1947年3月美国宣布了反共的杜鲁门主义，6月又颁布了马歇尔计划。1947年5月，法国共产党和意大利共产党因反对马歇尔计划被排挤出政府。1947年9月，共产党和工人党情报局成立。1948年2月捷克斯洛伐克德尔瓦克挫败政变，组建共产党清一色政府。3月在英国工党倡议下，英、法、荷、比、卢五国建立西欧联盟。同年夏季以后，东欧一些国家社会党相继并入共产党。

新的形势使得东西方社会党之间的对立更加明显。很显然，在东西方关系日趋紧张，世界面临分裂成为两大对立集团的情况下，宣布重建社会党国际是极不适宜的。在此后召开的数次国际社会党代表会议，都以所谓民主和放弃与共产党合作为由，威逼东欧各社会党站队表态。更有甚者，相继开除了捷克、意大利社会党的会籍，还培植了在西欧的东欧社会党流亡组织，成立东欧社会党联盟。至此，东西欧社会党正式决裂，国际社会党组织正式走上反对共产主义的道路。

1949年12月底，国际社会党代表会议委员会开始集中精力筹备社会党国际的重建工作。1950年初，秘书处将宣言草案分发各党征求意见。1951年3月，在伦敦召开的国际社会党代表会议委员会会议上，英国和比利时两党联合提出重建社会党国际的提案，得到与会者一致支持。1951年6月30日至7月3日，国际社会党代表会议在法兰克福举行最后一次会议，通过了重建社会党国际的决议和纲领性宣言《民主社会主义的目标与任务》，将国际社会党代表会议改名为社会党国际，将这次集会作为社会党国际的第一次代表大会记录在案。至此，社会党国际正式宣告成立。

由此可见，社会党国际是一些主张民主社会主义的社会党、社会民主党、工党及其他政党的国际联合组织，它自称是第二国际和社会主义工人国际的继承者，其历史始于1864年建立的第一国际。其最高权力机构是代表大会，是一个交换情报和经验、表明共同立场的组织机构，宗旨是加强各国社会党的相互联系，通过协商方式求得政治态度的一致。社会党国际对参加成员没有组织约束力，不硬性规定各成员执行其决议。

10 赫赫战绩与福利国家

瑞典是斯堪的维纳亚半岛上的一个国家，首都斯德哥尔摩市区分布在十四座岛屿和一个半岛上。七十余座桥梁将这些岛屿连为一体，成为一个水上大花园。也就是在这么一个北欧小国，执政的瑞典社会民主党充分结合本国实际，提出了关于国家治理与建设的一系列思路和方针，取得了巨大成功，创立了举世闻名的“瑞典模式”。有不少人将瑞典的成功归结于瑞典社会民主党及其所走的民主社会主义道路。瑞典社会民主党成立于1889年，是第二国际成员组织。早期瑞典社会民主党信仰马克思主义，并致力于工人阶级的解放。

第一次世界大战前后，由于瑞典坚持中立国地位，致使瑞典社会民主党对帝国主义战争及把帝国主义战争变成国内社会革命的态度发生转变，逐步转向改良主义。这种转变引发了其党内传统左翼与改良主义派的分裂，于1917年单独组建瑞典社会民主左翼党。1914年，瑞典社会民主党成为议会第一大党。

1917年，加入资产阶级政党的联合政府。1920—1925年，瑞典社会民主党领袖布兰廷三次出任首相。从1932年重新执政到20世纪70年代中期，是瑞典社会民主党的“黄金时代”，创造了近四十四年连续执政的记录，在历次大选中平均得票率高达45%以上。

总结瑞典社会民主党保持长期执政的历史经验，主要有如下几点：

坚持“人民之家”的执政理念。1928年，党的领袖汉森提出了“人民之家”的理念，使党对社会主义的理解有了质的飞跃。“人民之家”理念贯穿了社会民主党1932年以后执政的实践。“人民之家”理念的核心是阶级合作。汉森指出：“一个好的家庭没有特权或被剥削者，只有平等、革新、合作与互助。国家同样也是如此。”瑞典社会要想成为这样一个好的家庭，就必须消灭现有的阶级差别，发展社会福利，实现经济平等，以及建立经济和社会的民主。

建立了一整套行之有效的制度和政策体系。主要有调整劳动力市场、普惠福利、促进开放和稳定经济等。瑞典社会民主党在政治上追求妥协与共识，这成为该党拥有广泛社会基础、缓和社会矛盾的一大法宝。在经济上强调将市场的需求与社会团结的需求有效结合，不因为平等而牺牲经济的正常增长。在社会管理上主张积极的政府作用，在承认并充分利用私有部门创新能力的同时，有效运用政府手段，尤其是公共部门推动国家的有效运转。

形成了跨阶级联盟。为了拥有长期稳定的支持力量，保持党执政的阶级基础，瑞典社会民主党在高度依赖工人阶级的基础上，提出“全方位的人民党”目标，主动淡化自己的阶级身份，提升对中间阶级的吸引力，形成了一种立足于工人阶级的跨阶级联盟。

在瑞典社会民主党长期执政下，瑞典各方面的变化也是十分明显的。19世纪50年代，瑞典还是一个比较落后的农业国。到20世纪中期，已发展成为世界上经济最发达的国家之一。它的信息产业、汽车制造业、造船业、飞机制造业、化学工业、尖端军工产品都居世界领军方阵，拥有隆德大学、乌普萨拉大学等世界一流大学，拥有沃尔沃、伊莱克斯、爱立信、宜家等全球知名品牌，国际经济竞争力、创新能力、人类发展指数等，长期居国际领先地位。瑞典全体国民都享受普遍、全面的福利保障，在生育、儿童、疾病、伤残、失业、住房、教育、养老等各方面，都能得到国家的照料。瑞典是世界闻名的高度清廉的国家，不允许官员假公济私。任何人给予或答应给他人不适当的报酬，均被认为犯有受贿罪。瑞典的社会平等程度很高，主要表现在国民收入和福利平等、官民平等、性别平等。瑞典奉行“平时不结盟，战时守中立”的独特外交政策，主张建立世界经济新秩序，推动和平对话，援助欠发达国家，因而赢得了很高的国际美誉度。

事实上，最早提出“福利国家”概念的还不是瑞典社会民主党。1883年德国引入医疗保险计划，1889年又引入普遍养老金计划。法国在1910年设立类似的养老金计划。1911年英国自由党启动国民保险制度等。但是这些福利举措都是一些零星的、被迫的，抑或是受工人运动和社会主义运动的压力不得不对资本主义进行改革，以提高民众生活条件。

真正把福利国家思想运用到国家治理上，战后的英国工党政府功不可没。经历了长期的战乱，人们都期盼有稳定、平等和普惠福利的生活。在工党与以丘吉尔为首的保守党的竞争中，选民们毫不犹豫地选择了工党，认为它是最适合实施社会改革，最适合为推进改革而同既得利益集团进行斗争，且具有坚定、坚韧和不妥协精神的政党。工党执政后，1946年通过了《国民保险法》，1948年建立国家卫生服务体系。经过几年的努力，实施了一系列福利国家政策，使英国成为当时世界上最发达的福利国家。与英国工党一样，挪威工党也占有议会绝对多数，1935年起长期执政，其间实施了一些社会福利措施，实现了养老金的普遍覆盖，普遍而平等的儿童津贴制度也走在了其他国家前面。

在法国共产党人克鲁伊扎特当选劳工部部长时，提出了《克鲁伊扎特法》，主张建立覆盖整个人口的普惠性社会保障体系，这一目标直到1967年戴高乐右翼联盟执政时才得以实现。在奥地利，社会党通过与人民党联盟，达成了建立平等而普惠的社会福利共识，通过了《工人休假法》等法律。

由此可以看出，社会民主党的福利国家思想的主要内容有：

调整收入分配。主张通过对不同收入阶层的赋税差别化，特别是确立个人所得税累进制，使得各阶层、各阶级间的收入趋于均等化。当然现实中事实并非如此，随着科学技术的进步和社会生产力的进一步发展，像英、美、法、德、日等发达资本主义国家，社会财富更加集中于巨富阶层，高收入阶层与低收入阶层之间的收入不均等状况仍在继续恶化，一些福利国家论者期待的消除不均等现象的“收入革命”并没有发生。

促进充分就业。认为充分就业是福利国家的一项重要经济政策和措施，实行这一政策，就能有效控制就业水平，稳定国民经济，增加社会生产。

对国民经济进行计划指导。认为垄断资本的产生，使生产的社会化程度进一步提高，经济发展规划和预测愈来愈得到推广，有效克服了生产的无政府状态，可称之为“有计划的资本主义”。

普惠的社会福利。从英国工党先后实行的四种福利政策，发展到社会福利多样化，形成一套全面的福利制度，包括失业救济、退休金、养老金、家庭补助、医疗保险、卫生保健、住房补贴，以及文化、教育等社会服务和保障等。

实行混合所有制经济。主张用国有化、合作化的办法实行公有制，在不改变生产资料私有制的条件下，对经济实行民主管理，甚至有的学者把混合经济等同于福利国家。

综上所述，民主社会主义提出的福利国家思想，由于坚持普惠性原则，得到了左、中、右政治组织的普遍关注和广大人民群众的普遍欢迎。以致在战后资本主义国家，无论是共产党、社会民主党等左翼社会主义政党，还是保守党、自由党等中右翼资产阶级政党，都把福利政策作为吸引选民的一个有力手段。当然，福利国家思想的提出及政策实施，发明权应该是社会民主党的，而且其实施也更加坚决、更加全面、更加持久。

由于社会民主党福利国家思想的提出和选举战略的调整，使得其参政或执政的概率大为增加。社会民主党也迎来了难得的“高光时刻”。1924年以后的七年间，西欧先后有十一个社会民主党参政或者单独执政，品尝了权力的滋味。第二次世界大战以后，社会民主党迎来了政治上的黄金时代，西欧大部分国家的社会民主党都创造了自己的执政历史。苏联解体东欧剧变后，东欧国家的社会民主党也都仿效西欧社会民主党的福利国家思想，先后在波兰、匈牙利、捷克、罗马尼亚、保加利亚、阿尔巴尼亚等国选举中获胜，有的甚至连续执政，成为该地区左翼政治力量的主体。

11　难以走出的困境

2008年10月6日，世界各大媒体同时报道了一个爆炸性的新闻。冰岛总理宣布，国家可能将要破产。让世界为之大惊。这个极地边世外桃源般的国家到底发生了什么？冰岛共和国是北大西洋中的一个岛国，国土面积10.3万平方千米，人口约三十三万，位于格陵兰岛和英国中间，是北欧五国的一分子。这是一个在人们印象中高度发达的国家，国内人均生产总值排名世界第四，还是世界上第九长寿的国家，人均寿命超过八十二岁。冰岛的社会福利十分完善，是一个典型的国民从生到死都由国家负责的的高福利国家。比如冰岛建立了世界上独一无二的育儿体系，每对夫妻可以拥有九个月的假期照顾新生儿，假期还可享受80%的工资。民众教育医疗基本上不用自己花钱，连大学也都免交学费。如果病重要到国外治疗，家属陪同一人，费用全部由政府负担。

由于福利好、教育水平高，人口素质自然也高，因此冰岛政府就选择了金融业作为重点发展的支柱产业。以高利率、低管制的开放环境，吸引海外资金。而冰岛的银行也效法其他国际投资银行，在国际资金市场大量借入低率短债，投资高获利长期资产，次级按揭资产便是其中的一种。过分的借贷使冰岛总外债规模达到国内生产总值的十二倍。外债总额达一千亿欧元，而央行流动资金却只有四十亿欧元。银行业已经达到“富可敌国”的地步，一旦出现问题，政府只能宣布破产。

一个典型的福利国家竟然因为经济发展模式的选择，出现了如此巨大的风险，确实是值得深思的。第二次世界大战后，在各社会民主党的主导下，欧洲各国建立了一套号称从摇篮到坟墓的高福利制度，成为现代欧洲的重要品牌，也成为民主社会主义赖以自豪的理念和价值。一时间，高福利保障使得欧洲成为世界各国学习的榜样，也使欧洲成为世界民众趋之若鹜的天堂。然而，有学者十分犀利地指出，在一个以资本主义自由市场为基础的社会服务体系中，要实现并维持高福利政策的普惠性，必须具备两个条件和满足一个前提。两个条件是充分就业和最低薪资水平，即所有除在校学生和退休人员外的适龄公民，都必须有能够获得相应报酬的工作岗位；政府设置的最低薪资标准，必须足以保证公民用来购买必要的养老金和保险计划。一个前提是，经济的持续高增长和财富的持续高积累。而这恰恰是任何政党和任何组织都不敢保证的。对此，新加坡国父、亚洲政治强人李光耀在《李光耀观天下》一书中直言不讳地指出，欧洲的高福利并没有前途，高福利制度只会让欧洲逐步走向衰落。这就是所谓的“福利陷阱”。

“福利陷阱”特指二战后的福利国家通过创办社会公共事业，实行包括养老、医疗、生育、工伤等高福利政策，以调节缓和社会矛盾，保证经济生活平等和社会秩序正常运转。但由于违背了“量入为出”的基本法则，为国民提供的福利远非政府财力能够负担，只能陷入寅吃卯粮的恶性循环。进入20世纪70年代后，欧洲经济和社会环境发生巨大变化，经济增长明显放缓，公共支出严重匮乏，通货膨胀压力增大，导致高福利政策难以为继。以“模范国家”瑞典为例，1980—2003年年均经济增长仅为2%，日益低迷的经济发展态势，使企业效益大幅下滑，劳资冲突不断加剧，全国性罢工与闭厂此起彼伏，社会民主党的共识和妥协政治受到严重冲击，普惠性高福利政策难以持续实施。据有关专家估计，经济增长按实际值下降1%，瑞典的公共开支就要增长0.7%。同样，为了保证充足的就业，只能扩大公共部门，增加就业岗位。但如此一来，政府财政的公共开支就会急剧增长。真是走上了一条恶性循环的不归路。

事实上，如何对待福利国家理论及政策，不仅成为社会民主党的噩梦，也成为这些国家其他政党的噩梦。比如在法国，2012—2017年，社会党人奥朗德担任总统，因为糟糕的执政业绩饱受非议，支持率一度降到4%以下，被视为“法国历史上最不受欢迎的总统”。2017年，作为中派组织复兴党候选人的马克龙一举赢得选举，推出不少颇具雄心的改革计划。最直接的就是要改革社会福利制度，因而触碰到一些人的切身利益，也很快激起一波又一波的大规模民众抗议活动。

社会民主党推出的福利国家制度，促进了社会平等，保障了最贫困人群的生活，表面上缩小了贫富差距，维护了工人阶级和广大劳动人民的利益，在某种意义上是一种可贵的社会进步。但是福利国家制度只是对资本主义制度的一种改良，尚不能从根本上消灭剥削，实现社会公平正义，在实践中也存在着种种弊端：

福利制度培植了一种惰性，降低了社会发展效率。高福利和福利平均化，滋生了“不劳而获”甚至“少劳多得”的思想，致使民众工作热情下降、竞争意识缺失、怠工现象严重，造成企业经济效益下滑。

福利制度造成沉重的财政负担，频频陷入“福利陷阱”。由于福利制度的设计没有遵循“量入而出”的原则，当面临一些具体的突出问题时，就难以有效应对。比如失业率居高不下，失业救助费用也大幅上涨。教育、文化等方面的社会公共服务，人力成本和维护费用居高不下等。所有这些，都使社会保障支出过度膨胀，财政不堪重负，引发经济停滞或通货膨胀。

福利制度抬高了生产成本，成为增加失业率的诱因。实现充分就业是民主社会主义福利国家理论的核心政策，也是福利制度得以维持的前提和基础。但是现实社会中失业大军的存在，使国家失业福利支出常年处于高位。而过高的社会福利开支，最终将通过税收转为生产成本，生产成本的提高，必然影响产品的竞争力。而为了增强产品的竞争力，企业主只能通过减少雇佣人数、提高单位时间劳动生产率来解决。这样一来，整个社会的就业机会就会减少，随之而来的是失业保障费用增加，形成失业保障与就业之间的此消彼长。

福利制度难以适应人口老龄化趋势，造成养老福利捉襟见肘。福利国家理论提出时，正值二战后百业凋零、民生困顿的特殊时期，福利制度的推出无异于一支强心剂，催化了经济的复苏，唤醒了民众的生机。但是随着二战后生育高峰期降生的婴儿纷纷进入退休期，老龄化已成为当代欧洲国家的共性。加之生活条件的改善，医疗保障的完善，使平均寿命延长，人口老龄化社会提前到来。而退休者的增加，再加上生育率的降低，必然导致生产者的减少，有效工作期内缴纳的养老金供养的人数逐年攀升。长此以往，必然导致职工的收入相对减少，对劳动者的工作热情和消费产生巨大的抑制作用。国家为了减轻养老支付面临的前所未有的巨大压力，不得不一再延长职工退休年龄。而这一政策又挤占了年轻人的工作岗位，促使失业率不断上升。

福利制度造成贫富两极分化，使社会危机一触即发。实践一再证明，通过福利制度抑制贫富差距乃至两极分化，只是一个良好的愿望，充其量只能做到让每个人都有最低的基本生活保障而已。《美国统计摘要》显示：在美国，占家庭总数五分之一的最富裕家庭，其收入在全国占有的份额，从1970年的40.9%，提高到1985年的43.5%和1987年的43.7%；与此同时，占家庭总数五分之一的贫困家庭占有的收入份额，从1970年的5.4%，下降到1985年和1987年的4.6%。据美国众议院筹款委员会1989年的报告，在1973—1987年间，美国五分之一最富有的家庭平均收入上升了24%，而五分之一最贫穷的家庭平均收入则下降了11%。可见，在福利制度下贫富两极分化仍然在扩大。贫富差距的拉大，必然造成社会阶层的分化和对立，致使资本主义社会的危机日益深重。最为典型的当属在2016年美国总统选举中，被人们视为黑马的特朗普意外当选。有人总结特朗普当选的理由时，无不揶揄地说，目前美国不仅中产阶级发展停滞，还有可能迎来全面的经济放缓，而特朗普的崛起能够引起经济波动，甚至带动市场的发展。其拥护者大多是生活在社会最底层的蓝领工人和发展无望的中产阶级。

在这里有必要说明的是，当民主社会主义走上改良主义的道路，以在资本主义制度框架下的改良为己任时，民主社会党与其他政党乃至资产阶级政党在本质上已无多大差别。同样地，福利国家理论及其政策也都成了各政党博弈的工具，其社会主义及工人政党的属性已荡然无存。由此我们可以得出结论，资本主义社会中的福利国家只是一种浅层次的改良政策，并不能改变资本主义社会“人剥削人”的本质，也不能化解诸多根本利益上的矛盾和冲突，这是由资本主义社会的基本矛盾决定的，是不以人的意志为转移的。任何通过修修补补来完善福利制度的做法，都不能从根本上解决资本主义的危机，也自然跳不出“福利陷阱”的怪圈。

12　公开打出的旗帜

“第三条道路”是民主社会主义公开打出的旗帜。其思想理论的集大成者为著名西方左派社会学家安东尼·吉登斯。吉登斯1938年出生于英国贵族家庭，获封男爵。20世纪60年代初在赫本大学哲学系读书，后转到心理学系，同时也开始学习社会学。二十六岁获得伦敦经济与政治学院社会学硕士学位，成为莱斯特大学教师。三十岁时吉登斯到了北美，正值美国反越战和嬉皮士运动高潮，开始体会北美的激进主义，并对社会运动发表评论。在此后的学术生涯中，吉登斯的关注面甚广，但都是社会热点问题，如社会构成、现代性、风险社会、福利社会、第三条道路、全球化等。自20世纪70年代以来，他对马克思、韦伯、涂尔干等人的经典著作产生浓厚兴趣，诠释的成果一直是“几代大学生课本的生命线”。特别是1994年《超越左与右——激进政治的未来》出版以来，进入当代最重要的政治理论家的行列。他的“第三条道路”理论不仅极大地影响了英国工党，而且更广泛地影响了20世纪90年代末的政治气候。

20世纪90年代后半期，信奉“第三条道路”中左路线的政党，在欧洲的十三个国家陆续上台，或单独执政，或参加联合政府，欧洲一时间成了左翼党的天下，被舆论称作“粉红色的欧洲”。吉登斯对社会主义情有独钟，他认为，马克思作为人类历史上最伟大的思想家，为人类开辟了历史发展的新道路。但是这一道路的开辟，是在资本主义发展之初简单的现代性条件下，进行现代性批判而形成的。吉登斯试图在复杂的现代性条件下，对资本主义进行现代性反思，建构“后社会主义”理论体系。吉登斯在代表作《超越左与右——激进政治的未来》《第三条道路——社会民主主义的复兴》等著作中，系统阐述了

“第三条道路”的政治主张：

提出后社会主义概念。吉登斯在分析和概括古典社会民主主义和新自由主义的观点后，提出介乎两者之间的中间道路的主张，这就是所谓的“第三条道路”。吉登斯指出，现实社会中只有相对平等而没有绝对平等。绝对平等未必对社会有利。适度不平等反而使社会充满活力。要通过国家与市民社会的合作，实现富人和穷人的平等。要处理好公平与效率的关系，把经济增长放在首要位置，用经济增长的方式促进社会公平。

提出无责任即无权利原则。吉登斯提出第三条道路政治所关注的范围要比旧的左右分野更加广泛，社会正义问题仍是核心的关注点。要正确处理平等和个人自由、个人与社会、权利和义务的关系，确立“无责任即无权利”的新型政治原则。

提出社会投资型国家理念。吉登斯认为，在全球化迅速发展的今天，人类社会面临着更加不可预测的人为风险，人类所从事的每一种社会行为都具有严峻的人为不确定性。因此必须采取积极的福利政策，加强地区乃至全球互助协作，培养国民积极面对贫困、老龄化等风险，以及实现自我价值的能力。积极有效的福利措施，不但能够解决当今社会长期存在的社会问题，而且也能积极保护经济的有效性。吉登斯称之为“社会投资型国家”。

提出建构后社会主义意识形态。吉登斯认为，后社会主义意识形态指的是一种思维框架和政策框架。在政治上超越左与右，固守中左立场。在经济上创造混合经济，坚持政府与市场并重。在国家治理上分解国家权力，实现民主制的民主化。在对外关系上，主张建立世界主义的民主国家，确定民族国家在风险世界中的合理位置。

吉登斯的“第三条道路”理论，为20世纪末西方社会政治生活的变革，提供了一套系统的解释理论，为解决西方福利国家实践面临的突出问题，提供了有效的解决途径。曾任英国首相的工党领袖托尼·布莱尔奉其为精神导师，在竞选期间以“第三条道路”作为口号，结果使工党在野十八年后，终于在1997年赢得大选，上台执政。

事实上，“第三条道路”这个概念并不是吉登斯或布莱尔创造的。最早提出这个名称的是梵蒂冈教皇庇护十一世。他认为资本主义和社会主义都不合适，希望找到走在社会主义和资本主义中间的“第三条道路”。后来伯恩施坦在对马克思主义进行全面修正时，也提到过这一概念。第一次世界大战期间，考茨基更是主张找一条不同于布尔什维主义和资本主义的“第三条道路”。1938年，英国保守党代表麦克米伦写了一本《中间路线》，其任英国首相期间就是用这套理念来治理英国。20世纪60年代，捷克斯洛伐克著名经济学家奥塔·塞克指出，社会主义和资本主义互有不足，试图倡导“人文关怀”和“经济效率”结合，“国家计划干预”与“合作社式自主企业市场竞争”结合，为第三条道路的理论化、系统化做出重大贡献。到了20世纪90年代，英国撒切尔政府和美国里根政府，将经济上缓和管制、个人主义及全球化等理念融合进主流的左翼思想，也被人称为“第三条道路”新政。上述这些提法并没有引起人们的高度关注，直到20世纪八九十年代吉登斯的出现，才使第三条道路真正在欧洲各国引起普遍反响。特别是布莱尔以此为竞选口号成功登顶，更使这一理论风靡全球。

布莱尔政府执政时，推出四项改革制度，为实现社会投资型国家奠定了基础。这就是：改革养老金制度，将养老救助制度变为“最低收入保障制度”，推出“养老津贴制度”，建立国家第二基本养老金制度等；改革失业保障制度，推行“工作福利”新政，实现“能工作者得到工作，不能工作者得到保障”的目标；改革国民医疗服务体系，减轻国家财政负担的同时又不降低国民健康福利；改革教育政策，强调终身教育，注重发展“公立”和“私有”之间的伙伴关系。

德国施罗德政府提倡左右道路之间的妥协，认为“人们关心的不是左或右的经济政策，而是正确的或错误的经济政策”。他注重社会保障制度结构改革，主张必须保证最低福利标准，用资本化的养老金制度取代再分配性的养老金制度；强调社会保障制度中的个人责任，试图把社会保障从一种权利变为自我负责的责任；强调社会公平，主张公平不应仅停留在财富分配上，应首先实现机会公正等。在法国，由于“第三条道路”福利政策改革并未获得民众广泛认可，因此随着左翼政党的落选，改革归于失败。

“第三条道路”理论的提出，最初的目的是对民主社会主义思想的一种发展和完善。其立论的目的，就是在全球化时代寻找社会主义的出路。吉登斯指出，信奉市场原教旨主义的新自由主义和古典社会民主主义的政府控制模式，在驾驭全球化方面都表现出局限性。因此改革只是用马克思主义的一些方法，对资本主义社会经济和社会政策进行修补和调整，是在资本主义制度框架下的务实体现。因此，从本质上来讲，它仍然属于民主社会主义思想体系，是在全球化时代背景下对现实资本主义制度的自我救赎。

第十一章
方兴未艾的社会主义浪潮

01 关不住的春色

在第一次世界大战之后的民族民主运动中，土耳其独立是一个重大历史事件。穆斯塔法·凯末尔·阿塔图尔克是土耳其共和国的缔造者，出生于奥斯曼帝国的萨洛尼卡（今希腊境内）。少时在军校学习，其间如饥似渴地阅读法国启蒙学者的著作和土耳其爱国诗人的诗篇，进一步认识到奥斯曼君主专制制度的野蛮和落后。于是他和几个志同道合的同学组织了一个秘密革命小组，办了一份手抄小报，揭露奥斯曼帝国黑暗的专制统治。毕业后服役，加入青年土耳其党，参加1908年革命（指由土耳其党人发动的旨在反对封建专制统治、实行君主立宪制的资产阶级革命）。在第一次世界大战中，率部参加达达尼尔海峡战役，成功粉碎了装备精良的英法联军的进攻，成为土耳其人崇拜的英雄和偶像。1916年8月，因保卫奥斯曼帝国首都伊斯坦布尔，获得“伊斯坦布尔救星”和“帕夏”的称号。

奥斯曼帝国战败后，巴黎和会通过的协议不仅要将其15世纪以来所占领的土地瓜分干净，而且要将土耳其民族世代生存的固有领土分割殆尽。国难当头，凯末尔挺身而出，发誓“不独立，毋宁死！”他对战友们说：“祖国的领土完整和民族独立正处在危机之中”，“只有民族的意志和毅力才能拯救民族的独立”。在他的推动下，全国各地的爱国组织统一起来，议会在1920年1月通过了土耳其独立宣言《国民公约》。然而，协约国并不想就此退出，而是迅速出兵占领了伊斯坦布尔，软弱的苏丹政府也解散了议会。面对严峻形势，凯末尔抓住时机，召开大国民议会，成立了以他为首脑的国民政府。随后组建正规军，与苏维埃俄国建交并缔结友好条约，争取尽可能多的国家的同情与支持。1922年，实行义务兵役制，组建了由十余万人组成的西方面军。同年八九月，在伊兹密尔战役中一举将希腊军队全部赶出国境，取得了独立战争的完全胜利。11月，主持大国民议会通过法案，宣布结束奥斯曼帝国六百多年的封建统治。1923年7月与协约国签订《洛桑条约》。10月土耳其共和国成立，凯末尔被选为共和国第一任总统。

凯末尔主政后，建立了土耳其共和人民党一党制的党国制度，自己兼任党的主席和武装部队总司令，采取了一系列具有明显社会主义倾向的治国方略。凯末尔的为政之举被概括为凯末尔主义，目标是将土耳其改造成一个世俗现代化国家。他提出六项根本原则：共和、民族、世俗、平民、国家、革命，并于1937年将之写入宪法，归纳和升华为六大主义：共和主义，反对君主专制政体，坚持共和政体；民族主义，保卫领土完整、民族独立和应有的国际地位；平民主义，国家权力属于全体公民，法律面前一律平等；国家社会主义，以国营经济为基础，鼓励私人工商业，独立自主发展民族经济；世俗主义，反对伊斯兰封建神权势力干预国家政权、法律、教育和社会生活；改革主义，原称革命社会主义，反对满足现状、盲目保守和听天由命的思想，坚持不懈地进行社会经济改革。

在这一时期，印度的非暴力不合作运动、埃及的华夫脱运动等，也具有广泛影响。第一次世界大战后，英国加强对殖民地印度的控制和搜刮，民族矛盾急剧尖锐。面对这种形势，印度国民大会党通过了民族解放运动著名领袖甘地拟定的“非暴力不合作运动方案”，作为指导思想和纲领性策略，倡导印度教和伊斯兰教之间的团结，实行社会改良和妇女、贱民地位平等，发动和领导了全国范围的轰轰烈烈的非暴力不合作运动。甘地为此十多次绝食，三次被捕入狱。这一运动具有极广泛的群众性和影响力，沉重打击了英国殖民统治，为印度独立奠定了基础。甘地因此被印度人民尊为圣雄和国父。

同样地，第一次世界大战爆发后，为了加强控制和掠夺，英国宣布埃及处于英国的保护之下，使之沦为英国的被保护国。战后，英国想继续维持埃及的被保护国地位，激起埃及人民的强烈反对。以埃及资产阶级民族运动领袖扎格鲁尔为首的华夫脱党，提出“通过和平手段”争取埃及的完全独立，得到人民的支持。但是英国殖民当局断然拒绝，并逮捕了华夫脱党领导人，由此引发了埃及人民的反英大起义。在埃及人民的强大压力下，1922年2月，英国政府被迫有条件地承认埃及独立。

第一次世界大战后亚非民族民主运动的高涨，既是对美国独立战争和拉丁美洲独立革命以来，世界民族解放运动的继承，又显现出不同于以往的特点：

帝国主义殖民体系日渐式微，殖民地国家民族自觉意识被日益唤醒。第一次世界大战期间，由于激烈的战事，帝国主义列强不得不暂时放松对殖民地、半殖民地的控制，但是服务于战争的掠夺和征召却日益加强。这一方面给了本国民族资本主义较大的发展空间，民族资产阶级和无产阶级的力量都在增长；另一方面加大了殖民地、半殖民地人民的负担，严重影响了人民生活，特别是宗主国从这些国家征召士兵参战，造成无数家庭的支离破碎。面对这种局面，打碎帝国主义殖民美梦的美国独立战争和拉丁美洲独立革命像旗帜一样鼓舞和指引着这些国家的革命者。在他们的鼓动和启发下，反战情绪日益高涨，民族自觉意识被日益唤醒，争取民族解放、国家独立的民族民主运动渐成燎原之势。

十月革命影响不容低估，共产国际的组织引导卓有成效。十月革命把西方无产阶级和东方被压迫民族连成一条反对帝国主义的革命统一战线，共产国际也采取了一系列符合实际的战略策略。在十月革命的影响和共产国际的帮助下，各殖民地、半殖民地国家纷纷建立共产党组织，领导和参与本国的民族民主革命，与这些国家的各种进步组织和政党结成战略联盟，有力促进了本国反帝反封建斗争。从此，殖民地、半殖民地国家的民族民主革命不再是旧的资产阶级革命的一部分，而变成了新的无产阶级革命的一部分。

战胜国重新瓜分殖民地和势力范围，殖民地、半殖民地人民同帝国主义之间的矛盾依然尖锐。《凡尔赛和约》是第一次世界大战最重要的成果，是战胜国（协约国）对战败国（同盟国）签订的和约。但是由于法、英、美三个主要协约国签署和约的目的不同，最终导致虽然形成了协议，但没有任何一方完全达到自己的目的。除英国外，法国总理在随后的大选中黯然下台，美国甚至认为和约是欧洲的麻烦所在，德国弥漫着对和约的不满和失望。列宁坦言："靠凡尔赛和约来维系的整个国际体系、国际秩序是建立在火山上的。"[①]中国代表因该和约在处理青岛问题时偏袒日本愤而离席，这一事件引发了震动全中国的五四运动。美国国会在表决时多数议员反对，因而也未签署《凡尔赛和约》。正因为如此，民族解放运动犹如春天里再也关不住其怒放的花朵，表现出持续高涨、从未间断的态势。无产阶级、资产阶级、小资产阶级之间的联合行动，也表现出越来越多的灵活性和多样性。各落后国家的民族解放运动和民族民主革命，大多采用了武装斗争的形式。

02　山雨欲来

有一本揭示恐怖的反人性战争的真相、描写战争政治事件的回忆录，在作者生前只卖掉了几百本。无论左派还是右派，都很讨厌这本书。左派讨厌它，是因为书中抨击了苏联和政治谋杀。右派讨厌它，是因为作者歌颂了西班牙巴塞罗那的社会主义革命。作者死后，这本书才获得广泛的认可，登上畅销书榜，评论家也交口称赞，美国版的序言中甚至称作者为"尘世的圣者"。这本书叫作《向加泰罗尼亚致敬》，作者为英国人乔治·奥威尔。

书中描写的是1936年7月爆发的西班牙内战，奥威尔作为几万名国际志愿者的一员，参加了保卫西班牙共和国的战争，被编入一个由十几岁的孩子组成的战斗集体。这些孩子是为求生存而来参加革命的，是一群为面包而战的乌合

---

① 《列宁全集》第39卷，人民出版社，2017年版，第394页。

之众。而国际志愿者大多向往西班牙的社会主义革命，是为了与法西斯做斗争而来的。但是，在与法西斯分子殊死搏斗的同时，这些国际志愿者和孩子却被视为“托洛茨基分子”（即统一工党），遭到搜捕和暗杀。

西班牙内战是发生在1936年7月至1939年4月的一场战争。20世纪初，西班牙是一个经济上贫穷、政治上落后的半封建农业国家。1931年西班牙爆发了革命，成立了西班牙第二共和国。1936年，由西班牙共产党、马克思主义工人党、工人联盟、巴斯克人、加泰罗尼亚和无政府主义者组成的人民阵线在大选中获得胜利，开始执政。而由于人民阵线的政治主张，如赦免被右翼政府逮捕的政治犯、提供工农的基本薪资和限制工作时间、恢复宪法和自治区的设立、公安机关与军队民主化、取缔法西斯和保皇人士、降低税收与地租等，严重触犯了保守军人、保皇派、自由派、长枪党（法西斯政党）等的利益，加之人民阵线内部认识分歧，未能采取果断措施加以镇压，致使这些右翼力量在法西斯首领弗朗西斯科·佛朗哥的带领下，发动武装叛乱。这一叛乱得到德国纳粹和意大利法西斯的支持，德、意甚至派遣干涉军明目张胆地支援叛军。叛乱发生后，西班牙各阶层人民响应人民阵线的号召，拿起武器保卫共和国，仅仅两天内就有三十万人报名参加民兵组织——人民警卫队。几万人的国际志愿者组成国际纵队，积极参加到反法西斯斗争中。虽然共和国也得到了苏联的援助，但却受到英、法两国实施绥靖政策的干扰破坏，使叛乱最终得以成功。1939年2月，英、法政府宣布承认佛朗哥政权，断绝与西班牙共和国的外交关系。佛朗哥随后建立了独裁政权。

西班牙内战是第二次世界大战前世界民主进步力量同法西斯势力的一次大较量，其结果是人民阵线领导的共和国政府被颠覆，佛朗哥在德、意法西斯的庇护下建立法西斯专政，并加入《反共产国际协定》；德、意两个法西斯国家在内战时相互勾结，并在战后正式结成同盟，使欧洲政治关系和战略格局发生了重大变化。

埃塞俄比亚抗击意大利的民族解放战争是非洲最早的抗击法西斯侵略的战争。20世纪30年代初，意大利墨索里尼法西斯政府为了摆脱国内严重的经济危机，极力推行国民经济军事化，加紧扩军备战，企图通过武力掠夺市场和原料产地，进一步与英、法抗衡。经过在埃塞俄比亚毗邻意属地区的军事部署和基础设施建设，1935年10月，意大利不宣而战，三十万大军从北、东、南三面入侵埃塞俄比亚。埃塞俄比亚军民在皇帝海尔·塞拉西领导下奋起反击，但因装备相差悬殊，意大利军队利用空中优势，大规模使用飞机播撒毒剂，使埃塞俄比亚军队整队整队被消灭，整片整片的和平居民区变成废墟。最终意大利军队占领埃塞俄比亚首都，墨索里尼宣布将埃塞俄比亚并入意大利王国。至此，埃塞俄比亚的抗战进入一个新阶段——游击战争阶段。首都沦陷后，埃塞俄比亚人民成立了各种抵抗组织，和部分政府军队一起广泛开展游击战争，在极为艰难的情况下，一直坚持到1941年1月。在第二次世界大战进程中，英国军队对驻守非洲的意大利军队发起进攻，流亡国外的塞拉西率领爱国武装打回国内，在国内游击队配合支持下，向意大利军队发起决战并取得胜利。在这次战争中，埃塞俄比亚人民不畏强暴、英勇斗争，给意大利法西斯以沉重打击，为全世界反法西斯战争的胜利做出了重大贡献，也极大地鼓舞了其他被压迫民族的解放斗争。

朝鲜人民的抗日武装斗争在亚洲也具有一定代表性。资本主义世界经济危机爆发后，日本帝国主义把危机的严重后果转嫁给朝鲜，迫使大批朝鲜农民破产，工厂倒闭，朝鲜失业工人数量达二十万之巨。中国九一八事变后，日本又把朝鲜变成侵华反苏的战争基地，大肆掠夺朝鲜的各种资源。与此同时，还加强了对朝鲜的法西斯殖民统治，血腥镇压人民的反抗，朝鲜民族矛盾日益激化。不甘屈服的朝鲜人民，在金日成和朝鲜劳动党领导下，建立了第一支革命武装力量——抗日游击队，游走在中朝边界，建立抗日游击根据地，广泛开展游击战争，开创了武装抗日的新阶段。经过两年的努力，抗日游击队正式改编为朝鲜人民革命军。成立了“祖国光复会”，短短几个月内会员达到二十多万人，包括了工人、农民、小资产阶级、资产阶级、宗教界和各阶层的反日力量，标志着朝鲜抗日民族统一战线的建立。特别是在1937年6月，金日成率领人民革命军的一支部队，突破鸭绿江天险，冲入位于朝鲜两江道北部、鸭绿江畔的普天堡，袭击日本驻军及顽伪军，取得重大胜利，极大鼓舞了朝鲜人民光复祖国的决心和信心。

在20世纪30年代的局部战争中，中国、埃塞俄比亚、西班牙等国，在世界上最先抗击法西斯势力的侵略，但在很大程度上处于孤立无援的境地。由于英、法等大国采取绥靖政策，国际上也未能形成反法西斯统一战线，未能有效遏制法西斯国家发动世界大战的图谋。在这样的大背景下，德、意、日法西斯陆续上台，利用极端民族情绪疯狂扩军备战，欧、亚两个战争策源地已经形成，全世界都面临着法西斯侵略和战争的威胁。面对如此严峻的形势，共产国际于1935年召开第七次代表大会，研究讨论对法西斯的斗争问题。在会上，共产国际执行委员会主席季米特洛夫做了《法西斯的进攻和共产国际的任务》的报告，指出法西斯主义的阶级实质是金融资本的极端反动、极端沙文主义、极端帝国主义分子的公开恐怖独裁。分析了法西斯产生的原因、后果和共产国际的策略，指出法西斯专政不是不可避免的，是能够被阻止的。为了战胜法西斯，有必要建立工人阶级反法西斯统一战线。大会批评了“左”倾关门主义的错误，号召共产党人同社会民主党人、工联主义者等联合起来，建立一个包括工人、农民、小资产阶级和知识分子在内的反法西斯人民阵线，并在条件成熟的国家建立人民政府。共产国际七大通过的决议，特别是关于建立反法西斯统一战线和人民战线的政策策略，有力推动了世界反法西斯斗争。

03　亚非拉的奋起

在20世纪60年代初，一本越南战争时期的文学作品《南方来信》，由越南外文出版社译成中文，在中国发行，立即引起读者强烈反响。时隔不久，这部书信集不仅数次出版，获得权威文学刊物的高度评价，还引起了戏剧界的改编热潮，一时间家喻户晓、风靡一时。

越南战争是冷战期间最为激烈的一次局部国际战争，由越南内战引起。

第二次世界大战结束前后，胡志明领导的越南共产党在河内建立越南民主共和国。前殖民宗主国法国则支持越南末代皇帝保大在西贡建国，使越南形成分裂的状态。为夺取全国政权，完成民族民主革命，越南共产党与法国及其傀儡进行了长达十年的战争。1954年，在中国的军事援助下，越南民主共和国在奠边府战役中赢得对法军的决定性胜利，法军撤出越南。根据当年日内瓦会议的决议，越南暂时以北纬17度线为军事分界线，计划1956年举行全国大选。南方的越共军队和干部按照协议规定，集结北上。然而，美国政府在南越扶持吴庭艳发动政变，建立亲美的越南共和国，否认日内瓦协议，拒绝进行全国大选。北越、南越再次处于分裂状态。1959年越共领导的越南民主共和国决定武装推翻吴庭艳政权，建立越南南方民族解放阵线，并很快控制了南越大部分农村地区。1961年5月，恼羞成怒的美国派遣一支美国国防军特种部队进驻南越，开启了美国战斗部队进入越南的先河，这就是历史上的“越南战争”。

1964年8月，美国海军协同西贡海军在北部湾（越南称东京湾）挑起与北越海军的交战，并以此为借口，使越南战争全面升级，把战火扩大到越南北方，并严重威胁中国安全。1965年4月，越南劳动党请求中国支援，中国政府决定向越南提供全面援助，这是中国正式介入越南战争的开始。经过艰苦卓绝的八年抗战，1973年1月27日，越共、越南南方民族解放阵线、美国、越南阮文绍政权四方在巴黎签署了《关于在越南结束战争、恢复和平的协定》。3月，侵越美军开始撤出越南南方。8月，执行抗美援越任务的中国军队全部撤回国内。

《南方来信》正是以残酷激烈的越南战争为背景，以民间通信为基础，以相对完整的故事情节和明确的主题，阐发和平夙愿，倾听各种情感：或是对北方亲人的思念，或是对南方斗争的描述与歌颂，或是对美军及傀儡政权残暴行径的控诉，或是对未来胜利的憧憬，等等。当然，为了体现书的文学性，在尽量保持原汁原味的基础上，有明显的文字加工和修饰的痕迹。

越南战争只是二战后亚非拉民族解放运动的一个缩影。事实上，战后民族解放运动有一个发展过程，经历了三个阶段：

独立运动兴起。帝国主义势力被削弱，为一些国家的民族独立提供了有利时机。比如印度尼西亚破坏荷兰重建殖民地的企图而独立；印度和巴基斯坦原属英国统治下的殖民地，此时也得以分治和独立。此外，非洲大陆的苏丹、突尼斯、摩洛哥和利比亚等摆脱法国殖民统治独立。埃及收回苏伊士运河主权的斗争和阿尔及利亚民族解放战争，也是这个阶段的重大事件。

殖民体系崩溃。20世纪初，帝国主义已经建立起非常庞大和完备的全球殖民体系，英、法、美等大国，葡、西、意等老牌帝国主义国家，在世界各地都建有自己的殖民地和半殖民地。第二次世界大战后，随着民族意识的觉醒和帝国主义势力的消减，特别是社会主义力量的增强，这一建立了几百年的殖民体系，陆续垮塌，历经五十年后彻底崩溃。大概的历程是，20世纪50年代中期到60年代末，非洲大陆诞生了三十二个国家。其中1960年就有十七个国家独立，这一年被称为“非洲独立年”。到70年代，葡属非洲殖民地莫桑比克、安哥拉等国赢得独立，结束了葡萄牙长达五百年的殖民统治。80年代到90年代初，津巴布韦和纳米比亚独立，南非举行第一次各个种族都参加的全国大选，非洲人国民大会主席曼德拉成为南非历史上第一位黑人总统。至此，帝国主义在非洲的殖民体系完全崩溃。此外，古巴革命终结了美国半个多世纪的殖民统治。1977年巴拿马与美国签署关于巴拿马运河的新约，根据条约，1999年底，运河区的主权和管辖权全部交还巴拿马。

第三世界兴起。殖民体系的垮塌、民族国家的独立，只是世界格局变化的一个开始。而这些独立的民族国家，作为一支独立的政治力量在世界政治舞台上开始发挥不可替代的作用，才是世界格局变化的真正内涵。1961年，在南斯拉夫、印度、埃及等国推动下，第一次不结盟国家和政府首脑会议召开，不结盟运动正式诞生，铁托、尼赫鲁和纳赛尔也因此成为小国、弱国中的历史巨人。以此为开端，第三世界国家在国际事务中的作用越来越突出。加入联合国的第三世界国家越来越多，在联合国中的话语权越来越重。1971年，在第三世界国家的努力下，中华人民共和国在联合国的合法席位得以恢复；为建立国际经济新秩序，“七十七国集团”“石油输出国组织”等陆续建立。第三世界的兴起，在一定程度上改变了世界的面貌，同时也有力地冲击了战后国际关系中两极对立的局面。

人们注意到，在纷纷独立的殖民地国家中，先后有五十多个国家宣布实行社会主义，或以社会主义为发展方向，有的甚至在国名上冠以社会主义的称号。这些社会主义的内涵各式各样，有民主的或改良的社会主义，有宗教的或民族的社会主义，有农业的或村社的社会主义，有军事的或国家的社会主义，也有激进的或革命的社会主义，流派纷呈，不一而足，但都以无可置疑的事实显示出社会主义在亚非拉兴起的历史必然性。

首先，变革落后的生产关系成为当务之急。第二次世界大战结束后，科技革命日新月异，以新材料、新能源为主要标志的第三次科技革命，极大地推动了社会生产力的发展。然而，广大亚非拉独立国家生产力落后，生产关系的调整还没有真正启动，与第三次科技革命浪潮的大趋势极不适应。不仅如此，国内阶级矛盾尖锐，社会革命形势向好，以变革落后生产关系为主要内容的社会主义运动，就成为必然的选择。

其次，内部准备日益充分。经济上，这些国家在旧的殖民体系统治下，或为殖民地，或为附属国，主要承担宗主国的原料产地和销售市场的职责，长期受帝国主义的残酷剥削和掠夺。人民群众从切身体验中感知，资本主义从来没有给国家带来经济繁荣和发展，反而使人民备受压榨和欺凌，人们对帝国主义深恶痛绝，对资本主义制度无比仇恨。而在这种状况下，自由、平等、公正和幸福的社会主义，就具有很强的影响力和吸引力。对资本主义制度的抵制和对社会主义制度的向往，已成为当时亚非拉地区一种社会趋势。思想上，大多亚非拉国家文化教育极端落后，传统民族宗教意识浓厚，科学社会主义、民主社会主义等思想流派的影响较大。甚至在19世纪末20世纪初，众多社会主义思潮就已经在亚非拉国家传播。十月革命胜利后，在共产国际推动和影响下，亚非拉国家已经产生了一大批共产党组织。20世纪上半叶，非洲、中东等地区已产生非洲社会主义、阿拉伯社会主义的萌芽，出现了加纳的恩克鲁玛、塞内加尔的桑戈尔和埃及的穆萨等民族社会主义思潮的先驱。在亚洲则有甘地、尼赫鲁、苏加诺、孙中山、陈独秀等对社会主义思想的宣传。这些都为社会主义运动的兴起创造了思想条件。阶级上，由于生产力落后，很多国家既没有成熟的、强大的无产阶级，也没有成熟的、强大的资产阶级，更多的只是小资产阶级、民族资产阶级。他们中有很多人曾留学国外，深受社会主义思潮熏陶，在反帝国主义、反殖民主义斗争中，在国内政治斗争中，都起到了骨干作用。因而他们选择社会主义发展方向，不仅未遇到强大的反对力量，反而深受广大人民群众的拥护和支持。

最后，国际条件极为有利。先是俄国爆发了十月革命，建立起世界上第一个社会主义国家；后来社会主义国家从一国胜利走向多国实践，东欧一系列国家建立了社会主义制度，中国、古巴和亚洲社会主义国家的成立和崛起，壮大了社会主义势力，改变了世界力量对比。与此同时，苏联、东欧国家和中国等社会主义国家，对广大亚非拉国家反帝反殖运动给予了积极支持和声援，也无疑对战后亚非拉国家选择社会主义方向起到积极的推动作用。从这个意义上讲，如果没有苏联、东欧和中国、古巴的支持、帮助，特别是苏联一直奉行的输出革命的战略，我们很难想象，世界社会主义运动会形成如此波澜壮阔的局面。

04 缓慢革命战略

当伯恩施坦全面修正马克思主义，第一次世界大战宣告第二国际破产，国际工人运动和社会主义运动就分裂成左、中、右三派。此后，列宁领导的布尔什维克党通过暴力革命取得十月革命伟大胜利，建立了世界上第一个社会主义国家，列宁主义喷薄而出，除此之外，曾经叱咤风云、影响巨大的德国社会民主党、法国工人党等，竟然再也创造不出新的思想和理论，在新的历史条件下丰富和发展马克思主义。而在马克思主义阵营中，奥地利社会民主党立足本国实际，创造性地提出奥地利马克思主义，这一思想独树一帜，在错综复杂的国际风云变幻中，成为影响和组织国际工人运动和社会主义运动的一支重要力量，也成为探索既不同于列宁主义，又不同于民主社会主义的新道路的理论基础。对此，尤利乌斯·布劳恩塔尔在他的巨著《国际史》中做了详细的介绍。

尤利乌斯·布劳恩塔尔出生于维也纳工人聚集区的一个犹太家庭。小时候因家庭贫困而辍学，到一家书店打工。不久参加了奥地利青年工人协会，开始与奥地利社会主义青年运动的领导人接触。由于工作积极主动，被选为维也纳地区青年支部书记。在这时，他结识了奥地利社会主义运动的领袖级人物维克多·阿德勒、奥托·鲍威尔，并在鲍威尔的安排下参加一份周报的编辑工作。第一次世界大战期间布劳恩塔尔应征入伍，在俄国和意大利服役。他还积极参加推翻奥地利旧王朝和建立共和国的工作，担任奥地利社会民主党机关报编辑，被认为是“社会党的多才多艺的最富有创造力的新闻工作者”[①]。在法西斯当政期间，布劳恩塔尔流亡国外，但他积极创办刊物《国际社会党论坛》，仍然坚持不懈地做宣传社会党思想的工作。布劳恩塔尔主编这个杂志达七年之久，他在办刊宗旨中说道：“在战争期间，社会党和共产党的两个国际都消失之后，这时社会党人与共产党人在目标上一直是一致的。我希望工人运动在战后能够保持下去，并重建一个单一的国际，正如它在第一次世界大战之前所建立的国际那样。”推动建立一个单一的国际就是《国际社会党论坛》的主要目的，从此，布劳恩塔尔开始了“他的顶峰阶段，起初是新的国际的主要缔造者之一，接着又是国际的主要负责人，最后是国际的历史学家”[②]。

《国际史》三卷本，是布劳恩塔尔一生最重要的著作。当然，作为社会党国际的一个代表人物，不论其主观愿望多么善良，但由于立场不同，他对列宁、十月革命、第三国际、斯大林的评价不乏贬低攻击之词。然而著者的特殊身份和经历，又使他掌握了大量第一手资料，了解了丰富的背景情况，使得此书成为一部不可多得的国际工人运动和社会主义运动历史巨著。布劳恩塔尔自称：“我一生都是马克思主义的学生”，“我认为马克思主义可以回答我们时代的基本的各种问题”[③]，承认马克思对第一国际的决定性作用。认为在第二国

---

① 《社会党事务》，1971年5—6月，第115页。

② 《社会党事务》，1971年5—6月，第115页。

③ 《社会党事务》，1971年5—6月，第116页。

际时期，“马克思主义无疑是占主导地位的学派思想，第二国际绝大多数党毫不犹豫地自认为是马克思主义的党”①。“第二国际的基本原则和全部指导思想是马克思的。”②虽然社会党国际成立时的宣言强调社会主义目标的多元论的动力，但布劳恩塔尔坚持认为：“社会主义真正成为一个世界性的运动是通过马克思生气勃勃的思想才实现的。”而二次世界大战后，社会主义运动缺乏理论上的热情。③奥地利马克思主义正是在这一背景下应运而生的。

奥地利马克思主义的主要代表人物有麦克斯·阿德勒、奥托·鲍威尔、鲁道夫·希法亭等，他们大多数毕业于维也纳大学，在学习期间或毕业后参加了社会民主党，后来逐渐成长为党的职业活动家和党的领袖。20世纪初，他们创办工人学校和理论刊物，从事马克思主义理论研究和宣传工作，参加社会民主党的政治活动和国际社会主义运动，逐步引起人们的广泛关注。像阿德勒任奥地利社会民主党书记，鲍威尔任国会党团秘书，希法亭任《前进报》编辑等。第一次世界大战爆发前几年，美国社会党人路易·布丁在同这些年轻的维也纳知识分子交往时，把他们称为“奥地利马克思主义者”，赞扬他们对马克思主义的研究和阐述有一定的独创性，此后这一名称被人们普通接受，并逐渐流传开来。1927年，鲍威尔在一篇题为《奥地利马克思主义》的文章中第一次阐述了这一名称的由来，布丁本人在1951年2月28日致阿德勒的信中证实了这一点。

奥地利马克思主义的基本出发点是，既反对对马克思主义理论僵化的教条主义，又反对背离马克思主义立场的修正主义，而是要根据马克思主义的精神来研究社会科学，使马克思主义向前发展。他们的代表人物中，阿德勒侧重于哲学，鲍威尔侧重于民族问题、政治学、法学和社会主义革命理论，希法亭侧重于经济学。他们在各自领域提出一些代表性的观点，共同构成奥地利马克思主义的精神财富：

---

① ［奥］尤利乌斯·布劳恩塔尔：《国际史》第1卷，上海译文出版社，1986年版，第195页。

② ［奥］尤利乌斯·布劳恩塔尔：《国际史》第1卷，上海译文出版社，1986年版，第195页。

③ 《社会党国际通讯》，1969年5月，第98页。

主张用马赫主义和新康德主义充实马克思主义。鲍威尔在《奥地利马克思主义》一文中说道："如果说，马克思和恩格斯都是从黑格尔而来的，后来的马克思主义者是从唯物主义而来的，那么，年青的'奥地利马克思主义派'部分地来自康德，部分来自马赫。"[①]阿德勒主张奥地利马克思主义者从康德的认识批判论的角度来阐述马克思主义，并以此来捍卫马克思主义关于社会的科学。他认为，人之所以具有社会性，不是因为他生活在社会之中，而是人在社会中是因为早已在自我意识中发生了关系，直接社会化了。[②]他还公开主张马赫主义的实证主义哲学。也正是有了如此深厚的心灵沟通，马赫在去世时，将自己的一处资产无偿捐赠给奥地利社会民主党。

主张对世界资本主义的帝国主义阶段进行深刻分析。希法亭在1910年出版的《金融资本》一书中，对于资本的集中和集聚、垄断制的产生和发展、工业资本和金融资本的融合、垄断制和帝国主义政策的关系等都进行了深入分析，指出垄断寡头的专政必将转化为无产阶级的专政。他还认为，垄断组织的发展能消灭资本主义生产的无政府状态，缓和经济危机，并且形成一个"总卡特尔"，从而使整个资本主义生产由一个主管机构有意识地加以调整。后来，希法亭将这一理论进一步发展成为"金融资本论"和"有组织的资本主义"论，指出资本主义的现代阶段是"资本主义的最后阶段"，是"社会主义社会的直接前提"。[③]他强调说："具有决定意义的是，我们目前正处在一个这样的资本主义阶段，在这一阶段中，资本主义由纯粹的、盲目的市场规律所统治的自由竞争时代基本上被克服了，我们达到了有组织的经济。"[④]实际上意味着用有计划生产的社会主义原则来代替自由竞争的资本主义原则，从而给奥地利马克思主义提供了经济方面的理论依据。

主张通过民主手段取得政权，不必进行暴力革命。这就是所谓的"社会力

① ［奥］奥托·鲍威尔著：《鲍威尔文选》，人民出版社，2008年版，第327—328页。
② 孟飞：《奥地利马克思主义理论与实践》，社会科学文献出版社，2019年版，第31页。
③ 孟飞：《奥地利马克思主义理论与实践》，社会科学文献出版社，2019年版，第95页。
④ 孟飞：《奥地利马克思主义理论与实践》，社会科学文献出版社，2019年版，第123页。

量因素”论。这一理论指出，各个阶级的社会力量因素有五个：阶级成员的人数、组织性、在生产和分配中所占的地位、阶级的积极性、阶级所受的教育等。在民主制国家里，政治权力的分配是依靠暴力手段、武装部队决定的。由此可见，这是奥地利社会民主党一贯坚持的中派路线在社会主义革命问题上的体现。

主张明智的现实政策和革命的热情相结合，提出“防御性暴力”思想。鲍威尔认为，无产阶级固然应当通过民主手段和平地夺取政权，但是如果资产阶级采取暴力破坏民主制，无产阶级就只好使用暴力；在无产阶级夺取政权后，如果资产阶级用暴力反抗，无产阶级也就只好用暴力镇压，以保卫自己的政权。总之，无产阶级不管是为夺取政权还是为保卫政权而使用暴力，都是迫不得已的，因而是“防御性暴力”。随着法西斯势力在意大利和德国的崛起，奥地利也出现了法西斯组织，不断向工人阶级挑衅和进攻。在这种形势下，奥地利马克思主义者感到共和国民主制已受到威胁，不但提出了“防御性暴力”理论，而且还组织了“共和国保卫同盟”的武装组织。但是奥地利马克思主义，在本质上是一种资本主义体制内的改良主义，因而在法西斯势力的猖狂进攻面前，只会表现得软弱无力，一味退让，最终归于失败。

值得一提的是，在两次世界大战之间，奥地利社会民主党的合法改良活动，取得一些成效。特别是在维也纳市政府长期执政时，举办了不少工人福利事业，因而产生了较为广泛的影响，被人们誉为“红色维也纳”。但是在法西斯势力向工人进攻的几次重大斗争中，社会民主党始终拿捏不好“防御性暴力”的时机，一再采取措施束缚工人群众的手脚，共和国保卫同盟充其量只能起到工人纠察队的作用。1934年2月，面对法西斯政府的全面进攻，维也纳的共和国保卫同盟盟员自发举行武装起义，由于缺乏正确的组织和领导，起义很快遭到残酷镇压，奥地利马克思主义派的代表人物有的流亡国外，有的与反动势力妥协，虽然也有一部分人坚持斗争，但奥地利马克思主义作为一个有影响的思想体系，可以说已经告终了。

奥地利马克思主义的另一历史贡献，体现在致力于国际工人运动和社会主义运动的统一和团结上。正如鲍威尔所讲的：“关于国际，我们首先要尝试把像我们一样在某种程度上属于国际工人运动中派的那些党集合起来，这些党在右面同所谓第二国际所体现的改良主义，在左面同所谓第三国际所体现的布尔什维主义都保持同样的距离。有些同志对于中派这个词有点感到不舒服，但是我甚至承认我对于第一次使用这个词是有责任的。我在战争之前就已经深信，对于我们党来说，走中派道路是统一和团结的前提。”①根据这一精神，奥地利社会民主党和德国独立社会民主党等中派组织一同发起成立了“维也纳国际”。由于这一组织在思想理论上偏向第二国际，1923年和第二国际合并成立社会主义工人国际，以及再后来重组社会党国际，奥地利马克思主义和奥地利社会民主党的领袖们都发挥了至关重要的关键作用，成为罕见的小党领导大国际的奇观。

奥地利马克思主义失败后，鲍威尔等人又提出整体社会主义思想。所谓整体社会主义，就是“既把社会主义又把共产主义结合在自身中的”统一的社会主义，这一思想旨在克服改良主义和布尔什维主义的片面性和局限性，超越社会民主主义和共产主义的“僵化观点”，进而统一世界工人运动。鲍威尔认为，整体社会主义是奥地利社会民主党的经验（“红色维也纳”加上“保卫同盟”的二月起义），对社会主义世界所做的贡献。由此可见，整体社会主义是在新形势下的奥地利马克思主义的翻版。

05　被驱逐的先知

很难想象，一个在国内被开除出党被流放，后又被驱逐出国的政治家，依然能以饱满的热情、惊人的毅力开展极左的政治斗争，并组建一个新的延续至今的国际组织，影响着一大批追随者和同情者，这个政治家就是列夫·达维多维奇·托洛茨基。

---

① 徐觉哉：《社会主义流派史》，上海人民出版社，1999年版，第310页。

列宁逝世后，托洛茨基反对派先后数次在与斯大林的斗争中败北。特别是在1927年关于一国能否建成社会主义的大辩论中彻底失败后，又利用十月革命十周年之际组织大规模的示威游行，走上公开反对斯大林的道路，因此被开除出党，流放于中亚哈萨克斯坦的阿拉木图。到阿拉木图后，托洛茨基仍然高频次地开展各种各样的政治活动。仅1928年4月至10月间，就从阿拉木图发出政治信件八百多封，拍出电报大约五百五十封。同时也收到来自各地一千多封信件和七百多封电报，还和莫斯科党内反对派人士保持密切接触。当有关专政机关向托洛茨基发出严重警告时，托洛茨基提出抗议，并写信给苏共中央和共产国际执委会，指出："要求我放弃一切政治活动，这就意味着要求我放弃过去三十二年来始终不渝地为争取全世界无产阶级利益而进行的斗争。"

由于坚持不肯放弃政治活动，1929年2月，托洛茨基被驱逐出境。托洛茨基及其家属先是到达土耳其，在普林基波岛住了四年，后又流亡法国、挪威等地，最后定居墨西哥。这期间，他主要做了两件事，一是和苏联的追随者保持联系，试图秘密联络国内一些左翼反对派成员，如季诺维也夫分子和罗明纳兹集团成员等，建立一个统一的反对派联盟。然而这一想法由于季诺维也夫、加米涅夫等人的被捕而告失败。二是想把观点一致和同情他们的组织和个人凝聚起来，为重建一个新的国际组织做好准备。托洛茨基以"古罗夫"的署名，给所有反对斯大林和共产国际政策的集团和个人发出信件，提出重建国际组织的问题，并要求他们在对苏联、英俄委员会和中国革命等三个主要问题上表明立场。

作为建立国际左派反对派组织的第一步，托洛茨基于1929年8月在法国创办了《真理》杂志。1930年初又组建了共产主义反对派联盟，决定联盟成员分别加入共产国际的各国支部，从内部改造共产国际。1933年7月，当他写给苏共中央政治局的信迟迟得不到回复时，他那愿意在某些条件下重回政治局，以及"只有历史上所产生的派别之间的公开的和真诚的合作，彻底把各种派别变成党内的各种倾向，并最终使它们和党融为一体，才能在具体的条件下恢复对领导人的信任，使党获得新生”[①]的愿望终于破灭。于是他再次以“古罗夫”的署名发出呼吁：“必须成立新的共产党和新的国际……谈论‘改良’，要求反对派重新回到正式的党内，都是空想和反动的，应立即停止。”[②]至此，致力于组建新的国际，就成了他及其追随者们的主要工作。1936年7月，托洛茨基召集国际共产主义联盟成员开会，就建立第四国际的必要性进行了说明。会议决定建立第四国际运动核心组和国际书记处，并宣布国际共产主义联盟加入第四国际运动。1938年9月3日，来自苏联、法国、英国等十个国家的三十几名代表和拉丁美洲的一名代表，在巴黎近郊召开第四国际成立大会。会议通过了《资本主义的没落和第四国际的任务》这一纲领性文件，通过了《全世界劳动者宣言》，并作出了成立世界社会主义革命党，即第四国际的决议。托洛茨基被选为国际执行委员会的秘密名誉书记。托洛茨基就第四国际的前途豪迈地说：“三五年后，第四国际将成为世界上一支巨大的力量”，“在今后十年内，第四国际的纲领会成为千百万人的纲领，这革命的千百万人将能占有土地，占有天空”。[③]

第四国际奉行的是托洛茨基的“不断革命论”。其主要观点有：

关于“现阶段的世界革命”观点。认为现阶段的世界革命应由以下三个方面的革命所组成：在发达的资本主义国家进行典型的无产阶级革命；在被压迫民族国家进行殖民地革命；在社会主义国家进行政治革命。这三种革命构成了一个辩证的统一体。这三种互相联系、互相依存的革命，构成了当今的整体的“世界革命”。他们认为，在帝国主义条件下，争取民主斗争已失去了任何意义，进行无产阶级和劳动人民的革命发动工作是没有前途的；在被压迫民族国家，只有把争取民族解放的斗争和争取社会主义解放的斗争结合在一起，才能获得殖民地革命的胜利；在社会主义国家中，需要进行一场政治革命。托洛茨

---

①《托洛茨基流亡日记和书信》，黄柱宇、唐伯讷译，周遂志校，四川人民出版社，1992年版，第46页；郑异凡：《苏联历史档案选编》第10卷，社会科学文献出版社，2002年版，第532—533页。

②［苏］米·伊·巴斯马诺夫：《三十至七十年代的托洛茨基主义》，人民出版社，1983年版，第33页。

③《科学社会主义参考资料》，1981年第16期。

基指出："一个落后国家的无产阶级曾经有必要进行一次社会主义革命，很可能还得根据这个历史所赋予的特权，再进行反对官僚主义专制制度的第二次革命。"针对苏联，他们认为虽然经过社会主义革命建立了社会主义国家，但由于"官僚主义集团"篡夺了政权，必须经历一场反对官僚主义专制制度的政治革命。"之所以是政治革命而不是一场社会革命，是因为这不涉及从根本上改变苏联的生产关系，而是要摧毁官僚主义集团的绝对权力和在苏联重建工人的民主。"

关于"世界革命过程的动力"观点。认为在帝国主义战争和世界革命的大背景下，任何一种新的矛盾和冲突都可导致革命的发生，世界革命过程的最新趋势和现象比比皆是，因此现有的任何社会阶层都可以成为当代主要的革命力量。比如在发达资本主义国家的典型革命中，无产阶级是革命的主要动力，而无产阶级专政会和广大农民群众发生敌对冲突；在民族解放运动和"殖民地革命"过程中，农民是反对帝国主义的主要动力，"殖民地革命"在世界革命过程中起着主要作用；由于科学技术革命的需要和大学生的人数急剧增加，又把青年学生当作革命的动力，声称他们可以比工人更快、更深刻地察觉到资本主义社会的主要弊病，成为整个工人阶级造反的真正的先锋队。还有诸如把西欧的外籍劳工及其家属、外来移民、激进军官、赤贫化的居民、失业者、社会地位下降的分子等看作是革命的动力，等等。

关于"世界革命的爆发和道路"观点。他们认为，战争是革命必不可少的催化剂，是革命运动的加速器，甚至把世界革命与核武器联系起来。"紧接着原子战争带来的混乱，和资本主义犯下的罪行，接踵而来的是不停顿的无产阶级改造社会的直接行动……第三次世界大战就是资本主义制度末日的到来。"[①]

关于"世界革命的斗争策略"观点。他们提出，第四国际所属各组织要实行"打进去"的斗争策略，即隐蔽地渗透到某些政党和群众组织中去，表面上拥护和忠诚于各被渗透组织的目标和任务，但在背后坚韧不拔地完成第四国际

---

① 《国外社会科学动态》，1983年第2期。

所交付的任务，从而从内部瓦解被渗透组织，或影响一批接受托洛茨基主义的人。为了达到上述目的，甚至不惜采取“为了自我肯定而自我否定”的做法，创办了一批报纸、杂志和其他宣传材料，在表面形式上不仅不引用托洛茨基主义的词语，甚至有时还要发表反对托洛茨基主义的文章。这实际上是为了扩大托洛茨基主义的影响而采取的反其道而行之的斗争策略。他们宣称，“第四国际各支部的人数太少，以致不能以自己的名义，打出自己的旗号来影响群众”，因此“我们除了采取‘打进去’政策，即作为整体的一个组成部分参加群众运动的国际生活之外，再没其他出路”。

托洛茨基主义作为社会主义思潮中一个极左的流派，虽然有一些坚定的追随者和信仰者，但是其观点极端、派系林立，互不妥协、不断分裂，很难发展壮大。目前，自称能代表第四国际的组织有：巴黎第四国际联合书记处，由1963年“联合代表大会”选出，出版理论性机关刊物《第四国际》；第四国际马克思主义革命倾向，由1965年11月召开的第一次代表会议上产生，出版《在社会主义旗帜下》杂志；第四国际国际委员会，从巴黎第四国际联合书记处分化而来；争取重建第四国际组织，1969年5月出版的《真理》杂志；拉丁美洲第四国际书记处，也从巴黎联合书记处分化而来，出版《第四国际》杂志；斯巴达克联盟，由美国托派组织发起，得到德国、英国、新西兰托派组织承认和支持等。值得注意的是，第四国际中一批激进的社会主义分子，倡议成立激进的旨在发动社会主义革命的世界性政党——第五国际联盟。他们认为，苏联解体、东欧剧变不是社会主义的失败，而是斯大林主义的失败。帝国主义以为共产主义彻底垮台，自己已经取得决定性胜利，不会再出现任何其他替代性的社会制度，因而更加有恃无恐、肆无忌惮。面对帝国主义造成的种种灾难（如打击、轰炸、封锁、破坏生态环境，践踏其他文化，煽动种族和民族仇恨等），工人阶级的反抗和斗争从来就没有停止过。因此有必要把革命力量凝聚起来，同全球资本主义做毫不妥协的斗争。

06 迅猛发展的基布兹实验

“基布兹”是希伯来语中“聚集”的意思。在以色列，基布兹又是社会中微型、小众、独立、自治的共产主义乌托邦实验，是犹太锡安主义传统与社会主义理想相结合的产物。在这里，乌托邦不是空想，而是一种成功的社会现实。

犹太这个民族是悲惨和坚强的。在公元前586年，随着新巴比伦王国军队的大举入侵，犹太国首都耶路撒冷被攻陷，绝大多数犹太人被掳到巴比伦做奴隶，犹太国就此灭亡了。在国家灭亡后近两千年大流散时期，犹太人被迫散居在地中海周围的各国，为了维持其独特的宗教信仰和生活方式，他们不得不采取聚居的方式守望相助。19世纪末期，流行于欧洲的民族主义、社会主义和启蒙运动思潮，刺激了犹太复国主义即政治锡安主义的兴起。这一政治思潮号召散居在世界各地的犹太人返回巴勒斯坦，重建犹太国家，复兴犹太民族。而发动现代犹太复国主义的一个关键事件，就是发生在法国的德雷福斯事件，也就是那个引发社会民主党人米勒兰入阁的“偷吃禁果”事件。历史就是这样的无奈和奇妙。社会主义和犹太复国主义就这样紧密地结合在了一起。

发端于19世纪的锡安主义，在以何种社会制度复国的问题上，存在着相当大的分歧。宗教锡安主义主张在社会生活的一切领域严格实施犹太教的教义和法律，主张并创办集体农庄；政治锡安主义主张在政治上实行议会制度，在经济上实行自由资本主义制度，发展私营企业，反对经济的控制，这一主张派别就是现今利库德集团的前身；由青年劳工运动和锡安工人党组成的以色列工党，在当时成为锡安运动的主流，且具有社会主义倾向，成为在巴勒斯坦地区最有实力的政党，从以色列建国到1977年一直是执政党。在以色列工党的号召下，一些较为激进的犹太青年厌恶资本主义价值观念、社会形态和生活方式，怀着对自然、土地、劳动、平等与和谐的向往，在移居巴勒斯坦时，选择了基布兹这一共产主义公社的社会组织模式和生活方式。由此发起了一场持续百年的基布兹运动，进行了一场有声有色的共产主义公社试验，使其成为犹太人在巴勒斯坦土地上的定居模式之一。

作为一种新的生活方式，基布兹始终坚持财产公有、集体劳动、按需分配、共同消费、人人平等和民主自治原则，在社会文化生活中普遍倡导集体主义精神，追求统一和谐，充分体现其共产主义的特征。第一，基布兹是公社性质的小型共同体。基布兹规模都不大，初建时期一般只有十几人，后来发展到数十人，最大的有一千余人，与历史上空想社会主义和谐公社试验的规模差不多。

第二，基布兹是平等参与、直接民主、独立自治的政治共同体。每个成员享有平等的政治地位，通过直接参与的方式决定共同事务。基布兹设置了一整套民主机制，最高权力机关是全体成员大会，设有由成员大会选举产生的具有一定任期的各种委员会和执行机构秘书处。基布兹的重大事项需要全体成员的四分之三参加投票，且投票者的三分之二多数同意才能通过。

第三，基布兹坚持财产公有、自我劳动、各尽所能、按需分配的共产主义原则。基布兹的建立者从一开始就怀有共产主义梦想，希望建立一个人人平等、没有剥削、充满正义和友爱精神的社会，不少基布兹的领袖都有过俄国革命的经历或受到俄国革命的影响。他们致力于建立的新社会，在文化和民族性上是犹太的，在组织结构上是社会主义的。

第四，基布兹是将集体主义精神贯彻到生活的每个细节，追求和谐友爱的同伴关系和生活方式的道德共同体。在基布兹内部，几乎消灭了货币与商品交换，人们成为一个消费的共同体，不再因财产而相互隔离。基布兹所有成员的住房、食物、衣物、教育、医疗、育儿、养老等，都由基布兹统一管理和提供。

第五，基布兹是实行自愿加入、自觉劳动和自由退出制度的自愿者共同体。新成员的加入须经资格审查和全体成员同意，每日劳动通过集体协商后靠成员自觉完成。在充满敌意和危险的生存环境中，基布兹人人拥有充分政治参与的机会，成为一个紧密团结、生死与共的大家庭。

第六，基布兹是以色列社会中非常小众但影响巨大的生产和生活方式。在整个以色列社会中，选择这种模式的犹太人占比始终较低。在1948年以色列建国前，共建有一百五十个基布兹，人口共约四万五千，占以色列总人口的7.6%。建国后基布兹数量大大增加，但在总人口中所占比例逐步降低。到2018年，基布兹人口达17.91万人，占以色列总人口的2%左右。但是其作用和影响巨大，如其耕地占以色列耕地面积的36%，创造的产值占全国农业总产值的42%，农产品出口占全国的43%，全国50%的小麦、56%的牛肉、82%的棉花都由基布兹提供。工业产值占全国的7%左右。还有基布兹对以色列人才培育、精神塑造等方面的作用是巨大的。比如在20世纪60年代，基布兹人口只占以色列全部犹太人的4%，但基布兹青年却在以色列军官中占到22%。在建国后的1949年，基布兹成员在以色列国会中的占比高达21.7%，一直到20世纪60年代，这一比例仍然保持在16.7%。以色列历史上一大批著名的政治家和军事将领都来自基布兹，基布兹为以色列贡献的政治精英远远超过它在总人口中的比例。

基布兹模式能在以色列获得巨大的成功，是有其历史和现实原因的。其一，恶劣的自然环境和严酷的社会环境，需要依靠集体的力量来战胜困难和确保安全。基布兹的开拓者刚到巴勒斯坦时，土地贫瘠、气候恶劣、匪盗横行，而且周边都是敌对的阿拉伯人。年轻的犹太垦荒者必须一边劳作，一边防止阿拉伯人的军事侵扰。如果不依靠集体的力量，不仅不能有效地开垦土地、排干沼泽，更无法自我防卫、保卫劳动成果。印刻在骨子里的生存危机感和强烈的集体生存意识，时刻教育着他们学会互助、互保、共享，通过建立生产和消费公社，改善每个人的生存境遇。可以说，基布兹这种高度集体主义的观念和组织，是犹太人在适应自然和社会环境的过程中探索出的生存智慧。

其二，自由、自治的小共同体保证了组织内部的凝聚力、成员之间的民主、平等和集体主义情怀。自愿加入、团体筛选和自由退出的机制，保证了基布兹成员的自主和平等，尽可能按照民主原则，通过参与、协商和妥协来化解矛盾。财产的公有和公平的分配，真实有效的直接民主成为公有制和按需分配原则的重要保障。

其三，以色列的民主法治制度为基布兹的持续发展创造了良好政治环境。以色列实行议会民主制度，单一比例代表制分配席位，这有利于小规模的政治组织或利益集团获得议会席位。正因如此，基布兹在以色列国家议会中的席位占比一直保持在较高水平，对以色列的政治决策产生了重要影响。基布兹在民主制下有序参与国家事务，政府组织无权任意干涉基布兹内部事务，在民主法治框架内的基布兹保持了高度的独立和自治。

其四，犹太人的集体主义精神传统，实现了锡安主义与社会主义的“联姻”。犹太人信仰犹太教，而犹太教是由部落宗教直接发展而来的民族宗教，充满着集体主义精神。两千多年备受摧残和迫害的生存处境，也使他们在心理上与以集体主义为核心的社会主义思想产生共鸣。这就使得锡安主义与社会主义运动很容易合流，成为许多犹太人共同的政治追求和奋斗目标。

基布兹试验在以色列的巨大成功，并不意味着基布兹模式不会随着经济、政治、社会等条件的变化而发生变化，也不意味着成功的过去不会产生现在的危机。事实上，到了20世纪80年代，以色列社会发生整体性危机，基布兹也未能获免。一大批基布兹工厂负债累累、难以为继，年青一代对未来失去信心，成群结队地离开基布兹。基布兹向何处去，显然是这一时期所有基布兹成员必须认真面对和抉择的重大问题。根据各基布兹成员的集体意志，绝大多数基布兹决定实行变革。变革的核心是，从集体主义为原则、公有制为基础、实行按需分配的共产主义公社，转变为部分承认个人主义原则、容纳部分财产私有制、实行按贡献参与分配的社会主义公社。比如传统的基布兹缺乏市场灵敏度和现代科学管理，往往投入过大、成本过高，生产能力和效率低下等，而集体主义的意识形态、分配原则、生活方式等，也在多元利益驱使下日益瓦解。面对这些挑战，大多数基布兹进行了提高生产效率、改变管理方式、引入市场机制、破除“大锅饭”分配，不再统包统管个人和家庭私人事务的改革。在民主体制方面，引入代议制民主，废除了烦琐无效的程序和制度，提高了决策的精准度和执行效率。在对外关系上，允许基布兹成员在外兼职并获得相应报酬，鼓励承包经营和各种形式的对外开放，打破以往单一的产业结构，探索多元化产业发展之路等。大力度的改革不仅使基布兹渡过了难关，获得了生机，而且开创出更加灵活和多元的发展模式。据有关资料显示，在二百七十多个基布兹中，有大约73%的选择变革，重建基布兹；有大约25%的仍然坚持共产主义的原则、理念和生活方式，但也做了许多微调；其余的则处于渐进改革阶段。

总之，基布兹作为一个较为成功的共产主义公社试验，对社会主义思潮的传播与实践具有重大而深远的启示作用。只要人类仍然对未来怀有美好期待，共产主义的实验就永不会终结；只要人类社会存在着不平等、不公正，社会主义就永远是人类崇高的向往和追求。

07 华盛顿共识的灾难

苏联解体、东欧剧变十多年后，拉美国家掀起了一场声势浩大的社会主义运动。不仅巴西、智利、阿根廷、哥伦比亚、秘鲁等国的共产党经受住了考验，并有新的发展，而且拉美左翼呈现联合趋势，高举社会主义旗帜，在一些国家强势崛起，陆续执政，如委内瑞拉、玻利维亚、厄瓜多尔、尼加拉瓜、乌拉圭等。为了解释这些，就不得不说说所谓的“华盛顿共识”。

华盛顿共识是指20世纪80年代以来，位于华盛顿的三大机构——国际货币基金组织（IMF）、世界银行和美国政府，根据拉美国家减少政府干预、促进贸易和金融自由化的经验，提出并形成的一系列政策主张。其实质是，以新自由主义学说为依据，主张最大限度地减少政府干预，尽快实行私有化和推行贸易自由化，实现金融自由化。华盛顿共识在20世纪90年代广为传播，其一大背景就是苏联解体、东欧剧变，社会主义阵营一度坍塌，原有的以公有制为基础的计划经济模式失去市场。与此形成鲜明对照的是：在美国，里根执政，芝加哥学派的新自由主义成为主流经济学理论；在英国，撒切尔夫人也以新自由主义创造了经济奇迹。这一反一正，使得新自由主义很快在经合组织国家占据了统治地位。加之计算机科学和信息技术的迅速发展，各国之间的经济与贸易、社会与产业之间的联系大大增强，国家地区之间的经济一体化进一步扩大。一时间，华盛顿共识成了经济全球化的代名词，在世界范围内形成了广阔的生存土壤和实验空间。

在华盛顿共识的鼓舞下，苏联和中东欧等转型国家普遍实行了休克式疗法，采取了市场原教旨主义的转轨战略与政策。原以为休克式疗法能够有效促进经济社会转型，带来经济繁荣，但是事实上它并没有给这些国家带来福音，而且严重误导了向市场经济转轨的路径。比如所谓稳定宏观经济的政策，导致了经济萧条、就业机会流失和社会的动荡；所谓的市场化和贸易自由化，导致了对西方发达国家的市场依赖和产业依赖，削弱了国家经济的自主性、市场独立性和产业竞争力；所谓资本自由化和金融市场开放，增加了金融运行的不稳定性和风险，为国际投机资本的自由出入和投机行为创造了市场机会；所谓私有化政策，导致国有资产贱卖、官商勾结腐败和国际垄断资本控制等。不仅如此，原本出自拉美经验的华盛顿共识，也把拉美国家坑得不浅。从20世纪80年代后期开始，新自由主义在整个拉美地区迅速传播和扩散。到90年代，拉美国家普遍进入结构性改革阶段，以华盛顿共识为核心的新自由主义政策成为主流政策。原本期待通过市场化政策带来经济增长，进而带来社会状况的改善。然而1991—2000年的客观事实是：拉美地区（根据三十一国的统计）GDP年均增长率为3.3%，其中海地是负增长；地区人均GDP年均增长率为1.5%，其中厄瓜多尔、海地、巴拉圭、委内瑞拉和牙买加五国为负增长。①

华盛顿共识的推行，最终酿成了影响深远、此起彼伏的灾难，集中表现为三次举世瞩目的危机：1994年墨西哥金融危机、1999年巴西货币危机和2001年阿根廷债务危机。灾难的降临使拉丁美洲各国认识到，走自由资本主义道路只能把国家引向崩溃的边缘，此路不通！因而，一度因苏联解体、东欧剧变和

---

① 苏振兴：《增长、分配与社会分化——对拉丁美洲国家社会贫富分化问题的考察》，《学术探索》，2005年第4期。

冷战结束而遭受巨大冲击、处于低潮的社会主义运动，又度过危机、走出困境、重新崛起。

首先是拉美共产党组织得到进一步发展。巴西共产党已发展成为一个拥有三十万党员的大党。拉美各国共产党都已成为合法政党，公开参加活动，至今在拉美政治舞台上仍有二十多个共产党。巴西、智利、委内瑞拉等国的一些共产党员当选为国会议员或被任命为内阁部长。

其次是圣保罗论坛成立标志着拉美左翼崛起。1990年7月，在巴西劳工党和古巴共产党倡议下，由巴西劳工党主办，十三个拉美国家的左派政党和组织在巴西圣保罗召开会议，讨论拉美左派如何应对冷战结束后世界和拉美形势的变化和自身的发展。迄今为止，圣保罗论坛成立已三十二周年，先后召开二十八次会议。圣保罗论坛的成立和发展，对拉美左派的崛起起了重要的推动作用，使拉美的政治格局发生了重大变化。目前，这一论坛已成为拉美地区和世界最重要的左派政党和组织的论坛。1990年圣保罗论坛创建时，其成员党只有二十三个拉美和加勒比政党。而如今，已有近百个拉美和加勒比政党和组织参加。中国共产党也派出观察员出席相关会议。在圣保罗论坛第十九次会议通过的最后声明中，强调只要继续深化改革和加快地区一体化，就能够让拉美和加勒比走向社会主义，这将是拉美人民独创的事业。

再次是拉美左翼政党执政的国家增加。1990年圣保罗论坛成立时，拉美只有古巴一个国家由左翼政党（古巴共产党）执政，而如今拉美一些左翼政党和组织已有十多个在本国大选中接连获胜并上台执政。委内瑞拉统一社会主义党的领袖查韦斯、马杜罗先后执政达二十三年之久。巴西劳工党的领袖卢拉、罗塞夫先后执政十三年。乌拉圭广泛阵线主席巴斯克斯、穆希卡先后执政十五年。玻利维亚社会主义运动领导人莫拉莱斯连续执政十四年，2020年10月该党再次赢得大选。厄瓜多尔主权祖国联盟领导人科雷亚执政九年，2017年该党又赢得大选。尼加拉瓜桑地诺民族解放阵线从1979年开始执政，政权一直延续到今天。阿根廷正义党领导人已连续执政十年之久。秘鲁民族主义党、智利社会党等也都有执政的经历。

最后是拉美左派掌权后都明确提出了社会主义的口号。委内瑞拉和厄瓜多尔提出“21世纪社会主义”，玻利维亚提出“社群社会主义”或“印第安社会主义”，巴西提出“劳工社会主义”。厄瓜多尔和玻利维亚后来又提出“美好生活社会主义”。拉美这些左翼政党执政国家的领导人都自称是社会主义者，都致力于带领国家进行社会主义建设。社会主义在拉美地区的兴起，扩大了世界社会主义运动的声势。拉美社会主义的一些思想主张，进一步丰富了世界社会主义理论内涵，丰富了世界社会主义的发展模式。同时也说明，社会主义对那些追求社会进步的人具有强大的吸引力，社会主义本身也具有强大的生命力，世界社会主义运动虽然仍在曲折中发展，但已势不可当。

08　撒哈拉以南的风暴

“乌贾马”在斯瓦希里语中的含义是“传统的家族精神”，象征非洲传统社会中的互助合作和平均主义。乌贾马运动，是20世纪60年代由坦桑尼亚总统尼雷尔倡导并推动的农村集体化运动。1967年初，坦桑尼亚政府宣布在全国推行乌贾马运动，试图把个体生产的农民组织起来，走集体化的道路。尼雷尔认为，坦桑尼亚是一个以农业为基础的落后国家，农民占全国人口的93%左右，农业生产在国民经济中占据首位，产值约占国民生产总值的40%。因此，“如果我们的农村生活不是以社会主义原则为基础，那么不管我们如何组织工业、商业和政治，我们都不能成为社会主义国家”。

乌贾马运动是坦桑尼亚坚持走社会主义道路的重要基础。坦桑尼亚在独立前，只有沿海地区有为数不多的外国资本的种植园，有些资本主义商品经济的因素，而其余广大地区仍然生活在古老的部落制度下，停留在刀耕火种的原始生产阶段。尼雷尔对这种原始古老的非洲式村社有着深刻的体验和深入的研究，认为其内部含有某些社会主义的因素，是非洲社会的宝贵遗产。独立后，坦桑尼亚政府注重发展农业生产，协助农民发展合作运动，减少中间商人的剥削。在联合国帮助下，于1963年制订了一个定居计划，把散居的农民聚集到水源、交通等条件较好的村子，建设了一些公共福利设施，这可以说是乌贾马的开端。由于坦桑尼亚的经济长期被外国资本控制，广大农民享受不到经济发展带来的实惠，反而深受外国公司和中间商人的盘剥，在商品经济比较发达的地区，土地集中现象日益严重，无地农民不断增加。面对这种情况，要求变革的呼声越来越强烈，一些激进的知识分子便提出了走社会主义道路的要求。

尼雷尔本身是一位反帝反殖的战士，也是一位长期生活、战斗在国内的爱国主义领袖，在英国留学期间又广泛涉猎过社会主义著作，深受各种社会主义思潮影响。因此走社会主义道路的呼声很快得到他的回应，立志建设一个没有阶级、没有剥削、人人平等和人人劳动的社会。1967年1月，在阿鲁沙召开的坦桑尼亚民族同盟全国代表大会上，尼雷尔提出了新的社会发展纲领，即《阿鲁沙宣言》，宣布社会主义是坦桑尼亚唯一可供选择的发展道路，不久便在农村全面推行乌贾马运动。

乌贾马计划有三个基本原则：基本的生产资料，包括土地、牲畜、大型农具和产品为全体成员所共有；人人必须参加劳动，实行按劳分配；每个成员的权利是平等的，发扬非洲传统社会的民主、互助精神。在乌贾马运动早期，尼雷尔政府采取了慎重的方针，坚持说服教育和农民自愿参加的原则。但是由于大多数从事个体生产的农民对此缺乏兴趣，发展速度比较缓慢，这引起尼雷尔政府的极大不满，冒进思想开始抬头，于是决定限期完成乌贾马计划。1973年10月，坦盟中央发出紧急动员令，要求各地区在1976年底以前完成建立乌贾马村的任务。一时间，在整个坦桑尼亚农村出现了向社会主义道路迈进的“跃进”气氛。到1975年1月，全国乌贾马村已有6944个，人口达900多万，占全国农业人口的66.6%，比1973年3月整整增加了700万人。由于急于求成，政策过“左”，坦桑尼亚农村陷于混乱之中，广大农民的生产积极性遭到严重的挫伤，全国农作物产量大幅度下降。1975年3月，坦盟全国执行委员会召开会议，专门研讨乌贾马运动问题。会议承认在乌贾马运动中违反了自愿的原则，采取了强迫命令的过“左”政策，因此做出了调整农村集体化政策的决定，决定重新恢复个体农民的私有制，保留一部分集体耕地收益用于集体事业，保留医疗站、学校、商店、俱乐部等公共福利。这种既保持小生产者的私有权利，又能使聚居的农民享受某些集体利益的组织形式，得到大多数农民的欢迎和接受。到1981年初，全国已建立的乌贾马村达到8200个，村民的人数超过1300万人，占全国农业人口的90%以上。

乌贾马运动对坦桑尼亚的发展产生了深远影响：消灭了传统的部落制度，使广大农民摆脱了部落酋长的统治；冲击了广大农民长期以来根深蒂固的传统私有观念，程度不同地受到社会主义集体化思想的影响；限制了土地向私人资本的集中，减少了剥削现象，缓和了国家独立后出现的阶级分化现象。此外，乌贾马运动对周边莫桑比克、赞比亚、安哥拉的农业改造也产生了一定影响。

乌贾马运动只是撒哈拉以南非洲社会主义运动的一个缩影，实际上从第二次世界大战后，各非洲国家在反对殖民统治、争取民族独立的进程中，自主探索符合本国实际的发展道路，就已经开始了社会主义的实践。自1957年撒哈拉以南第一个独立的国家——加纳宣布实行社会主义制度之后，到1992年，五十五个非洲国家中至少有二十五个在一段时间内宣称自己走社会主义道路。当然，这些非洲国家宣称的社会主义形式多样，内容也不尽相同，但是在一些大的原则上还是有共同之处的。比如获得独立的、自主的、平衡的全面发展；克服不发达状态，实行社会发展的计划化；消灭人剥削人；提高人民的生活水平；消灭文盲、饥馑和疾病；复兴经济、政治和文化等。

非洲社会主义大体上可分为：村社社会主义，如乌贾马运动，曾宣布实行这一类社会主义的国家有马里、几内亚、加纳、坦桑尼亚、赞比亚等；科学社会主义，宣布实施这一类社会主义的国家有埃塞俄比亚、贝宁、刚果（布）、莫桑比克、安哥拉、津巴布韦等；民主社会主义，这类国家较为复杂，除一些是原有的外，更多的是在苏联解体、东欧剧变后，转而投向民主社会主义，这类国家较早的有毛里求斯、塞内加尔，突尼斯1979年宣布实行民主社会主义，1989年后莫桑比克、刚果、安哥拉等也宣布改行民主社会主义。

非洲社会主义运动经历了三次发展高潮：第一次是从1957年开始，一直到60年代后期，主要是村社社会主义；第二次高潮是在20世纪70年代，主要是科学社会主义；第三次是苏联解体、东欧剧变后，科学社会主义遇到前所未有的困难，民主社会主义获得长足发展。同样，非洲社会主义在其发展历程中，也经历了两次重大的外部冲击：第一次是20世纪70年代的世界经济危机，许多宣称奉行社会主义的国家，纷纷放弃激进的社会主义政策和措施，实行以整顿国营企业、扶植和发展私人经济为中心的政策调整和经济改革；第二次冲击是苏联、东欧局势剧烈变化的冲击，原来以苏联、东欧诸国为代表的社会主义阵营，是奉行社会主义的非洲国家的“天然盟友”，东欧剧变后，这些国家忽然失去了依靠，失去了赖以生存的外部援助，再加上西方国家和国际组织以外援为诱饵，迫使这些国家实行了多党制、私有化、自由化改革。

非洲相当一部分国家选择社会主义，是有其深刻的历史和现实依据的。第一，摆脱新老殖民主义，社会主义道路是一个重要选择。殖民主义是帝国主义资本扩张的产物，非洲国家在选择发展道路时，必然要考虑资本主义与殖民主义的内在联系。而选择社会主义，体现了非洲人民反对帝国主义、反对殖民主义的思想感情，二者之间容易产生共鸣。

第二，苏联、东欧等国社会主义建设成就对非洲各国具有强大的吸引力。20世纪60年代，非洲国家刚一独立就面临着美苏冷战这一大的国际环境。对于许多国家而言，是倒向以苏联为首的社会主义阵营，还是倒向以美国为首的西方资本主义阵营，是必须面对的历史性课题。而广大非洲国家选择社会主义道路，与苏联在20世纪30年代取得的社会主义建设的巨大成就分不开，也与赢得第二次世界大战后，社会主义从一国走向多国的实践分不开。大家看到，苏联、东欧、中国等国通过走社会主义道路，获得了政治和经济双重独立，这对于当时力图摆脱资本主义、殖民主义束缚的非洲国家，具有特别的吸引力。当然，社会主义阵营的革命输出战略，苏联、东欧及中国、古巴等社会主义国家对非洲各国的无私援助，也是非洲社会主义运动兴起的重要推手。

第三，社会主义为非洲这些新国家诞生的合法性提供了理论支撑。对于长期受殖民统治、尚处于部落氏族社会的非洲人民来说，无论是现代国家、现代政党，还是社会主义、资本主义，都是非常陌生的。国家对于广大非洲人民来说只是一个“想象的共同体”，部落情绪和情感占据着绝大多数非洲人民的情感。而随着殖民体系的崩溃，绝大多数非洲国家又是在和平谈判中建国的。因此，政党的群众性、动员能力等在这块大陆上非常有限。人民群众对新生政权的关心，就是要保证自身价值和生活方式不受侵害，隔绝资本主义对国家政治经济体系的侵蚀，维护和支持民族自主权等。很显然，那些基于非洲自身价值的社会主义，就成为凝聚共识最好的思想武器。

当然，受东欧剧变的影响，非洲社会主义运动也遭受了一些挫折，但并没有完结。随着政策调整和实施更符合实际的举措，非洲民族经济发展和现代化国家建设正在脚踏实地稳步前行，非洲社会主义的前景依然光辉灿烂。

09　暴风雨后见彩虹

1968年春天，法国一场学潮引发全国性反政府抗议示威运动，在5月份达到高潮。这一史称“五月风暴”的学生运动，深深震撼了法国，也深深震撼了世界。经济高速发展、社会繁荣安定的法国，一夜之间为什么会爆发如此重大的社会动荡？小小的学潮为什么会把矛头对准位高权重、在世界政坛上颇有声望的戴高乐将军呢？

五月风暴发源于巴黎郊区的农泰尔大学，这是一所新建的大学。新年伊始，国家青年和体育部部长米索夫来到学校视察刚刚落成的游泳馆，在视察结束时，一群学生在一位叫邦迪的大学生带领下聚集在门口，与部长就学生关心的问题发生了争执。两个多月后，约有一百名学生在巴黎歌剧院前举行声援越南的示威游行，学生组织越南委员会的负责人被警察抓走。邦迪抓住时机，于3月22日组织三百多名学生在校内游行，高呼“反对警察镇压”的口号，占领了学校行政大楼，成立了“三二二”运动组织。5月2日，邦迪带领农泰尔大学的学生到巴黎大学串联，巴黎大学校长请求警察干预。次日，警察开进巴黎大学，引起全国震惊。于是在这所法国最古老的高等学府——巴黎大学发生学生和警察的冲突，几天后冲突演变成疯狂的街垒战。警方在冲突中动用了高压水枪、催泪弹、木棍和铁棒，而学生则用路面上的石头做武器。仅5月6日这一夜，就有四百八十七名学生被打伤。整个5月，大约有一千人受伤，几百人被捕。

在全国人民的声援下，在强大的舆论压力下，蓬皮杜总理同戴高乐总统协商，决定重新开放巴黎大学，撤退警察，释放学生。这时的巴黎大学已宛如一个“自由公社”，校园里飘扬着斧头镰刀的红旗，无政府主义的黑旗，蓝条、红条和金星组成的越南国旗，白兰条相间的古巴国旗等，唯独没有法国的三色旗。校园廊柱上张贴着列宁、毛泽东、格瓦拉的画像，无政府主义者、马克思主义者、毛泽东派和格瓦拉派复杂微妙地共处。

5月13日，是五月风暴中具有转折意义的一天。巴黎的工人、学生、教职工、公务员约三十万人走上街头，声援学生。同一天，马赛、图卢兹、尼斯、南特等城市也举行了示威游行。示威、罢工在全国蔓延，人们开始喊出：“十年，已经够了！”“戴高乐，到养老院去！”等反政府口号。5月24日，戴高乐总统发表电视广播讲话，表态支持法国社会变革，但要保证秩序，过去在国家危急的时刻，是他站出来领导法国，这次也不例外等。很显然，这一讲话不仅不能平息众怒，反而引起了普遍的失望。全国上千万人的示威游行再次酿成暴力冲突，成为继“街垒之夜”后的“最长的一夜”和“暴力之夜”。5月27日，在野的社会民主党左翼走上政治舞台，明确表示，戴高乐应该组织提前选举并且退位。5月30日，戴高乐再次发表电视广播讲话，表示在目前的情况下他不辞职，宣布解散议会。6月12日，政府宣布禁止一切示威游行，解散六个极左团体。随后，警察进驻巴黎大学，雷诺汽车厂通过复工决议。狂热的5月彻底结束，春天的风暴最终归于寂静。

法国的五月风暴不是凭空而来的，而是国际大气候和法国国内小气候相互作用的结果。20世纪60年代是很不平静的。在美国，青年人反对越南战争的运动如火如荼，反传统道德、反传统文化与推进摇滚乐齐头并进。1964年加利福尼亚大学伯克利分校的学生起来造反，加州便成为青年人各种观点和组织的汇合地。与此同时，意大利、比利时、德国、西班牙、瑞典、波兰、日本、阿尔及利亚等许多国家的大学都很不平静，都在酝酿着革命的风暴。中国的红卫兵运动，也使各国大学生心驰神往，大有效尤之心。还有发生在世界各地的民族解放运动和暴力战争，也都使大学生年轻的心激动不已。如1967年初夏的中东战争、拉丁美洲的游击战、古巴革命等，已经开始激起麻木的法国人，尤其是年青一代的由衷向往。同样，世界上不断发生的热点事件，如希腊政变、肯尼亚爆炸、南非种族主义、印度的局势紧张、中国的“文化大革命”等，虽然这些事件远离法国，但仍然能在法国年轻人心中掀起波澜。实际上，上述情况表明，不管学生组织的思想倾向如何，政治派别有何不同，但都有一个共同点，就是不满现状，想要推动社会的变革。而恰恰在这个时候，法国教育部推出了学校录取制度的改革，这一改革的要点是让大学有权选择自己想要的学生。原本法国的高中生毕业，凡通过会考的都能升入大学，除几所名牌大学外，主要由学生选择学校。而这一改革无疑将高中毕业生和大学生推向更加激烈的竞争旋涡，遭到大家一致反对。本来学生们就积郁着满腔的不满，犹如一堆干柴，一遇点点星火，就会燃起冲天大火。

法国疯狂的春天过去了，但是留给人们的思考是无尽的。首先，资本主义制度无法消除危机的爆发。第二次世界大战后，随着第三次科技革命的兴起和垄断资本主义的发展，西方各国似乎出现了一个经济发展的黄金期。但是它并没有消除生产的社会化与生产资料的私人资本占有之间的矛盾。经济危机仍然周期性爆发，1967年西方资本主义经济都不可避免地发生了危机。法国作为这一时期经济发展的佼佼者，也无法阻止这一危机的爆发。据统计，1960年法国拥有资产十亿以上的大公司只有一家，1966年增加到十家，1970年增加到二十七家，法国二百家家族企业中的一部分老牌垄断巨头和一些新近暴发的垄断巨头成为法国的超级富豪，占有法国一半以上的公司和企业。而工人和农民的生活日益贫困，贫富差距拉大，劳资矛盾进一步激化。五月风暴爆发的根本原因仍然是资本主义社会基本矛盾的运动。

其次，国家利益和个人利益发生严重冲突。戴高乐作为战时法兰西的领袖，为谋求法兰西的独立做出了卓越贡献，因而也赢得了世界性的荣誉。然而，在戴高乐眼里，国家利益高于一切，他坦言法兰西是在法国人之上的，因此他并不关心法国人的幸福。在这种理念指导下，为了法兰西的伟大，政府采取了诸如增加黄金储备、拥有核武器等政策。而对法国民众中三百多万人居无定所、找不到满意的工作、子女得不到应有的教育机会漠不关心，导致国家利益和个人利益发生严重冲突，迫使民众走上街头。

再次，国内左翼思潮的影响。在五月风暴中，有一个名字始终与这场运动紧紧连在一起，这就是存在主义思潮的代表人物萨特。萨特不是马克思主义者，但他的思想中包含不少马克思主义成分，甚至有人把他列入西方马克思主义行列；他并未加入法国共产党，但始终是党的同路人，是站在党外来思索什么是真理、希望对党有所补益的人。五月风暴一爆发，他就和其他著名人士共同发表声明，旗帜鲜明地支持“由学生和教授们所从事的斗争运动”。他赞扬学生们的这种打破一切既定制度的激烈民主，鼓励他们继续斗争下去，不要放弃。在风暴的尾声，当公众舆论开始转向批评学生的时候，他坚定地站在学生一边，指出：“革命青年所要求的并不是无政府状态，而恰恰是民主，一种社会主义的、迄今尚未在任何地方实行过的民主。”[①]因而也有人将五月风暴称为“萨特主义革命”。其他如激进的社会文化思潮——情景主义，法国的毛泽东主义等，都致力于对现代资本主义社会进行深刻而全面的批判，鼓励和主张激进的社会主义革命和运动，因而都对学生运动有很深的影响。

从次，主要学生组织的社会主义倾向。在五月风暴中，由各个大学院系的学生总会组成的法国学生全国联盟，由于其思想不够清晰、态度不够激进，失去了对学生运动的领导权。而“革命共产主义青年”“三二二”运动、“共产主义学生同盟”“青年共产主义者同盟”“马克思列宁主义法国共产党”等反而积极参与，施加影响，赢得了广泛声誉。比如革命共产主义青年与邦迪通力合作，帮助创立了“三二二”运动，始终处于这场运动的中心；共产主义学生同盟从一开始的反对学生运动，到理解学生发动的“人道的起义”，采取了比较

① 黄忠晶：《传奇萨特》，中共中央党校出版社，2005年版，第367页。

温和的支持政策，基本上反映了法国共产党的态度；青年共产主义同盟是从共产主义学生同盟中分裂出来的亲华派组织，从运动初期的反对，到决心与“三二二”运动汇合，给了学生运动无私和全面的支持，并致力于推动学生运动与工人阶级相结合；法国共产党是亲华的法国马克思主义组织，自始至终都坚定支持学生运动，但在地方城市中影响较大，在学生中影响较小。

最后，国际环境的深刻影响。20世纪60年代，从布拉格到柏林，从伦敦到东京，从圣弗兰西斯科到北京，各种运动席卷全球。不但从思想上、理论上，而且从组织上、斗争形式和方法上都深刻影响着法国学生运动。比如美国人马尔库塞的批判理论、托洛茨基的不断革命理论、毛泽东的“三个世界”划分理论在这一代法国学生中广泛传播并被广泛吸收。

当然，五月风暴仅仅是欧洲社会主义等左翼思潮崛起的一个突出事件，实际上，在那个年代这样的事件比比皆是，给社会主义思潮的传播提供了广阔的空间。以五月风暴为代表的欧洲学生运动告诉我们，经济形势恶化可能引发革命，但经济高速增长也可能产生严重的政治问题。只要存在社会的不公正问题、社会福利的不普惠问题、青年学生的前途命运问题等资本主义制度难以克服的问题，社会主义将永远是一个最佳的道路选择。

10 争夺所有权的工具

瑞典虽然被称为社会民主党执政的“模范窗口”，也堪称“福利社会主义”的典范，但是从社会经济制度上看，民主社会主义革命并没有触及所有制问题，瑞典仍是私人垄断资本高度发达的资本主义国家。在生产资料所有制成分上，瑞典工业的国有成分到20世纪80年代还只占8%，而同期法国、挪威、意大利的国有工业超过20%，奥地利达到40%，瑞典私人资本的集中程度甚至大大高于美、法、联邦德国和意大利。特别是进入20世纪70年代后，瑞典陷入了战后最严重的经济危机，经济增长放缓，通货膨胀率上升，失业率增加，劳资冲突加剧，原本很是让人自豪的“福利国家”也陷入了困境。在社会矛盾日益加剧的情况下，工人运动强调："建立在民主原则之上，由公民、雇员、消费者作为后盾的对所有权形式的改造，必将获得支持与发展。"[①]工会联合会认为，长期以来贯彻的"团结一致的工资政策"虽取得了一定成效，但对那些居于垄断地位的高利率大企业不足以产生影响。因而怎样将"团结一致的工资政策"与限制垄断企业超额利润结合起来，便成为工会联合会需要进一步研究的课题。

根据上述要求和建议，工会联合会代表大会决定，由参加工会运动的著名经济学家L.麦德内尔组织一个研究小组以提供对策方案。四年后，研究小组提交了著名的麦德内尔方案。这一方案强调实现下述三个目标：第一，完善以团结为基础的工资政策；第二，抵制在私人企业金融完全不受控制的情况下所产生的财富集中；第三，扩大在生产过程中雇员的影响和权力。在此基础上，方案提出将企业的部分利润从雇主私人财产转为雇员的集体财产，进而推出建立"雇员投资基金"的具体设想。社会民主党最初对这一方案采取了暧昧的态度，然而工会联合会毕竟是社会民主党的主要支柱，工会要求建立雇员基金的呼声，对党形成了巨大的压力。加之1976年社会民主党政府在大选中下台，加速了社会民主党向左转的趋势，党对方案由不置可否逐步转变为积极支持。1978年4月，社会民主党与工会联合会联合组成了研究小组，提出了《雇员投资基金与资本形成》的联合报告。指出社会民主党在瑞典的任务，就是"对目前基本上控制在私营公司金融势力之下的经济制度实行转变，代之以一种新的经济秩序，使每一个公民对于生产的方向，利润的分配，生产体制和工作条件具有发言权"[②]，强调"企业的财产自由导致了权力和财富集中的不断增长。因此，争取经济领域内平等和民主的工人运动必然提出要对企业利润进行分成"[③]。

麦德内尔方案公布后，遭到了资产阶级政治家、经济学家和企业主及社会政治组织的强烈反对，曾拒绝参与讨论这一方案。更有甚者，在议会召开秋季

① 徐觉哉：《社会主义流派史》，上海人民出版社，1999年版，第438页。

② 徐觉哉：《社会主义流派史》，上海人民出版社，1999年版，第439页。

③ 徐觉哉：《社会主义流派史》，上海人民出版社，1999年版，第439—440页。

例会时，瑞典一些主要企业家组织了一次多达七万五千人的进军议会的游行，反对建立雇员投资基金。面对这种形势，1982年秋重新执政的瑞典社会民主党以坚强的意志和积极的姿态，促使建立雇员投资基金的法案得以在议会通过，并从1984年1月1日开始生效。这样，酝酿讨论了十余年的“雇员投资基金”终于在瑞典建立了起来。瑞典的雇员投资基金引起了各国社会主义者的广泛关注。有人认为，这是根据马克思劳动价值理论对资产阶级的剥夺，是“西方世界从未目睹过的最大规模的没收举动”；有人预言，如果这项政策实现，瑞典经济将出现方向性转变，“势必走向社会主义”；也有人把它视为瑞典继“职能社会主义”之后的又一股新的“基金社会主义”思潮。

瑞典雇员投资基金的酝酿与产生，不仅是20世纪70年代至80年代瑞典国内政治、经济生活中的一件大事，而且也是瑞典社会民主党与工人运动理论与实践发展进程中的一个重要里程碑。“雇员投资基金”方案之所以被称为“基金社会主义”，是因为其不仅是对瑞典社会民主党传统理论和实践的超越，更是对资本剥夺的一种特殊形式，为社会主义运动开创了一个全新的概念。

首先，劳动者的地位不同。“雇员投资基金”是让资本家拿出一部分利润给工人买企业，是一种无偿的剥夺，劳动者在这一过程中是名副其实的主人。以往国家对企业的国有化，一般是通过赎买而实现的，而劳动者未必就是国家的主人。

其次，对企业投资的控制力不同。“雇员投资基金”在确定投资方向时，需要考虑一定的收益标准，而投资过程也是工人代表参加董事会学习企业经营管理的过程，因而更有助于企业的健康发展和效益提升。而以往国有化存在的最大问题，就是企业经济效益差，工人对企业管理漠不关心。

再次，改革成果的稳定性不同。雇员投资基金是全社会雇员的集体财产，以基金购买的股份也具有相同的性质，这也就为基金奠定了一个相对稳定发展的基础。而国有化企业由于经济效益差或其他社会政治原因，一旦选举失利，国有化难免出现反复。

从次，“雇员投资基金”创造出一种与私人资本并行的集体投资基金，作为整体的工人阶级，第一次有了可供自己支配、与私人资本抗衡的经济实力。而发达国家中的私人企业并未因社会中同时并存的甚至比重很大的国有化企业而改变自己那种私人对资本的独占性。

最后，实现民主化的路径不同。雇员投资基金限制了资方在企业管理方面的特权，确立了工会干部、董事会雇员代表的法定地位和法定职责，试图从根本上解决经济民主化的问题。而国有化企业虽然也有工会的职责和作用，有团结工资的协商机制，但是资方的管理特权从未受到实质性的冲击。当然，我们应该清醒认识到，基金社会主义毕竟是要“剥夺剥夺者”，必然会引起资产阶级的恐慌和反对。实际上，瑞典国内劳资之间关于雇员投资基金问题的斗争仍在继续。基金社会主义毕竟是在现代发达资本主义国家中，对现存经济制度、财产关系和权力结构实行的一次重大变革，因而它必将在社会主义运动史上产生深远影响。

11　社会主义的一抹绿色

1962年，一本科普读物《寂静的春天》风靡全球。这部著作以生动而严肃的笔触，描绘了一个美丽村庄因过度使用化学药品和肥料而环境污染、生态破坏，最终导致灾难。该书的作者是美国科普作家蕾切尔·卡逊。在这本书中，卡逊以明天的寓言开头，讲解了所谓死神的特效药对地下水和地下海、土壤、动植物的破坏，以“再也没有鸟儿歌唱”“死亡的河流”“自天而降的灾难”警示人们，如果人类用自己制造的毒药来提高农业产量，无异于饮鸩止渴，人类应该走另外的路。卡逊是一个有责任感和良知的科普作家，面对美丽的大自然、和谐相处的动植物受到人类的伤害时，她勇敢地只身面对企业界和政府官僚、科研机构权威们的强大压力，不顾身患绝症，靠放疗维持生命，在身体几近瘫痪的状况下，开始了她一往无前讨伐恶势力的行动。经过四年顽强刻苦的调查研究，写出了《寂静的春天》。这本书一经报刊转载和发声，便受到读者的广泛欢迎。

在该书的影响下，仅至1962年底，就有四十多个提案在美国各州通过，立法限制杀虫剂的使用；DDT和其他几种剧毒杀虫剂从生产与使用的名单中清除。该书引发了公众对环境问题的关注，各种环境保护组织纷纷成立，从而也促使联合国于1972年召开联合国人类环境会议，并由各国签署《人类环境宣言》，开始了世界范围的环境保护事业。1992年，在卡逊逝世二十八年后，《寂静的春天》被推选为世界上最具影响力的图书之一，被誉为“世界环境保护运动的里程碑”。

环境问题，毫无疑问也是社会主义者关注的重点。以联邦德国绿岛激进左派为代表的生态社会主义和以北美西方马克思主义者为代表的生态学马克思主义，都反对向自然界无度地索取，把批判的矛头指向资本主义，并希望在生态平衡的基础上建立新的社会制度。世界上第一个绿党是20世纪60年代末创建的新西兰价值党。该党在1975年制定的《明天以后》的竞选纲领中，强调稳定人口和经济，建立一种新的工业关系和经济关系，考虑生态问题发展以人为核心的技术，确定一种软能源系统，建立一个分散化的政府，强调男女平等和人民的权利等。70年代，作为生态学马克思主义者的代表，民主德国共产党员鲁道夫·巴罗叛逃西方后，积极谋求“绿色”（生态运动）和“红色”（共产主义运动）政治力量的汇合，要求建立一个由绿党、妇女运动、生态运动和一切进步的非暴力社会组织组成的广泛的群众联盟，因而被称为西方“社会主义生态运动的代言人”。另一位波兰意识形态专家亚当·沙夫，是共产党人中最早介入生态运动的代表，被看作是“红色”的“绿化”。随后，生态社会主义风靡整个欧洲，呈现出“红”“绿”交融的局面。进入80年代后，主要资本主义国家相继建立了绿党，并且很快在政治上显示了重要作用。从1981年起，西欧许多国家如芬兰、比利时、联邦德国、奥地利、意大利、卢森堡和瑞士的绿党相继进入议会。联邦德国的绿党在1983年的大选中占据了二十七个席位，第一次打破了议会中长期存在的三党格局，成为议会中的第四大力量；1984年，又进入了欧洲议会，并占有七个席位；在1987年的大选中，则吸引了许多原属于社会党的选民，得票率从1983年的5.6%上升到8.3%，联邦议院席位也由二十七个增加到四十六个。[①]

随着东欧剧变和冷战结束，20世纪90年代西方生态社会主义运动和思潮在政治上、理论上又有了新的发展，形成了新的政治分野。其特点是，从80年代的“红绿交融”发展到重新分化为“红色绿党”和“绿色绿党”两大阵营。所谓“红色绿党”，即生态运动中以社会主义为理论基础的、主张生态社会主义的派别。所谓“绿色绿党”，即生态运动中以无政府主义为理论基础的、主张生态中心主义的派别。

“红色绿党”即生态社会主义认为：生产关系、阶级关系是经济、社会和政治剥削的根源，而这种剥削将导致生态破坏；工人阶级和其他劳动者是挽救全球生态危机、主宰未来社会变化的主角；应当以集体政治行动来改造社会生态环境；应当建立一个绿色的、生态的与经济社会和谐发展的、没有剥削和压迫的、实现社会公正的社会主义社会；全球生态危机的根源在资本主义，环境危机是资本主义的特有现象，贫困、社会不公和肮脏的城市环境都是环境危机的组成部分，因此只有消灭资本主义才能够消灭生态危机。

与一般生态主义者不同，生态社会主义者宣布自己的理论隶属于马克思危机理论的传统，把资本主义基本矛盾提升到“资本主义生产与整个生态系统之间的基本矛盾”这一高度来认识，指出这种矛盾解释源于马克思关于资本主义基本矛盾的学说，因而完全是“马克思主义”的。这种把生态问题的原因追溯到根本制度的层面，是生态社会主义的成熟见解。这就使得生态社会主义带有显著的批判和革命的倾向，在一定程度上反映了西方广大劳动人民的愿望，代表了历史的进步。当然，生态社会主义也存在一些局限性和理论上的缺陷。比如，把生态问题看得高于一切，或用“生态危机论”取代“经济危机论”；崇尚分散化、非官僚化和工人管理，在理论上和实践中都难以实现；缺乏全球视野，忽视了贫穷国家和发展中国家对经济增长的需求等。

总之，生态社会主义是顺应世界潮流而诞生的，反映了资本主义世界人民

---

① 参见奚广庆、王谨：《西方新社会运动初探》，中国人民大学出版社，1993年版。

的迫切要求。坚持这一方向，加强左翼联合，生态社会主义一定会有更大的发展。如果说今天还只是“绿色风云”，那么再过若干年，也许就是“绿色风暴”了。

12　两只手的融合

作为资源配置方式和经济组织模式的计划和市场，能否独立于特定的社会政治制度，历来是理论界争论的热门话题。在很长一段时间内，计划经济尤其是中央集权的指令经济，被视为社会主义制度的基本特征。突破这一传统观念的，当属旅美波兰马克思主义经济学家奥斯卡·兰格及其“兰格模式”的提出。

兰格模式的主要特点是：生产资料公有制，容许小型工业和农业保留私有制；不完全市场体系，存在消费品市场和劳动服务市场，但不存在生产资料市场和资金市场；多层决策体系，即存在中央计划决策、企业决策和家庭决策的三层决策体系；双重价格定价体系，消费品和劳动力价格通过市场来定价，生产资料价格则由中央计划机关采用试错法，模拟完全竞争市场的竞争来定价。

兰格模式的提出具有重大的理论价值：第一，市场与公有制兼容。兰格认为，社会主义经济的资源配置是同资本主义纯粹竞争市场上的实际行为完全相同的，按边际成本价格决定生产规模，按最低成本组合生产要素。“生产资料公有制的事实本身不决定分配消费品和分配人民各种职业的制度，也不决定指导商品生产的原则。”[①]这无疑是对市场与社会主义不相容教条的否定。第二，计划与市场并存。兰格认为，社会主义经济是计划与市场结合的经济，中央计划部门运用市场价格行使市场功能，中央银行是模拟市场，负责投资、制定利率、分配资金，这就打破了市场与计划对立的论点。第三，效率与平等一致。兰格认为，社会主义取消私有制经济固有的分配方式，创造了比资本主义更公

① ［波兰］奥斯卡·兰格：《社会主义经济理论》，中国社会科学出版社，1981年版，第9—10页。

平的消费财富分配，从而保证了社会主义比资本主义制度取得更大的效用。兰格模式对以后社会主义模式的探索具有重大启示作用。

斯大林逝世后，苏联一批经济学家在批判原有体制的基础上，提出了社会主义商品经济理论，认为应该以商品货币关系来处理社会主义经济。20世纪70年代末，苏联大批拥护改革的经济学家、社会学家，聚集在《经济和工业生产组织》杂志周围，形成了西伯利亚学派。该学派认为商品货币关系是高度分工的社会生产力的固有特征，市场是计划经济的必然属性，离开商品货币关系和市场机制的社会主义是不可想象的。

在东欧，波兰、捷克、匈牙利等国的经济学家，分别提出"有调节的市场机制的计划经济模式""社会主义的计划性市场经济模式""在计划经济内导入市场机制的模式"等理论，有力影响了东欧社会主义国家的经济改革运动。

市场社会主义作为完整概念的提出，则是英国工党一些理论家的功劳。进入80年代后，面对咄咄逼人的新保守主义和工党的颓势，党的智囊机构费边社通过深入讨论，一致认为要在社会主义理论上获得突破。而后，学者们定期集会研讨，最终形成了"市场社会主义"这一社会主义学说。这一学说由市场联姻论和市场主导机制论两大理论构成。

市场联姻论认为，资本主义完全脱离市场是不可能的，但市场彻底脱离资本主义则是极可能的，这种"分解"会把市场同社会主义"联姻"在一起。他们认为，市场作为一种手段，既可以为资本主义所利用，也可以为社会主义目的服务。"那么是否可能构想出一种能够实现社会主义目的，甚至结合某种特定形式的社会主义手段的市场制度呢？换言之，是否有可能创设市场社会主义呢？"[①]他们认为，市场与社会主义是可以兼容的，市场社会主义正是市场与社会主义的整合。

市场联姻论的逻辑结果必然是市场主导机制论。市场社会主义者从资源配

① ［英］索尔·埃斯特林、［英］尤里安·勒·格兰德编：《市场社会主义》，邓正来等译，经济日报出版社，1993年版，第6页。

置、现代工业物质文明和社会制度三个层面，由浅入深地对市场主导机制论做了全新的论证。从资源配置来看，如果将计划作为主要的经济机制，市场机制就会式微。“最好是将市场作为主要的交换机制，只是在有需要之时才用非市场机制对它进行补充”[①]，当非市场机制无所作为时，一个发育完好的市场制度可以作为依靠而予以运用。从物质文明来看，“在一个希望采取社会主义目标的复杂的工业社会中，市场应成为交易机制的主导形式”[②]。它们与其他制度一起，能够以令人满意的方式为一个经济制度配置资源、提供信息和刺激。而“社会主义者对平等的担忧，可以通过税收和补助得到缓和，也可以通过福利国家，确保教育、健康和生活水准方面的最低标准而得到缓和”[③]。从社会制度来看，目前需要的是这样一种社会模式，即权利于各群体之间得到较为平等的分配；资本占有者的利益、工人的利益和消费者的利益都予以基本公平的考虑。而“市场社会主义要比任何一种较为传统的观点更接近这个理想模式”，“在这个图景中，无剥削、高效率、平等且自由，这就是一种社会主义社会”。[④]市场社会主义把现代经济理论同马克思经济理论结合起来，全面而辩证地总结当代世界经济发展的经验，按手段与目的、效率与平等等哲学思维重构市场社会主义蓝图，这具有重大的现实和历史意义。

13 触手可及的未来社会

20世纪80年代，有两本书以独特的视角、犀利的笔触、清新的文风征服了广大读者，书中对社会发展的精准预测、对触手可及的未来的描绘，更使其

---

① ［英］索尔·埃斯特林、［英］尤里安·勒格兰德编：《市场社会主义》，邓正来等译，经济日报出版社，1993年版，第14页。

② ［英］索尔·埃斯特林、［英］尤里安·勒格兰德编：《市场社会主义》，邓正来等译，经济日报出版社，1993年版，第107页。

③ ［英］索尔·埃斯特林、［英］尤里安·勒格兰德编：《市场社会主义》，邓正来等译，经济日报出版社，1993年版，第15页。

④ ［英］索尔·埃斯特林、［英］尤里安·勒格兰德编：《市场社会主义》，邓正来等译，经济日报出版社，1993年版，第26页。

风靡全球，两位作者所到之处甚至受到国家元首般的接待。这两本书分别是美国未来学家阿尔文·托夫勒的《第三次浪潮》和美国社会预测家约翰·奈斯比特的《大趋势——改变我们生活的十个方面》。

托夫勒在《第三次浪潮》中，把人类科学技术的每次巨大飞跃均称之为一次浪潮，认为每次新的浪潮都冲击着前一次浪潮的文明，并建立起与其相应的经济类型，重塑社会面貌。他认为，第一次浪潮是农业革命，即从原始采集渔猎过渡到农业和畜牧业，与之相适应的社会结构是简单的家庭内部劳动分工和自给自足的分散经济。第二次浪潮是工业革命，与此相适应的社会结构的主要特征是小家庭、工厂式的学校及大公司，工厂组织的原则应用于一切机构，生产与消费分裂、中央集权化等。第三次浪潮的主要技术是电子工业、宇航工业、海洋工业和遗传工程，与此相适应的社会结构的主要特征是多样性和多元化的领导制度，生产经营中的矩阵组织，人与自然和睦相处等。

奈斯比特在《大趋势——改变我们生活的十个方面》中，从十个方面论述了美国社会发展的趋势，认为美国社会正在蜕变之中，处于新旧交替的夹缝时期，正在进行无情的结构调整：从工业社会向信息社会转变，从一国经济向全球经济的变化趋势，从短期利益向长期利益的变化趋势，从集权向分权发展的趋势，从对组织机构的依赖向自助的变化趋势，从代议民主制向共享民主制的转变，从等级制度向网络组织的变化趋势，从美国北部向南部发展的变化趋势，从非此即彼的选择到多种选择的转变等。尤其难能可贵的是，他还著有一本《中国大趋势》，该书站在全球的高度，精辟地提出了“中国新社会的八大支柱”理论——解放思想、“自上而下”与“自下而上”的结合、规划“森林”让“树木”自由生长、摸着石头过河、艺术与学术的萌动、融入世界、自由与公平、从奥运金牌到诺贝尔奖，并由此总结出中国发展的大趋势——中国在创造一个崭新的社会、经济和政治体制，它的新型经济模式已经把中国提升到了世界经济的领导地位；而它的政治模式也许可以证明资本主义这一所谓的“历史之终结”只不过是人类历史道路上的一个阶段而已。

实际上，科技革命对未来社会发展的影响，从第二次世界大战开始就引起了专家学者们的广泛关注。人们注意到，以电子信息为主导的第三次科技革命，已深刻影响到社会发展的方方面面，甚至已经突破传统的工业经济理论的框架。有人将这种以知识为基础的经济发展称为“知识产业”，有人将这种与工业社会不同的社会形态称为“后工业社会”。后来，尤其是经过托夫勒和奈斯比特的阐述后，人们逐步对未来经济和社会的发展达成一个初步共识，这就是“知识经济”和“信息社会”。所谓知识经济，就是以知识作为社会生产力发展的关键要素，以知识创新作为经济增长的直接动力，以知识产业作为社会主导产业的一种技术社会形态。

知识经济的主要特征有：基本生产要素是知识，人力资源是它的核心资源；建立在科学和技术的研究开发基础之上；信息和通信技术处于中心地位，以这些技术为支撑的高技术产业、服务业是主导产业；知识经济是可持续发展的经济；缩短生产与消费之间的距离，按需生产和多元化个性消费成为一大特征；具有全球化和一体化的趋势等。知识经济属于生产力范畴，它主要反映的是社会生产力发展状况和产业结构状况。生产力水平的变化必然要引起社会生产关系、生产方式、上层建筑、生活方式等的改变。

事实上，社会主义者对后工业社会、知识经济、信息社会的关注是十分密切的。早在1917年，英国的社会主义者阿瑟·彭迪就在其《对后工业形态的研究》一书中提出“后工业”一词，用以描述类似集中的机构再分散化，专门化工作重新组合，过一种充满闲暇、工匠式或家庭式生活等这样的社会。这颇有点托夫勒前辈的味道。第三次科技革命后，美国社会学家丹尼尔·贝尔提出“后工业社会”这一概念。法国学者安德烈·高兹先后发表《告别无产阶级——关于后工业社会主义的论文》和《通往天堂之路》等著作，明确提出“后工业社会主义”理论，成为社会主义理论中的一种未来学派。

其基本观点有：其一，以消费引领社会发展。倡导的基本原则是：“如果人们消费得好些，就能劳动得少些。”认为在知识经济和信息社会，人们的大部分劳动时间都花在不是生活必需的其他产品上，以迎合个性化、小批量、高品质的社会需要。因此，如果人们只花费少量时间满足衣食住行基本需求，就可以用大量的时间满足社会的一切各种需求。每个劳动者也可以按照自己的计划安排生活和活动，主动实现自己的创造性欲望，使自己既是消费者，又是消费产品的生产者。按照这个原则运转，社会在生态学上是健全的，发达资本主义社会经济发展中的综合征将被消除，过度都市化、环境污染等弊端都可以有效缓解。这将是一个高度自治的社会，政府由民主选举产生，通过为个人提供最适宜的条件、睦邻、共同性，通过发展能够满足自身需要的劳动集团，通过不断扩展权力分散、自主计划的领域，来逐步消除国家的职能。

其二，以扩展个人自主的领域来限制经济和政治的必然领域。认为后工业革命的中心命题应当是时间的解放和劳动的废除，也就是通过科学技术革命去限制社会必要劳动时间，提供自由地创造快乐的机会，去制造和生产具有美学价值和个人用处的东西，最终实现废除劳动和解放时间的目标。这样，未来社会就是一个“双元社会”，即把社会空间分为自主的领域和受外界支配的领域。受外界支配的领域，确保个人和社会生活必需品的生产和供应；自主生活的领域，按照自己的欲望、想象去生产非必需的产品。

其三，以生产力的发展来消除劳动雇佣和对立。通常人们认为，生产力的发展将为建立社会主义制度创造物质基础，也将为确立社会主义制度创造社会关系。然而，知识经济和信息社会的到来，使得劳动已成为人们价值创造的途径，不再具有完全的雇佣性质，也难以通过劳动形成任何有力量的政治组织。这就意味着资本主义内部的矛盾可能是多种形式和多种原因的，也意味着工人运动的传统战略和组织形式要发生重大转变。

其四，以“非工人—非阶级”为革命主体和动力。认为在后工业社会中，传统的工人阶级逐渐消亡，代之以“后工业的新无产阶级”，亦称为“非工人—非阶级”。在这里，“非工人—非阶级”是指把劳动当作一种由外面强加的义务来体验的阶层，它的目标是废除工人和废除劳动，而不是占有劳动。这样一来，“非工人—非阶级”就成了后工业社会主义革命的主体和动力。

后工业社会主义针对当代资本主义社会的种种弊端，对如何走社会主义道路进行了一些探索，其中有一些有价值的认识，而它对于工人阶级未能起来推翻资本主义制度做出的解释无疑是错误的。这种认识必然会导致因找不到改变资本主义社会的物质力量和社会力量，而陷入社会悲观主义的泥潭。

14　迈向共同体的联合

苏联解体、东欧剧变后，世界社会主义和左翼力量经受了巨大冲击和挫折，国际工人运动和社会主义运动处于持续的低潮。面对这种情况，不少国家的社会主义力量，试图通过对社会主义新的解读和新的理念，以左翼力量联合为基本武器，共同推动社会主义的复兴。在这方面，中共中央总书记习近平提出构建人类命运共同体理念，并持续推动世界政党大会和文明对话，堪称一大创举。习近平指出，国际社会日益成为一个“你中有我、我中有你”的命运共同体，面对世界经济的复杂形势和全球性问题，任何国家都不可能独善其身。当今世界面临百年未有之大变局，政治多极化、经济全球化、文化多样化和社会信息化潮流不可逆转。各国之间的联系和依存日益加深，但也面临诸多共同挑战。粮食安全、资源短缺、气候变化、网络攻击、人口爆炸、环境污染、疾病流行、跨国犯罪等全球非传统安全问题层出不穷，对国际秩序和人类生存都构成了严峻挑战。人们不论身处何国、信仰如何、是否愿意，实际上已经处在一个命运共同体中。因此，任何一个国家在追求本国利益时都应兼顾他国合理关切，在谋求本国发展中，促进各国共同发展。人类只有一个地球，各国共处于一个世界；要倡导人类命运共同体意识，形成以应对人类共同挑战为目的的全球价值观。

为此，2017年12月，来自一百二十多个国家近三百名政党和政治组织领导人出席中国共产党与世界政党高层对话会。在半个多小时的主旨讲话中，习近平提及最多的关键词就是“构建人类命运共同体”。习近平指出，中国共产党是世界上最大的政党，“大就要有大的样子”；中国共产党是为中国人民谋幸福的党，也是为人类进步事业而奋斗的党；我们不输入外国模式，也不输出中国模式，不会要求别国复制中国的做法。面对全球乱象，人类应该怎样选择？

习近平指出，人类有两种选择：一种是为争权夺利恶性竞争甚至兵戎相见，这很可能带来灾难性危机。另一种是顺应时代发展潮流，齐心协力应对挑战，开展全球性协作，这就得为构建人类命运共同体创造有利条件。习近平建议，努力建设一个远离恐惧、普遍安全的世界；努力建设一个远离贫困、共同繁荣的世界；努力建设一个远离封闭、开放包容的世界；努力建设一个山清水秀、清洁美丽的世界。为此，不同国家的政党应该增进互信、加强沟通、密切协作，探索在新型国际关系的基础上，建立求同存异、相互尊重、互学互鉴的新型政党关系。

2019年5月15日，在北京举办了亚洲文明对话大会。来自亚洲全部四十七个国家和世界其他国家及国际组织的一千三百五十二位会议代表共同出席大会。会议聚焦“亚洲文明交流互鉴与命运共同体”主题，共商亚洲文明发展之道，共话亚洲合作共赢大计，达成广泛共识，发表《亚洲文明对话大会2019北京共识》。大会认为，文明多样性是世界的基本特征，每种文明都有其独特魅力和深厚底蕴，都是人类的精神瑰宝。不同文明之间应当相互尊重、包容互鉴，在历史的启迪和现实的昭示中，以多样共存超越文明优越，以和谐共生超越文明冲突，以交流共享超越文明隔阂，以繁荣共进超越文明固化，共同谱写“各美其美，美美与共”的文明华章。

实际上，这种开放和合作的姿态，正是国际工人运动和社会主义复兴的必由之路。我们欣喜地看到，进入21世纪后，尤其是在国际金融——经济危机的形势下，各国共产党及各种左翼力量间的地区性和国际联合斗争更是呈现丰富多彩的发展局面。

其一，积极探索在本国体制内联合斗争的途径。当今世界，包括共产党在内的绝大多数左翼政党，都是本国体制内的合法政治力量。通过体制内的竞选、执政或参政等议会斗争的方式，来实现其纲领、目标或影响国家政策，是左翼政党反对资本主义斗争的重要手段和途径。从实际情况来看，左翼政党之间的联合与协作，是富有成效的，也是值得总结和推广的。比如，1989年，原意大利共产党、西班牙联合左翼、丹麦社会主义人民党和希腊左翼联盟协商创立了欧洲联合左翼，成为在欧洲议会中进行联合斗争的议会党团。进入20世纪90年代后，该党团迅速发展壮大，法国共产党、意大利共产党、希腊共产党等欧洲主要共产党相继加入其中。1995年随着北欧诸国并入欧盟，瑞典左翼党和芬兰左翼党联盟也成为该党团成员。2002年，该党团获得创纪录的发展，拥有来自十个国家的四十九名议员，一举成为欧洲议会中第四大党团。除此之外，还有1991年成立的“新欧洲左翼论坛”，成长为2004年的“欧洲左翼党”，该党由来自欧洲十四个国家的共产党和其他左翼政党组成，目前共拥有二十七个成员党和十一个观察员党。当然由于立场不同，欧洲一些传统的激进左翼政党，如希腊共产党、葡萄牙共产党并没有加入欧洲左翼党中，而加入的一些政党相互之间也存在一些意见分歧。因此如何维护党际和党内的团结，进一步扩大组织和影响，是欧洲左翼党面临的一项重大任务。

其二，共产党的国际协调与合作逐步加强。20世纪90年代末，为了加强各国共产党之间的联系与交流，在希腊共产党的倡议下，开始筹备召开世界共产党和工人党国际会议。1998年举行第一次会议，5月，以纪念《共产党宣言》发表一百五十周年和希腊共产党成立八十周年为契机，希腊共产党邀请各国共产党和工人党齐聚雅典，召开共产党和工人党国际会议的筹备会，期待此后历次会议，各国共产党和工人党基于马克思主义的共同特性不断走到一起。2011年的第十三次代表大会，共有来自五十九个国家的七十八个共产党和工人党的代表团参会，创下了会议召开以来的历史之最。世界共产党和工人党国际会议每次都确定一个讨论主题，涉及内容十分广泛。如“当前形势下的共产党”“资本主义危机、全球化与工人运动的反应”“反对战争和资本主义全球化运动与共产党”“社会主义才是未来”，等等。这些内容主要集中在国际国内形势变化的一些具体方面，如资本主义的发展变化、国际形势分析、全球化、工人政党的任务等，很有针对性，因而得到了世界各左翼政党的普遍关注。除此之外，各国共产党和工人党还共同组织了一些捍卫社会主义运动、支持世界各地人民正义斗争的实践活动，如2005年世界反法西斯胜利六十周年纪念活动，2007年举行的纪念十月革命九十周年活动，每年举行的“国际声援巴勒斯坦人民日”活动，等等。这些形式多样的活动，不仅为各国共产党、工人党间的合作交流搭建了平台，而且为推动国际共产主义运动的团结与复兴发挥了十分重要的作用。

其三，左翼社会论坛的建立与壮大。各国左翼政党在实践中创办了各种形式的左翼社会论坛，在促进社会主义和左翼力量联合中发挥了重要作用，其中影响最大的当属世界社会论坛，是由反对经济全球化的各国非政府组织发起的大型会议。自2001年举行第一次论坛会议以来，已经连续举办了十一届，探讨的问题包括维护世界和平、反对霸权主义、消除贫困、普及教育、保护弱势群体权益、第三世界国家债务、资本主义危机等。在世界社会论坛的鼓舞下，各种区域性或全国性的社会论坛纷纷建立，如美国社会论坛、意大利社会论坛、欧洲社会论坛等，成为有效凝聚左翼力量，彰显左翼团结斗争的重要纽带。此外，还有纽约全球左翼论坛、国际马克思大会、世界社会主义论坛、马克思主义节、社会主义大会等，在增进左翼力量交流与团结、推动社会主义运动方面发挥着日益重要的作用。

其四，在反对资本主义斗争中采取联合行动。难能可贵的是，世界各国共产党及左翼社会主义政党在东欧剧变、资本主义反共进攻日益猖獗的严峻形势下，能够旗帜鲜明、挺身而出，在相互合作中不屈不挠地与资本主义开展坚决斗争。比如2010年在北约里斯本峰会期间，希腊共产党、葡萄牙共产党等多国共产党领导组织了大型示威游行活动。2012年在北约芝加哥峰会期间，美国共产党与数十个左翼组织联合发起大规模抗议活动。其他如支持伊朗国内民众进行反帝活动、反对美英对阿富汗的军事占领、谴责帝国主义发动利比亚战争等。东欧剧变后，资本主义一直没有停止对共产主义的诋毁和遏制，有的国家甚至把法西斯暴行与所谓的共产主义“罪行”相提并论。面对这种毫无底线的意识形态攻击和抹黑，欧洲一些共产党除纷纷在国内开展抗议活动进行抵制，尤其注重开展共同行动，发表联合声明。

总的来看，20世纪90年代以来，社会主义及左翼力量的联合，无论在形式上还是在范围上都得到了迅速发展，不仅在世界各地强化了社会主义的政治存在，而且为谋求进一步发展打下了坚实基础。

当然，从世界范围内看，社会主义运动仍处于相对低潮的发展时期，“资强社弱”的总体态势没有发生根本性变化。虽然有左翼力量联合与合作的发展，甚至有亚非拉社会主义左翼力量集聚崛起的态势，但是社会主义及左翼力量的联合斗争要实现大的发展，还有很长的路要走，还要根据形势的发展变化进行深入的理论和实践探索。

结　语

历史价值及启示

笔者曾在媒体上读到两则报道。一则说“地铁上越来越多的年轻人开始读《毛选》（《毛泽东选集》）”。有寻找思想出口的，有寻找人生智慧的，有寻找前进动力的，有寻找思想武器的，等等。

另一则为一位叫塞德勒斯·迪奥达拉的年轻人，在美国共产党人党共青团中央官网“红色爱国者”上发表题为《我为什么选择加入美国共产党人党》的文章。文中说：“我从小接受的教育就是：共产主义是一种错误的意识形态，带来的只有种族的灭绝和贫困，更重要的是它剥夺了人们最基本的权利——人权和自由。我在一个蓝领家庭长大，即使从小受到这种教育和意识形态的灌输，但也一直都知道一定是资本主义社会出现了问题。因此我自然而然地更加倾向于一种以工人阶级为主体的政治意识形态。这种思潮又往往被称为‘民主社会主义’，实际上它诱导人们远离社会主义，从而转向一种所谓的有人性的资本主义。纵观历史，人类社会总是朝着团结合作的方向发展。所以，集体主义就是人类为了共同建设一个更美好的世界而进行合作。集体主义是人类的未来，于是，我申请加入美国共产党人党，结果不出一个星期，我就收到了非常友好的同志般的欢迎。入党后，我立刻融入了党组织，感觉自己是组织里一个有价值的党员，感觉自己的生活完全变了，不再赖床，每天起床的动力更足，对未来更有热情和动力。这是我从前不曾拥有的，我党使我的人生目标得到了更新，我的人生焕然一新！”

当我们被过多灌输资本主义意识形态的时候，真是应该认真地回顾社会主义思潮的历史进程，冷静地思考社会主义思潮的历史价值了。客观现实就是这样。我们现在搞孔子学院、文化中心，西方资本主义国家就非常警惕，说我们搞文化输入，但是资本主义的意识形态输入我国可是有一百多年了。这一百多年，我们都是在孜孜不倦地学习、认认真真地实践。在资本主义国家也普遍存在抹黑和敌视社会主义、共产主义的意识形态，似乎资本主义意识形态或民主社会主义这种有人性的资本主义，才是人类意识形态的终极形态，是最值得信奉和尊崇的。然而我们在学习和运用西方意识形态的时候，是否有人思考过我们社会主义的意识形态是怎么来的？我们社会主义的意识形态应该有什么样的历史价值呢？真是到这个时候了。

纵观社会主义思潮五百年历史，它在促进人类社会发展、文明进步等方面的重要作用是无可匹敌的，它产生的历史价值值得我们回味：

一是开启了人类解放的神圣事业。社会主义出现以前，任何国家的王朝更替、改朝换代，都不曾改变整个社会的经济基础。中国有文字记载的几千多年历史就是这样，英国、法国、德国的历史也是这样。无论什么样的革命，社会基础都没有被根本改造。社会主义是要动摇已有的社会基础，真正让穷人翻身做主人。毛泽东年轻时就有一个思考，为什么农民就不能当主人？为什么农民就不能执掌政权呢？中国共产党执政就实现了这一点，使曾经的社会最底层掌握了政权，而且为了巩固这个政权，搞了土地革命、一化三改等，这样的事业难道不是人类解放事业吗？难道不是最神圣的事业吗？马克思、恩格斯在《共产党宣言》中揭示，资本主义的产生也没有消灭阶级对立，它只是用新的阶级、新的压迫条件、新的斗争形式取代了旧的。而社会主义的目的就是消灭私有制和阶级，解放全人类。

二是唤起了民族觉醒和独立。一战结束后，有一个民族意识形成、民族观念勃发、民族国家纷纷建立的热潮，国际秩序得以重建。二战结束后，国际秩序又有了一次重构，其中社会主义思潮发挥了巨大的唤醒民族自觉的作用。

三是打破了阶级特权的思想。社会主义思潮从诞生那天起，就旗帜鲜明反对特权，追求自由、平等、公正等理念，致力于建立一个没有阶级差别、没有私有财产的国家，劳动者当家作主人。这样的思潮，放在历史任何一个阶段，任何一个国家，都有不可替代的进步意义。

四是实现了民众真正意义上的民主。恩格斯批判资产阶级所构筑的社会制度时说："现在我们知道，这个理性的王国不过是资产阶级的理想化的王国；永恒的正义在资产阶级的司法中得到实现；平等归结为法律面前的资产阶级的平等；被宣布为最主要的人权之一的是资产阶级的所有权。"①而社会主义则致力于最广大人民的平等权利，使民主成为无产阶级的原则、群众的原则，真正践行"没有民主，就不可能有社会主义"②。

五是促进了世界的和平稳定。两次世界大战都是由资本主义国家发起的，给整个人类社会造成了深重的灾难。而与资本主义形成对比的是，社会主义主张国际民主，反对各种形式的帝国主义，维护世界和平，要求严格履行联合国宪章，认为联合国是走向国际命运共同体的重要步骤，要求促进广大落后国家和地区的经济、社会与文化的发展。当然，在第二国际破产的那个特殊时期，以列宁为首的共产国际主张输出革命，目的是建立世界苏维埃社会主义共和国联盟。现在我们反复强调人类命运共同体，最终选择什么制度，由人民来决定。

五百多年来，世界发生了翻天覆地的变化，在一次次风云激荡的革命和社会变革中，社会主义思潮经历了时间和实践的大浪淘沙、烈火淬炼。有的被历史证明是正确的，逐渐发扬光大；有的影响日渐式微，湮灭在历史长河中；有的背离了社会主义初衷，最终走向反动。从中我们也可以得到一些启示：

首先，任何制度要想有长久生命力，必须建立在尊重客观规律基础之上。很多年轻人会问，中国为什么不搞多党制、不搞议会民主？当然，我们不是

---

① 《马克思恩格斯全集》第19卷，人民出版社，1963年版，第206页。

② 《列宁全集》第28卷，人民出版社，2017年版，第168页。

说多党制、议会民主就一定不好，但至少我们现在脑海中的多党制、议会民主是资产阶级意识形态灌输的结果。为什么中国不这样搞呢？是因为我们当时确实想搞却走不通。有一部电视剧《觉醒年代》，讲述了那个时候我们引进一百多种思潮、成立三百一十二个政党，但最后的结果还是要走俄国式的道路。这就是国情，就是中国近代民主政治和政党政治的必由之路。所以，必须尊重客观规律。马克思创立的科学社会主义为什么被称为科学？就在于马克思发现了人类历史的发展规律、现代资本主义社会的运动规律，以及世界从资本主义转变为社会主义、共产主义的运动规律，这三大规律是人类社会发展的普遍规律。

其次，追求最广大人民的民主、平等和自由是共产主义（社会主义）的本质特征和内生动力。从社会主义思潮这些令人尊敬的哲人的不懈奋斗，从科学社会主义诞生后国际工人运动和社会主义运动的历史经验中，我们不难看出，社会主义就是我们选择的最能为人类而工作的事业，是值得为之“鞠躬尽瘁，死而后已”的事业。反观资本主义，骨子里就带有专制和暴力的基因，在他们的发迹史中，动不动就发动战争和掠夺，进行惨无人道的种族灭绝。所以，在与资本主义制度进行较量和斗争的过程中，在东弱西强、东升西降的历史过程中，有关民主与专制的争论还将持续，但是我们的追求和信仰始终如一。当然，基于不同的意识形态，以美国为首的一些资本主义国家完全无视事实真相、颠倒黑白，对中国等社会主义国家进行大肆抹黑、攻击，特别是在民主与专制问题上把中国等社会主义国家列为专制国家，对此，我们要有清醒的认识，要做到明辨是非。

再次，社会主义实践要和本国的实际相结合。科学社会主义在中国展现了蓬勃生机，原因在于中国共产党根据本国实际和时代特征，不断坚持和发展马克思主义。同样，社会主义在世界各国，有的影响越来越大，有的日渐式微，原因在于是否顺应本国的客观形势发展。要紧盯两个关键词：形势，势之所迫；实际，实之所然。

最后，要有宽广的胸怀和高远的战略眼光。善于争取、团结、包容各种社会主义思想流派，吸收借鉴、取长补短，尊重对方、正视差别，切忌唯我独马克思主义、唯我独正宗、唯我独科学，从而凝聚起一股社会主义的合力，为实现社会主义这一史无前例的宏伟事业而不懈奋斗！

后　记

大约是2012年，我们有个班到德国考察培训，合作学校是不来梅应用技术大学。这是我第一次见识欧洲大学。几栋楼宇，分散在城市不同的地方，上这门课在这栋楼，上那门课可能要走上几站路到另一栋楼。学生们的住宿问题都是自己解决，老师上完课就很难和学生们再见面，更别说进行深入的思想交流了。不像国内的大学，有大门，有围墙，有绿地，有操场，图书馆、体育馆、教学楼、办公楼、宿舍楼一应俱全，而且都在一个大院里（大院很大，一般有上千亩），学生们的学习、生活、工作、娱乐以及和老师沟通都很方便。或许是对我们这个班的重视，不来梅应用技术大学派来的老师都有很高的头衔，比如国家媒体协会的会长、某个党派的主席、某个媒体的总编辑等，学术水平也着实不赖。

记得有一天是一位女教授授课，授课内容涉及德国新闻业发展。老师侃侃而谈，讲了欧洲文明历史及媒体的发展、德国媒体对促进德国政治文明的作用等，在热情洋溢赞美欧洲文明和媒体制度之余，还不经意地捎带上中国一句："像中国这样的集权专制国家，应该是没有新闻自由的。"我们当即表示不赞成她的观点。下课后，我们和老师进行了热烈的讨论，详细介绍了中国政治制度的由来，中国政党情况，民主选举和民族区域自治、城市社区居民自治、农村村民自治制度等，也介绍了中国媒体的发展及新闻制度。老师听了以后感到很惊讶，因为很多东西她都是第一次听到，想象不到中国的政治制度是近代中国人民争取民主、自由的产物，想象不到中国政府对公民权益的保障如此有力、有效，更想象不到中国公民反映意愿的渠道如此健全，大大超出了她的认知。同时这位老师对中国的新闻制度表示理解，对中国媒体尤其是互联网媒体的快速发展感到羡慕。

这使我们感到，一个人对他国文化、制度的认识，往往来自本国学校教育，而本国学校教育是长期固化了的，未必与不断发展变化的实际情况完全吻合。加之人们所处国家的历史、文化及个人经历不同，相互之间交流又不够，因而对他国的文化制度认识会出现很大的差异和不同。比如谈到现代文明，人们会自觉不自觉地想到多党制、三权分立的政治架构，发达的科学技术和普及的教育文化，人皆可及的公共服务和社会福利，包括平等、博爱、自由、民主、法治、公正等理念，并整体冠之以资本主义文明。更有不少人想当然地认为这就是现代文明的全部。很显然，这样的认识是片面的，而且太过局限了。马克思、恩格斯在他们的不朽杰作《共产党宣言》中，揭示了现代文明的一体两面：资本主义取代封建主义的过程，实际上是资产阶级和无产阶级这一对孪生子的诞生、成长、壮大及相互斗争的过程，也是未来此消彼长，社会主义逐步取代资本主义的过程。它揭示了“两个必然”的历史规律，即“资产阶级的灭亡和无产阶级的胜利是同样不可避免的”[①]。历史和现实、理论和实践都明确地告诫我们，现代文明除了资本主义文明，还生长着极其重要的另一个方面，那就是活生生的社会主义文明。

从我自身的学术生涯和人生经历而言，我们对资本主义文明的认识基本来自学校教育和方方面面的灌输，以致我们的大学生、研究生对柏拉图、马基雅维利、让·博丹、卢梭、孟德斯鸠等思想家的了解，远远超过对老子、孔子、孟子、董仲舒、王阳明等本土思想家的了解，同时也远远超过对莫尔、康帕内拉、温斯坦莱、圣西门、傅立叶、欧文等社会主义文明奠基者的了解，以致人

---

① 《马克思恩格斯选集》第一卷，人民出版社，2012年版，第413页。

们对现代文明的认知大都停留在学校教育的基础上，有些想当然，甚至有严重的缺陷。我们在学习和整理社会主义思潮及其发展的相关资料时，对资本主义、社会主义以及现代文明有了一些系统的理解和感悟，因此觉得有责任把事情的全部整理出来，试图让大家了解现代文明的来龙去脉，让社会主义思潮真正散发出应有的光芒和历史价值。

本书是我国著名学者侯建新教授领衔的国家社科基金重大项目“中古中国与欧洲文明比较研究”的一个子课题。侯建新教授是我十分敬重的史学权威，几十年辛勤耕耘在欧洲经济—社会史、现代化比较研究、史学理论等领域，造诣很深、成果丰硕、著作等身、影响巨大。我与他交往几十年，不仅敬仰他的学识水平，更是赞叹他的修养品格，一路走来，深得他的教诲和指导。尤其是对世界文明的研究，我们的认识高度一致。现如今被人们褒扬的欧洲文明，实际上被学术界主要概括为欧洲资本主义文明，这是有所偏颇的。我们认为，欧洲文明理应包括资本主义文明和社会主义文明。而世界文明的范围还要更大些，包括亚洲、非洲、拉丁美洲等大多数发展中国家的文明。我们注意到，在现实研究中，对社会主义文明和其他文明的研究明显是非常单薄和不足的。因此我们商定，由我牵头，着重从事社会主义文明研究，期望经过几年的努力，在这一新兴领域取得成果。当然，更远一点的目标是还要突破欧洲文明去勾画世界文明共生共存的美好前景。

在本书写作和出版过程中，得到了我的爱人张玲女士的大力支持和帮助，除了生活上的照顾和时间上的统筹，作为曾经的媒体编辑和主编，她几乎是逐字逐段审阅和修改，提出了大量有建设性的宝贵意见，也发现了不少文字和遣词造句上的错误，对保证本书的质量做出了不可或缺的贡献。复旦大学中国研究院的吴新文教授亦于百忙之中通读全稿，提出了专业而有创见的建议，在此致以真诚的谢意。此外，刘楷同志做了大量的服务工作，打印、校对、核对原著等，琐碎而繁杂，但小同志做得井井有条、扎实严谨。最后，还要衷心感谢天津出版传媒集团和天津人民出版社的领导和编辑团队，他们的鼓励、支持是本书得以顺利出版的动力，而他们主导的编辑、设计等工作又是本书得以面世的基础。衷心感谢所有帮助、支持本书出版的同志！期待读者对本书的检验，但愿阅读本书能让您开卷有益。

2023年4月